重庆三峡地区历史文献整理丛书　主编　李廷勇　郭作飞

三峡文化协同创新研究中心
重庆三峡文化与社会发展研究院（重庆三峡学院）资助出版

《三峡通志》笺注

曾毅　刘辉　丁一　笺注

西南师範大學出版社
国家一级出版社　全国百佳图书出版单位

图书在版编目 (CIP) 数据

《三峡通志》笺注 / 曾毅，刘辉，丁一笺注 . -- 重庆 : 西南师范大学出版社，2021.8
ISBN 978-7-5697-1051-9

Ⅰ . ①三… Ⅱ . ①曾… ②刘… ③丁… Ⅲ . ①三峡—地方志 Ⅳ . ① K297.19

中国版本图书馆 CIP 数据核字 (2021) 第 146663 号

《三峡通志》笺注

SANXIATONGZHI JIANZHU

曾毅　刘辉　丁一　笺注

责任编辑　李浩强
责任校对　段小佳
出版策划　陈　涌
特约编辑　姚良俊
装帧设计　双安文化
出版发行　西南师范大学出版社
　　　　　地址：重庆市北碚区天生路 2 号
　　　　　邮编：400715
经　　销　全国新华书店
印　　刷　重庆市开源印务有限公司
幅面尺寸　185mm × 260mm
印　　张　28.25
字　　数　620 千字
版　　次　2021 年 8 月　第 1 版
印　　次　2021 年 8 月　第 1 次印刷
书　　号　ISBN 978-7-5697-1051-9
定　　价　118.00 元

前　言

《三峡通志》，为明人吴守忠所编纂。关于吴守忠的籍贯，高远在《明代〈三峡通志〉的编纂及其旅游文化价值》（《中华文化论坛》2011年第5期，第179—183页）一文中有考证，既引清雍正十年刻本《江西通志 · 选举》中的记载说吴守忠为“上高人，归州知州”，又引清光绪十六年重刻《龙岩州志·政绩志》中的记载说吴守忠为“高安人”。究竟是上高人，还是高安人，该文没有给出定论。关于《三峡通志》的编撰时间，吴守忠在“小引”中有线索，其中交代了“量移”归州的时间为“己丑岁”，即明万历十七年（1589），吴守忠最早于此年开始编撰《三峡通志》；其最迟结束的时间在“万历辛卯秋七月既望”，“万历辛卯”即万历十九年（1591），费时两年左右。

《三峡通志》是我国古代专门论述三峡的唯一一部志书。此乃方志中比较特殊的一种，即峡志。从“小引”“重志峡”一句来看，此乃吴守忠有意为之，即有意创造一种志书类型。在吴守忠以前的历史地理文献中，有山志、水志、河志、湖志等，独无峡志。吴守忠在体例上虽承续古代志书，但独辟蹊径，专为三峡撰志，实则在历史地理文献中增加了峡志类型。这是一个创造。

《三峡通志》的内容共有五卷，前有作者的“小引”，后有旷骥的跋语。“小引”为序言，乃作者吴守忠对撰写本志相关情况的介绍；后跋乃归州属县兴山知县旷骥对该书的高度评价。卷一包括三个部分的内容：第一部分包括“三峡异同”

和“三峡中额设公署卫所”。前者是作者对古代文献中有关三峡记载的辑录，因古代三峡之名各不相同；后者是作者对三峡中额设公署卫所的考证。第二部分乃“三峡考”，即分别选录了夔峡、巫峡、归峡中的山川地名、名胜古迹，其材料多来自相关志书。第三部分是收录总关“三峡”的诗、赋、记等文学作品的选录。卷二、三、四则分别有关夔峡、巫峡、归峡的“诗歌词赋铭记”。卷五为附录，内容较多，可分为帝王胜迹、圣贤过化、名宦流芳、乡贤遗响、达人流寓、一统芟夷、偏安窃据、江神显应、岩洞搜奇、崩洪纪异、守江集议（上下）、峡俗丛谈、峡志杂录等十三类。由此可知，《三峡通志》的内容主要包括诗赋词文、名胜古迹、人物传记等，吴守忠将各种与三峡有关的、散见各处的文献资料集中起来，这些文献经史子集无不涉及，内容非常丰富。

下面就本书相关问题做一个交代。

为何名《〈三峡通志〉笺注》？因黎小龙教授等《三峡通志校注》在前，当然不能重名，且本书在后，故需别名。《校注》既已面世，为何还要《笺注》？因《校注》注释简略，一般读者难以阅读，且还有一些问题需要解决，故而有《笺注》。名虽如此，本书其实质仍是校注。

本书校注凡例如下：

版本：只有两种，一是明万历十九年的刻本，一是不知确切年代的抄本。前者可见于《续修四库全书》第848册《史部·政书类》中据上海图书馆藏明万历十九刻本影印的《三峡通志》，后者可见于北京中国书店于1991年出版的《三峡通志》。

校勘：本书主要运用了陈垣《校勘学释例》卷六《校法四例》中所举之对校法和他校法。首先要用对校法。但因《三峡通志》本身的版本较为简单，故本书的对校校勘就相对来说很简单。本书正文除极少数情况之外全部采用刻本内容，极少数情况包括采用了抄本有而刻本无的一个段落，卷五《守江集议上》中的最后一段文字乃节录于〔南宋〕李埴《鱼复捍关铭序》，刻本没有，我们采用了抄本；还有少数几个字词，如卷四中《新修清烈公祠记》一文中有这样一句，刻本作“兄襄王一闻弓缴之喻”，抄本作“况襄王一闻弓缴之喻”。显而易见，刻本因为仅存“兄”旁，原字应为“况”，故此处采用了抄本文字。又如卷四《夷陵县至喜堂记》中，抄本作“某有罪来是邦，朱公于某有旧”，刻本作“某有罪来是邦，朱公于某不旧”，可见刻本有错，于是我们选择了抄本的“有”字。但这种情况极为少见。除了这样的特殊情况之外，正文文字全部采用刻本。如果抄本有不同之处，在校注中予以指出，仅只显示出了刻本与抄本的异文。还要运用他校法。因《三峡通志》引用了大量诗赋、散文、历史记载等文献，有引用就可能有错，所以就需要运用他校法，这也是本书耗时比较多的地方。为了完成这个工作，我们尽可能找到相关文献，与《三峡通志》的相关内容进行核对。这些文献来源非常丰富，有总集《先秦汉魏晋南北朝诗》《全唐诗》《全宋诗》《全唐文》《全宋文》等，有经过今人整理的别集如《苏轼全集校注》《欧阳修全集》《何大复集》等，有古代刻本的影印本如《泰泉集六十卷》《瑶石山人稿》等，有《尚书》《晋书》《宋史》等历史文献，有《荆州记》、嘉靖《归州全志》、万历《湖广总志》等志书，有《墨客挥犀》《梦溪笔谈》等笔记文献。全书除了几篇作品之外，全部都有相关文献进行他校。但本书只是指出不同之处，罗列异文，除少数地方认为本书引用错误并在校注中用“应是”表示之外，如卷二《诗》处引用了张佳胤的一首诗，有“踏迹难忘诸葛阵，野田曾为杜林耕”一句，其中“杜林”，〔明〕张佳胤《居来山房集》卷十九作“杜陵”（《四库全书存目丛书补编》第51册，齐鲁书社2001年版，第265页），指杜甫。可见刻本作“杜林”乃引用错误。除了这种少数情况之外本书一般不去判断引用是否有错，而且就是认为引用有误，但在正文中也没有校改，而是保持原貌。

体例：原本体例较为规范，点校时尽量还原文本原貌。原文中的单行大字用五号宋体字，原文中双行小字改为单行，用六号宋体字。

标点：遵循国家统一标准，按照中华人民共和国国家质量监督检验检疫总局、中国国家标准化管理委员会2011年发布《标点符号用法》来标点全文，并根据刻本内容进行适当的分段。

文字：本志原文为繁体字，且异体字、古今字较多。点校时，为方便今人阅读，将繁体字、异体字、古今字改为现行语言文字，且多不在注释中说明。原书中的缺字或者模糊不清的，用“□”表示。异体字直接改，如卷二陆深《后滟滪赋》中有“昔伯禹之导江兮，命阳侯为驱先”一句，原作“駈先”，“駈”同“驱”，故径直改为“驱”，且不出校。

注释：对难懂的词语、人物、典故、官制等进行相应的注释，对于资料不明确的，或者整理者不能理解的，则不做注释，以免出现错误，误导他人。

本书在校注过程中，参考他人、他书较多。尽管在正文中多有标明，但在前言中郑重其事，益见感谢之情。其中重要的有：

黎小龙等《三峡通志校注》对我们有较多的帮助，给了很多的启示，且有部分的抄录，更重要的是，为我们的注释提供了很多文献线索。

本书有关杜甫的注释多参考了简锦松《夔州诗全集·汉至五代卷下·杜甫一》《夔州诗全集·汉至五代卷下·杜甫二》（重庆出版社2009年11月第1版）中的注释较多，甚至有很多的抄录。

卷一中的郭璞《江赋》、陆游《入蜀记》、范成大《吴船录》，卷三中的宋玉《高唐赋》、苏辙《巫山赋》，卷三中的宋人诗歌多参考程地宇教授的注释较多。

赵孟頫咏巫山十二峰的词亦参考滕新才、曾毅编注《巫山诗文·辽金元部分·诗词戏曲部（上）》中的注释（重庆出版社 2014 年 12 月第 1 版，第 499—517 页）。

最后说明一下分工问题，曾毅注释了卷一、卷二、卷五，刘辉注释了卷三和卷四，丁一提供了许多资料。

限于学识、精力等，本书笺注或有讹误，或不全面，恳请读者批评指正。

本书为重庆市社科规划年度项目《〈三峡通志〉校注》（项目编号：2017YBWX091）、重庆市教委人文社科研究一般项目《〈三峡通志〉整理与注释》（项目编号：16SKGH160）之最终成果。

目　录

《三峡通志》小引

秭归[1]，峡中故郡也，西北抵夔关[2]，为水驿[3]者四；东南下夷陵[4]，为水驿者二。总之，盖五百里而近，自昔[5]所称三峡险奇诸境，囊括于中矣。己丑岁[6]，余量移[7]此州[8]，日上府受事[9]多苦，后期常冒险下峡，岁不啻[10]七八往，今且[11]二岁[12]矣。于舵舲[13]、黄陵[14]诸名滩，固目习而心安[15]之，直平平耳[16]。巫峡[17]，半出郡境，然以勾当[18]施州[19]，道巫山[20]以归，尝溯流往游者，一如宋大夫所赋《高唐》[21]、杜少陵诗所咏"神女峰娟妙"者[22]，盖已猎其大都[23]矣。独夔峡[24]，远在上游，无繇[25]一至，以稍寓目[26]于西瀼[27]、滟滪[28]之间。而州鲜[29]藏书家，即求古《峡中记》[30]以供卧游[31]未能也。于是出所携[32]《一统志》[33]、楚蜀通志[34]，旁以[35]荆夔诸郡邑志，会而捽[36]之。首夔峡，其次巫峡，归峡[37]又次之，虽山川并列，而于滩沱[38]独致详焉，重志峡[39]也。文自宋大夫而下，诗自魏晋而下，汇编胪列[40]，雅俗具陈。凡事与人之有系于斯地者，亦附著焉。总五卷，题曰《三峡通志》，刻之郡斋[41]，以延卧游[42]、广同好云。然末学[43]窾启[44]，闻见有涯[45]，俗吏[46]蓬心[47]，赏鉴[48]无适[49]，必多挂漏[50]、庞杂之弊，广增痛订[51]，尚有俟[52]于博雅[53]君子焉。会是岁[54]当上计[55]大都，行且求必得《峡中记》，为稍质补之也。刻成，因识[56]数语于篇端。

万历辛卯[57]秋七月既望[58]，豫章[59]吴守忠谨识。

【笺　注】

①秭归：县名，现属湖北省宜昌市，地处长江西陵峡两岸。商朝时期为归国所在地，西周时为夔子国，战国后期称归乡，汉朝置秭归县。县名之来源，〔北魏〕郦道元《水经注》引袁山松曰："屈原有贤姊，闻原放逐，亦来归，喻令自宽。全乡人冀其见从，因名曰姊归。"（陈桥驿《水经注校证》，中华书局2007年7月第1版，第791页）。唐武德二年（619），置归州。明洪武九年（1376），废归州置秭归县。

洪武十三年（1380），复置归州。清雍正七年（1729），置归州为直隶州。雍正十三年（1735）降为县级州，属宜昌府。民国元年（1912）废州为秭归县。

②夔关：明代原已设立，由夔州知府兼管，设在夔州（今重庆市奉节县），是长江上的重要关口，对过往川江的商船征收商税，其通关厘税一直是四川第一大税收来源，是全省最主要的财政支柱。

③水驿：水上的驿道，为船只停泊的地方。水驿设于明代，清代复设。

④夷陵：原指楚先王的坟墓，楚顷襄王二十一年（前278）秦将白起“攻楚，拔郢，烧夷陵”（郭逸、郭曼标点《史记》，上海古籍出版社1997年8月第1版，第1792页），夷陵之名始见于史册。其乃春秋战国时代楚国之西塞重地。秦改夷陵置巫县。西汉复置夷陵县。南北朝时期，宋、齐皆为夷陵县，梁称宜州，西魏改拓州，北周改硖州。隋改硖州为夷陵郡。唐武德四年（621）平萧铣后置硖州。宋元两代为夷陵县。明洪武九年（1376）改为夷陵州。清顺治五年（1648）改“夷陵”为“彝陵”。雍正十三年（1735）升彝陵州为宜昌府，置东湖县为附郭首邑。民国元年（1912）废宜昌府，改东湖县为宜昌县。2001年宜昌县撤县建区，称夷陵区。

⑤自昔：从前。

⑥己丑岁：此指1589年，即明万历十七年。

⑦量移：唐朝时贬逐远方的臣子，遇赦改近地安置，称为“量移”。后泛指职位迁换。

⑧州：归州，唐武德二年（619）置，治今湖北秭归县。〔后晋〕刘昫等《旧唐书》卷三十九《地理志二·山南东道·归州》：“归州，隋巴东郡之秭归县。武德二年，割夔州之秭归、巴东二县，分置归州。”（中华书局1975年5月第1版，第1554页）明洪武九年（1376）废归州为秭归县，隶夷陵州。洪武十三年（1380）复置归州，辖兴山、巴东二县。清雍正七年（1729）升归州为直隶州，辖长阳、兴山、巴东、恩施四县及容美、龙潭十九个土司。雍正十三年（1735），归州降为县级州（散州），隶宜昌府。民国元年（1912）废州为秭归县。

⑨受事：接任办事。

⑩不啻（chì）：何止。

⑪且：将要、将近。

⑫二岁：两年。

⑬舵舲：即崆舲滩，原名空舲滩，峡以滩名，故此段峡谷被称为空舲峡，在今湖北秭归县庙河向下0.7千米处。盛弘之在《荆州记》中谓之“空泠峡”，后来许多志书竟讹作“空冷峡”。《通典》《太平寰宇记》俱称作“空舲峡”。〔清〕余思训

修、陈凤鸣纂，清同治五年刊本《归州志》卷一《地舆志·险隘》载："悬岩削立，飞猿不能渡。水势汹涌，山石荦角。夏时水涨，必空舲方可上下……峡有大石，大石左下三石联珠，峙伏水中，土人号曰'三珠石'，舟行必由大石左旋，捩舵右转，毫厘失顾，舟糜石上矣。"（成文出版社 1974 年第 1 版，第 121—122 页）这既介绍了峡之险（水势汹涌，礁石密布，著名者即有"二十四珠"，其中"大珠"石梁，突露水面，如猛虎卧伏江心，与邻近之"二珠""三珠"，号称三石联珠），又解释了"空舲峡"的来历（即无论是上水船只，还是下水船只，为保安全，客人与货物必须离船，过滩后人货再归船续航），故人们称此为长江三峡险滩之冠。明万历十八年（1590）本志作者吴守忠为归州知州时，亲自率人整治空舲滩，对空舲滩进行了一次较大的疏浚。〔清〕余思训修、陈凤鸣纂，清同治五年刊本《归州志》卷一《地舆志·险隘》载："明万历十八年，知州吴守忠始凿平之，改名通舲峡。"（同上，第 122 页）明代敖文祯写了一篇《修治舵舲峡记》（同上，第 387—390 页。本志卷四有收录，可以参看），今天所谓的崆岭峡，实乃谐音和以讹传讹而来。今因三峡工程蓄水，此滩不再见，此峡不再险。

⑭黄陵：即黄陵庙，古称黄牛庙、黄牛祠，又称黄牛灵应庙，乃长江三峡地区保存较好的唯一一座以纪念大禹开江治水的禹王殿为主体建筑的古代建筑群，坐落在三峡西陵峡中段长江南岸黄牛岩下的湖北省宜昌市夷陵区三斗坪镇。

⑮目习而心安：眼睛熟悉、内心坦然。

⑯直平平耳：仅仅平常而已。

⑰巫峡：长江三峡之一，在湖北、重庆两省市交界处。西起重庆市巫山县大宁河口，东至湖北省巴东县官渡口，全长 44.5 千米，为三峡中最长的峡谷。两岸有著名的巫山十二峰，神女峰尤负盛名，其以幽深秀丽著称。

⑱勾当：此处为勾连、连接之意。

⑲施州：北周建德三年（574）置施州，治沙渠县（隋改清江县，今湖北恩施市）。唐因之。宋属夔州路。明太祖洪武初废，洪武十四年（1381）复置，属施州卫。洪武二十三年（1390）撤州入施州卫。清雍正六年（1728）改施州卫置恩施县。

⑳巫山：指巫山县，战国为楚国巫郡。秦昭王三十年（前 277）改置巫县。隋开皇三年（583）改巫山县。巫山在县东，也称巫峡，县因以为名。自唐朝至明代，巫山县建制基本无变化。清康熙九年（1670）大昌县并入巫山县。今属重庆市。

㉑宋大夫所赋《高唐》：即宋玉的《高唐赋》。卷三有收录，可以参看。关于宋玉情况介绍，见卷一。

㉒杜少陵句：杜少陵，即杜甫。因杜甫自号少陵野老，故后世有人称其为"杜

少陵”。杜甫（712—770），字子美，号少陵野老，一号杜陵野客、杜陵布衣。他是唐代伟大的现实主义诗人，与李白合称“李杜”。杜甫是古典诗歌史上承前启后的集大成者，同时以富有开创性的创作不仅标志着唐诗内容与风格的重大转折，也对中唐以后直至宋代诗歌的发展，产生了深远的影响，故被后人称为“诗圣”。神女峰娟妙：出自杜甫《大历三年春，白帝城放船出瞿塘峡，久居夔府，将适江陵，漂泊有诗，凡四十韵》（中华书局编辑部点校《全唐诗》增订本卷二百三十二，中华书局 1999 年 1 月第 1 版，第 2552 页）。娟妙：秀美。本诗卷二有收录，可以参看。

㉓大都：大概。

㉔夔峡：峡名，瞿塘峡的别称，为长江三峡之首。西起重庆市奉节县白帝城，东至重庆市巫山县大溪镇，全长约 8 千米。在长江三峡中，虽然它最短，却最为雄伟险峻。两岸悬崖壁立，江流湍急，山势险峻，号称西蜀门户。峡口有夔门和滟滪堆。

㉕无繇：没有办法。繇：同“由”。

㉖寓目：过目，观看。

㉗西瀼：瀼，水名。瀼水分西瀼、东瀼。西瀼又称大瀼，即今梅溪河。皆在今重庆市奉节县境内。

㉘滟滪：即滟滪堆，俗称燕窝石，古代又名犹豫石。位于白帝城下瞿塘峡口，因航运障碍，于 1958 年冬炸除，现存放于重庆中国三峡博物馆中，供人们参观。

㉙鲜：少。

㉚《峡中记》：已佚，今无考。

㉛卧游：不能亲身去旅游，单从游记、图片等数据中去想象。

㉜出所携：拿出所携带的。

㉝《一统志》：所指应为《大明一统志》，乃明代官修地理总志，由李贤、彭时等纂修，成书于天顺五年（1461），共九十卷，体例源自《大元大一统志》。以当时两京十三布政使司为纲，以及所属一百四十九府为目，下设建置、沿革、郡名、形胜、风俗、山川、土产、公署、学校、书院、宫室、关津、寺观、祠庙、陵墓、古迹、名宦、流寓、人物、列女、仙释等三十八门。其中还有简略说明。书末还记述相邻近国家或地区的地理形势。凡经书所载，咸在网罗；而子史所传，则举当收录，比较系统而集中地保存了明代政区的有关地理资料。

㉞楚蜀通志：指湖北、四川的省志。吴守忠当时能见到的“楚蜀通志”有嘉靖《四川总志》、万历九年《四川总志》和万历《湖广总志》等，故正文中多引用了这些省志的内容。

㉟以：抄本作“以”，刻本作“耴”，或为“取”字之误。

㊱捽（zuó）：泛指揪住。刻本、抄本均作“捽”，但据文意以“粹”字为好。

㊲归峡：即今西陵峡。西起巴东官渡口，东至宜昌南津关，因有宜昌市的西陵山而得名，是长江三峡中最长的峡谷，历史上以其航道曲折、怪石林立、滩多水急、行舟惊险而闻名。

㊳滩沱：险滩，水湾。

㊴重志峡：这显示出了吴守忠《三峡通志》的一个编纂特点，即有意创造一种志书类型，即峡志。

㊵胪（lú）列：陈列，罗列。

㊶郡斋：郡守起居之处。

㊷卧游：刻本中此二字不清，今据抄本补。

㊸末学：多用作自谦之词或自称的谦词，犹言不才。

㊹窾（kuǎn）启：即款启，谓见识少。

㊺有涯：有限。

㊻俗吏：指才智凡庸的官吏。

㊼蓬心：比喻知识浅薄，不能通达事理。后亦常作自喻浅陋的谦词。

㊽赏鉴：鉴别，评判。

㊾无适：不适当。

㊿挂漏：“挂一漏万”的略语，遗漏。

51广增痛订：广为增加尽情订正。

52俟（sì）：等待。

53博雅：指学识渊博、品行雅正。

54是岁：这一年，即万历辛卯年，1591年。

55上计：汉制，每届年终，郡国遣吏至京上计簿，将全年人口、钱、粮、贼、狱讼等事项，向朝廷报告，称为“上计”。

56识：记叙。

57万历辛卯：即1591年。

58既望：阴历十五为望，十六为既望。

59豫章：古郡名。汉高帝初年(约前202)设豫章郡(治南昌县)。隋开皇九年(589)罢豫章郡置洪州，大业二年(606)又改南昌县为豫章县。唐宝应元年（762)，因避代宗李豫名讳，豫章县改名钟陵县，“豫章”不再为正式区划名称，而作为南昌的别称。

《三峡通志》卷之一

高安吴守忠编辑
黄冈卢国祯校次

三峡异同[①]

盛弘之[②]《荆州记》[③]："三峡七百里中，两岸连山，略无阙处，重岩叠嶂，隐天蔽日，自非亭午及夜分，不见日月。"[④]

杜修可[⑤]曰："《峡程记》[⑥]云，三峡谓明月峡、巫山峡、广泽峡。其瞿唐[⑦]、滟滪[⑧]之类不系三峡数。"

宋肇《记》："三峡，谓西陵峡、巫峡、归峡也。当以此为正。"[⑨]

【笺　注】

①此乃《三峡通志》卷一第一部分内容，是作者对古代文献中有关三峡记载的辑录。三峡：长江上游三段峡谷。在历史上，三峡的名称屡有变动，〔东晋〕常璩《华阳国志》卷一《巴志》："巴亦有三峡。"（刘琳《华阳国志校注（修订版）》，成都时代出版社 2007 年 6 月第 1 版，第 24 页）为明月峡、广德峡、东突峡。庾仲雍《荆州记》："巴陵楚之世有三峡：明月峡、广德峡、东突峡，即今之巫峡、秭归峡、归乡峡。"（〔北宋〕李昉等《太平御览》卷五十三《地部十八·峡》引，中华书局 1960 年 2 月影印第 1 版，第 259 页）唐初三峡自西向东分别为广溪峡、巫峡、西陵峡。北宋时期瞿塘峡又称西陵峡，今西陵峡称归峡。明清时统一为瞿塘峡、巫峡、西陵峡，相沿至今。具体情况可以参看蓝勇主编《长江三峡历史地理》中的具体介绍（四川人民出版社 2003 年 5 月第 1 版，第 418—419 页）。

②盛弘之：因史传无载，里籍不详，其生平后人难以知详，可知其为南朝宋文学家、史学家。曾任临川王刘义庆侍郎，与鲍照友善，代表作《荆州记》有三卷。

③《荆州记》：区域地理志，三卷。〔唐〕魏徵等《隋书》卷三十三《经籍志二》云："《荆州记》三卷，宋临川王侍郎盛弘之撰。"（中华书局 1973 年 8 月第 1 版，第 983 页）据清人陈运溶考证，《荆州记》成书于元嘉八年（431）至十六年（439）刘义庆出镇荆州

之时(见陈运溶编《麓山精舍丛书》第一集,岳麓书社 2008 年 1 月第 1 版,第 66—67 页)。此书在唐、宋地理典籍中常被征引。正文依巴东、南郡、江夏、襄阳、南阳、顺阳、宜都、武陵、长沙、衡阳、桂阳、豫章、始安、始兴等郡,各郡分县记述境内高山大川、名胜古迹、地方特产、历史典故、神话传说等。内容翔实,语言峻洁优美,行文骈散相间,是出色的山水文学作品。原书已散佚。有清人陈运溶、王谟、马国函辑本。

④此段引文可见刘纬毅《汉唐方志辑佚》中盛弘之《荆州记》(北京图书馆出版社 1997 年 12 月第 1 版,第 210 页)。略无阙处:指两岸山势连绵,没有低矮的缺口。亭午 :正午,中午。夜分 :夜半。关于此段文字,有个问题请注意 :因为《水经注》的原因很多人会将这段文字的作者认为是郦道元。其实郦道元根本没有到过三峡地区,他为《水经》做注的时候大量引用了前人的文献资料,而且绝大部分都没有说明出处。此段文字就是如此,真正的作者是盛弘之。唐朝欧阳询等编《艺文类聚》、宋代李昉等编《太平御览》早已指出这一点。郦道元在《水经注》中引用这段材料时做了部分的改动,而且有些地方改动得比较精彩。因赖于《水经注》的引用,才使盛弘之《荆州记》中的这段材料得以保存下来。

⑤杜修可 :此名出现于托名王十朋的《王状元集百家注编年杜陵诗史》等有关杜甫诗歌的注中。有学者专文考证,认为 :“是用杜田注和赵次公注及其它一些注拼合出来的一个人物,这个人物实际上是不存在的。”参看蔡锦芳《杜修可考》(《杜甫研究学刊》1997 年第 4 期)。

⑥《峡程记》:据清人顾櫰三《补五代史艺文志》著录可知,此书作者乃韦庄。韦庄(836 ?—910 ?),字端己,长安杜陵(今陕西省西安市附近)人,晚唐诗人、词人,五代时前蜀宰相。此书已佚。

⑦瞿唐 :即瞿唐峡,亦作瞿塘峡,峡名。为长江三峡之首,也称夔峡。西起今重庆市奉节县白帝城,东至巫山大溪。两岸悬崖壁立,江流湍急,山势险峻,号称西蜀门户。峡口有夔门和滟滪堆。

⑧滟滪 :即滟滪堆,俗称燕窝石,古代又名犹豫石,位于白帝城下瞿塘峡口。因航运障碍,于 1958 年冬被炸除,现存放于重庆中国三峡博物馆中,供人们参观。

⑨宋肇《记》句 :即宋肇《夔州重葺三峡堂记》。卷二中有收录,可以参看。宋肇在《夔州重葺三峡堂记》中说“其曰‘三峡堂’者,西峡、巫峡、归峡是也”,即他认为所谓的三峡应为“西峡、巫峡、归峡”,其中西峡即西陵峡,显然指的是夔峡,今天我们把它称为瞿塘峡。归峡即现在的西陵峡。本志作者吴守忠认为当以宋肇的看法“为正”,即他最认可宋肇的命名。宋肇 :字楙宗,宋哲宗元祐八年(1093)以朝奉郎充夔州路转运判官。

三峡中额设公署卫所[①]

峡中为府者一：夔州府[②]。为州者二：夷陵州[③]、归州。为县者七：奉节县、巫山县、建始县、大宁县[④]、巴东县、兴山县、长阳县。为巡检司[⑤]者三：归州牛口巡检司、南逻巡检司、夷陵州南津关巡检司[⑥]。为水驿[⑦]者八：永宁驿、高唐驿[⑧]、万流驿今废、巴山驿、建平驿今改旱、屈溪驿今废、黄牛驿、凤栖驿。为递运所[⑨]者三：夔州府递运所、归州递运所、夷陵递运所。为军卫者二：瞿唐卫、施州卫。为所者二：长宁守御千户所、夷陵守御千户所[⑩]。

【笺　注】

①此乃《三峡通志》卷一中第二部分内容，是作者对三峡中额设公署卫所的考证。

②夔州府：位于重庆东北部，宋、元为夔州路。明洪武四年（1371）八月“蜀地悉平”后，改夔州路为夔州府，治奉节县，属四川布政司。清承明制，但辖境缩小。民国二年（1913）废。

③夷陵州：明洪武九年（1376）改峡州而置，治今湖北宜昌市，属荆州府。清顺治五年（1648）改夷陵州为彝陵州。雍正十三年（1735）升为宜昌府。

④大宁县：即今重庆市巫溪县。原为大宁监，北宋开宝六年（973）以大昌县盐泉所置，治所在今重庆市巫溪县北八里前河乡（门洞）。北宋端拱元年（988）徙治今巫溪县。元至元二十年（1283）升为大宁州。明洪武九年（1376）降大宁州为大宁县。清康熙六年（1667）撤大宁县并入奉节县。清雍正七年（1729）复设大宁县。民国三年（1914）因县名与山西省大宁县同名，遂改名巫溪县。

⑤巡检司：为我国元朝、明朝与清朝县级衙门底下的基层组织。该组织于元朝首创时，通常为管辖人烟稀少地方的非常设组织，除了无行政裁量权之外，也没有常设主官，其功能以军事为主。明朝沿设，且佐以行政权力。至清中叶，我国人口

大增，相对的县衙数量并无增多，于是次县级的巡检司在数量上与功能上日渐增多，也多有通判等官职设置。

⑥此处罗列的三处巡检司皆位于湖北省境内，关于这三处巡检司的设置时间及其作用，可以参看王伟凯《明代湖北八府的巡检司设置与分布》（《湖北大学学报（哲学社会科学版）》2006年第3期）。

⑦水驿：是以船为主要交通工具的驿道，亦为船只停泊的地方。

⑧高唐驿：〔清〕顾祖禹《读史方舆纪要》卷六十九《四川四·夔州府·巫山县》："高唐驿，在县治西，水驿也。《舆程记》：'江行自高唐驿而东九十里至万流驿，入湖广归州境，又七十里即巴东县矣。'"（中华书局2005年3月第1版，第3256页）

⑨递运所：官署名，运递官方物资及军需的机构。明洪武九年（1376）始置。明初，常以卫所戍守兵士传送军囚，后因其有妨练习守御，乃命兵部置各处递运所。清初沿用。

⑩此处涉及明代的卫所制度。卫所制为明朝的最主要军事制度，为明太祖朱元璋所创立，其构想来自隋唐时代的府兵制。其基本架构是：军队组织有卫、所两级。一府设所，几府设卫。卫设指挥使，统兵士五千六百人。卫下有千户所（领一千一百二十名士兵），千户所下设百户所（领一百一十二名士兵）。卫、所分属于各省的都指挥使司，各省的都指挥使司又由中央的五军都督府划片管辖。

夔峡考即西陵峡[①]

夔州府

白帝城[②] 府治东，公孙述[③]据蜀，自称白帝，因以名城[④]。

鱼复浦[⑤] 府治东南，汉鱼复县[⑥]以此得名。

八阵碛[⑦] 府城南，其阵聚细石为之，各高五尺，皆布列相当，中间相去九尺，正中间南北巷悉方广五尺，各六十四聚，或为人散乱，及为夏水所没，水退复如故。又有二十四聚，作两层，其后每层各十二聚。晋桓温伐蜀[⑧]经之，以为常山蛇势[⑨]。

瞿门关[⑩]

丞相庙 府治，八阵台下。

三峡堂[⑪] 府治东，瞿唐关内，宋肇有记[⑫]。

铁　索 白帝城下崖穴中。宋景定五年[⑬]，守将徐宗武[⑭]，置以拦江，计七条，二百七十七丈五尺，五千一十股。

白盐山[⑮] 府东十里，崖壁高峻，色如白盐，张珖书“赤甲白盐”四大字于上，与赤甲山夹江对峙，蜀之噤喉[⑯]也。

圣姥泉[⑰]

瞿唐峡 府东十三里，旧名西陵峡，峡两崖对峙，中贯大江，全蜀之门户也；瞿者，大也；唐，水所聚也。又云瞿者，渠也，秋冬水落为瞿；唐者，塘也，春夏水溢为唐。

粉壁堂 峡口白盐山下，古人磨崖刻石于上，以粉涂之，有“天子万年”四大字，元人赵惠有《中兴颂》[⑱]。

孟良梯[⑲] 瞿唐峡上，与粉壁相连，孟良欲夜过关，凿石架木为梯，形迹犹存。

白帝山[⑳] 府东十三里，孤峙峭绝，公孙述据蜀，井中有白龙出，因称白帝，山亦以名。

清凉洞　府东十三里，在瞿峡上。

滟滪堆　屹立瞿唐峡口，中流之砥柱也。按：《水经》云：白帝城西“有孤石，冬出水二十余丈，夏即没。”[21]秋时方出。谚云“滟滪大如象，瞿唐不可上；滟滪大如马，瞿唐不可下”[22]，峡人以此为水候。

铁　柱　瞿唐峡口石盘上，铁柱二根，高六尺四寸，夏秋水没，冬春复见。

赤甲山　在府东十五里，不生草木，土石皆赤，如人袒背，故曰“赤甲”。或云：汉时尝取巴人为赤甲军，因名。上有孤城，相传公孙述筑[23]，《类要》[24]谓“即古鱼复县基”。

旗　台　赤甲山畔，台址犹存。

兵书匣　瞿唐峡中，赤甲山下，岩穴间露一匣，甚高峻，不可升，相传上古之兵书，或云鲁班之风厢也。

铁索关　瞿唐峡中，赤甲山下。

百牢关[25]　府东十五里，魏辛毗[26]云“夔州百牢关，兵马不可越”。

黄　嵌　府东二十里，在瞿唐峡北，夏秋水大，舟不可冒险而行。

龙脊滩[27]　府东岷江[28]中，有石长百丈，若龙脊，夏没冬见。

虎须滩[29]　府东三十里，唐杜甫诗“瞿唐漫天虎须怒”[30]。

黑　石　府东三十里，水涨不可行，谚曰：“滟滪冒顶，黑石下井。”言险当戒也。

茶　槽[31]

鬼门关[32]　府东三十里，宋黄山谷[33]谪官于涪，经行有诗云“鬼门关外莫言远”[34]，即此处也。

大溪口[35]　在巫山县西八十里，涧水与岷江水会于溪口。

洄　瀼　在巫山县西五十里，涧水横通大江，因名曰瀼，两山相峙，一名错开峡[36]，相传禹命将治江，而将误凿，禹戮之。

下马滩　在巫山县西二十里，夏秋水溢，冬水落，汉石巉岩[37]，舟人至此皆恐惧焉，苏子云“赤溪洞口，水声潺涌”，即此滩也。

过冬岩　在巫山县西二十里，夏秋水满不见，至冬水落见之。

【笺　注】

①西陵峡：即今之瞿塘峡。详见前注。

②白帝城：位于重庆市奉节县瞿塘峡口的长江北岸，在奉节县东白帝山上，为著名游览胜地。原名子阳城，为西汉末年割据蜀地的公孙述所建，公孙述自号白帝，

故名城为“白帝城”。历代著名诗人李白、杜甫、白居易、刘禹锡、苏轼、黄庭坚、范成大、陆游等都曾游夔门、登白帝，留下大量诗篇等文学作品，因此白帝城又有“诗城”之美誉。

③公孙述（？—36）：字子阳，扶风茂陵（今陕西兴平）人，新莽末年、东汉初年割据势力。初以父官荫为郎，补任清水县长。公孙述熟练吏事，治下奸盗绝迹，由是闻名。王莽篡汉，公孙述受任为导江卒正（蜀郡太守）。王莽末年，天下纷扰，群雄竞起，公孙述遂自称辅汉将军兼领益州牧。建武元年（25），公孙述称帝于蜀，国号成家（一作大成或成），年号龙兴。建武十一年（35），东汉派兵征讨，被公孙述所拒。次年，复命大司马吴汉举兵来伐，攻破成都，“成家”为东汉所亡。计公孙述割据益州称帝，共在位十二年。

④原刻本“府治”及以后的内容的字号小于“白帝城”三字。后亦是。本次整理，字号一律一样，但中间用空格以示区别。

⑤鱼复浦：在今重庆市奉节县东南二里八阵图下之沙洲。〔唐〕房玄龄等《晋书》卷九十八《桓温传》：“初，诸葛亮造八阵图于鱼复平沙之上。”（中华书局 1974 年 11 月第 1 版，第 2569 页）〔唐〕杜甫《入宅》诗云：“水生鱼复浦，云暖麝香山。”〔清〕钱谦益笺注：“《地志》：夔治鱼复，滟滪风涛电射，巨鱼却而不得上，故名曰鱼复浦也。”（〔清〕钱谦益《钱注杜诗》，上海古籍出版社 2009 年 4 月第 1 版，第 484 页）

⑥鱼复县：古县名。秦惠文王更元十一年（前 314）置，治今重庆市奉节县东白帝城。三国蜀汉刘备为吴将陆逊所败，退守白帝，章武二年（222）改为永安县。太康元年（280），改为鱼复。西魏废帝三年（554），改鱼复县为人复县。贞观二十三年（649），为尊崇诸葛亮奉刘备“托孤寄命，临大节而不可夺”的品质，改人复县为奉节县。

⑦八阵碛：在重庆市奉节县，因蜀汉丞相诸葛亮在此曾排布兵阵八阵图于其上而名，三峡水库建成蓄水后被淹没（录自黎小龙等《三峡通志校注》）。

⑧桓温伐蜀：此指桓温于 346 年带兵西征成汉之事。桓温（312—373）：字元子（一作符子），谯国龙亢（今安徽怀远）人。东晋政治家、军事家。除了西征成汉之外，桓温还曾三次北伐（北伐前秦、羌族姚襄、前燕）。

⑨以为常山蛇势：〔唐〕房玄龄等《晋书》卷九十八《桓温传》：“初，诸葛亮造八阵图于鱼复平沙之上，垒石为八行，行相去二丈。温见之，谓‘此常山蛇势也。’”（中华书局 1974 年 11 月第 1 版，第 2569 页）常山蛇势：古代用兵的一种演阵之法，首尾呼应如常山之蛇。

⑩瞿门关：即鬼门关，人恶其名，以其地近瞿塘，改瞿门关。

⑪三峡堂：即锁江亭，在白帝城南。

⑫宋肇有记：即宋肇《夔州重葺三峡堂记》，本志卷二有录。

⑬景定五年：即 1264 年。按，景定乃宋理宗赵昀的第八个年号，从 1260 年至 1264 年共使用了五年。

⑭徐宗武：生平事迹不详，宋理宗景定三年（1262）任夔州知府。

⑮白盐山：山名，在瞿塘峡南岸，与居于北岸的赤甲山一起紧锁江面，形成宽度不及百米的夔门。巨大流量的长江水由此经过，水流湍急，雄险无比，素有“夔门天下雄”之誉。

⑯噤喉：咽喉，比喻险要的交通要道。

⑰圣姥泉：在瞿塘峡中，白帝山下江边，秋冬水退始见。陆游《入蜀记》有载（见卷一）。

⑱元人赵惠有《中兴颂》：此说乃本志作者吴守忠据明正德《夔州府志》之记载而来。正德《夔州府志》卷十二《文制》中著录有《光尧中兴颂》，指出作者为元人赵惠。其实，正德《夔州府志》之载不仅内容错漏较多，而且作者和篇名均有误。道光《夔州府志》卷三十六《艺文志》收录此《颂》全文，题作《宋中兴圣德颂》，题下注云：“今在峡中石壁上。”（中华书局 2011 年 12 月点校第 1 版，第 627 页）道光《夔州府志》卷三十四《金石志》则云：“《宋中兴圣德颂》，左朝散郎、夔州路转运判官兼提举学事臣赵不息撰，左朝奉郎、潼川府路转运判官兼提举学事臣赵公硕书，左朝散大夫、直秘阁权发遣夔州军州主管学事兼管内劝农事、充夔州路兵马都钤辖兼主管本路安抚司公事臣王伯庠上石，乾道十年夏四月刻。”并加“按”语云：“此刻今尚在峡门石壁上，字如斗大，端楷庄重，远望可读，盖颂宋高宗禅位于孝宗也。壁陡逼、江水急、风高，人不能及，舟不能泊，不便摸拓，以故久存。”（中华书局 2011 年 12 月点校第 1 版，第 545 页）而原刻在重庆市奉节县瞿塘峡凤凰泉旁的崖壁上，题作《皇宋中兴圣德颂》。宋钦宗靖康元年（1126），金军攻陷东京（今河南开封）。靖康二年（1127）四月，金军俘虏徽宗、钦宗和后妃、皇子、宗室、贵戚、大臣等三千多人；皇室的玉玺、舆服、法物、礼器等也被洗劫一空，北宋灭亡。建炎元年五月一日（1127 年 6 月 12 日），徽宗第九子康王赵构在南京应天府（今河南商丘）即位，重建宋王朝，史称南宋，是为宋高宗。高宗因无子嗣，于绍兴三十年（1160）立宋太祖七世孙赵眘（shèn）为皇太子，绍兴三十二年（1162）高宗传位于赵眘，是为宋孝宗。孝宗乾道七年（1171），时任夔州路转运判官兼提举学事的宋宗室成员赵不息撰写了《皇宋中兴圣德颂》，对高宗、孝宗

中兴赵宋王朝之功德加以歌颂，并镌刻于瞿塘峡石壁之上，希冀“与天为期，万世仰之”。因原刻所在位置处于三峡水库蓄水线下，2002 年被切割搬迁并陈列于重庆中国三峡博物馆中，而在今奉节夔门古象馆附近通往瞿塘关的路旁，则建有复制此《颂》碑文的水泥墙。

⑲孟良梯：在瞿塘峡南岸的绝壁上，凤凰泉的上游，栈道连接处，有人工凿的方形石孔，一个接着一个，自上而下呈“之”字形排列，如同阶梯，这是“孟良梯”。正德《夔州府志》卷七《古迹》载：“与粉壁堂相连。俗传孟良欲夜过关，故设此梯。”（中华书局 2009 年 11 月点校第 1 版，第 124 页）

⑳白帝山：在重庆奉节县城东面，瞿塘峡西口，白帝城就在此山之上。它还是长江三峡的起点。三峡从这里到宜昌南津关，全长 193 千米。

㉑材料可见于〔北魏〕郦道元《水经注》卷三十三《江水》（陈桥驿《水经注校证》，中华书局 2007 年 7 月第 1 版，第 777 页）。

㉒此两句，不仅形象地说明了滟滪堆在长江不同水位时的形态，而且成为古代船家舟子的航行守则。

㉓〔北魏〕郦道元《水经注》卷三十三《江水》：“江水又东径赤岬城西，是公孙述所造，因山据势，周回七里一百四十步，东高二百丈，西北高千丈。”（陈桥驿《水经注校证》，中华书局 2007 年 7 月第 1 版，第 777 页）

㉔《类要》：书名，北宋晏殊撰。乃其平日读书之时，摘录各种书籍，分门别类编纂而成的一部大型类书，内容涉及地志、职官、佛老、方志等方面。其中保存了大量久已亡佚的文献资料。

㉕百牢关：杜甫《夔州歌》中有“白帝高为三峡镇，夔州险过百牢关”（杜甫《夔州歌十绝句》其一，中华书局编辑部点校《全唐诗》增订本卷二百二十九，中华书局 1999 年 1 月第 1 版，第 2507 页）句，后人以此而定夔州百牢关在今重庆市奉节县东。〔南宋〕祝穆《方舆胜览》卷五十七《夔州》：“百牢关，辛毗曰：‘夔州百牢关，兵马不可越。’”（中华书局 2003 年 6 月第 1 版，第 1011 页）

㉖辛毗：生卒年不详，字佐治，三国时期曹魏大臣。

㉗龙脊滩：在今云阳县东云阳镇南长江中。〔南宋〕王象之《舆地纪胜》卷一百八十二《云安军》：龙脊滩“在县南岷江中。有石约长百余丈，若龙脊之状”（中华书局 1992 年 10 月第 1 版，第 4667 页）。

㉘岷江：长江上游川江段四大支流之一，源于岷山，流经四川盆地西部，在宜宾入长江，是长江水量最丰富的支流，全长 711 千米。古人经常将长江称为岷江，广义的岷江即长江。

㉙虎须滩：在今重庆市奉节县境内长江中。〔明〕李贤等《大明一统志》卷七十《夔州府·山川》："虎须滩，在府城西。杜甫诗：'瞿唐漫天虎须怒。'"（三秦出版社1990年2月第1版，第1089页）

㉚诗题为《最能行》（中华书局编辑部点校《全唐诗》增订本卷二百二十一，中华书局1999年1月第1版，第2340页），卷一有录，可以参看。

㉛茶槽：范成大《吴船录》有载，见本卷后。

㉜鬼门关：在今重庆市奉节县东北三十里。〔明〕李贤等《大明一统志》卷七十《夔州府·关梁》："鬼门关，在府城东北三十里。宋黄山谷谪官于涪，经行有诗云：'鬼门关外莫言远'，即此处也。"（三秦出版社1990年2月第1版，第1091页）

㉝黄山谷：即黄庭坚（1045—1105），字鲁直，号山谷道人、涪翁，洪州分宁（江西省九江市修水县）人，北宋著名文学家、书法家、江西诗派开山之祖。绍圣元年（1094）十二月，黄庭坚被贬为涪州别驾，黔州安置。

㉞诗题为《竹枝词二首》其一（北京大学古文献研究所编《全宋诗》，第17册，北京大学出版社1991年7月第1版，第11394页）。

㉟大溪口：大溪河口，即大溪与长江汇合处。瞿塘峡西起奉节白帝城，东至巫山大溪（又名黛溪），大溪在三峡南岸。大溪的西岸有被命名为"大溪文化"的古人类巴山人遗址。

㊱错开峡：在大溪镇下游不远的长江南岸，有几座相互对错，且有高入云端的峰峦，这就是神话传说中的错开峡。

㊲巉岩：高而险的山岩。

巫峡考

巫山县

阳台山　县北，高百丈，上有阳台遗址。[①]

望江亭

留　石[②]　县西，高唐驿前，古云“留石似马，瞿唐莫下；留石似象，瞿唐莫上”，与滟滪石同，舟人以此为水候，屡验。

高唐馆　《志》载“巫山县城西，绝顶之上”，宋玉赋高唐[③]即此。

暖水涡　县南，水荡乃见岩穴，水暖浣澣[④]衣极洁。

卧鬼石　宁河[⑤]东渡。

焦石岩　县东半里，锁大宁河口。

孔子泉[⑥]　县东半里，说者谓“旱而祈则应”，泉旁之民，虽童子亦能书，《王十朋集》诗略云：“巫山亦有泉，可饮仍可祈。泉旁人几家，聪慧多奇儿。父母倘加教，圣门皆可归。”[⑦]

古楚宫[⑧]　县东北二里，女观山[⑨]西畔小山顶上，楚襄王所游之地，宋黄庭坚石刻所谓“细腰宫”是也[⑩]。

一百八盘[⑪]　县南，隔江盖施州正路。

驱熊山　县东二十里，下有石滩，四季湍急如熊声，一名箜篌。

横石山　县东十里，有巨石于江浒，一名锦屏。

跳石滩[⑫]　县东南十五里，旧传江北山顶巨石跳落南崖，其滩至冬险阻。

清水洞[⑬]　志不载[⑭]，按《入蜀记》，□在十二峰上[⑮]。

十二峰　山曰：望霞、翠屏、朝云、松峦、集仙、聚鹤、净坛、上升、起云、飞凤、登龙、圣泉，沿首尾一百六十里，唐沈佺期诗见后[⑯]。

巫　峡　县东三十里，即巫山也，《水经》云："杜宇所凿，以通江水。"[17]《图经》[18]云："此山当抗峰岷、峨[19]，偕岭衡岳[20]，凝结翼附[21]，并出青云。[22]"

神女庙[23]　县东三十里。旧传楚襄王游于高唐，梦一妇人，云："我帝之女，名瑶姬，未行而亡，封于巫山之台。"及辞去，曰："妾在巫山之阳，高丘之岨，朝为行云，暮为行雨。"比旦视之如其言，遂立庙，扁曰"朝云"[24]。漫叟《神女赋》云："襄王游云雨之浦，使宋玉赋高唐之事，其夜与神女遇。"[25]唐李义山诗："一自高唐赋成后，楚天云雨尽堪疑。"[26]宋吴间言诗："惆怅巫娥事不平，当时一梦是虚成。只因宋玉闲唇吻，流尽巴江洗不清。"[27]

青　石　县东南三十里，与十二峰相对。

寒　山　县东五十里，垂崖千层，绝壁万丈，其势高寒。《荆州记》云："寒山九坂，最为险峻。"

黄志城　县东六十里，近鸳鸯池。

皮　石　县东六十里。

晒甲崖　县东六十五里，有武安王庙[28]，有泉一泓。谓兵至此无水，拔刀刺地，泉水涌出。溪在庙西，崖在庙北。王十朋诗："得胜名岗蜀虎臣，气吞吴魏失防身。磨刀晒甲遗踪在，英魄犹能敌万人。"[29]

得胜关　县东六十五里，下有二溪河，宋濂诗："关羽旌旗何处去，空留英气照沧波。"

三分泉[30]

夫子洞[31]

万流溪　县东一百五十里，自施州界流至此，合大江，名万流驷。

向王洞[32]　巴东县西四十里。

东奔峡　巴东县北三十里，孤峰绝壁，蜀江奔流如马奔。

门扇峡[33]　巴东县西三十里，两崖削壁如门，秋夏水溢甚险，舟行危之。

云　沱　巴东县西十里。

万户沱　巴东县西十里，古置万户侯于此，故名。杜甫诗云："瀼东瀼西一万家，江南江北春多花。"[34]

龙昌洞[35]

骡子沱　巴东县西四里，上有一石，如骡首向江中，水急，今平之。

【笺　注】

①材料录自正德《夔州府志》(中华书局2015年9月点校第1版，第6页)。阳台山：

〔清〕连山、白曾熙修，李友梁等纂，清光绪十九年刊本《巫山县志》卷六《山川志》：“城内北隅，有山名阳台。旧址存焉。”（《中国地方志集成·四川府县志辑》第52册，巴蜀书社1992年8月影印第1版，第304页）阳台：即阳云台。〔清〕连山、白曾熙修，李友梁等纂，清光绪十九年刊本《巫山县志》卷三十《古迹志》：“阳云台，在县西北，一云在北城内。《寰宇记》：‘台高一百二十丈，南枕大江。每阴雨，云雾先起，即宋玉赋所谓楚王游于阳云之台也。’《方舆览胜》：‘在县西北五十步，又高唐观在县西北二百五十步。’《吴船录》：‘阳台高唐，今在巫山来鹤峰上。’”（《中国地方志集成·四川府县志辑》第52册《巫山县志》，巴蜀书社1992年8月影印第1版，第482页）〔清〕周宪斌《阳台高唐解》：“夫高丘山上有阳台，山半又有高唐，由来旧矣。”（《中国地方志集成·四川府县志辑》第52册《巫山县志》，巴蜀书社1992年8月影印第1版，第526页）而据〔战国·楚〕宋玉《高唐赋》序：“昔者楚襄王与宋玉游于云梦之台，望高唐之观，其上独有云气……王问玉曰：‘此何气也？’玉对曰：‘所谓朝云者也。’王曰：‘何谓朝云？’玉曰：‘昔者先王尝游高唐，怠而昼寝，梦见一妇人曰：妾巫山之女也，为高唐之客，闻君游高唐，愿荐枕席。王因幸之。去而辞曰：妾在巫山之阳，高丘之阻，旦为朝云，暮为行雨。朝朝暮暮，阳台之下。’旦朝视之，如言，故为立庙，号曰‘朝云’。”（〔南朝·梁〕萧统编《文选》卷十九，上海古籍出版社1986年8月第1版，第875—876页）可知此“阳台”当为“巫山之阳”的“巫山之台”，上为神女受封之台，其下为神女与楚先王约会之处，故后世许多诗词中遂以“阳台”指男女欢会之所。

②留石：〔清〕连山、白曾熙修，李友梁等纂，清光绪十九年刊本《巫山县志》卷六《山川志》载有“流石”（《中国地方志集成·四川府县志辑》第52册，巴蜀书社1992年8月影印第1版，第310页），或为音近而误。

③赋高唐：即完成了《高唐赋》，本书卷三有收录，可以参看。关于宋玉的生平和作品创作情况及其对中国文学的影响等问题，一书中的介绍很精到，抄录如下：宋玉，战国时期楚国著名辞赋家……根据现有资料，宋玉一生经历了楚顷襄王、考烈王、楚幽王、楚王负刍等朝，大约生于楚顷襄王元年（前298年），卒于楚亡之时（前222年），享年76岁（参见吴广平《宋玉研究》，岳麓书社2004年9月第1版）。今存宋玉的作品有《九辩》《招魂》《风赋》《高唐赋》《神女赋》《登徒子好色赋》《笛赋》《大言赋》《小言赋》《讽赋》《钓赋》《微咏赋》《对楚王问》等篇。20世纪20年代疑古之风骤起，宋玉作品大多被认为是伪作。这种观点经由刘大杰所著的《中国文学发展史》和游国恩主编的《中国文学史》的广泛传播，几乎成为定论。1972年4月，山东临沂银雀山一号汉墓出土了一批竹简，其中有二十余枚“《唐勒》赋残简”，

首句为“唐勒与宋玉言御襄王前”，李学勤、朱碧莲分别著文，认为残简记载的赋，其作者应是宋玉，而此赋最好称为《御赋》（参见李学勤《〈唐勒〉、〈小言赋〉和〈易传〉》，《齐鲁学刊》1990年第4期；朱碧莲：《唐勒残简作者考》，《中州学刊》1992年第1期）。银雀山竹简的出土，使怀疑和否定宋玉作品的偏见不攻自破。宋玉在中国文学史上的影响是巨大而深远的。宋玉作品所开创的一系列意象，演化为中国文学史上的永恒的情结和主题，如悲秋伤春、雄风雌风、巫山云雨、窥墙东邻、阳春白雪、下里巴人等。他是中国感伤文学、山水文学、艳情文学的奠基人，同时他的创作实践，对赋这种文体的成熟发挥了重大作用，为汉赋的兴起和发展奠定了基础。尤其是他在《高唐赋》《神女赋》中塑造的巫山神女形象，成为中华民族的爱神和美神；《高唐赋》《神女赋》二赋不仅提供了一个永不匮乏的文学题材，而且提供了一种人文精神；它不仅为中国文学提供了一个原型意象，而且提供了一种审美空间和审美情调；它不仅为中国文学提供了一个卓越的浪漫主义文学范型，而且提供了一种现实与梦幻、神灵与凡俗、精神需求与人之本能融会贯通的创作思想和创作方法；它是中国“梦文学”的渊源，又是中国“文学梦”的滥觞。同时，它还衍生出一系列巫山神女的典故，不仅在文学语言层面上丰富了文学的表现力，而且通过这些典故把神女的意象渗透到难以计数的文学作品中去，成为一种文化积淀，既影响着文学创作，又影响着人们的精神和情感。于是，巫山神女典故成为具有中国特色的既古老幽深而又永远新鲜的文学—文化符号。“云雨”是一个“元符号”，也是中国文学中的爱情的隐秘“共名”和经典象征。文学是一种“精神现象学”，通过对《高唐赋》《神女赋》的感悟和研究，可以找到一把打开中国人精神世界门扉的钥匙，获得破译中国人深层心理密码的启示（程地宇、滕新才、陈卫星编注《巫山诗文·先秦至隋代部分》，重庆出版社2011年12月第1版，第193—194页）。

④澣：同“浣”，洗。

⑤宁河：即大宁河，长江左岸支流，古称盐水、昌江、高峰河，又名巫溪，自宋代置大宁监后称大宁河。至巫山县城东汇入长江。今天著名的巫山小三峡即为大宁河中的一段。

⑥孔子泉：在巫山县东北。〔北魏〕郦道元《水经注·江水》：“盐水下通巫溪，溪水是兼盐水之称矣。溪水又南屈径巫县东，县之东北三百步有圣泉，谓之孔子泉，其水飞清石穴，洁并高泉，下注溪水，溪水又南入于大江。”（陈桥驿《水经注校证》，中华书局2007年7月第1版，第789—790页）

⑦此诗题全称为《巴东之西，近江有夫子洞，亦曰圣洞。巫山县有孔子泉，说者谓旱而祈则应。泉旁之民，虽童子皆能书。夫子胡为洞于此，且有泉耶？诗以辨

之》(《王十朋全集》(修订本),上海古籍出版社 2002 年 12 月第 1 版,第 362 页),全诗较长,有 32 句,此处只引用了 6 句。

王十朋(1112—1171):字龟龄,号梅溪,温州乐清(今属浙江)人。曾为夔州刺史。著有《梅溪前后集》及奏议等五十四卷。

可祈:可以祈雨。

倪:倘若,假如,表示假设。

加教:《全宋诗》作“知教”。

圣门:谓孔子门下。

⑧古楚宫:即楚王宫,传说中楚王在巫山的行宫。

⑨女观山:〔清〕连山、白曾熙修,李友梁等纂,清光绪十九年刊本《巫山县志》卷六《山川志》:“女观山,县北四里。山半有石如人形。相传昔有妇人,其夫宦蜀,登山望夫,因化为石,故名望夫石。”(《中国地方志集成·四川府县志辑》第 52 册,巴蜀书社 1992 年 8 月影印第 1 版,第 305 页)

⑩〔明〕正德《夔州府志》卷七《宫室·巫山县》:“古楚宫,在县西北,楚襄王所游之地,遗址尚存。宋黄庭坚石刻所谓细腰宫是也。”(中华书局 2009 年 11 月点校第 1 版,第 121 页)

⑪一百八盘:在今巫山县城对岸的南陵山,是通往施州、黔州的大道,至今仍存。道随山势,盘旋而上,有一百零八道弯,故称。陆游《入蜀记》有载,见本卷。

⑫跳石滩:又名掉石滩。

⑬清水洞:位于巫峡西口与大宁河交界处之北岸,圣泉峰下,距巫山县城二里。由清水洞、金柱洞、玉林洞组成。因陆游当年曾游此洞,且载于《入蜀记》中,故后人名之曰陆游洞。三峡水库蓄水前是重要的旅游景点,今已被淹没。

⑭志不载:指县志没有记载。

⑮《入蜀记》,乃陆游所作,本卷有节录,可以参看。□:原刻本字不清。

⑯本志卷之三“诗”处之《巫山高》载有沈佺期诗一首,诗歌内容及注释见后。

⑰材料见陈桥驿《水经注校证》(中华书局 2007 年 7 月第 1 版,第 790 页)。杜宇所凿:杜宇派鳖令作凿。时巫山壅塞,蜀地洪水,杜宇令鳖令凿之,蜀始得陆处。杜宇:蜀王名,即望帝。死后魂化作杜鹃鸟,故杜宇又为杜鹃鸟名。〔唐〕李善注〔西晋〕左思《蜀都赋》“鸟生杜宇之魄”句,引《蜀记》曰:“昔有人姓杜名宇,王蜀,号曰望帝。宇死,俗说云宇化为子规。子规,鸟名也。蜀人闻子规鸣,皆曰望帝也。”(〔南朝·梁〕萧统编《文选》卷四,上海古籍出版社 1986 年 8 月第 1 版,第 189 页)

⑱《图经》：附有图画、地图的书籍或地理志。

⑲抗峰岷、峨：犹言其山峰可与岷山和峨眉山抗衡。抗：匹敌，抗衡。岷、峨：岷山和峨眉山。岷山，在今四川省松潘县北。峨眉山，在今峨眉山市西南。〔南朝·梁〕江淹《建平王让右将军荆州刺史表》：“水交沅、澧，山通岷、峨，襟带百县，萦抱七州。”（〔明〕胡之骥《江文通集汇注》，中华书局 1984 年 4 月第 1 版，第 226 页）

⑳偕岭衡岳：犹言其山岭可与衡山和九嶷山比并。偕：齐等，比并。衡岳：指衡山，五岳中的南岳，在今湖南省衡阳市南岳区以及衡山、衡阳两县境内。按，《水经注》中所引作“衡嶷”。

㉑凝结翼附：犹言相互依傍的群山。翼：两侧。附：依傍。

㉒并出青云：都超出了天空。青云：很高的天空。

㉓神女庙：即巫山神女庙。鉴于神女“有功于三峡，而福庇于生民”，唐高宗仪凤元年（676）在巫山十二峰之一的飞凤山麓建神女庙，位于长江南岸今巫山县青石镇神女溪畔，正对神女峰，距巫山县城约 35 里。宋徽宗宣和四年（1122）改名凝真观，宋高宗绍兴二十年（1150）封巫山神女为妙用真人，神女庙又改名为妙用真人祠。〔南宋〕范成大《吴船录》有载，文见卷一。宋孝宗乾道六年（1170）十月二十三日，陆游经巫峡赴任夔州（治今重庆奉节县）通判，曾专程去祭拜神女庙：“二十三日，过巫山凝真观，谒妙用真人祠。真人即世所谓巫山神女也。祠正对巫山，峰峦上入霄汉，山脚直插江中。”（陆游《入蜀记》，文见卷一）在这样一个独特的视角观赏巫山美景，陆游认为即使泰山、华山、恒山、庐山都没有如此奇丽。

除青石镇飞凤山麓的神女庙外，大宁河东岸，与巫山县城隔江相望的箜篌山下，还建有另一处神女庙。清代诗人王士禛《渔阳诗话》载：“巫峡中神女庙，在箜篌山麓。茅茨三间，而神像幽闲，姽婳（guǐ huà）可观。其西即高唐观也。余壬子（康熙十一年，1672）过之，赋诗云：‘箜篌山下路，遗庙问朝云。冠古才难并，流波日易曛。玉颜空寂寞，山翠日氤氲。西望章台晚，含情尚为君。’”（袁士硕主编《王士禛全集》第 6 册，齐鲁书社 2007 年 6 月第 1 版，第 4785—4786 页）晚清学者王闿运也指认：“今巫山县东神女祠，在箜篌山下。”（《湘绮楼诗文集》卷六《巫山神女庙碑》，岳麓书社 1996 年 9 月第 1 版，第 257 页）故光绪《巫山县志》卷三十一《寺观志》著录了多处神女庙：“神女庙，即凝真观，在县东四十里，十二峰南飞凤峰之麓。《元统志》：唐仪凤元年置，宋宣和四年改凝真观，绍兴二十年封妙用真人。”“又神女庙，县东宁河上。”“又神女祠，县东一百二十里。”（巫山县志编纂委员会 1988 年 1 月重印本，第 339 页、第 343 页）巫山县境内多处并建神女庙，正反映了古代巫山人民对神女的景仰，把巫山神女视为保境佑民、赐福益寿的神祇而顶礼膜拜。

神女庙是古代巫山最负盛名的古迹。历代诗人李白、杜甫、白居易、繁(pó)知一、刘禹锡、李群玉、温庭筠、韦庄、刘沧、崔涂、王周、苏轼、苏辙、唐耜、陆游、范成大、吴简言、王士禛、陈浚、焦懋熙、杨朝观、宋书、陶澍、方积、司为善等，都曾亲临神女庙瞻仰，赋诗撰文，吟咏神女，留下了许多脍炙人口的佳作。本志卷之三选录了部分诗人的诗作。

㉔节录自宋玉《高唐赋》，其文卷三有载，可以参看。

㉕此赋我们无考。其中的“宗玉”或为“宋玉”。

㉖此诗卷三有载，诗题作《巫山凝真寺》。李义山：即李商隐，义山乃其字。

㉗此诗诗题作《题巫山神女庙》。吴间言，应为吴简言，字若讷，长汀（今属福建）人。宋太宗端拱二年（989）进士，调绵州户曹。寻擢茂异科，授秘书省著作佐郎，迁祠部郎中。

巫娥：此指巫山神女。传说乃炎帝（赤帝）之女，本名瑶姬（亦作姚姬），未嫁而死，葬于巫山之阳，因而为神，名巫山神女。后来宋玉创作《高唐赋》《神女赋》，其中有楚先王梦幸巫山神女（《高唐赋》序）、楚襄王梦遇巫山神女事。〔南朝·梁〕江淹《杂体诗三十首》之十一《潘黄门（岳）·悼亡》：“尔无帝女灵”，李善注引《宋玉集》：“楚襄王与宋玉游于云梦之野，望朝云之馆，有气焉。须臾之间，变化无穷。王问：‘此是何气也？’玉对曰：昔先王游于高唐，怠而昼寝，梦见一妇人，自云：‘我帝之季女，名曰瑶姬。未行而亡，封于巫山之台。闻王来游，愿荐枕席。’王因幸之。”（〔南朝·梁〕萧统编《文选》卷三十一，上海古籍出版社1986年8月第1版，第1461页）〔南朝·梁〕江淹《别赋》：“惜瑶草之徒芳”，〔唐〕李善注引宋玉《高唐赋》：“我帝之季女，名曰瑶姬。未行而亡，封于巫山之台。精魂为草，寔为灵芝。”（〔南朝·梁〕萧统编《文选》卷十六，上海古籍出版社1986年8月第1版，第754页）〔唐〕余知古《渚宫旧事》载《襄阳耆旧传》：“玉曰：‘昔者，先王游于高唐，怠而昼寝。梦见一妇人，暧乎若云，皎乎若星，将行未止，如浮忽停。详而观之，西施之形。王悦而问之。曰：“我夏帝之季女也，名曰瑶姬。未行而亡，封于巫山之台。精魂为草，摘而为芝。媚而服焉，则与梦期。所谓巫山之女，高唐之姬。闻君游于高唐，愿荐寝席。”王因幸之。’”（上海古籍出版社1987年影印文渊阁《四库全书》本《渚宫旧事·周代下》卷三）（参见程地宇《巫山诗文·宋代部分·诗歌部》上册中王周《大石岭驿梅花》注[2]，重庆出版社2013年12月第1版，第74页）

闲唇吻：此指宋玉在《高唐赋》序中叙述了楚先王梦幸巫山神女、《神女赋》中叙述了楚襄王梦遇巫山神女之事，在吴简言看来，此污蔑了仙女，且是妄言，故曰“闲唇吻”。

㉘武安王庙:〔明〕李贤等《大明一统志》卷七十《夔州府·祠庙》:“在府治西北,祀蜀汉将关羽。宋建炎中赐额‘壮穆义勇武安王’。”(三秦出版社 1990 年 2 月第 1 版,第 1092 页)

㉙此诗诗题作《登得胜岗谒武安王关云长庙有泉一泓俗传谓兵至此无水拔刀刺地泉随而涌庙西有磨刀溪北有晒甲崖》,《王十朋全集》(修订本)有录(上海古籍出版社 2002 年 12 月第 1 版,第 361 页)。本志卷四录有王十朋诗,可以参看。

㉚三分泉:陆游《入蜀记》有载,见后文“记”处。

㉛夫子洞:在巴东县。陆游《入蜀记》有载,见后文“记”处。

㉜此节及下节涉及巴东县的山川或遗迹的材料,多与嘉靖《归州全志》卷上《山川·巴东》中的记载(《归州全志(校勘本)》,湖北人民出版社 2015 年 9 月第 1 版,第 25—29 页)相同或相近,我们认为吴守忠或录于此。读者可以参看。

㉝门扇峡:乃巫峡东段巴东县境内的一段峡谷,西起链子溪,东至巫峡口,长约 2.5 千米。所谓“门扇”,是因为此段峡谷的江南岸有大面山,江北岸有尖子山。两山对峙,陡峭似壁。〔清〕廖恩树修、萧佩声纂,清同治五年修、清光绪六年重刊本《巴东县志》卷二《舆地志·山川》曰:“大江两岸,峭壁如门。”(成文出版社 1976 年影印本,第 149 页)故称门扇峡。本志卷三录有林俊《门扇峡》诗一首,可以参看。

㉞此乃杜甫《夔州歌十绝句》(中华书局编辑部点校《全唐诗》增订本卷二百二十九,中华书局 1999 年 1 月第 1 版,第 2507 页)之五中的诗句。

㉟龙昌洞:本志卷五《附录》之《岩洞搜奇》中有介绍,可以参看。

归峡考

归州巴东县

寇莱公[①]祠　县治西，旧在江北旧县内，祠有二柏，民以比甘棠。本朝徙建于此，公安县亦有公祠。

秋风亭[②]　县大江左，寇准建。

白云亭　县治，宋县令寇准建。

向王城　志不载[③]。惟有向王山，志载在巴东县北[④]。未知是否。

破石峡　县东五里，有石如刀劈破[⑤]。

清水滩

龙涡沱[⑥]　县东五里，水清澈，深不可测，相传灵物所潜，有向王遗迹。

苟使沱　县东十里，有巨漩。

香炉滩　县东十里。

八斗滩　县东十五里，有一名八上下。

横梁滩　县东二十里，有石横亘水中，舟行溯流而上，每难之。

石门滩　县东三十里，有巨漩高丈，舟行不慎，多覆舟。

滑石滩[⑦]　州西北七十里。

拽　滩[⑧]　州西北三十里。

叱滩

雷鸣洞　州西二里，舟行至此多覆，又名人鲊瓮；黄庭坚诗“命轻人鲊瓮头舡”[⑨]，叱滩之中，骇浪激石，声如雷鸣。

莲花滩

乌　石　州对面大江心中。

夔　沱　州西三里。

楚王井[10]

楚王台

翰林亭

屈原祠　州东，一名清烈公庙，原有贤姊名媭，闻原放逐，亦来归，喻自宽全，乡人冀其见从，因名曰秭归，后立女媭庙于原之故宅。

丹阳城[11]　州东北，枕大江，即今俗传所谓古越州是也，在旧南逻关[12]，城迹遗存。《元和志》："周成王封熊绎于荆丹阳之地，即此。"[13]后又移枝江，亦曰丹阳。

南逻溪　州东六里。

铁肝心石[14]　州东，江心状如肝，俗传以屈原谏楚自沉，心如铁石。

香溪口　州东十里，旧传王昭君入掖庭，经此，遗纱囊，异香经宿不散，故名。

玉虚洞[15]　州城东北，唐天宝中，有人遇白鹿于此，薄而窥之，有洞可容千人、石壁异文，成龙虎花木之状，有石乳结成物象，皆温润如玉，故名。

白狗峡　州东一十五里，两崖如削，白石隐起，如狗状，杜甫诗曰："白狗斜临北，黄牛更在东。"[16]又松溪诗："云穿白狗峡，春荡赤鱼泉。"[17]

铁棺峡　在归州白狗峡东，其地亦名铁棺峡。唐将军王果为雅州[18]刺史[19]，舟经三峡，望见悬崖间有物似棺，令人视之，果棺也，骸骨存焉。傍有石志[20]云："三百年后水漂我，将及长江垂欲堕，欲随不随遇王果。"视之怆然，因敛祭而去。一名兵书峡。

新　滩[21]　州东二十里，二苏先生诗[22]见咏题。

马肝峡　州东二十里峭壁间，悬石如马肝状。

狮子岩　在马肝峡边傍。

清冷溪　按《入蜀记》："狮子泉，泠泠自岩中出溪上。"

崆舲峡　州东三十里，夏秋水泛，必崆舲乃可上，其滩，亦名空舲，自州至长阳四百里内，峡水奔流，石迹险恶。

三朱滩

东濡滩

屈溪驿　州东一百里。

獭　洞

狼尾滩　《水经》："江水径狼尾而历人滩。袁□曰：'二滩相去二里，人滩水□峻峭，南岸有青石，夏没冬出，嵚崟数十步中，悉作人面。形戴分明者者，须眉皆具。'"[23]

使君滩　在夷陵州西一百一十里大江中，《水经》云："昔杨亮为益州刺史，经此覆舟，故名。"

虎头滩

鹿角滩　三峡中唯此数滩最险。

无义滩　在黄牛庙下。

黄牛山　驿前，在州西九十里，即黄牛峡，峭壁间有石色如人牵牛状，人黑牛黄，此山既高，加以江湍纡回，望之可见，行者谣曰："朝发黄牛，暮宿黄牛。三朝三暮，黄牛如故。"

黄陵庙[24]　黄牛峡，相传神尝佐禹治水有功，蜀汉诸葛亮建祠兹土，一名黄牛庙，宋苏轼诗："江边石壁高无路，上有黄牛不服箱。庙前行客拜且舞，击鼓吹箫屠白羊。山下耕牛苦硗确，两角磨崖四蹄脱。青刍半束长苦饥，仰看黄牛邈难及。"[25]

查波滩

南　沱

虾蟆碚[26]　在州西三十里，江之南，有石如虾蟆，其大数丈，石上出泉，出蜀者必酌此水以瀹茗[27]陆羽[28]第水[29]，品居第四。宋黄庭坚云："从舟中望之，颈项口吻，甚类虾蟆，寻泉源入洞中，石气清寒，流泉出石，声若虬龙吼。"[30]陆游诗："巴东峡里最初峡，天下泉中第一泉。"[31]

扇子峡

石　牌

石鼻山　在州西北三十里，高五百余仞，下临江流，中有巨石，横六七十丈，如簰筏[32]，因名石簰，亦名石鼻居，周尝移州至此。

白马峡

黄金藏　在州，有宝轴秘函，藏崖宝中，宋陈膺访故老[33]，谓崖书皆金版，出遗书之一，得之以归，乃古《易传》[34]，其书但曰《易》，无"周"字，经文与今经文绝异[35]。

西陵峡　在州西北二十五里，峡长二十里，层崖万仞，三峡之一也。

峡口山

平善坝　在州西北二十五里，蜀人出峡，至此相庆，故名。宋刘长源诗："蜀江雪浪初平处，楚国金城欲尽头。"[36]萧庭立诗："山势低连巫峡远，水流初放蜀江平。"[37]

三游洞[38]　在州西北二十五[39]里，唐白居易与弟行简及元祯[40]三人游此[41]，作《三游洞记》[42]，刻石壁上，后人因名。宋苏轼与弟辙及黄庭坚三人亦曾游焉。轼诗云：

“冻雨靡靡半成雪，游人屐冷苍苔滑。不辞携被岩底眠，洞口云收夜无月。”[43]

下牢关

刘封城

明月峡　在州西二十里，悬崖间白石状如月，唐李白诗“春水月峡来”[44]，宋欧阳修诗“江上挂帆明月峡”[45]。

姜诗井[46]　又名孝妇泉。

至喜亭　在州南，宋守朱庆基建，宋欧阳修记有云：“夷陵为州当峡口，江出峡，始漫为平流，故舟人至此者必沥酒拜贺，以为更生。尚书虞部郎中朱公，再治是州之三月，作至喜亭于江津，以为舟者之留停也。且志夫天下之大险，至此而始平夷。以喜夫人之去忧患，而就乐易，《诗》所谓‘岂弟君子’者矣。”[47]

夷陵州

【笺 注】

①寇莱公：即寇准，因其官至同中书门下平章事，封莱国公，故称。寇准（961—1023）：字平仲，华州下邽（今陕西渭南）人。北宋政治家、诗人。太平兴国五年（980）进士，授大理评事，知归州巴东县。

②秋风亭：本卷后陆游《入蜀记》中有载，卷四录有苏轼《秋风亭》诗一首，可以参看。

③志不载：相关方志没有记载。今检嘉靖《归州全志》确无记载。

④志载在巴东县北：嘉靖《归州全志》：“向王山，县西北五十里。与明月山连，常有雾气。冬则先雪，俗传向王常耕此。”（《归州全志（校勘本）》上卷《山川·巴东》，湖北人民出版社 2015 年 9 月第 1 版，第 25 页）

⑤此则材料录自《归州全志（校勘本）》上卷《山川·巴东》（湖北人民出版社 2015 年 9 月第 1 版，第 28 页）。

⑥龙涡沱：《归州全志》作“涡龙沱”（《归州全志（校勘本）》，湖北人民出版社 2015 年 9 月第 1 版，第 28 页）。

⑦此条及以下多条材料，多与嘉靖《归州全志》卷上《山川·归州》中的记载（《归州全志（校勘本）》，湖北人民出版社 2015 年 9 月第 1 版，第 19—24 页）相同或相近，其中的“楚王台”“翰林亭”“屈原祠”“丹阳城”“铁棺峡”等与嘉靖《归州全志》卷上《古迹·归州》中的记载（《归州全志（校勘本）》，湖北人民出版社 2015 年 9 月第 1 版，第 85—87 页）相同或相近。我们认为吴守忠或录于此，读者可以参看。

⑧拽滩：嘉靖《归州全志》作“泄滩”（《归州全志（校勘本）》，湖北人民出版

社 2015 年 9 月第 1 版，第 23 页）。

⑨诗题作《梦李白诵竹枝词三叠》（刘琳等点校《黄庭坚全集》，四川大学出版社 2001 年 5 月第 1 版，第 220 页），有三首，此句乃第三首中的第一句。舡：《黄庭坚全集》作“船”。

⑩楚王井：井名，在湖北省秭归县江南丹阳城中，相传为楚先王所开，一泓清泉终年不涸，井水清凉纯净，味如甘露。

⑪丹阳城：在今湖北秭归县（剪刀峪）西北归州镇东南。〔西汉〕司马迁《史记》卷四十《楚世家》：周成王时“封熊绎于楚蛮，封以子男之田，姓芈氏，居丹阳”。《正义》：“《舆地志》云秭归县东有丹阳城，周回八里，熊绎始封也。”（郭逸、郭曼标点《史记》，上海古籍出版社 1997 年 8 月第 1 版，第 1343 页）陆游《入蜀记》有载，见本卷。

⑫旧南逻关：明初设南逻关与南逻口，清嘉庆年间裁撤，故称“旧”。

⑬这段材料今《元和郡县图志》不存，但〔南宋〕王象之《舆地纪胜》有引文：“《元和郡县志》云：‘在秭归东七里，楚之旧都也。周武王封熊绎于荆丹阳之地，即此也。’”（中华书局 1992 年 10 月第 1 版，第 2469 页）

《元和志》：即《元和郡县志》，唐宪宗元和年间，宰相李吉甫（758—814）为平定藩镇割据的政治需要，撰《元和郡县图志》四十卷，按唐太宗贞观十道行政区划——关内道、河南道、河东道、河北道、山南道、陇右道、淮南道、江南道、剑南道、岭南道，叙列所属府州县沿革、山川、古迹、户口、贡赋等各方面情况。篇首有图，故名。南宋以后图亡佚，省称《元和郡县志》。此书为现存最早的全国地理总志，四库馆臣评曰：“舆地图经，隋唐志所著录者，率散佚无存。其传于今者，惟此书为最古，其体例亦为最善。后来虽递相损益，无能出其范围。”誉之为“冠地理总志之首，著诸家祖述之所自焉”（〔清〕永瑢《四库全书总目》卷六十八《史部二十四 · 地理类一》，中华书局 1965 年 6 月影印第 1 版，第 595 页）。遗憾的是，清代以后，《元和郡县图志》原书卷十八《河北道三》、卷二十五《江南道一》内容有缺，卷十九《河北道四》、卷二十《山南道一》、卷二十三《山南道四》、卷二十四《淮南道》全佚。所幸这些缺失，至清中叶由严观补全。

⑭铁肝心石：嘉靖《归州全志》作“铁心肝石”（《归州全志（校勘本）》，湖北人民出版社 2015 年 9 月第 1 版，第 22 页），万历《湖广总志》亦是，本志卷四载有杨抚《铁心肝石》诗。

⑮玉虚洞：〔南宋〕王象之《舆地纪胜》卷七十四《归州 · 景物下》中载：“晏公《类要》云：‘在兴山县南五十里。’旧经云：‘唐天宝五年有人遇白鹿于此山，薄而窥之，乃有洞，可容千人。’”（中华书局 1992 年 10 月第 1 版，第 2468 页）在今湖北秭归

县西北香溪镇东四里的谭家山麓，为石灰岩溶洞。其历史悠久，相传远在唐天宝五载（746）被猎人发现，遂成为西陵著名的景点。洞内外摩崖石刻和碑刻较多。洞下即香溪河。

⑯诗句出自杜甫《独坐二首》之二（中华书局编辑部点校《全唐诗》增订本卷二百三十，中华书局 1999 年 1 月第 1 版，第 2526 页）。黄牛：即黄牛滩。〔北魏〕郦道元《水经注》卷三十四《江水》载："江水又东径黄牛山，下有滩，名曰黄牛滩，南岸重岭叠起，最外高崖间有石，色如人负刀牵牛，人黑牛黄，成就分明。"（陈桥驿《水经注校证》，中华书局 2007 年 7 月第 1 版，第 793 页）

黄牛：即下面将要介绍的"黄牛山"。

⑰诗句出处无考。

⑱雅州：古州名，隋仁寿四年（604）置，治蒙山县（后改严道县，今四川雅安市），即今四川省雅安市。

⑲刺史：官名。西汉武帝时，于全国十三部（州）置刺史，为监督官，后数次改刺史为州牧。三国至南北朝各州多设刺史。隋朝州长官称刺史。此后州刺史实际即从前的郡太守，宋以后渐成虚衔。

⑳志：记载，记录。

㉑新滩：又名春滩，在湖北省秭归县东三十里。位于兵书宝剑峡和牛肝马肺峡之间，为三峡中最著名的枯水险滩。〔南宋〕王象之《舆地纪胜》卷七十四《归州》：新滩"天圣丙寅，赞唐山摧，遂成新滩。皇祐间，太守赵诚疏凿，有磨崖碑。其滩有龙门、佛指甲、官槽。而官槽与龙门相对"（中华书局 1992 年 10 月第 1 版，第 2462 页）。

㉒二苏先生诗：两首苏轼（咏新滩的）诗。卷四载有苏轼《新滩阻风》《新滩》（此诗卷四题作《虾蟆碚》），可以参看。

㉓〔北魏〕郦道元《水经注》卷三十四《江水》："江水又东径狼尾滩而历人滩，袁山松曰：二滩相去二里，人滩水至峻峭，南岸有青石，夏没冬出，其石嵚崟，数十步中悉作人面形，或大或小，其分明者，须发皆具。"（陈桥驿《水经注校证》，中华书局 2007 年 7 月第 1 版，第 793 页）

袁口："袁"字后原文缺字。据《水经注》，知为"山松"二字。

水口："水"字后原文缺字。据《水经注》，知为"至"字。

嵚崟（qīn yín）：高大；险峻。

须眉：胡须和眉毛。

㉔黄陵庙：古称黄牛庙、黄牛祠，又称黄牛灵应庙，是长江三峡地区保存较好

的唯一一座以纪念大禹开江治水的禹王殿为主体建筑的古代建筑群，坐落在三峡西陵峡中段长江南岸黄牛岩下的湖北省宜昌市夷陵区三斗坪镇。

㉕此诗诗题为《黄陵庙》，本志卷四有录，可以参看。

㉖踣：应为“碚”。

㉗瀹（yuè）茗：煮茶。

㉘陆羽（733—804）:字季疵，又字鸿渐，自称桑苎翁，复州竟陵（今湖北天门）人。与李季兰、皎然交往。嗜茶，精于茶道，被誉为茶神、茶圣、茶仙。著有《茶经》。

㉙第水：陆羽为品评沏茶的水质，别天下水味为二十个等级。第：品第，评定。

㉚这段材料出自黄庭坚《黔南道中行记》，本志卷四《记》处有录并有注释，可以参看。

㉛诗句出自陆游《虾蟆碚》（钱仲联等主编《陆游全集校注》第一册，浙江教育出版社 2011 年 12 月第 1 版，第 125 页）。第一泉:《陆游全集校注》作“第四泉”。

㉜簰筏：用木和竹编的水上交通工具。

㉝故老：年高而见识多的人。

㉞《易传》:乃儒家学者对《周易》所做的各种解释，对《经》而言，故曰《传》，亦称《十翼》，包括《彖传》上下篇、《象传》上下篇、《系辞》上下篇、《文言》、《序卦》、《说卦》、《杂卦》。《史记》称《易大传》。旧传为孔子所作，不足信。大抵是战国末期或秦汉之间的作品。

㉟经文与今经文绝异：抄本为“经文绝异”。

㊱〔南宋〕刘长源《楚塞楼》：“出峡朝天第一州，使君重敞最高楼。蜀江雪浪初平处，楚国金城欲尽头。”本志卷五《守江集议上》处载有刘长源言论，可以参看。刘长源：生平不详，宋高宗绍兴五年（1135）任点检试卷官。

㊲此诗诗题为《句》。这段材料应是本志作者录自《大明一统志》（三秦出版社 1990 年 2 月第 1 版，第 947 页）。萧庭立，应作“萧庭直”。

㊳三游洞：在长江三峡西陵峡中灯影峡下游江北，距湖北省宜昌市十千米。唐元和十四年 (819)，白居易、元稹、白行简三人曾来此寻幽探胜，赋诗抒怀，并由白居易撰《三游洞序》以记其事，此洞始名“三游”。北宋苏洵、苏轼、苏辙父子三人也曾游此，人们称为“后三游”。洞形成于峭壁中部，背倚西陵峡，面临下牢溪，高峦深谷，山水秀丽。洞中部有钟乳石二根并列下垂，宛如门槛，将洞隔成两室。洞室内外石壁上，存有欧阳修、黄庭坚、叶衡等宋人题刻十余处和明代重刻《三游洞序》石碑一通及其他诗文题刻四十余处，还刻有近人柯逢时、张难先、冯玉祥等的题词。洞外山顶及其附近，还有传为三国蜀汉刘备义子刘封所筑的城垒和张飞擂

鼓台等遗迹。

㊴二十五：抄本作“二十二”。

㊵元祯：应为元稹。

㊶唐元和十四年(819)，白居易、元稹、白行简三人曾来此寻幽探胜，赋诗抒怀，并由白居易撰《三游洞序》以记其事，此洞始名“三游”。

㊷卷四有载并有注释，题作《三游洞序》。

㊸本诗卷四有载并有注释，诗题作《三游洞》。此处的“靡靡”，应为“霏霏”。

㊹此诗诗题为《荆门浮舟望蜀》，见本卷“诗”处。

㊺此诗诗题为《送前巫山宰吴殿丞》(李逸安点校《欧阳修全集》卷十一，中华书局 2001 年 3 月第 1 版，第 171 页)。

㊻陆游《入蜀记》有载，卷五中《达人流寓》处有较为详细的介绍，可以参看。

㊼本记卷四有载并有注释，题为《峡州至喜亭记》，可以参看。

诗

蜀道难　梁简文帝[①]

巫山七百里，巴水[②]二[③]回曲[④]。
笛声下复高，猿啼[⑤]断还续[⑥]。

【笺　注】

①此诗可见于逯钦立辑校《先秦汉魏晋南北朝诗》之《梁诗》卷二十（中华书局 1983 年 9 月第 1 版，第 1919—1920 页）。

此篇为梁简文帝《蜀道难》二首中的第二首。〔北宋〕郭茂倩《乐府诗集》卷四十《相和歌辞十五》收录此两首诗，并有序言："《古今乐录》曰：'王僧虔《技录》有《蜀道难行》，今不歌。'《乐府解题》曰：'《蜀道难》备言铜梁玉垒之阻，与《蜀国弦》颇同。'《尚书谈录》曰：'李白作《蜀道难》，以罪严武。后陆畅谒韦南康皋于蜀郡，感韦之遇，遂反其词作《蜀道易》云：'蜀道易，易于履平地。'按铜梁玉垒在蜀郡西南，今永康是也。非入蜀道，失之远矣。"（中华书局 1979 年 11 月第 1 版，第 590 页）此首更契合"蜀道难"诗题。后世以"蜀道难"旧题为诗的不少，无法一一列举。

梁简文帝：即萧纲（503—551），字世缵，小字六通，南兰陵中都里（今江苏常州西北）人。梁武帝萧衍第三子，昭明太子萧统的同母弟。萧纲的文才很好，所作的诗赋伤于轻艳，当时被称为"宫体"。太清二年（548），侯景率叛军攻破京都建康，武帝与萧纲一起被囚。太清三年（549），武帝去世，萧纲即帝位，年号为大宝，在位二年，为侯景所废，幽于永福省，遇弑，年四十九岁。梁元帝即位后，追谥为简文皇帝，庙号太宗。

②巴水：此指三峡段的长江。巴：古族名，也是古代国名，主要活动区域在今重庆东部。

③二：《先秦汉魏晋南北朝诗》作“三”。

④回曲：曲折。

⑤猿啼：猿猴的啼叫。猿啼是古代三峡诗歌和散文中经常出现的一个意象，且多与哀愁有关，可见古时这一带多见此物。如〔唐〕杨炯《巫峡》：“山空夜猿啸，征客泪沾裳。”（中华书局编辑部点校《全唐诗》增订本卷五十，中华书局 1999 年 1 月第 1 版，第 614 页）啼，《文苑英华》作“鸣”，注云，一作“啼”。

⑥断还续：断断续续。

荆门浮舟望蜀　李白①

春水月峡②来，浮舟望安极③。

正见④桃花流⑤，依然锦江⑥色⑦。

【笺　注】

①此诗可见于中华书局编辑部点校《全唐诗》增订本卷一百八十一（中华书局 1999 年 1 月第 1 版，第 1849 页）。蜀：《全唐诗》作“蜀江”，指四川省（包括今重庆市）境内的长江。荆门：即荆门山，在今湖北宜都西北长江南岸。李白（701—762）：字太白，号青莲居士，唐代伟大的浪漫主义诗人，被后人誉为“诗仙”。后世将李白和杜甫并称“李杜”。他继承了前人诗歌创作的全部成就，完成了盛唐诗歌的全面革新。丰富的想象、大胆的夸张、天然清新的语言、壮浪纵恣的风格，使他成为屈原之后最伟大的诗人，代表着我国古典诗歌发展的最高峰。有《李太白集》传世。

②月峡：即重庆巴南的明月峡。峡上石壁有孔，形如满月，故称。

③望安极：怎么能望到尽头呢？即一望无际的意思。

④见：《全唐诗》作“是”。

⑤桃花流：即桃花汛，指桃花盛开时候上涨的江水。

⑥锦江：岷江流经成都的一段河流，也称“府内河”。

⑦此处只节录全诗首四句，后面为：“江色绿且明，茫茫与天平。逶迤巴山尽，摇曳楚云行。雪照聚沙雁，花飞出谷莺。芳洲却已转，碧树森森迎。流目浦烟夕，扬帆海月生。江陵识遥火，应到渚宫城。”

三峡　杜甫①

三峡传何处，双崖②壮此门。
入天犹石色③，穿水忽云根④。
猱玃⑤须髯⑥古，蛟龙窟宅⑦尊。
羲和冬驭近，愁畏日车翻⑧。
峡口⑨大江间，西南控百蛮⑩。
城攲⑪连粉堞⑫，岸断更青山。
开辟当天险⑬，防隅⑭一水关⑮。
乱离⑯闻鼓角⑰，秋气⑱动衰颜。
时清关失险，世乱戟如林⑲。
去矣⑳英雄事，荒哉㉑割据心。
芦花留客晚，枫树坐猿深。
疲苶㉒烦亲故㉓，诸侯㉔数赐金㉕。

【笺 注】

①此处三首诗，第一首诗题《全唐诗》作《瞿塘两崖》（中华书局编辑部点校《全唐诗》增订本卷二百二十九，中华书局 1999 年 1 月第 1 版，第 2506 页），后两首诗题《全唐诗》作《峡口二首》（同上，第 2506 页）。

②双崖：即诗题中的“两崖”，指瞿唐峡口处隔江对峙的山崖。

③此句言双崖极其高，俱为石壁。

④此句言江水中亦多盘踞的大石。云根：即石。

⑤猱玃（náo jué）：泛指猿猴。

⑥须髯：胡须。

⑦窟宅：巢穴，居所。

⑧此二句《杜臆》：“冬时日行南陆，正值崖上。今两崖耸窄，屏去日光，似乎羲和亦畏车翻而却避之者。”冬天太阳运行在南方，正好在此两崖上。两崖耸立逼窄，不见日光，似乎羲和也害怕驾驭的日车翻落而躲避了。羲和：古代神话传说中驾驭日车的神。冬驭近：指冬日太阳运行的轨道，接近两崖这儿。愁畏：忧惧。日车：羲和所驾驭的太阳所乘之车。

⑨峡口：即瞿塘峡口。长江水从白帝山南麓经过，左岸有宽溪来会。此即东溪。溪江汇合处即所谓峡口。

⑩百蛮：统指上江中上游的众多土著民族。

⑪城敧（yǐ）：城墙随白帝山的山势而建，所以看上去像倚靠着山。敧：倚靠。

⑫粉堞（dié）：白色的女墙。夔州城为石头砌成，故女墙色白。女墙：城墙上呈凹凸形的矮墙。

⑬此句言峡口处自天地开辟以来即为天险。开辟：天开地辟，即宇宙创始。

⑭防隅：位于山隅之水防。

⑮水关：在峡口北岸，当东瀼溪入江处，唐人设有上牢关。后来的宋人还设有锁江铁链，至今犹存二柱。

⑯乱离：因遭战乱而流离失所。

⑰鼓角：古代军队中用来发出号令的战鼓和号角，夜则用以记时打更。

⑱秋气：秋天的萧瑟、肃杀之气。

⑲此两句言天下太平时，所有的关隘便险要而无用；世界混乱时，兵器众多，征伐不已。戟：古代一种合戈、矛为一体的长柄兵器，此处泛指兵器。如林：形容多。

⑳去矣：一去不返，已成过去。

㉑荒哉：多么荒诞不足取啊。

㉒疲苶（nié）：疲薾（ěr），疲惫不堪。

㉓亲故：亲戚故旧。

㉔诸侯：唐时称刺史为诸侯。

㉕此两句言羁旅老病，疲惫不堪，烦劳亲友救济。很多的刺史都屡次赠送金银。

上三峡　李白①

巫山峡②青天，巴水流若兹。
巴水或可尽，青天无到时③。
三朝上黄牛④，三暮行大⑤迟。
三朝又三暮，不觉鬓成丝。

【笺　注】

①此诗可见于中华书局编辑部点校《全唐诗》增订本卷一百八十一（中华书局1999年1月第1版，第1849页）。

②峡：《全唐诗》作“夹”。

③此二句言随着峰回水转，三峡江水突然不见，好像已到尽头。高高的巫山把青天夹住，欲上青天却没有可望抵达之时。或：《全唐诗》作“忽”。

④黄牛：《水经注》卷三十四《江水》载："江水又东径黄牛山，下有滩，名曰黄牛滩，南岸重岭叠起，最外高崖间有石，色如人负刀牵牛，人黑牛黄，成就分明，既人迹所绝，莫得究焉。此崖既高，加以江湍纡回，虽途径信宿，犹望见此物，故行者谣曰：朝发黄牛，暮宿黄牛，三朝三暮，黄牛如故。言水路迂深，回望如一矣。"（陈桥驿《水经注校证》，中华书局 2007 年 7 月第 1 版，第 793 页）

⑤大：《全唐诗》作"太"。

三峡　李频[①]

万里西南水，秋来满峡流。
乱山无陆路，行客在孤舟。
汹汹滩声恶，冥冥树色秋[②]。
免为三不吊[③]，终白一生头。

【笺 注】

①此诗可见于中华书局编辑部点校《全唐诗》增订本卷五百八十八（中华书局 1999 年 1 月第 1 版，第 6884 页）。诗题《全唐诗》作《八月上峡》。李频（？—876)，字德新，睦州寿昌（今浙江建德市）人。自少聪颖能文，尤长于诗。有《建州刺史集》（又名《梨岳集》）一卷行世。《全唐诗》编其诗为三卷。

②恶：《全唐诗》作"急"。冥冥：昏暗的样子。秋：《全唐诗》作"愁"。

③三不吊：《礼记·檀弓上》："死而不吊者三：'畏、厌、溺。'"孔颖达疏："此一节论非理横死，不合吊哭之事。"（《礼记正义》卷六，李学勤主编《十三经注疏》本，北京大学出版社 1999 年 12 月第 1 版，第 192 页）意为有三种死亡的情况是不用吊唁的：第一种就是"畏"，即被人强加罪名攻击，自己不做辩解而死的；第二种是"厌"，即自己到危险的地方去，被崩塌之物压死的；第三种是"溺"，即不乘船或不走桥，因此遭遇溺水而亡的。

三峡　何景明[①]

自昔偏安地，于今息战侵。
江穿巫峡隘，山凿鬼门[②]深。
浊浪鱼龙[③]黑，寒天日月阴。
夜猿啼不尽，凄断故乡心。

【笺 注】

①此诗可见于李淑毅等点校《何大复集》卷十五（中州古籍出版社 1989 年 7 月第 1 版，第 224 页）。诗题在《何大复集》作《峡中》。

何景明（1483—1521）：字仲默，号白坡，又号大复山人，河南信阳人。官至陕西提学副使。何景明是明代“文坛四杰”中的重要人物，也是明代著名的“前七子”之一，与李梦阳并称文坛领袖。其取法汉唐，一些诗作颇有现实内容。有《大复集》三十八卷。

②鬼门：即鬼门关。

③鱼龙：鱼和龙，此处泛指峡水中的生物。

自巴东舟行经瞿唐，登巫山最高峰，晚还题壁　李白①

江行几千里，海月十五圆。始经瞿唐峡，遂步巫山巅。巫山高不穷，巴国尽所历②。日边攀垂萝，霞外倚穹石③。飞步④凌绝顶，极目无纤烟。却倾⑤失⑥丹壑⑦，仰观临青天。青天若可扪⑧，银汉⑨去安在。望云知苍梧⑩，记水辩瀛海⑪。周游孤光⑫晚，历览⑬幽意⑭多。积雪照空谷，悲风鸣森柯⑮。归途行欲曛⑯，佳趣⑰尚未歇。江寒早啼猿，松暝⑱已吐月⑲。月色何悠悠，清猿响啾啾⑳。辞山不忍听，挥策㉑还孤舟。

【笺 注】

①此诗可见于中华书局编辑部点校《全唐诗》增订本卷一百八十一（中华书局 1999 年 1 月第 1 版，第 1850 页）。诗题《全唐诗》中作“瞿唐峡”，有一“峡”字。此诗的注释参考《夔州诗全集 · 汉至五代卷上》（重庆出版社 2009 年 11 月第 1 版，第 58—60 页）。巴东：指夔州。夔州自汉末至南朝，一直为巴东郡治所在地，此乃以古称代指。从诗题看，李白此次行程是由夔州出发，经瞿塘峡而至巫山，并在巫山登其最高峰。

②此二句极言巫山之高，高得没有尽头；登上峰顶，古代巴国所在地域都尽收眼底，看得分明。不穷：无穷，没有尽头。巴国：我国周代分封的诸侯国，姬姓，子爵。据〔晋〕常璩《华阳国志 · 巴志》载：“武王既克殷，以封其宗姬于巴，爵之以子。”（刘琳《华阳国志校注（修订版）》，成都时代出版社 2007 年 6 月第 1 版，第 4 页）从这段材料可知，巴国受封于周武王，迄今为止已有三千多年的历史。其疆域据《华阳国志·巴志》载：“其地东至鱼复（今重庆市奉节县，笔者注，后同），西至僰道（今四川省宜宾市），北接汉中（今陕西省汉水流域），南极黔、涪（今重庆、湖北、湖南、

贵州四省市接壤一带）。”（同上，第 6 页）但随着巴国国力的盛衰，其领地有变化。后灭亡于公元前 316 年的战国中期，约有八百年历史。历：分明，清楚。

③穹石：大石。

④飞步：快步，疾步。

⑤却倾：回顾，回头看。

⑥失：指看不见。

⑦丹壑：呈赤褐色的深谷。

⑧扪（mén）：按，摸。

⑨银汉：天河，银河。此句言银河昼隐而不见。

⑩苍梧：山名，又名九嶷山。位于湖南省南部宁远县境内，属南岭山脉之萌渚岭，纵横两千余里。其得名于舜帝之南巡。《山海经·海内经》：“南方苍梧之丘，苍梧之渊，其中有九嶷山，舜之所葬，在长沙零陵界中。”〔东晋〕郭璞注：“山今在零陵营道县南，其山九溪皆相似，故云‘九疑’；古者总名其地为苍梧也。”（袁珂《山海经校注》，巴蜀书社 1993 年 4 月第 1 版，第 521 页）此句言登巫山而望其云，即可知苍梧之所在。

⑪瀛（yíng）海：大海。此句言登巫山而望其水，则可辨识大海之所在。

⑫孤光：犹孤影。

⑬历览：遍览，逐一地看。

⑭幽意：幽深的思绪。

⑮森柯：茂密的树枝。

⑯曛（xūn）：昏暗。此处指黄昏。

⑰佳趣：高雅的情趣。

⑱暝：日暮。

⑲吐月：形象的说法，指月亮从山上升起来时，就像山把月亮吐出来一般，故云“吐月”。

⑳啾啾：象声词，泛指鸟兽等发出的各种凄切尖细的声音。

㉑策：手杖

早发白帝城　李白①

朝辞白帝彩云间，千里江陵一日还。
两岸猿声啼不尽，扁②舟已过万重山。

【笺 注】

①此诗可见于中华书局编辑部点校《全唐诗》增订本卷一百八十一（中华书局1999年1月第1版，第1850页）。

②扁：《全唐诗》作“轻”。

三峡　孙光宪[①]

门前春水白蘋[②]花，岸上无人小艇斜。
商女经过江欲暮，撒[③]抛残食饲神鸦[④]。

【笺 注】

①《全唐诗》诗题作《竹枝词二首》（中华书局编辑部点校《全唐诗》增订本卷七百六十二，中华书局1999年1月第1版，第8745页）。此处选录的是第一首。

②白蘋：水中的浮草。

③撒：《全唐诗》作“散”。

④神鸦：此指逐舟觅食的乌鸦，旧时称乌鸦为神鸦。

松滋望峡　刘禹锡[①]

渡头轻雨洒寒梅，云际溶溶雪水来[②]。
梦渚[③]草长迷楚望[④]，夷陵土黑有秦灰[⑤]。
巴人泪应猿声落，蜀客船从鸟道[⑥]回。
十二碧峰[⑦]何处所，永安宫[⑧]外有荒台[⑨]。

【笺 注】

①《全唐诗》诗题作《松滋渡望峡中》（中华书局编辑部点校《全唐诗》增订本卷三百五十九，中华书局1999年1月第1版，第4057页）。此诗的注释参考《夔州诗全集·汉至五代卷上》（重庆出版社2009年11月第1版，第121—122页）。松滋渡：又名灌子口，唐时属江陵府，在今湖北松滋市西。这首诗当作于刘禹锡由夔州调任和州刺史时，沿江东下，途经松滋渡时。刘禹锡(772—842)：字梦得，洛阳（今河南省洛阳市）人。曾任夔州刺史。《新唐书·艺文志》著录《刘禹锡集》四十卷。今有《刘禹锡集》三十卷、外集十卷。

②此句言在松滋渡回望刚刚经过的三峡，因为三峡地势很高，充满寒意的江水好像从云边滚滚而来。云际：云边。

③梦渚：指云梦泽水中之陆地。古代云梦为二泽，江南为梦泽，江北为云泽，今洪湖一带数十个大小湖泊，就是它的遗迹。

④楚望：指楚国的山川。

⑤前句写眼前之景，此句言战国末期秦将白起攻陷楚国郢都、焚毁夷陵楚先王坟墓事。楚顷襄王二十年（前 279），秦将白起攻破郢都，并在夷陵烧毁楚先王陵墓，迫使楚都东迁至陈（今河南淮阳）。

⑥鸟道：陡峭狭隘的山间小路。

⑦十二碧峰：指巫山十二峰，分别为长江北岸的登龙峰、圣泉峰、朝云峰、神女峰、松峦峰、集仙峰，长江南岸的飞凤峰、翠屏峰、聚鹤峰、净坛峰、起云峰、上升峰。其中尤以神女峰闻名。

⑧永安宫：章武二年 (222)，刘备率四万大军东下，为大将关羽报仇，却遭东吴大将陆逊火攻连营而失败，还守鱼复（今奉节县），改鱼复县名永安，营亦名永安宫。

⑨荒台：指巫山楚阳台。阳台在奉节东去六十余里水程的巫山城郊。

最后两句意为：巫山十二峰已经望不到了，只记得永安宫外曾是神女行云布雨的古阳台。

大历三年春，白帝城放船出瞿唐峡，久居夔府，将适江陵，漂泊有诗凡四十韵　杜甫[1]

老向巴人里，今辞楚塞隅[2]。入舟翻[3]不乐，解缆[4]独长吁[5]。窄转[6]深啼狖[7]，虚[8]随乱浴凫[9]。石苔[10]凌[11]几杖[12]，空翠[13]扑肌肤。叠壁[14]排霜剑[15]，奔泉[16]溅水珠。杳冥[17]藤上下，浓淡树荣枯[18]。神女峰[19]娟妙[20]，昭君宅[21]有无。曲留[22]明怨惜[23]，梦尽[24]失欢娱。摆阖[25]盘涡[26]沸，攲斜[27]激浪输[28]。风雷[29]缠地脉[30]，冰雪[31]曜[32]天衢[33]。鹿角[34]真趋[35]险，狼头如跋胡[36]。恶滩宁变色[37]，高卧负微躯[38]。书史全倾挠[39]，装囊半压濡[40]。生涯临臬兀[41]，死地[42]脱[43]斯须[44]。不有平川[45]决[46]，焉知众壑趋[47]。乾坤[48]霾[49]涨海[50]，雨露洗春芜[51]。鸥鸟牵丝飏[52]，骊龙[53]濯[54]锦[55]纡[56]。落霞沉绿绮[57]，残月坏金枢[58]。泥笋苞初荻，沙茸出小蒲[59]。雁儿争水马[60]，燕子逐樯乌[61]。绝岛[62]容烟雾，环州[63]纳晓晡[64]。前闻辨陶牧[65]，转眄[66]拂[67]宜都[68]。县郭[69]南畿[70]好[71]，津亭[72]北望[73]孤[74]。劳心[75]依憩息，朗咏[76]划[77]昭苏[78]。意遣乐还笑[79]，衰迷贤与愚[80]。飘萧[81]将[82]素发[83]，汩没[84]听[85]洪炉[86]。丘壑曾忘返，文章[87]敢自诬。此生遭圣代[88]，谁分[89]哭穷途[90]。卧疾[91]淹[92]为客，蒙恩[93]早厕儒[94]。廷争[95]酬造化[96]，朴直乞江湖。滟滪险相迫，沧浪[97]深可逾。浮名寻[98]已已[99]，懒计[100]却区区[101]。喜近天皇寺[102]，先披古画图[103]。应经帝子渚[104]，同泣舜[105]苍梧[106]。朝士[107]兼戎服[108]，君王按[109]湛卢[110]。旄头[111]初俶扰[112]，鹑首[113]丽[114]泥涂[115]。甲卒[116]身虽贵，书生[117]道固殊。出尘[118]皆野鹤[119]，历块[120]匪[121]辕驹[122]。伊吕[123]终难降[124]，韩彭[125]不易呼[126]。五云[127]高太甲[128]，六月旷抟扶[129]。回首黎元[130]病[131]，争权将帅诛。山林托[132]疲苶[133]，未必免崎岖。

【笺　注】

①此诗可见于中华书局编辑部点校《全唐诗》增订本卷二百三十二（中华书局1999年1月第1版，第2552—2553页）。大历三年：即768年。此诗完成于杜甫离开夔州、达到江陵府这段时间。

②巴人、楚塞：皆指夔府。杜诗对巴蜀区分极明确，对成都、彭、绵等州称蜀，对巴、阆、梓、遂等州称巴，皆于诗中可见。夔府古名巴东，为巴人之东境，故杜甫云“老向巴人里”；夔府又为楚峡之起点，故又称“今辞楚塞隅”（录自《夔州诗全集·汉至五代卷下·杜甫一》，重庆出版社2009年11月第1版，第671页。此诗的注释多参考于此，后不再特别标明）。其中“巴人”，抄本作“巫人”。

③翻：表示转折，相当于“反而”“却”。

④解缆：解去系船的缆绳，开始出发。

⑤长吁：长叹。

⑥转：舟行随山而转。

⑦深啼狖（yòu）：藏在深山处啼叫的大猿。

⑧虚：峡内空阔处。

⑨随乱浴凫：随凫，舟行随水鸟而下。乱浴，形容水鸟之多。

⑩石苔：石上滋生的苔藓。

⑪凌：迫近。

⑫几杖：坐几和手杖。说明杜甫在船中凭几而坐，用手杖指点众山。

⑬空翠：指绿色的草木。

⑭叠壁：重叠的山壁。

⑮霜剑：白亮锐利的剑。

⑯奔泉：指峡中的山壁间有飞泉喷溅。

⑰杳冥：阴暗的样子。

⑱荣枯：茂盛与枯萎。

⑲神女峰：巫山十二峰之一，又名望霞峰。位于巫峡北岸，离巫山县城15千米，介于朝云峰、松峦峰之间，海拔922米。峰顶一石柱亭亭玉立，高6.4米，传说为

巫山神女瑶姬的化身，故名“神女峰”。每天晨迎朝云，暮送晚霞，故又名“望霞峰”。

⑳娟妙：秀美。

㉑昭君宅：在今湖北省兴山县南妃台山下之昭君村内。王昭君：即汉元帝宫人王嫱，字昭君，晋代避司马昭讳，改称明君，后人又称之为明妃。

㉒曲留：指王昭君北嫁时所奏之曲调仍在流传。〔西晋〕石崇《王明君辞并序》：“王明君者，本是王昭君，以触文帝讳，故改之。匈奴盛，请婚于汉，元帝以后宫良家子明君配焉。昔公主嫁乌孙，令琵琶马上作乐，以慰其道路之思。其送明君，亦必尔也。其造新曲，多哀怨之声，故叙之于纸云尔。”（逯钦立辑校《先秦汉魏晋南北朝诗》，中华书局 1983 年 9 月第 1 版，第 642—643 页）按，石崇指昭君之乐器为琵琶，杜甫《咏怀古迹五首》之三“千载琵琶作胡语，分明怨恨曲中论”，即本此。

㉓怨惜：悲怨惋惜。

㉔梦尽：楚襄王梦遇巫山神女事。见〔战国 · 楚〕宋玉《神女赋》。

㉕摆阖：形容舟行颠簸的样子。

㉖盘涡：水旋流形成的深涡。

㉗攲斜：倾斜。

㉘输：流动。

㉙风雷：此指舟行峡中的水声如同狂风、暴雷。

㉚地脉：地形的走势，像人有经脉，故称。

㉛冰雪：此指三峡两岸山头的积雪。

㉜曜：照耀。《全唐诗》作“耀”。

㉝天衢：天空广阔，任意通行，如世之广衢，故称天衢。衢：四通八达的道路。

㉞鹿角：和下句的“狼头”，为三峡中的险滩，今不知具体位置。

㉟趋：《全唐诗》作“走”。

㊱此句言狼头滩如狼渡江，狼头露出水面，胡子浸在水中。

㊲此句言面对这些险滩，怎能不变色。

㊳高卧：因身体不佳，途中常卧而不起。负微躯：言美景在途，卧而不能观，故觉辜负此身。或言将身犯险，置己于危难中，实辜负此身。微躯：微贱的身躯，常用作谦辞。

㊴书史：此处指杜甫舟中所载书籍。倾：侧也。挠：乱也。书卷本应端置，因舟行激烈摇晃，致倾倒散乱。

㊵装囊：行李箱。压：互相挤压。濡：被水打湿。此亦因舟中激烈摇晃之故。

㊶臬兀（niè wū）：即鼿卼，动摇不安的样子。

㊷死地：绝境。此处言夷陵以上的三峡江路充满威胁。

㊸脱：脱离死地。

㊹斯须：片刻。

㊺平川：广阔的平地。此处指经过三峡后，江面忽然开阔。以上言夷陵以上之江路。

㊻决：疏通水道。

㊼众壑趋：指长江为众多山谷支流之水所趋注。

㊽乾坤：天地。

㊾霾：天色晦暗，天阴。

㊿涨海：江面广大，如同南海。涨海：南海的古称。

51春芜：江水两岸之平原。

52丝飏：雨丝飘扬。《全唐诗》作"丝扬"。

53骊龙：古代指黑色的龙。

54濯：在水中嬉戏。

55锦：织锦，此处形容江水如锦。

56纡：弯曲。

57绿绮：琴名。〔西晋〕张载《拟四愁诗》："佳人遗我绿绮琴，何以赠之双南金。"李善注引傅玄《琴赋序》云："齐桓公有鸣琴曰号钟，楚庄有鸣琴曰绕梁，中世司马相如有绿绮，蔡邕有燋尾，皆名琴也。"（〔南朝·梁〕萧统编《文选》卷三十，上海古籍出版社 1986 年 8 月第 1 版，第 1431 页）乃汉代著名文人司马相如的名琴。后"绿绮"就成了古琴的别称。

58金枢：传说中月亮没入之处。

59二句言就岸晚炊之景。

泥笋：竹傍水生，故笋有泥。

苞：通"包"，包裹。初荻：初生之芦荻。

沙茸：沙洲之茸，草花也。

小蒲：初生之蒲草。

60雁儿争水马：鸿雁相争欲停马背上。水马：即马。〔东晋〕郭璞《山海经图赞·北山经·水马》："马实龙精，爰出水类。渥洼之骏，是灵是瑞。昔在夏后，亦有阳驷。"（〔清〕严可均《全上古三代秦汉三国六朝文》之《全晋文》卷一百二十二，商务印书馆 1999 年 10 月第 1 版，第 1306 页）

61逐樯乌：追逐船上桅杆上面的乌鸦。

㉒绝岛：江中的小岛。

㉓环州：《全唐诗》作“环洲”，应是。环洲：圆形的沙洲。

㉔晓晡（bū）：朝夕。晡：申时，即午后三点至五点。

㉕陶牧：地名，见〔东汉〕王粲《登楼赋》“北弥陶牧，西接昭丘”，《文选》李善注引盛弘之《荆州记》以江陵县城郊外有陶朱公墓，故称为陶牧（〔南朝·梁〕萧统编《文选》卷十一，上海古籍出版社1986年8月第1版，第490页）。杜甫以用典方式，取陶牧代表荆州城。事实上，杜甫并未下船分辨陶朱公墓是否在此，仅以陶牧典故代表江陵府。言江陵府界已在前方不远。

㉖转眄：转眼，喻时间短促。

㉗拂：拂过。

㉘宜都：古县名。〔后晋〕刘昫等《旧唐书》卷三十九《地理志二·山南东道·硖州下》：“宜都，汉夷道县，属南郡。陈改为宜都，隋改为宜昌，属荆州。武德二年，置江州，领宜昌一县，寻改为宜都。”（中华书局1975年5月第1版，第1554页）今湖北宜昌市。

㉙县郭：江陵府治城之附郭首县江陵县。

㉚南畿：江陵府为南都，江陵县为江陵府之属县，故得称南畿。《三峡通志校注》认为指今松滋市：“肃宗上元元年（760）以江陵府为南都，松滋在江陵西南不远，故曰‘南畿’。”

㉛好：言远观而睹其壮丽。

㉜津亭：古代建于渡口旁的亭子。

㉝北望：江陵城在长江北岸，杜甫舟在江中，故须北望。

㉞孤：言其独立于城外水际。

㉟劳心：忧心。

㊱朗咏：高声吟诵。

㊲划：副词，忽然。

㊳昭苏：恢复生机。

㊴意遣乐还笑：情意驱使着我不自觉地快乐和欢笑。

㊵衰迷贤与愚：体衰使我迷惑不知谁为贤、谁为愚。

㊶飘萧：鬓发稀疏的样子。

㊷将：把，持。

㊸素发：白发。

㊹汩没：埋没。

㊷听：任凭。

⑧洪炉：天地造化。

⑧文章：此处指作者所为之诗赋作品。

⑧圣代：旧时对于当代的谀称。

⑧谁分：谁料。

⑨穷途：路的尽头，比喻处于困窘的境地。

⑨卧疾：卧病。

⑨淹：滞留。

⑨蒙恩：受恩惠。

⑨厕儒：杜甫言开元二十三年（735）自己蒙诏以“蔚为儒首”条件，由河南府（开元元年将洛州更名河南府，即今洛阳）贡举。此次贡举乃根据唐玄宗开元二十三年春正月乙亥（十八日，735 年 2 月 15 日）之《春郊礼成推恩制》：“朕之爵位，唯待贤能，虽选士命官，则有常调，而安卑遁迹，尚虑遗才。其内外八品以下官，及草泽间有学业精博，蔚为儒首，文词雅丽，通于政术，为众所推者，各委本州本司长官，精加搜择，具以闻荐。”（周绍良主编《全唐文新编》卷二十四，吉林文史出版社 2000 年 12 月第 1 版，第 303 页）但杜甫没有中式。

⑨廷争：指至德二年至乾元元年（757—758）任职左拾遗时事。但杜甫很快因营救房琯，触怒肃宗，被贬，并从此失去了肃宗的重用。

⑨造化：此处指唐肃宗。

⑨沧浪：指汉水中游均县至襄阳一段，不是传统注家说的汉水别流。

⑨寻：顷刻，不久。

⑨已已：停止。叠用加重语气。此言自己将死，死后声名将完全无用，而归于止息。

⑩懒计：偷懒之计。

⑩区区：形容数量少或不重要。

⑩天皇寺：在江陵城东。〔北宋〕赞宁《宋高僧传》卷十《唐荆州天皇寺道悟传》：“有天皇寺者，据郡之左，标异他刹，号为名蓝。”（中华书局 1987 年 8 月第 1 版，第 232 页）

⑩古画图：指南朝梁张僧繇之画。〔北宋〕李昉等编《太平广记》卷二百一十一《画 · 张僧繇》：“梁张僧繇，吴人也。天监中，为武陵王国将军、吴兴太守。武帝修饰佛寺，多命僧繇画之……江陵天皇寺，明帝置，内有柏堂，僧繇画卢舍那像及仲尼十哲。”（张国风《太平广记会校》，北京燕山出版社 2011 年 11 月第 1 版，第 3236 页）

⑩帝子渚：乃洞庭湖。洞庭湖北与江陵府相接，故杜甫思往游。其后，杜甫登上岳阳楼赋诗，已是大历四年（769）正月。帝子渚典故见《楚辞·九歌·湘夫人》："帝子降兮北渚，目眇眇兮愁予。袅袅兮秋风，洞庭波兮木叶下。"王逸注："帝子，谓尧女也。"（〔北宋〕洪兴祖《楚辞补注》，中华书局 1983 年 3 月第 1 版，第 64—65 页）然则，杜甫所谓帝子渚乃洞庭湖也。帝子：指娥皇、女英，传说为尧的女儿。

⑮舜："五帝"之一，姓姚，名重华，山东诸城人，我国上古时期部落联盟首领。

⑯苍梧：地名，舜去世后就葬在苍梧之九疑山（亦名九嶷山）。《山海经·海内经》："南方苍梧之丘，苍梧之渊，其中有九嶷山，舜之所葬，在长沙零陵界中。"〔东晋〕郭璞注："山今在零陵营道县南，其山九溪皆相似，故云'九疑'；古者总名其地为苍梧也。"（袁珂《山海经校注》，巴蜀书社 1993 年 4 月第 1 版，第 521 页）

⑰朝士：朝廷之士，泛称中央官员。

⑱戎服：军服，泛指士兵。

⑲按：按剑而起，形容其怒。

⑩湛卢：古代宝剑名，传为春秋时欧冶子所铸。《越绝书》卷十一《越绝外传·记宝剑》："欧冶乃因天之精神，悉其伎巧，造为大刑三、小刑二：一曰'湛卢'，二曰'纯钧'，三曰'胜邪'，四曰'鱼肠'，五曰'巨阙'。"（浙江古籍出版社 2013 年 11 月第 1 版，第 70 页）

⑪旄头：星名，即昴星，二十八宿之一。〔东汉〕班固《汉书》卷二十六《天文志》："昴曰旄头，胡星也，为白衣会。"（中华书局 1962 年 6 月第 1 版，第 1278 页）将旄头解释为胡星，故杜甫借指安史之乱。

⑫俶扰：动乱。

⑬鹑（chún）首：星次名，指朱鸟七宿中的井宿和鬼宿。〔唐〕房玄龄等《晋书·天文志》："自东井十六度至柳八度为鹑首，于辰在未，秦之分野，属雍州。"（中华书局 1974 年 11 月第 1 版，第 309 页）古代以之为秦之分野，故借指秦地。

⑭丽：照临。

⑮泥涂：泥泞的道路。指陷入灾难、困苦之中。此言安史之乱，长安沦陷，秦地（即关中）扰乱，人民流离失所，如行于泥泞之途。

⑯甲卒：披甲的士卒，泛指士兵。

⑰书生：杜甫自谓。

⑱出尘：超出世俗。

⑲野鹤：比喻隐士。

⑳历块：〔东汉〕班固《汉书·王褒传》载其《圣主得贤臣颂》："过都越国，

蹶如历块。”颜师古注：“如经历一块，言其疾之甚。”（中华书局 1962 年 6 月第 1 版，第 2823 页）言马的速度很快，穿越很大的国都，仅仅如经历一个土块。后以“历块”形容疾速。

⑫匪：假借为“非”，表示否定。

⑫辕驹：即辕下驹，指车辕下不惯驾车之幼马。多比喻少见世面器局不大之人。

⑫伊吕：指伊尹和吕尚，商伊尹辅商汤，西周吕尚佐周武王，皆有大功，后因并称伊吕泛指辅弼重臣。

⑫降：降临，诞生。

⑫韩彭：汉代名将淮阴侯韩信与建成侯彭越的并称。

⑫不易呼：言诸将多拥兵自重，不服指挥。〔西汉〕司马迁《史记》卷七《项羽本纪》：“汉五年，汉王乃追项王至阳夏南，止军，与淮阴侯韩信、建成侯彭越期会而击楚军。至固陵，而信、越之兵不会。”（郭逸、郭曼标点《史记》，上海古籍出版社 1997 年 8 月第 1 版，第 229 页）

⑫五云：彩云。

⑫太甲：星名，即太乙。仇兆鳌注引严羽《沧浪诗话》：“太甲，即太乙。甲乙相近而误用也。”（〔清〕仇兆鳌《杜诗详注》，中华书局 1979 年 10 月第 1 版，第 1874 页）

⑫抟扶：犹抟风，即旋风。

⑬黎元：百姓。

⑬病：因安史之乱所受到的祸害。

⑬托：托付。

⑬疲苶：即疲薾，困苦疲惫。

最能行　杜甫[1]

峡中丈夫[2]绝轻死[3]，少在公门[4]多在水。富豪有钱驾大舸[5]，贫穷取给行艓子[6]。小儿学问止《论语》[7]，大儿结束[8]随商旅[9]。攲帆侧柂[10]入波涛，撇漩捎濆无险阻[11]。朝发白帝暮江陵，顷来目击信有征[12]。瞿塘漫天虎须[13]怒，归州长年[14]与最能[15]。此乡之人气量窄，误竟南风疏北客[16]。若道土无英雄才，何得山有屈原宅[17]。

【笺　注】

①此诗可见于中华书局编辑部点校《全唐诗》增订本卷二百二十一（中华书局 1999 年 1 月第 1 版，第 2340 页）。

最能：最能为水手。

②丈夫：男子。

③轻死：不怕死。杜甫为北方人，视水为畏途，见峡中男子以船为业，故惊为轻死。

④公门：即衙门。这句言不重读书，多习驾船。

⑤舸：《方言》，“南楚江湖湘，凡船大者谓之舸。”

⑥艓子：小船。此句言穷人驾小船谋生。

⑦《论语》：儒家经典之一，记录孔子及其弟子言行的一本书。

⑧结束：装束；打扮。

⑨商旅：往来各地买卖货物的商人。

⑩柂：同“舵”。

⑪这一句写操舟的技巧。漩，是漩涡，濆，是濆涌。驾船的遇漩则撇开，遇濆则捎过。无险阻，如履平地。

⑫征：征验。

⑬虎须：指虎须滩。

⑭长年：远行船上的水手。

⑮与最能：谓通瞿塘、虎须很容易。

⑯此句浦起龙注云：“竞南疏北者，竞为南中轻生逐利之风，而疏于北方文物冠裳之客也。解者以为恃强慢吝，谬甚。”（〔清〕浦起龙《读杜心解》，中华书局1961年10月第1版，第297页）

⑰屈原宅：指秭归县屈原故宅。〔北魏〕郦道元《水经注》卷三十四《江水》：“（秭归）县北一百六十里有屈原故宅。”（陈桥驿《水经注校证》，中华书局2007年7月第1版，第791页）归州与夔州同属峡中州郡，且同属夔州都督府管辖，故此诗言夔州男子，而举归州屈原为例（《夔州诗全集·汉至五代卷下》，重庆出版社2009年11月第1版，第1131页）。

赋

江赋 节文　郭璞[①]

咨[②]五才[③]之并用[④]，寔[⑤]水德[⑥]之灵长[⑦]。惟岷山之导江[⑧]，初发源乎滥觞[⑨]。聿[⑩]经始[⑪]于洛沫[⑫]，拢[⑬]万川[⑭]乎巴梁[⑮]。冲巫峡[⑯]以迅激[⑰]，跻[⑱]江津[⑲]而起涨[⑳]。极洪量[㉑]而海运[㉒]，状滔天[㉓]以淼茫[㉔]。揔括[㉕]汉泗[㉖]，兼包[㉗]淮湘[㉘]。并吞[㉙]沅澧[㉚]，汲引[㉛]沮漳[㉜]。源二分于崌崃[㉝]，流九派[㉞]乎[㉟]浔阳[㊱]。鼓[㊲]洪涛于赤岸[㊳]，沦[㊴]余波[㊵]乎柴桑[㊶]。纲络[㊷]群流[㊸]，商搉[㊹]涓浍[㊺]，表[㊻]神委[㊼]于江都[㊽]，混流[㊾]宗[㊿]而东会[51]。注五湖[52]以漫漭[53]，灌三江[54]而溯沛[55]。滈汗[56]六州[57]之域，经营[58]炎景[59]之外[60]。所以作限[61]于华裔[62]，壮天地之险介[63]。

【笺 注】

①本赋可见于〔南朝·梁〕萧统编《文选》卷十二（上海古籍出版社 1986 年 8 月第 1 版，第 557—560 页）。关于赋题，〔唐〕李善注："《释名》曰：'江者，公也，出物不私，故曰公也。'《风俗通》曰：'江者，贡也，为其出物可贡。'《晋中兴书》曰：'璞以中兴王宅江外，乃著《江赋》，述川渎之美。'"郭璞（276—324）：字景纯，河东闻嘉（今属山西）人。博学有高才，精于五行、天文、卜筮之术，喜古文奇字，善词赋。注《尔雅》《山海经》《子虚赋》等。此处多参考程地宇等《巫山诗文·先秦至隋代部分》中《江赋》的注释（重庆出版社 2011 年 12 月第 1 版，第 336—347 页）。

②咨：叹词。多表赞赏。《尚书·尧典》："帝曰：'咨！汝羲暨和。'"〔西汉〕孔安国传："咨，嗟。"（《尚书正义》卷二，李学勤主编《十三经注疏》本，北京大学出版社 1999 年 12 月第 1 版，第 30 页）

③五才：五种物质，即金、木、水、火、土。《左传·襄公二十七年》："天生五材，

民并用之，废一不可。”〔晋〕杜预注：“五材，金、木、水、火、土也。”（《春秋左传正义》卷三十八，李学勤主编《十三经注疏》本，北京大学出版社 1999 年 12 月第 1 版，第 1065 页）

④并用：兼用、合用。

⑤寔：通“实”，确实。

⑥水德：五德之一，古代阴阳家把金、木、水、火、土五行看成五德，认为历代王朝各代表一德，按照五行相克或相生的顺序，交互更替，周而复始。〔汉〕班固《典引》：“肇命民主，五德初始。”〔东汉〕蔡邕注：“五德，五行之德。自伏羲已下，帝王相代，各据其一行。始于木，终于水，则复始也。”（〔南朝·梁〕萧统《文选》卷四十八，上海古籍出版社 1986 年 8 月第 1 版，第 2159 页）按，本文所谓“水德”当为李善题下注所云“江者，公也”“江者，贡也，为其出物可贡”之意。

⑦灵长：广远绵长。李善注：“《左氏传》：‘宋子罕曰：天生五材，人并用之，废一不可。’杜预曰：‘金、木、水、火、土也。’《淮南子》曰：‘夫水者，大不可极，深不可测，无公无私，水之德也。’”

⑧惟岷山之导江：谓岷山是江水的发源地。导江，语出《禹贡》：“岷山导江，东别为沱。”（《尚书正义》卷六，李学勤主编《十三经注疏》本，北京大学出版社 1999 年 12 月第 1 版，第 163 页）据此，古人认为长江的发源地是岷山，而岷江是其正源。关于长江之源，在不同的历史时期有不同的认识：古人以今岷江为长江之正源；西汉以绳水为长江源；唐以犁牛河为长江源；明以金沙江为长江源。清康熙间实际考察了江源，以发源于青藏高原之巴萨通拉木山之木鲁乌苏河为源，喀七乌兰木伦河（今尕尔曲河）为二源，拜都河（今拜渡河）为三源，三源合流，水势始盛，又纳阿克打木河（今阿克达木河）、托克托乃乌兰木伦（今沱沱河）、那木七图乌兰木伦（今楚玛尔河）后始称金沙江。民国人认为长江为南北二源，北源为楚玛尔河，出青海可可西里山；南源为木鲁乌苏河，出唐古拉山，汇合为通天河，以北源为正源，全长 5800 千米。1976 年对江源实地考察，以青藏高原唐古拉山主峰各拉丹冬大雪山西南侧为发源地，以沱沱河为正源，全长 6300 多千米，为世界第三大河。今青海玉树以上为通天河，玉树直门达以下称金沙江，四川宜宾以下称长江。

⑨滥觞：指江河发源处水很小，仅可浮起酒杯。〔北魏〕郦道元《水经注》卷三十三《江水》：“江水自此已上至微弱，所谓发源滥觞者也。”（陈桥驿《水经注校证》，中华书局 2007 年 7 月第 1 版，第 765 页）

⑩聿（yù）：助词。用于句首。

⑪经始：犹言始经，最初经过。

⑫洛沫（mèi）：洛，洛水，今四川成都平原东北之石亭江。沫：沫水，一名溦水，涐水。即今四川西部大渡河。

⑬拢：聚合在一起，到一块儿。李善注："拢，犹括束也。"

⑭万川：众多河流。

⑮巴梁：均为地名，即巴郡、梁州。李善注："巴，郡名也。梁，州名也。"按，巴郡，战国周赧王元年（前314）秦置。治所在江州县（今重庆市渝中区）。西汉辖境相当于今四川旺苍、西充、永川、綦江以东，大巴山以南，巫山以西地区。东汉时曾移治嘉陵江北岸。兴平元年（194）刘璋改为永宁郡，建安六年（201）复为巴郡，属益州。西晋属梁州。南朝宋属益州。齐属巴州，改江州县为垫江县。梁于郡县置楚州。北周改垫江县为巴县。隋开皇三年（583）废。大业三年（607）改渝州为巴郡。唐武德元年（618）复改为渝州。梁州，三国魏景元四年（263）分益州置，治所在沔阳县（今陕西勉县东旧州铺）。西晋太康元年（280）移治南郑县（今陕西南郑区）。辖境相当今陕西秦岭以南，大巴山以西，四川青川、江油、中江、遂宁，重庆市璧山、綦江等区县以东及贵州桐梓、正安等县地。其后治所屡有迁徙，先后治西城县（今安康市西北）、苞中县（今汉中市西北大钟寺）、城固县（今城固县东）等县。南朝宋元嘉十一年（434）还治南郑县。隋大业三年（607）废。唐武德元年（618）复置，辖境相当今陕西汉中、城固、南郑、勉县等市县及宁强县北部地区。天宝元年（742）改为汉中郡，乾元元年（758）复为梁州。兴元元年（784）升为兴元府。

⑯巫峡：三峡之一，西起重庆市巫山县大宁河口，东至湖北省巴东县官渡口，全长44.5千米。亦泛指三峡。

⑰迅激：迅速而猛烈。

⑱跻：升登，达到。

⑲江津：地名，在今湖北省荆州市南长江中。〔北魏〕郦道元《水经注》卷三十四《江水》："城南有马牧城，西侧马径。此洲始自枚回，下迄于此，长七十余里。洲上有奉城，故江津长所治。旧主度州郡，贡于洛阳，因谓之奉城，亦曰江津戍也。戍南对马头岸，昔陆抗屯此与羊祜相对，大宏信义，谈者以为华元、子反，复见于今矣。北对大岸，谓之江津口，故洲亦取名焉。江大自此始也。《家语》曰：'江水至江津，非方舟避风，不可涉也。故郭景纯云：济江津以起涨，言其深广也。'"（陈桥驿《水经注校证》，中华书局2007年7月第1版，第797—798页）

⑳起涨：开始涨。李善注："涨，水大之貌。"

㉑极洪量：《文选》作"极泓量"，穷尽巨大的水量，犹言最大限度地聚集水量。

㉒海运：海动。谓海动风起。

㉓滔天：弥漫天际，形容水势极大。

㉔淼茫：水广远貌。

㉕揔括：即总括，统领，率领。揔：同“总”。

㉖汉泗：汉水和泗水。汉水，也称汉江，为长江最长的支流。发源于今陕西省宁强县，流经湖北省，在武汉市入长江。《尚书·禹贡》：“嶓冢导漾，东流为汉。”〔汉〕孔安国传：“泉始出山为漾水，东南流为沔水，至汉中东流为汉水。”（《尚书正义》卷六，李学勤主编《十三经注疏》本，北京大学出版社 1999 年 12 月第 1 版，第 162 页）泗水，发源于今山东省泗水县东五十里陪尾山。四源并发，故名。古泗水自鲁桥以下又南循今运河至南阳镇，穿南阳湖而南，经昭阳湖西、江苏沛县东，又南至徐州市东北循淤黄河东南流至清江市西南，注入淮河。其后河道屡经变动，或为黄河所夺，或为南北漕运所经，或淤废。李善注：“郭璞《山海经》注曰：‘泗水出鲁国卞县，至临淮下相县入淮。’《孟子》曰：‘禹决汝、汉，排淮、泗，而注之江。’”

㉗兼包：兼容并包。

㉘淮湘：淮河与湘江。淮河，源出河南省桐柏山，东流经河南、安徽等省到江苏省入洪泽湖。洪泽湖以下，主流出三河经高邮湖由江都区三江营入长江。全长约 1000 千米，流域面积 18.7 万平方千米。下游原有入海河道，南宋绍熙五年（1194）黄河夺淮后，河道淤高，遂逐渐以入江为主。湘江，今湖南省最大的河流。源出广西灵川县东、海洋山西麓，东北流贯湖南省东部，经永州、衡阳、湘潭、长沙等地至湘阴县芦林潭入洞庭湖，长 817 千米。

㉙并吞：兼并侵吞。

㉚沅澧：沅江和澧水。沅江，古代也叫沅水。上游称清水江，源出贵州省云雾山，自湖南省黔城镇以下始名沅江。东北流经黔阳、常德到汉寿入洞庭湖。澧水，源出湖南省西北与湖北省鹤峰县交界处，向东南流经桑植，再向南向东经大庸、慈利、石门、澧县、津市，再向南流入七里湖。《尚书·禹贡》：“岷山导江，东别为沱，又东至于澧。”（《尚书正义》卷六，李学勤主编《十三经注疏》本，北京大学出版社 1999 年 12 月第 1 版，第 163 页）

㉛汲引：汲取水流。

㉜沮漳：沮河和漳河。沮河，今湖北西部长江的支流，源出保康县西南，东南流与漳河合。漳河，源出湖北南漳县西南，东南流至丹阳市东南与沮河合，又南流经荆州市西入江。

㉝源二分于崌（jū）崃：这是江水又源出崌山和崃山的一种说法。源二分：源头二分。崌崃：崌山和崃山。又合称崌崃山，在今四川省眉山市彭山区东北。李善注：

“《山海经》曰：‘岷山东北百四十里崃山，江水出焉；又东百五十里崌山，江水出焉，而东流注于大江。’郭璞曰：‘崃山，中江所出也；崌山，北江所出也。’”按，《山海经》是主张江水多元之说的。《山海经》卷五《中山经》：“又东北三百里曰岷山，江水出焉”；“又东北一百四十里曰崃山，江水出焉，东流注大江”；“又东一百五十里曰崌山，江水出焉，东流注于大江。”虽然如此但仍然以岷江为长江上游。按，亦有注家认为“崌山，疑即四川名山县西的蒙山。（用毕沅说）今沫水源出此山。（用郝懿行说）崃山，即邛崃山，有九折坂，在四川荥（荣）经县西。郭璞谓中江出于此。”（《昭明文选译注》，吉林文史出版社 1988 年 4 月第 1 版，第 664 页）

㉞九派：长江在湖北、江西一带，分为很多支流，因以九派称这一带的长江。李善注：“水别流为派。《尚书》曰：‘荆州，九江孔殷。’应劭《汉书》注曰：‘江自庐江浔阳，分为九也。’”

㉟乎：相当介词“于”。

㊱浔阳：今江西省九江市。李善注：“《汉书》：‘庐江郡有浔阳县。’”

㊲鼓：凸起，涨大。

㊳赤岸：山名。李善注：“或曰：赤岸在广陵兴县。”亦有注家认为赤岸山“在成都府新都县南十七里，江中支流经此。新都县今属四川省”（《昭明文选译注》，吉林文史出版社 1988 年 4 月第 1 版，第 665 页）。

㊴沦：沦没。李善注：“《广雅》曰：‘沦，没也。’”

㊵余波：江河的末流。李善注：“余波，涛之余波也，言涛之余波至柴桑而尽也。”

㊶柴桑：古县名。西汉置，因县西南有柴桑山而得名，治所在今江西省九江市西南。东汉末，诸葛亮见孙权于此，共图抗曹。晋以后历为浔阳郡和江州治所。隋废。

㊷网络：收罗，笼络。

㊸群流：众多的水流。

㊹商搉（què）：统括而接纳。

㊺涓浍（kuài）：小水流。李善注：“涓浍，小流也。《尔雅》曰：‘注沟曰浍也。’”

㊻表：显扬。《左传·襄公十四年》：“世胙大师，以表东海。”〔晋〕杜预注：“表，显也。谓显封东海以报大师之功。”（《春秋左传正义》卷三十二，李学勤主编《十三经注疏》本，北京大学出版社 1999 年 12 月第 1 版，第 930 页）

㊼神委：谓积水深广的地方。李善注：“郑玄曰：‘委，流所聚。’”

㊽江都：县名。1994 年改设江都市。2011 年撤市设区，称为江都区。

㊾混流：汇合众流。

㊿宗：犹朝宗，本义为古代诸侯春、夏朝见天子。比喻长江奔向大海。

⑤¹东会：东会于海。李善注："《汉书》曰：'广陵国有江都县'。东会于海。"

⑤²五湖：指太湖。李善注："《史记》太史公曰：'余登姑苏，望五湖。'张勃《吴录》曰：'五湖者，太湖之别名也。'"

⑤³漫漭：水势广远无际貌。

⑤⁴三江：指浙江、吴淞江、浦阳江。

⑤⁵滂（pēng）沛：水流声。

⑤⁶滈（hào）汗：水长流貌。

⑤⁷六州：指古代九州中的六州。即益州、梁州、荆州、江州、扬州、徐州。

⑤⁸经营：周旋，往来。

⑤⁹炎景：炎热的日光，喻指南方。李善注："南方火，故曰炎景。"

⑥⁰之外：犹言南方以外的地方，谓长江流域分布面积之广。

⑥¹作限：作为界限。

⑥²华裔：古指我国中原和边远地区。华裔对举，始见于《左传·定公十年》："裔不谋夏，夷不乱华。"（《春秋左传正义》卷五十六，李学勤主编《十三经注疏》本，北京大学出版社1999年12月第1版，第1587页）

⑥³险介：险阻。

呼吸万里[1]，吐纳[2]灵潮[3]。自然往复，或夕或朝[4]。激[5]逸势[6]以前□[7]，乃鼓怒[8]而作涛。峨嵋[9]为泉阳[10]之揭[11]，玉垒[12]作东别[13]之标[14]。衡霍[15]磊落[16]以连镇[17]，巫庐[18]嵬崫[19]而比峤[20]。协灵[21]通气[22]，濆薄[23]相陶[24]。流风[25]蒸雷[26]，腾虹扬霄[27]。出信阳[28]而长迈[29]，淙[30]大壑[31]与沃焦[32]。

【笺　注】

①呼吸万里：谓顷刻之间奔流万里。呼吸，一呼一吸，言时间短暂。李善注："呼吸万里，言其疾也。"

②吐纳：犹吞吐，吐出与吞进。

③灵潮：潮水，言潮有信通灵，神化之。

④或夕或朝：谓潮水或黄昏或早晨到来。李善注："《抱朴子》曰：'廉氏云朝者，据朝来也；言夕者，据夕至也。'"

⑤激：急疾，猛烈。

⑥逸势：奔腾或飞翔的势头。

⑦□：原书阙，《文选》作"驱"。前驱：犹前导。

⑧鼓怒：形容事物鼓荡激动，气势很盛。

⑨峨嵋：山名。今写作“峨眉”。在四川峨眉山市西南，因山势逶迤，有山峰相对如蛾眉，故名。其脉自岷山绵延而来，突起为大峨、中峨、小峨三峰。顶部为玄武岩覆盖，有峨眉宝光、舍身崖、洗象池、龙门洞等胜景。

⑩泉阳：即阳泉，地名。李善注：“泉阳，即阳泉也。顾野王《舆地志》云：‘益州阳泉县，蜀分绵竹立。’”按，阳泉，三国蜀置，属广汉郡。治所在今四川省德阳市西北孝泉镇。西晋废，后复置。北周移晋熙郡治此。隋初还治晋熙，此城遂废。

⑪揭：标帜。

⑫玉垒：指玉垒山。在四川省理县东南。多作成都的代称。

⑬东别：向东分流。李善注：“《水经》曰：‘江水又东，别为沲，开明之所凿。’《尚书》曰：‘岷山导江，东别为沲。’”别，大水溢出，别为小水。沲，同“沱”，江水支流的通称。

⑭标：标志。

按，〔宋〕林之奇《尚书全解》卷十《岷山导江东别为沱》：“岷山在蜀郡湔氐道西，一名渎山，一名汶阜山，在徼外，江水所出。《益州记》云：大江泉源发于羊膊岭下，缘崖散漫，小大百数，殆未滥觞矣。东南下百余里，至白马岭而历天彭关，自此以上微弱，所谓发源滥觞者也。自天彭关而历氐道县北，其流始大，盖江水滥觞自蜀即岷山，而此所以言岷山导江也。江水出为沱，沱乃江之别流者。《水经》云：小隐水源自颍水出，而郦道元曰：《尔雅》颍为河。郭璞曰：皆大水溢出，别为小水之名，亦犹江别为沱也。《汉·地理志》云：南郡支江县，江沱在西，此荆州之沱也。蜀郡郫县，江沱在西，此梁州之沱也。盖自江水溢出，别为支派者，皆名为沱。故梁、荆二州，皆有沱也。此言东别为沱，接于岷山导江之下，则是江水始出而别流者也。意其指梁州之沱也。”（山东友谊出版社 1992 年 6 月第 1 版，第 571—572 页）按此解，则东别之意为：江水历此，东别流为小水，玉垒是其标志。

⑮衡霍：衡山与霍山。李善注：“《周礼》曰：‘荆州之镇山曰衡山。’郑玄曰：‘在湘水南，镇山名，安地德者也。’《尔雅》曰：‘霍山为南岳。’郭璞曰：‘今在庐江西。’”按，衡山，一名岣嵝山，又名霍山，古称南岳，为五岳之一。位于湖南中部，有七十二峰，以祝融、天柱、芙蓉、紫盖、石廪五峰最为著名。相传舜南巡和禹治水都到过这里。历代帝王南岳祀典，除汉武帝迁祀安徽潜山外，均在此山。霍山，安徽天柱山的别名。在安徽省潜山县。汉武帝以衡山辽旷，移岳祠于天柱山，以后俗人呼之为南岳，故又名天柱山为霍山。

⑯磊落：山高大貌。

⑰连镇:犹言山镇相连。镇,古代称一地区内最大最重要的名山,主山。《尚书·舜典》"封十有二山",〔汉〕孔安国传:"封,大也。每州之名山殊大之,以为其州之镇。"(《尚书正义》卷三,李学勤主编《十三经注疏》本,北京大学出版社 1999 年 12 月第 1 版,第 65 页)

⑱巫庐:巫山和庐山。李善注:"《汉书》曰:'南郡巫县,巫山在西南。'释慧远《庐山记》曰:'山在江州浔阳之南。'"按,巫山,在重庆市、湖北省边境。北与大巴山相连,长江穿流其中,形成三峡。庐山,在江西省九江市南,耸立于鄱阳湖、长江之滨。又名匡山、匡庐。相传周有匡姓七兄弟结庐隐居于此,故名。有汉阳、香炉、五老诸峰耸峙。

⑲嵬崫(wéi jué):高大貌。

⑳比峤(qiáo):一样高峻。比,并列。峤,高而锐的山。

㉑协灵:协和神灵。

㉒通气:通山川之气。李善注:"《庄子》曰:'川谷通气故飘风。'"

㉓濆(pēn)薄:冲激,激荡。

㉔相陶:陶冶。李善注:"《老子》曰:'阴阳陶冶万物。'"按,"陶冶"本义为陶工和铸工,亦谓烧制陶器和冶炼金属。用以比喻创造万物或教化培育。〔东汉〕班固《汉书》卷五十六《董仲舒传》:"臣闻命者天之令也,性者生之质也,情者人之欲也。或夭或寿,或仁或鄙,陶冶而成之,不能粹美。"〔唐〕颜师古注:"陶以喻造瓦,冶以喻铸金也。言天之生人有似于此也。"(中华书局 1962 年 6 月第 1 版,第 2501 页)

㉕流风:疾风,长风。

㉖蒸雷:蒸腾为雷。犹言长风激荡水汽升腾为雷。李善注:"韦昭《国语》注曰:'蒸,升也。'"

㉗腾虹:飞腾而起的彩虹。扬霄:飘扬的薄云。此句犹言飞虹化为薄云。

㉘信阳:信陵之阳。阳,南面。李善注:"信阳,即信陵之阳也。臧荣绪《晋书》曰:'建平郡有信陵县。'"按,信陵县,三国吴永安三年(260)置,为建平郡治。治所在今湖北省秭归县(剪刀峪)西北。西晋属建平郡。南朝宋废。

㉙长迈:远行;大步前进。

㉚淙(shuàng):灌注,冲击。

㉛大壑:大海。

㉜沃焦:古代传说中东海南部的大石山。李善注:"《玄中记》:'天下之大者,东海之沃焦焉,水灌之而不已。沃焦,山名也,在东海南方三万里。'"

若乃①巴东之峡②，夏后疏凿③。绝岸④万丈，壁立赮驳⑤。虎牙⑥嵥竖⑦以屹崒⑧，荆门⑨阙竦⑩而盘薄⑪。圆渊九回⑫以悬腾⑬，湓流⑭雷呴⑮而电激⑯。骇浪⑰暴洒⑱，惊波飞薄⑲。迅澓⑳增浇㉑，涌湍㉒叠跃㉓。砅岩㉔鼓作㉕，漰渚泶灂㉖。澴潩瀼溆，溃濩泧漷㉗。潏湟淴泱，瀹汭润淪㉘。漩澴荥瀯，渨㶊濆瀑㉙。溭淢浕涢㉚，龙鳞结络㉛。碧沙㉜瀢㴁㉝而往来㉞，巨石硉矹以前却㉟。潜演㊱之所汨淈㊲，奔溜㊳之所碨错㊴。厓隒㊵为之泐嵃㊶，崎领㊷为之岊崿㊸。幽礀㊹积岨㊺，礐硞碏确㊻。

【笺 注】

①若乃：至于。用于句子开头，表示另起一事。

②巴东之峡：即长江三峡。巴东，郡名，汉末刘璋分巴郡置，治所在鱼复（今奉节县）白帝城。

③夏后疏凿：夏后，指禹受舜禅而建立的夏王朝。称夏后氏。传说三峡为大禹疏凿。

④绝岸：陡峭的岸。

⑤赮驳：如霞彩一样斑驳陆离。赮，“霞”的古字。李善注：“赮驳，如赮之驳也。赮，古霞字。”

⑥虎牙：山名。李善注：“盛弘之《荆州记》曰：‘郡西溯江六十里南岸，有山名曰荆门；北岸有山名曰虎牙。二山相对，楚之西塞也。虎牙，石壁红色，间有白文，如牙齿状；荆门，上合下开，开达山南，有门形，故因以为名。’”

⑦嵥（jié）竖：耸立。

⑧屹崒（zú）：高峻貌。李善注：“嵥，特立貌。屹崪，高峻貌。”

⑨荆门：即荆门山，湖北省宜昌市宜都市西北、长江南岸，上有盘亘雄踞的荆门山十二碚，下有银潢倒泻的虎牙滩；南与五龙山的群峰相接，北和虎牙山隔江相峙。长江至此，迅猛湍急，加上形势险峻，故在古代一直为巴蜀荆吴之要塞。

⑩阙竦：像阙门一样高耸。阙：宫门、城门两侧的高台，中间有道路，台上起楼观。

⑪盘薄：《文选》作“盘礴”。盘礴：高大的样子。李善注：“阙竦，如阙之竦也。《西京赋》曰：‘阛阙竦以造天。’盘礴，广大貌。”

⑫圆渊九回：漩涡回旋。按，九回非指“深而至九泉”，言其不断回旋；九，极言其多次连续也。

⑬悬腾：悬空腾起。

⑭湓（pèn）流：水声很大的急流。李善注：“《苍颉篇》曰：‘湓，水声也。’”

⑮雷呴（hǒu）：吼声如雷。

⑯电激：闪电。

⑰骇浪：汹涌澎湃，令人心惊的浪涛。

⑱暴洒：疾洒。

⑲飞薄：飞腾荡薄。薄，荡薄。李善注："飞薄，飞腾荡薄也。"

⑳迅澓（fú）：迅疾的旋流。

㉑增浇：高高掀起的急波。

㉒涌湍：向上喷涌的漩涡。涌，水自下而上翻腾。湍，水势急而旋。

㉓叠跃：重叠跃起。

㉔砯（pīng）岩：水击打岩石的声音；或释为江岸坎穴。李善注："砯，水激岩之声。"

㉕鼓作：如鼓声大作。

㉖澎湃（pēng huà）：大波相激之声。泶漘（xué zhuó）：亦大波相激之声。李善注："澎湃、泶漘，皆大波相激之声也。《尔雅》曰：夏有水冬无水曰泶。"

㉗湃濞（píng bài）潰溉（hōng hài），渍濩（huò）泧㶁（huò huò）：李善注，"皆水势相激汹涌之貌。"

㉘潏（yù）湟淴（hū）泱，潝汎（shù shǎn）潤瀹（shěn yuè）：李善注，"皆水流漂疾之貌。"

㉙漩澴（huán）荥瀯（yǐng yíng），渨㵪（wèi lěi）濆（pēn）瀑：李善注，"皆波浪回旋，濆涌而起之貌。"

㉚滊減（jì yù）浕涢（jìn yǔn）：李善注，"滊減浕涢，参差相次也。"

㉛龙鳞结络：李善注，"龙鳞结络，如龙之鳞连结交络也。"

㉜碧沙：绿色的沙。

㉝瀢沲（kuì tuó）：李善注，"瀢沲硉矶，沙石随水之貌。"

㉞往来：言随潮水而往来。

㉟前却：进退。

㊱潜演：谓水在地下流动。李善注："《说文》曰：'潜，藏也。'又曰：'演，水脉行地中。'"

㊲汩淈：水涌貌。李善注："《苍颉篇》曰：'淈，水通貌。'"

㊳奔溜：崩塌般的水流。溜，水流。

㊴磢（chuǎng）错：摩擦。李善注："郭璞《方言》注曰：'漺，错也。'漺与磢同。《广雅》曰：'错，摩也。'"

㊵厓隒（yá yǎn）：崖岸。李善注："《说文》曰：'隒，厓也。'"

㊶泐嶮（lè yǎn）：江河岸边因水流冲激而形成的坑穴。

㊷崎领：《文选》作“碕岭”，即绵延起伏的小山。

㊸嵒崿（yán è）：坎穴。嵒，同“岩”。

㊹幽㵎：即幽涧。㵎，同“涧”，两山间的水沟。

㊺积岨（zǔ）：极为险阻。

㊻礐硞（lè kè）硌确（luò què）：李善注，“礐硞硌礭，皆水激石崄峻不平之貌。”确：《文选》作“礭”。

记

入蜀记　陆游[1]

六日，过荆门十二碚[2]，皆高崖绝壁，崭岩[3]突兀，则峡中之崄[4]可知矣。过碚，望五龙[5]及鸡笼山[6]，嵯峨[7]正如夏云之奇峰。荆门者，当以险固得名。碚上有石穴，正方，高可通人，俗谓之荆门，则妄也。晚至峡州，泊至喜亭[8]。峡门[9]在唐为硖州[10]，后改为[11]峡，而印文则为陕州。元丰中，郎官何洵直建言，峡[12]与陕[13]相乱，请改铸印文从山[14]。事下少府监[15]，而监丞[16]欧阳发言湖北之陕州，从阜从夹[17]夹从两入[18]；陕西之陕州，从阜从夹夹从两人。偏旁不同，本不相乱，恐四方谓少府监官皆不识字。当时朝士之议皆是发，而卒从洵直言改铸云。《至喜亭记》[19]，欧阳公[20]撰，黄鲁直[21]书。

【笺　注】

①本文可见于钱仲联等主编《陆游全集校注》第 17 册，浙江古籍出版社 2016 年 6 月第 1 版，第 148—174 页）。南宋乾道二年（1166），陆游因“鼓唱是非，力说张浚用兵，免归”（〔元〕脱脱等《宋史》卷三百九十五《陆游传》，中华书局 1977 年 11 月第 1 版，第 12058 页），在家赋闲四年，因家庭生活困难，不得不向朝廷请求官职。“乾道五年十二月六日，得报差通判夔州，方久病未堪远役，谋以夏初离乡里。”（《入蜀记》卷一）次年闰五月十八日（1170 年 7 月 3 日）自山阴（今浙江绍兴市）启行，十月二十七日（1170 年 12 月 6 日）抵夔州。在入蜀途中，陆游记下了沿途所见所闻，“游本工文，故于山川风土叙述颇为雅洁，而于考订古迹，尤所留意……非他家行记徒流连风景，记载琐屑者比也”（四库全书研究所整理《钦定四库全书总目》整理本，中华书局 1997 年 1 月第 1 版，第 819 页）。《入蜀记》是古代游记中的名篇，其记述描写三峡自然风光、人文景观的文字尤为精彩，历来

为人传诵。

②十二碚：荆门山临江面峭壁连绵二千余米，山上并列有十二座山峰，素称十二碚，依次为荆门山、仙人桥、游龙岭、将军帽、铜柱山、象鼻嘴、馒头包、笏嶂山、卧龙岗、双乳峰、神农鞋、女观山。又因并列十二峰皆背江而立，亦称十二背。

③崭岩：高峻的山崖。

④崄：《陆游全集校注》作“险”，二字相同。

⑤五龙：山名，在湖北省宜昌市夷陵区西南，长江之西，五峰相连，其形如龙。

⑥鸡笼山：在今湖北省钟祥市东北，接京口市界。

⑦嵯峨：山高峻的样子。

⑧至喜亭：亭名。〔清〕金大镛修、王伯心纂，同治三年刊本《东湖县志》卷八《古迹》：“至喜亭，在西塞门（今宜昌市城区镇镇川门，引者注）外，宋州守朱庆基建，欧阳修有记。历久遂废，故基犹存。”（成文出版社 1974 年影印本，第 92 页）1983 年重建于宜昌市三游洞风景名胜区。《陆游全集校注》后有“下”字。

⑨峡门：《陆游全集校注》作“峡州”。

⑩硖州：古代行政区划名，北周改拓州置，唐宋延续，北宋元丰年间改“硖”为“峡”，而后称“峡州”。其地在长江三峡之口，治夷陵（今湖北宜昌），明代为夷陵州，即今宜昌。

⑪为：《陆游全集校注》无此字。

⑫峡：《陆游全集校注》作“陕”。

⑬陕：《陆游全集校注》作“陕”。

⑭从山：形旁改为“山”，即将“陕”改为“峡”。

⑮少府监：官署名。

⑯监丞：古代一种官职。

⑰从阜从夹：（陕州之陕）形符是阜，也是夹。

⑱夹从两入：夹的形符是两个入字。

⑲《至喜亭记》：即《峡州至喜亭记》，欧阳修撰，卷四有录，可以参看。

⑳欧阳公：即欧阳修（1007—1072），字永叔，号醉翁，晚号六一居士，吉州永丰（今江西省吉安市永丰县）人，官至翰林学士、枢密副使、参知政事，谥号文忠，世称欧阳文忠公。与韩愈、柳宗元、苏洵、苏轼、苏辙、王安石、曾巩合称“唐宋八大家”，并与韩愈、柳宗元、苏轼合称“千古文章四大家”。欧阳修是在宋代文学史上最早开创一代文风的文坛领袖，领导了北宋诗文革新运动，继承并发展了韩愈的古文理论。他的散文创作成就与其古文理论相辅相成，开一代文风。欧阳修在变革文

风的同时，也对诗风、词风进行了革新。在史学方面也有较高成就，曾主修《新唐书》，并撰《新五代史》。有《欧阳文忠集》传世。

㉑黄鲁直：即黄庭坚。

七日。见知州叶安行[①]。以小舟游西山甘泉寺[②]。竹桥石磴[③]，甚有幽趣，有静练、洗心二亭，下临江，山颇踈豁[④]。法堂之右，小径数十步，至孝妇泉[⑤]，谓姜诗妻庞氏也。泉上[⑥]有庞氏祠，然欧阳公[⑦]不以为信，故其诗[⑧]："丛祠已废姜祠在，事迹难寻楚语讹。"[⑨]又此篇首章[⑩]："江上孤峰蔽绿萝。"初谓[⑪]孤峰蒙藤萝耳，及至此，乃知山下为绿萝溪也。又至汉景帝庙及东山寺，景帝不知何以有庙于此。欧阳公为令[⑫]时，有祈雨文[⑬]，在庙[⑭]中。东山寺，亦见欧阳公诗[⑮]，距望京门五里。寺外一亭，临小池，有山如屏环之，颇佳。晚[⑯]，群[⑰]集于楚塞楼[⑱]，遍历尔雅台[⑲]、锦障[⑳]亭。亭前海棠二本，亦百年物。尔雅台者，《图经》以为郭景纯[㉑]作[㉒]《尔雅》[㉓]于此[㉔]。

【笺　注】

①见知州叶安行：《陆游全集校注》作"见知州右朝奉大夫叶安行字履道"。知州：官名。宋代委朝臣为州一级地方行政长官，称"权知某军州事"，简称知州。明清时成为州长官的名称，为直隶州知州者，地位略低于知府；为散州知州者，地位与知县同。

②甘泉寺：〔清〕金大镛修、王伯心纂，同治三年刊本《东湖县志》卷十八《方伎》："在河西孝子岩。"（成文出版社1974年影印本，第200页）其坐落在后被称为"孝子岩"的地方。该寺的修建与"涌泉跃鲤"的孝文化故事有关。据《东湖县志》载，东汉时期四川广汉人姜诗携妻带母流寓至此，然后定居于此。姜诗与妻庞氏对母亲都非常孝顺。姜诗每天打鱼供老母食用。不料一天姜诗下河挑水溺亡，其妻庞氏强忍悲痛，为了使婆婆不伤心难过，假称姜诗外出做工，生计的重担落在其羸弱的肩上。她的孝心感动天地，不久，其住处旁突然涌出一股山泉，泉水内每日都有一对鲤鱼跃出。这泓涌泉，后人称为"孝妇泉"。后有"甘泉寺"（亦即"姜孝祠"），旁边还有"庞氏祠"。

③石磴：石台阶。

④踈豁：《陆游全集校注》作"疏豁"。踈、疏二字本同。疏豁：开阔；敞亮。

⑤《陆游全集校注》作"至一泉，曰孝妇泉"。

⑥《陆游全集校注》"上"后有"亦"字。

⑦欧阳公：《陆游全集校注》作"欧阳文忠公"。

⑧《陆游全集校注》"诗"后有"曰"字。

⑨此诗名《和丁宝臣游甘泉寺》（李逸安点校《欧阳修全集》卷一，中华书局2001年3月第1版，第12—13页）。

⑩首章：此指首句，第一句。《陆游全集校注》"章"后有"云"字。

⑪初谓：《陆游全集校注》作"初读之，但谓"。

⑫欧阳公为令：指欧阳修为夷陵县令。宋景祐三年（1036）五月，朝廷大臣范仲淹由于直言谏事被贬，身为宣德郎的欧阳修为之鸣不平，因此也被贬夷陵县令。欧阳修为夷陵县令时间约一年三个月。

⑬祈雨文：位于宜昌市伍家岗区共谊村的求雨台，据说是欧阳修担任夷陵县令期间为民祈雨的地方。他曾两次祈雨，并写下了《祭桓侯文》和《求雨祭汉景帝文》两篇祭文。今宜昌市正在打造求雨台公园。

⑭庙：《陆游全集校注》作"集"。

⑮欧阳公诗：有《冬后三日陪丁元珍游东山寺》（李逸安点校《欧阳修全集》卷十一，中华书局2001年3月第1版，第171页）、《初晴独游东山寺五言六韵》两首（同上，第173—174页）。

⑯《陆游全集校注》"晚"前有"亭前冬青及柏，皆百余年物。遂至夷陵县，见县令左从政郎胡振。厅事东至喜堂，郡守朱虞部为欧阳公所筑者，已焚坏。柱础尚存，规模颇雄深。又东，则祠堂，亦简陋，肖像殊不类，可叹。厅事前一井，相传为欧阳公所浚，水极甘寒，为一郡之冠。井旁一楠，合抱，亦传为公手植"。

⑰群：《陆游全集校注》作"郡"。

⑱楚塞楼：与至喜亭、三游洞在宋代曾被称为峡州三胜。〔清〕金大镛修、王伯心纂，同治三年刊本《东湖县志》卷八《古迹志》载："楚塞楼，在县治后。"（成文出版社1974年影印本，第92页）

⑲尔雅台：在湖北省宜昌市城东尔雅衙内，今已不存。

⑳障：《陆游全集校注》作"嶂"。

㉑郭景纯：即郭璞（276—324），字景纯，晋河东闻喜（今山西闻喜县）人。两晋时期著名文学家、训诂学家。撰《新林》十篇、《卜韵》一篇；注释《尔雅》，别为《音义》《图谱》；又注《三仓》《方言》《穆天子传》《山海经》《楚辞》数十万言，皆传于世。

㉒作：《陆游全集校注》作"注"。

㉓《尔雅》：我国第一部词典，是辞书之祖。其最早著录于《汉书·艺文志》，但未载作者姓名。书中收集了比较丰富的古汉语词汇。"尔"是"近"的意思（后

来写作“迹”)，“雅”是“正”的意思，在这里专指“雅言”，即在语音、词汇和语法等方面都合乎规范的标准语。《尔雅》的意思是接近、符合雅言，即以雅正之言解释古汉语词、方言词，使之近于规范。

㉔《陆游全集校注》此句后还有“又有绛雪亭，取欧阳公《千叶红梨》诗，而红梨已不存矣”。

越[1]八日，乃过下牢关[2]。夹江见[3]千峰万嶂，有竞起者，独拔者[4]，有崩欲压者，有危欲坠者，有横裂者，有直坼者，有凸者，有洼者，有铸[5]者，奇怪不可尽状。初冬草木皆青苍不彫[6]，西望重山如阙，江出其间，则所谓下牢溪[7]。欧阳公有诗[8]：“入峡水渐曲，转滩山更多。”[9]即此也。登[10]三游洞，蹑[11]石[12]二里，其崄[13]处不可着脚。洞大如三间屋，有一穴通人过，然阴黑峻崄[14]。缭山腹，偃偻[15]自岩下至洞前，差可行。然下临溪潭，石壁十余丈，水声恐人。又一穴，后有壁，可居。钟乳岁久，垂地若柱，正当穴门。上有刻云：“黄大临[16]、弟庭坚，同辛纮子大方[17]，绍圣二年三月辛亥来游。”[18]旁石壁上刻云：“景祐四年七月十日，夷陵欧阳永叔[19]。”下缺一字。又云“判官丁”，下又缺数字。丁者，宝臣也，字元珍[20]。今“丁”字下二字，亦佛[21]可见，殊不类[22]“元珍”字。又永叔但曰夷陵，不称“令[23]”。洞外溪上又有一崩石偃仆，刻云：“黄庭坚、弟叔向、子相、侄㦤[24]同道人唐履来游，观辛亥旧题，如梦中事也。建中靖国元年[25]二[26]月庚寅。”按鲁直初谪黔南，以绍圣三[27]年过此，岁在乙亥，今云“辛亥”者误也[28]。泊石牌峡。石穴中有石宛[29]如老翁持鱼竿状[30]。

【笺 注】

①越：《陆游全集校注》无此字。

②《陆游全集校注》作“五鼓尽，解船，过下牢关”。下牢关：在湖北省宜昌市西北。

③见：《陆游全集校注》无此字。

④独拔者：《陆游全集校注》作“有独拔者”。

⑤铸：《陆游全集校注》作“罅”。

⑥彫：《陆游全集校注》作“凋”。

⑦下牢溪：古称下牢津、白丈溪。发源于湖北省宜昌市境之大麻溪，流经西陵峡三游洞下，绕山右入江，全长约25千米。溪口入江处，旧称下牢戍，为古代屯兵设防之处，形势险峻。两岸奇峰连峙，溪水碧如翠锦，曲折奔流，泉搏山根，水击石罅，其声琤琤淙淙，浑如琴鸣磬和，古有“流水鸣琴”之称。《陆游全集校注》“溪”后有“也”字。

⑧欧阳公有诗:《陆游全集校注》作“欧阳文忠公有《下牢津》诗云”。

⑨此诗诗名为《下牢津》(李逸安点校《欧阳修全集》卷十,中华书局2001年3月第1版,第167页)。

⑩登:《陆游全集校注》作“系船与诸子及证师登”。

⑪蹑:踏。

⑫石:《陆游全集校注》作“石磴”。

⑬崄:《陆游全集校注》作“险”,二字本同。

⑭崄:《陆游全集校注》作“险”,且后还有“尤可畏”三字。

⑮偃偻:弯腰。

⑯黄大临:生卒年不详,字元明,号寅庵,洪州分宁(今江西修水)人。黄庭坚之兄,绍圣间为萍乡令。

⑰辛纮子大方:为黄氏兄弟同游者,生平不详。

⑱北宋绍圣元年(1094),黄庭坚遭新党攻击,以修《神宗实录》不实的罪名被贬为涪州(今重庆涪陵)别驾,黔州(今彭水)安置。绍圣二年(1095)三月十六日,黄庭坚同长兄黄大临、巫山尉辛纮、儿子大方乘一叶小舟来到西陵峡口下牢关(下牢溪入江口岸)。他们弃舟登岸,游览了三游洞。

⑲欧阳永叔:即欧阳修,永叔是其字。

⑳丁宝臣(1010—1067):字元珍,晋陵(今江苏省常州市)人。景祐元年(1034)进士。历官太子中允剡县知县、太常博士诸暨知县,除弊兴利,越人称为循吏,官至秘阁校理、同知太常礼院。与兄丁宗臣俱以文知名,时号二丁。尤与欧阳修友善。

㉑佛:《陆游全集校注》作“仿佛”。

㉒不类:不同,不像。

㉓令:县令。欧阳修当时被贬为夷陵令。

㉔儆:《陆游全集校注》作“檠”。

㉕建中靖国元年:即1101年。建中靖国:乃宋徽宗赵佶的年号,共使用了一年。

㉖二:《陆游全集校注》作“三”。

㉗三:《陆游全集校注》作“二”。

㉘今云“辛亥”者误也:其实不误,是陆游错误。黄庭坚在《黔南道中行记》中说得很清楚:“绍圣二年三月辛亥,次下牢关……至三游洞。”(卷四有录,可以参看)所谓“辛亥旧题”的“辛亥”是纪日而非纪年,实指绍圣二年(1095)二月十六日。陆游误把纪日的“辛亥”当作纪年了。

㉙宛:《陆游全集校注》无此字。

㉚《陆游全集校注》此句后还有“略无少异”四字。

九日[①]，过扇子峡[②]。重山相掩，正[③]如屏风扇，疑以此得名。登虾蟆碚[④]，《水品[⑤]》所载第四泉是也。虾蟆在山麓，临江，头鼻吻喉[⑥]绝类[⑦]，而背脊胞[⑧]处尤逼真。造物之巧，有如此者。自背上深入，得一洞穴，石色绿涧[⑨]，泉泠泠有声，自洞出，垂虾蟆口鼻间，成水帘入江。是日极寒，岩岭有积雪，而洞中温然[⑩]如春。碚、洞相对，稍西有一峰，孤起侵云者[⑪]天柱峰[⑫]。自此山势稍平，然江岸皆大石堆积，弥望□□□[⑬]渠上[⑭]状。晚次黄牛庙[⑮]，山复高峻。村人来卖茶[⑯]。茶如[⑰]柴枝草叶，苦不可口[⑱]。庙[⑲]灵感，神封嘉应保安侯，皆绍兴[⑳]以来制书[㉑]也。其下即无义滩，乱石塞中流，望之可畏。然舟过乃不甚觉，盖操舟[㉒]之妙也。传云神佐夏禹治水有功[㉓]，故食[㉔]于此。门左右立小石马[㉕]。庙后丛木，似冬青而非[㉖]。叶[㉗]有黑文，类符篆[㉘]，然叶各不同[㉙]。欧诗[㉚]刻石庙中。又有张文志[㉛]一赞，其词[㉜]：“壮哉黄牛，有大神力。犖聚[㉝]巨石，百千万亿。剑戟齿牙[㉞]，磥硊[㉟]江侧。壅[㊱]激波涛，险不可测。威胁舟人，骇怖失色。刲羊釃酒[㊲]，千载庙食[㊳]。”张意[㊴]似谓神聚石壅流以胁人求祭飨[㊵]。盖过论[㊶]也。夜，舟人来告，请无击更鼓[㊷]，云庙后山中多虎，闻鼓则出。

【笺 注】

①九日：《陆游全集校注》后还有“微雪”二字。

②扇子峡：即明月峡。今长江三峡西陵峡东段，在今湖北宜昌西。

③正：《陆游全集校注》作“政”。

④虾蟆碚：在今湖北宜昌市西扇子岩下。

⑤水品：唐朝陆羽为品评沏茶的水质，别天下水味为二十个等级。

⑥喉：《陆游全集校注》作“颔”。

⑦绝类：非常相似。

⑧脊胞：《陆游全集校注》作“蛸皰”。皰：同“疱”，皮肤上长得像水泡的小疙瘩。蛤蟆身上多此。

⑨涧：《陆游全集校注》作“润”。

⑩温然：温暖的样子。

⑪者：《陆游全集校注》作“名”。

⑫天柱峰：在今湖北宜昌市西北。〔清〕顾祖禹《读史方舆纪要》卷七十八夷陵州“峡口山”条下：“天柱山在州西三十五里。三峰耸立如柱，故名。”（中华书局2005年3月第1版，第3681页）

⑬□□□：原书缺三字，《陆游全集校注》作“正如浚”。

⑭上：《陆游全集校注》作“积土”。

⑮黄牛庙：一名黄陵庙，在今湖北宜昌市西北黄陵庙乡。〔南宋〕王象之《舆地纪胜》卷七十三《峡州》：黄牛灵应庙“在黄牛峡。相传佐禹治水有功。蜀后主建兴初，诸葛武侯建祠兹土。按三国时西陵、建平皆非蜀土，恐传者之误”（中华书局 1992 年 10 月第 1 版，第 2441 页）。

⑯茶:《陆游全集校注》作“村人来卖茶菜者甚众。其中有妇人,皆以青斑布帕首,然颇白皙，语音亦颇正”。

⑰茶如：《陆游全集校注》作“茶则皆如”。

⑱可口：《陆游全集校注》作“可入口”。

⑲庙：《陆游全集校注》作“庙曰”。

⑳绍兴：南宋高宗赵构的年号，从 1131 年至 1162 年共使用了三十二年。

㉑制书：古代皇帝命令的一种。

㉒操舟：驾驶船只。

㉓神佐夏禹治水有功：诸葛亮有《黄陵庙记》：“古传所载黄牛助禹开江治水，九载而功成，信不诬也……当庙食兹土。仆复而兴之，再建其庙貌，目之曰黄牛庙。”（文见后卷四）。

㉔食：享受祭祀。

㉕立小石马:《陆游全集校注》作“各一石马”，且后还有“颇卑小，以小屋覆之。其右马无左耳，盖欧阳公所见也”。

㉖《陆游全集校注》此句后还有“莫能名者”。

㉗叶：《陆游全集校注》作“落叶”。

㉘符篆：符箓上所用的文字符号。

㉙然叶各不同：《陆游全集校注》作“叶叶不同”，且后还有“儿辈亦求得数叶”一句。

㉚欧诗：欧阳修《黄牛峡祠》。卷四有录，题作《黄陵庙》，可以参看。

㉛张文志：《陆游全集校注》作“张文忠”，即张商英（1043—1121），文忠是其谥号。

㉜词：《陆游全集校注》后还有“曰”字。

㉝辇聚：用车（拉巨石）来聚集。

㉞剑戟齿牙：武器和牙齿，形容石头的尖锐锋利。

㉟礌硊：石头耸立。

㊱壅：堵塞。

㊲刲（kuī）羊釃酒：宰羊滤酒。

㊳庙食：死后立庙，享受祭飨。

㊴张意：《陆游全集校注》作“张公之意”。

㊵《陆游全集校注》和抄本在此句后还有“使神之用心果如此，岂能巍然庙食千载乎？”。

㊶过论：失当之论。

㊷更鼓：报更的鼓声。

十日，早[①]，过鹿角、虎头、史君诸滩[②]，水缩已二[③]之二，然湍险犹可畏。泊城下[④]，归州秭归县界也。与儿曹[⑤]步沙上，回望，正见黄牛峡[⑥]。庙后山如屏风叠，嵯峨插天，第四叠上，有若牛状，其色赤黄。前有一人，如着帽立者。昨日及今早，云冒山顶，至是始见之。因至白沙市慈济院，见主僧志坚，问地名“城下”之由。答[⑦]云院后有楚故城，今尚在，因相与访之。城在一冈阜[⑧]上，甚小。南北有门，前临江水，对黄牛峡。城西北一山，蜿蜒回抱，山上有伍子胥[⑨]庙。大抵自荆以西，子胥庙至多。城下多巧石，如灵壁[⑩]、湖口[⑪]之类。

【笺 注】

①早：《陆游全集校注》此字后还有“以特豕、壶酒，祭灵感庙，遂行”。

②鹿角、虎头、史君诸滩：在湖北省秭归县东南，腰汉河与马肝峡之间。

③二：《陆游全集校注》作“三”。

④城下：即后文的“白沙市”，今为秭归县茅坪镇，亦被称为“城下坪”。

⑤儿曹：犹儿辈。

⑥黄牛峡：在长江三峡西陵峡中空舲峡内，距湖北省宜昌市西45千米。以长江南岸之黄牛山而得名。山上有一排陡峭石壁，作神人牵牛状，人呈黄色，牛身赭黄，又名黄牛岩。俗传夏禹治水至此，有土星化为神牛相助，以犄角触裂重重高山，疏通江流，后跳上山岩，留影像于石壁。从前峡中水流湍急，木船上行数日，犹可望见黄牛岩，故有“朝发黄牛，暮宿黄牛。三朝三暮，黄牛如故”的民谚。

⑦答：《陆游全集校注》无此字。

⑧冈阜：山丘。

⑨伍子胥（前559—前484）：名员，字子胥，楚国大夫伍奢次子，春秋末期吴国大夫、军事家。以封于申，也称申胥。伍奢为楚平王子建太傅，因受费无极谗害，和其长子伍尚一同被楚平王杀害。伍子胥从楚国逃到吴国，成为吴王阖闾重臣，是

姑苏城（苏州城）的营造者，至今苏州有胥门。吴国倚重伍子胥等人之谋，西破强楚，北败徐、鲁、齐，成为诸侯一霸。吴王夫差即位后，渐渐疏离伍子胥。伍子胥曾多次劝谏夫差灭越并停止攻齐。夫差听信太宰伯嚭谗言，令其自杀。九年之后，吴国果为越国偷袭所灭。

⑩灵壁：今安徽省灵璧县，其地所产之巧石称为灵璧石。壁：应为“璧”。

⑪湖口：今江西省湖口县，其地有石钟山，其所产巧石，亦如罄石之类。

十一日。过达洞滩①。滩恶，乃陆行过②。际③多奇石，五色粲然可爱，亦或有文成物象及符书者④。犹见黄牛峡庙后山。太白诗⑤：“三朝上黄牛，三暮行太迟。三朝又三暮，不觉鬓成丝。”⑥欧阳公⑦：“朝朝暮暮见黄牛，徒使行人过此愁。山高更远望犹见，不是黄牛滞客舟。”⑧盖谚谓⑨：“朝见黄牛，暮见黄牛。一朝一暮，黄牛如故。”⑩故二公皆及之。欧阳公自荆渚赴夷陵，而有下牢、三游及虾蟆碚、黄牛庙诗者，盖在官时来游也⑪。晚泊马肝峡⑫口。两山对立，修耸摩天⑬，略如庐山。江岸多石，颇碍⑭，牵百丈⑮。

【笺 注】

①达洞滩：在今湖北省秭归县西北，近空舲峡。为长江中有名的洪水险滩。

②乃陆行过：《陆游全集校注》作“与骨肉皆乘轿陆行过滩”。

③际：《陆游全集校注》前有“滩”字。

④此句意为：其中也有纹路呈物体形象或符箓的。文：同“纹”。

⑤诗：《陆游全集校注》后有“云”字。

⑥此诗诗题《全唐诗》作《上三峡》，卷一有录。

⑦公：《陆游全集校注》后有“云”字。

⑧此诗诗题《欧阳修全集校注》作《黄牛峡祠》，卷四有录，诗题作《黄陵庙》。

⑨盖谚谓：大概就是谚语中所说的。

⑩此谣〔北魏〕郦道元《水经注》卷三十四《江水》中有录（陈桥驿《水经注校证》，中华书局 2007 年 7 月第 1 版，第 793 页）。其中“一朝一暮”《水经注》作“三朝三暮”，《李太白全集》卷二十二王琦注引盛弘之《荆州记》亦作“三朝三暮”。

⑪《陆游全集校注》此句后还有“故《忆夷陵山》诗云：‘忆尝只吏役，巨细悉经觏。’其后又云：‘荒烟下牢戍，百仞塞溪漱。虾蟆喷水帘，甘液胜饮酎。’亦尝到黄牛泊舟听猿狖也”。

⑫马肝峡：在湖北省秭归县东三十五里，又称牛肝马肺峡，处于新滩与空舲滩

之间，千仞绝壁，隔岸相接，大有收束长江为一线之势。船过新滩，下行不远，在千奇百怪的岩壁间，江北有两块重叠下垂的赭黄色岩石，一块形如牛肝，一块酷似马肺。这段峡谷即以“牛肝马肺峡”而命名。过去在“马肺”上长有一株古松，船在远处即可看到，俨然峡中的卫士，成为天然的航标。

⑬修耸摩天：高耸，与天相接。

⑭颇碍：《陆游全集校注》无此两字。

⑮牵百丈：《陆游全集校注》作“百丈萦绊”，且后有“极难过，夜小雨”。

十二日[①]，过东濡滩[②]，入马肝峡。石壁高绝处，有石下垂如肝，故以名峡。其傍有[③]狮子岩，岩中有一小石，蹲踞张颐[④]，碧草被之，如[⑤]青狮子。泉[⑥]泠泠自岩中出[⑦]。溪上又有一峰孤起，秀丽略如小孤[⑧]。舟晚抵新滩[⑨]。

【笺　注】

①日：《陆游全集校注》后有“早”字。

②东濡滩：滩名，在马肝峡东。

③有：《陆游全集校注》作“又有”。

④蹲踞张颐：两膝弯曲，脚底和臀部着地蹲坐着，张开着嘴巴。

⑤如：《陆游全集校注》作“正如一”。

⑥泉：《陆游全集校注》作“微泉”。

⑦《陆游全集校注》后还有“舟行急，不能取尝，当亦佳泉也”。

⑧小孤：《陆游全集校注》作“小孤山”。小孤山：又名孤山、海门山，俗称髻山、小姑山，位于安徽省宿松县城东南六十千米的长江中的独立山峰，以奇、险、独、孤而著称，与长江南岸彭浪矶相对。〔清〕顾祖禹《读史方舆纪要》卷二十六《宿松县》“小孤山”条：“成化二十年，江水忽分流于山北，流日益广，自是屹立中流。”（中华书局 2005 年 3 月第 1 版，第 1313 页）

⑨新滩：又名春滩，在湖北省秭归县东三十里。位于兵书宝剑峡和牛肝马肺峡之间，为三峡中最著名的枯水险滩。〔南宋〕王象之《舆地纪胜》卷七十四《归州》：新滩“天圣丙寅，赞唐山摧，遂成新滩。皇祐间，太守赵诚疏凿，有磨崖碑。其滩有龙门、佛指甲、官槽。而官槽与龙门相对”（中华书局 1992 年 10 月第 1 版，第 2462 页）。《陆游全集校注》此句无“舟”字，且后还有“登岸宿新安驿。夜雪”。

十三日，舟上新滩[①]，南岸[②]曰官漕平声，北曰龙门。龙门水[③]湍急，多暗石，官漕差[④]可行，故舟率由南上[⑤]，然石多锐[⑥]，易穿舩[⑦]，故为峡中最险处，必空舟乃利往[⑧]，舟人利重载鲜不及也[⑨]。游江渎北庙[⑩]，庙正临龙门。下温泉出石隙[⑪]，常[⑫]不涸[⑬]，一村赖之。妇人负木盎汲[⑭]，盎[⑮]长二尺，三足[⑯]，以杓[⑰]挹水[⑱]，即倒坐旁石[⑲]，束盎于背[⑳]而去。大抵峡中多役妇，负物不独水也[㉑]。有负酒沽[㉒]如负水状[㉓]，呼买之，长跪以献。未嫁者，率戴高二尺同心髻[㉔]，插银钗多至六[㉕]，后插牙梳[㉖]，如手大。

【笺 注】

①《陆游全集校注》此句后还有“由南岸上。及十七八，船底为石所损，急遣人往拯之，仅不至沉。然锐石穿船底，牢不可动，盖舟人载陶器多所致。新滩两岸”。

②岸：《陆游全集校注》无此字。

③水：《陆游全集校注》后有“尤”字。

④差：尚，还。

⑤《陆游全集校注》无此句。

⑥石多锐：《陆游全集校注》作“亦多锐石”。

⑦《陆游全集校注》无此句。

⑧此句《陆游全集校注》作“非轻舟无一物，不可上下”。

⑨此句《陆游全集校注》作“舟人冒利，以至此，可为戒云”。冒利：贪利。

⑩江渎北庙：江神庙，乃祭祀长江水神的庙宇，相对江渎南庙而言。

⑪此句《陆游全集校注》作“其下石罅中，有温泉”。

⑫常：《陆游全集校注》作“浅而”。

⑬涸：干。

⑭此句《陆游全集校注》作“妇人汲水，皆背负一全木盎”。木盎：木制的腹大口小的容器。

⑮盎：《陆游全集校注》无此字。

⑯此句《陆游全集校注》作“下有三足”，且后还有“至泉旁”。

⑰杓（sháo）：木勺，舀水的器具。

⑱挹水：舀水。

⑲此句《陆游全集校注》前有“及八分”，即木盎盛水到八分满的时候。

⑳于背：《陆游全集校注》作“背上”。

㉑大抵峡中多役妇，负物不独水也：《陆游全集校注》作“大抵峡中负物率着背，

又多妇人，不独水也”。意为：峡中大多劳动的妇女，背负很多东西，不仅仅是背水。

㉒沽：卖。

㉓此句《陆游全集校注》作“有妇人负酒卖，亦如负水状”。

㉔此句《陆游全集校注》作“率为同心髻，高二尺”。同心髻：宋朝典型的发髻之一，将头发束在顶部，然后编成一个圆髻，示意渴望团圆，故称。

㉕多至六：《陆游全集校注》作“至六只”。

㉖牙梳：《陆游全集校注》前有“大象”二字。

十四日，留驿中。晚，渡①江南，登山至江渎南庙②。有碑③，前进士曾华旦撰。言：因山崩石壅，为舟害④，于是著令⑤，自十月至二月禁行舟。知归州赵诚⑥闻于朝⑦，禁行舟⑧，疏凿之，而滩害始去⑨，皇祐三年⑩也。盖江绝于天圣⑪中，至是而复通。然滩害至今未⑫悉去，若乘⑬冬春间⑭水落石出时⑮，可⑯并力尽镵⑰去锐石，则滩害可除⑱。然滩上居民，皆利于败舟⑲，贱卖板木，及滞留货卖⑳。或㉑赂石工，以为石不可去。须断以必行，乃可成㉒。又舟之所以败，皆失于重载。当以大字刻石置驿前，则过者㉓必自惩创㉔矣㉕。

【笺　注】

①渡：《陆游全集校注》前有“以小舟”三字。

②江渎南庙：江神庙，相对于江渎北庙而言。

③有碑：《陆游全集校注》作“新修未毕，有一碑”。

④为舟害：《陆游全集校注》作“成此滩，害舟不可计”。

⑤著令：书面写成的命令、制度。

⑥赵诚：《陆游全集校注》前有“尚书都官员外郎”几字。尚书都官：刑部的别称。员外郎：官名。员外，本指正员以外的郎官。晋武帝始设员外散骑常侍，员外散骑侍郎，简称员外郎。隋开皇时，尚书省二十四司各设员外郎一人，为各司的次官。唐以后，直至明清，各部都有员外郎，位在郎中之次。赵诚：宋泉州晋江人，字希平，一作希中。宋仁宗天圣五年（1027）进士。知归州时奏请疏凿州东滩河，以免民溺舟之苦，并亲自筑庐督视，役成，人称“赵江”。关于赵诚疏凿新滩事，〔南宋〕王象之《舆地纪胜》卷七十四《归州·官吏·赵诚》载：“天圣丙戌州东二十里赞唐山崩，蜀江断流，沿溯易舟以行。皇祐间郡守赵诚首以此留意，躬亲督责，附薪石根，火纵石裂，不半载而功成，江开舟济，名曰‘赵江’。”（中华书局 1992 年 10 月第 1 版，第 2474 页）

⑦闻于朝：将滩害舟之事奏闻于朝廷，并请疏通。

⑧《陆游全集校注》无此句。

⑨此句《陆游全集校注》前有“用工八十日”一句。

⑩皇祐三年：即1051年。按，皇祐乃北宋仁宗赵祯的年号，从1049年至1054年共使用了六年。

⑪天圣：北宋仁宗赵祯的年号，从1023年至1032年共使用了十年。

⑫未：《陆游全集校注》作“未能”。

⑬乘：趁着。

⑭冬春间：《陆游全集校注》作“十二月、正月”。

⑮出：《陆游全集校注》作“尽出”。

⑯可：《陆游全集校注》前有“亦”字。

⑰镵（chán）：凿。

⑱《陆游全集校注》无此句。

⑲利于败舟：从覆舟中获得利益。

⑳货卖：《陆游全集校注》作“买卖”，且后还有“必摇沮此役”一句。摇沮：破坏，阻止。

㉑或：《陆游全集校注》作“不则”。

㉒须断以必行，乃可成：必须果断地认为这件事必须实行，才可以将滩害去除。

㉓过者：超过一定重量的。

㉔惩创：惩罚，惩治。

㉕矣：《陆游全集校注》无此字，且后还有“二者皆不可不讲，当以告当路者”。

十五日，过白狗峡①，泊舟兴山口。肩舆②游玉虚洞。去江岸五里许，隔一溪，所谓香溪③也。源出昭君村④，水味色碧如黛，已登载《水品》⑤。过溪⑥，又至鱼⑦，洞门小才袤丈⑧。既入，则⑨可容数百人，宏敞壮丽，如入大宫殿中。有石成幢盖、幡旗、芝草、竹笋、仙人、龙、虎、鸟、兽之属，千状万态，莫不逼真。其绝异者，东石正圆如日，西石半规如月，予平生所见岩窦⑩，无⑪及者。有熙宁⑫中谢师厚⑬、岑岩起⑭题名；又有陈尧咨⑮所作记，叙此洞本末，云猎者得之山中⑯。

【笺　注】

①过白狗峡：《陆游全集校注》此句前还有“舟人尽出所载，始能挽舟过滩。然须修治，遂易舟。离新滩”。白狗峡：亦称狗峡，在秭归县东南十五里。〔北魏〕

郦道元《水经注》卷三十四《江水》："径狗峡西，峡崖龛中，石隐起有狗形，形状具足，故以狗名峡。"（陈桥驿《水经注校证》，中华书局 2007 年 7 月第 1 版，第 792 页）〔南宋〕王象之《舆地纪胜》卷七十四《归州》：白狗峡"在秭归县东三十里。据《道经》系七十二福地之数。又名鸡笼山"（中华书局 1992 年 10 月第 1 版，第 2467 页）。

②肩舆：乘坐轿子。

③香溪：又名乡溪、昭君溪。位于秭归县下游西陵峡口，在长江北岸。《太平寰宇记》卷一百四十八《兴山县》：香溪"在邑界，即王昭君所游处"。香溪有二源：西源出神农架林区西南老君山，名九冲河，东南流入兴山县境，称苍坪河（或称南阳河、白沙河）；东源出神农架林区东南烟墩垭，西南流名龙口河，入兴山县境名深渡河，二源会于兴山县城西北，南流经兴山县城西，称香溪（或称县前河），南流至秭归县东南香溪镇，注入长江。其入江处又名香溪口。

④昭君村：在今湖北兴山县城南郊宝坪村，在香溪上游，相传其为王昭君的出生地，故称。

⑤水味色碧如黛，已登载《水品》：《陆游全集校注》作"水味美，录于《水品》，色碧如黛"。

⑥过溪：《陆游全集校注》此句前有"呼小舟以渡"。

⑦至鱼：《陆游全集校注》作"里余"。

⑧袤丈：长度为一丈。袤：泛指长度。

⑨则：《陆游全集校注》此字后有"极大"二字。

⑩岩窦：岩穴。

⑪无：《陆游全集校注》作"无能"。

⑫熙宁：北宋神宗赵顼的一个年号，从 1068 年至 1077 年共使用了十年。

⑬谢师厚：即谢景初（1020—1084），字师厚，号今是翁。今浙江富阳人。

⑭岑岩起：岑象求，字岩起，梓州（今四川三台）人。

⑮陈尧咨：字嘉谟，北宋阆州阆中人。宋真宗咸平三年（1000）进士第一，状元。卒谥康肃，所以又叫陈康肃公。

⑯此句《陆游全集校注》作"唐天宝中，猎者始得之"，且后还有"比归，已夜，风急不可秉烛炬，然月明如昼，儿曹与全师皆杖策相从，殊不觉崖谷之险也"一段。

十六日，到归州，馆于报恩光孝寺①，距城一里许②。归之为州，才三四百家。负卧牛山，临江。前③即人鲊瓮④。城中无尺寸土⑤，滩声常如暴风雨至。隔江有楚王城，亦山谷间，然地比归州差平[⑥]。或云楚始封于此[⑦]。《山海经》：“夏启封孟除于丹阳城。”郭璞注云：“在秭归县南。”[⑧]疑即此也。然《史记》：“成王封熊绎于丹阳。”裴骃乃云：“在枝江县[⑨]。”[⑩]未详孰是。

【笺　注】

①《陆游全集校注》此句前有“见知州右奉议郎贾选子公、通判左朝奉郎陈端彦民瞻”。

②《陆游全集校注》此句后有“萧然无僧”。

③前：《陆游全集校注》作“州前”。

④人鲊瓮：长江险滩之一，在今湖北省秭归县西，瞿塘峡之下，号称峡下最险处。

⑤土：《陆游全集校注》作“平土”。

⑥差平：略平。

⑦或云楚始封于此：有人说楚国最初受封就是在这里。

⑧《山海经·海内南经》：“夏后启之臣曰孟涂，是司神于巴。人请讼于孟涂之所，其衣有血者乃执之，是请生。居山上；在丹山西。”郭景纯云：“丹山在丹阳，属巴。”（袁珂《山海经校注》，巴蜀书社 1993 年 4 月第 1 版，第 326—327 页）可见，孟涂乃是夏朝大臣，曾执掌司法于巴地。据今人研究，孟涂乃三涂氏之酋长，而夏启之母涂山氏即三涂之酋子（参见：何光岳《南蛮源流史》，江西教育出版社 1988 年 11 月第 1 版），则孟涂乃夏启之母党重臣。

⑨县：《陆游全集校注》无此字。

⑩〔西汉〕司马迁《史记》卷四十《楚世家》：“熊绎当周成王之时，举文、武勤劳之后嗣，而封熊绎于楚蛮，封以子男之田，姓芈氏，居丹阳。”裴骃《史记集解》引徐广曰：“在南郡枝江县。”（郭逸、郭曼标点《史记》，上海古籍出版社 1997 年 8 月第 1 版，第 1343 页）

十七日，群[①]集于望洋堂玩芳亭，亦皆沙石荦确[②]之地[③]。

【笺　注】

①群：《陆游全集校注》作“郡”。

②荦确：怪石嶙峋的样子。

③《陆游全集校注》此句后还有“贾守云：州仓岁收秋夏二料，麦、粟、粳米，共五千余石，仅比吴中一下户耳”。

十九日[①]，访宋玉宅[②]，在秭归县之东，今为酒家。旧有石刻“宋玉宅”三字，近以郡人避太守家讳[③]去之[④]，可惜也。

【笺　注】

①《陆游全集校注》在“十九日”之前还有一段关于“十八日”的内容：“十八日，初得艬船，差小，然底阔而轻，于上滩为便。”

②访宋玉宅：《陆游全集校注》此句前还有“郡集于归乡堂。欲以是晚行，不果”一段。宋玉宅：〔清〕余思训修、陈凤鸣纂，清同治五年刊本《归州志》卷一《地舆志·古迹》：“楚宋大夫宅，州东五里，相公岭下，旧址犹存。”（成文出版社 1974 年第 1 版，第 140 页）

③太守家讳：此言归州知州的父或祖的名字中有一个“玉”的，郡人讳之。

④《陆游全集校注》此句后有“或遂由此失传”。

二十日早，离归州，出巫峡[①]门，过天庆观[②]，少留[③]。观唐天宝元年[④]碑，载明皇[⑤]梦老子事[⑥]，巴东太守刘瑫所立。字画颇清逸，碑侧题当时郡官吏胥[⑦]姓名，字亦佳。又有周显德[⑧]中荆南[⑨]判官[⑩]孙光宪[⑪]为知归州高从让[⑫]所立碑。从让，盖南平王家子弟。光宪亦知名[⑬]，国史有事迹。盖五代时归、峡皆隶荆渚也[⑭]。殿前有柏，数百年物。观下即叱滩[⑮]，乱石无数。饭于灵泉寺[⑯]。遂登舟过业滩[⑰]，亦名滩也。水落舟轻，俄顷[⑱]遂过。

【笺　注】

①峡：《陆游全集校注》作“峰”。

②天庆观：唐贞观年间建，在今湖北省秭归县西北归州镇西二里。

③少留：短暂的停留。

④天宝元年：即 742 年。按，天宝乃唐玄宗李隆基的年号，从 742 年至 756 年共使用了十五年。

⑤明皇：唐玄宗（李隆基）谥至道大圣大明孝皇帝，后世多称为明皇。

⑥梦老子事：《陕西通志》卷九十八《拾遗·博古》引《延安府志》：“《白鹤观碑》。按：观故址在宜川县南三里，有倒碑，俗号碑子胡衕，碑文剥落不可读，约略其词，乃明皇梦李耳云：‘吾，汝始祖，命近臣访我于东北五百里外，当授汝符瑞。’觉后乃遣五兵尚书牛仙客如梦求之，惟肖，即此地起观，制类《兴庆宫碑》倒二百年，五代劝农使立之。复倒五百年，土蚀其半。”〔清〕倪涛《六艺之一录》卷八十引《名

山记》："《天庆观碑》，天宝元年立，碑载明皇梦老子事，巴东太守刘瑨建，字画甚清逸。"

⑦吏胥：旧时官府中掌簿书文牍的小吏。

⑧显德：后周太祖郭威开始使用的年号，其后后周世宗柴荣、恭帝柴宗训即位后继续沿用，从954年至960年共使用了七年。

⑨荆南：又称南平、北楚，为五代十国时期的十国之一，由高季兴所建。其都城为荆州，辖荆、归（今湖北秭归）、峡（今湖北宜昌）三州。后梁开平元年（907），高季兴任荆南节度使。924年受后唐封为南平王，世称荆南或南平。963年为北宋所灭。

⑩判官，古代官名。唐代节度使、观察使、防御使均置判官，为地方长官的僚属，辅理政事。宋沿唐制，并于团练、宣抚、制置、转运、常平诸使亦设置判官。

⑪孙光宪：字孟文，自号葆光子，陵州贵平（今四川省仁寿县东北）人。仕南平三世，累官荆南节度副使、朝议郎、检校秘书少监，试御史中丞。入宋，为黄州刺史。《宋史》卷四八三、《十国春秋》卷一〇二有传。平生著述甚多，著有《北梦琐言》《荆台集》《橘斋集》等，仅《北梦琐言》传世。词存八十四首，风格清丽疏淡，与"花间"的浮艳、绮靡有所不同。

⑫高从让：高季兴的儿子，文献王高从诲的弟弟。荆南归附宋朝后，为左清道率府率。

⑬抄本无"为知归州高从让所立碑。从让，盖南平王家子弟。光宪亦知名"这段内容。

⑭盖五代时归、峡皆隶荆渚也：犹言五代时归州（今湖北秭归）、峡州（今湖北宜昌市）皆隶属于荆州。盖，连词，承接上文，表示原因或理由。

⑮叱滩：即"人鲊瓮"。《陆游全集校注》作"吒滩"。

⑯灵泉寺：在今湖北省秭归县西北归州镇南十里。〔南宋〕祝穆《方舆胜览》卷五十八《归州·寺观》："灵泉寺，在州西三里。西临水，状若瀑布。"（中华书局2003年6月第1版，第1026页）

⑰业滩：即叶滩，亦即泄滩。位于香溪宽谷、泄滩河同长江汇合处，在湖北秭归县境内。〔清〕余思训修、陈凤鸣纂，清同治五年刊本《归州志》卷一《地舆志·险隘》："泄滩，州西二十里。水势汹涌，有泄床石，长三十余丈，水落则石出，水涨则若隐若见，行者无不惊怖。土人云：'有泄无新，有新无泄。'盖言新、泄二滩水涨则泄险，水涸则新险耳。"（成文出版社1974年第1版，第117页）

⑱俄顷：很短的时间。

二十一日，舟中望石门关①，仅通一人行，天下至险也。晚泊巴东县。江山雄丽，大胜秭归。但井邑②极③萧条，邑中才百余户，自令廨④而下皆茅茨⑤。谒寇莱公祠堂⑥，登秋风亭⑦，临江山⑧。遂登双柏堂⑨，下⑩旧⑪有莱公所植柏，今已稿⑫死。然南山重复，秀丽可爱。白云亭则天下幽奇绝境，群山环拥，层出间见，古木森然，往往二三百年物。栏外双瀑泻石涧中，跳珠溅玉，冷入肌骨⑬。其下是为慈溪⑭，奔流与江会。予自吴入楚，行五千余里，过十五州⑮，亭榭之胜无如白云者，而正⑯在县廨厅事之后⑰。

【笺　注】

①石门关：即石门岩。〔清〕余思训修，陈凤鸣纂，清同治五年刊本《归州志》卷一《地舆志 · 险隘》："石门岩，在州境。按：《舆地纪胜》：'石门岩其奇险处，乡人接以木梯，有警则斫断，不通行人。'"（成文出版社 1974 年第 1 版，第 116 页）

②井邑：城镇，乡村。语本《周礼·地官·小司徒》："九夫为井，四井为邑。"（《周礼注疏》卷十一，李学勤主编《十三经注疏》本，北京大学出版社 1999 年 12 月第 1 版，第 279 页）

③极：《陆游全集校注》作"极于"。

④令廨：犹县令的官署。

⑤茅茨：茅草盖的屋顶，亦指茅屋。《陆游全集校注》此句后还有"了无片瓦。权县事秭归尉右迪功郎王康年、尉兼主簿右迪功郎杜德先来，皆蜀人也"。权县事：代理县令事。权：唐以来称试官或暂时代理官职为"权"。

⑥寇莱公祠堂：在巴东县南。〔清〕廖恩树修、萧佩声纂，清同治五年修、清光绪六年重刊本《巴东县志》卷三《建置志 · 坛庙》："寇公祠，在旧县。宋乾道间废。县尉王宁孙即秋风亭祀之。明景泰五年改建今治学宫之左。正德间盛杲葺之，为屋五楹，以居守者。火后重建，视旧稍隘。万历三十二年，张尚儒增修，置拜殿，复废。国朝康熙六年，知县司世教重建，复废于寇。"（成文出版社 1974 年影印本，第 192—193 页）寇莱公：即寇准，因其官至同中书门下平章事，封莱国公，故称。寇准（961—1023）：字平仲，华州下邽（今陕西渭南）人。北宋政治家、诗人。太平兴国五年（980）进士，授大理评事，知归州巴东县。

⑦秋风亭：〔清〕廖恩树修、萧佩声纂，清同治五年修、清光绪六年重刊本《巴东县志》卷二《舆地志·古迹》："秋风亭，在旧县治左。寇莱公建，南宋乾道间尚存，县尉王宁孙即亭以祀公，后废。明知县盛杲改建今治西高冈之上，叶祯委民赵英葺之，废。国朝康熙初年知县司世教重建，复废于兵。嘉庆二十一年知县黄桂昌重建。

同治五年知县李桢葺之。”（成文出版社 1974 年影印本，第 170 页）

⑧临江山：《陆游全集校注》作“下临江山”，且此句后还有“是日重阴微雪，天气飕飘，复观亭名，使人怅然，始有流落天涯之叹”。

⑨双柏堂：〔清〕廖恩树修、萧佩声纂，清同治五年修、清光绪六年重刊本《巴东县志》卷二《舆地志·古迹》：“莱公柏，在旧县，公为令时手植双柏于庭，人比甘棠。望按：寇忠愍公手植双柏见于曾南丰所作公传。苏子瞻去公未远，赋诗有‘闻道山中树，犹余手植松’之句，以柏为松，盖传闻之误也。至王梅溪则有‘堂前双柏今何在’之句，是此柏在南宋时已不存矣。”（成文出版社 1974 年影印本，第 169 页）《陆游全集校注》后还有“白云亭”三字。白云亭：〔清〕廖恩树修、萧佩声纂，清同治五年修、清光绪六年重刊本《巴东县志》卷二《舆地志·古迹》：“白云亭，在旧县治左。寇莱公建，久废。明知县盛杲改建今治寿宁寺庙前，亦废。”（成文出版社 1974 年影印本，第 170 页）陆游有《巴东令廨白云亭》诗：“寇公壮岁落巴蛮，得意孤亭缥缈间。常倚曲阑贪看水，不安四壁怕遮山。遗民虽尽犹能说，老令初来亦爱闲。正使官清贫至骨，未妨留客听潺潺。”（钱仲联等主编《陆游全集校注·第一册》，浙江教育出版社 2011 年 12 月第 1 版，第 132 页）

⑩下：《陆游全集校注》作“堂下”。

⑪旧：抄本无此字。

⑫稿：《陆游全集校注》作“槁”。

⑬肌骨：《陆游全集校注》作“人骨”。

⑭慈溪：〔清〕廖恩树修、萧佩声纂，清同治五年修、清光绪六年重刊本《巴东县志》卷二《舆地志·山川》记有“赤溪”（成文出版社 1974 年影印本，第 153 页），或即此“慈溪”。

⑮过十五州：指秀州、常州、润州、真州、昇州、太平州、池州、舒州、江州、蕲州、黄州、鄂州、荆州、峡州、归州等。

⑯正：《陆游全集校注》作“止”。

⑰县廨厅事之后：犹言县衙大堂之后。《陆游全集校注》此句之后还有“巴东了无一事，为令者可以寝饭于亭中，其乐无涯。而阙令，动辄二三年无肯补者，何哉？”一段。

二十二日，发巴东，山益奇怪，有夫子洞者，一窦[①]在峭壁绝高处，人迹所不可至，然仿佛若有栏楯[②]，不知所谓夫子者何也？过三分泉，自山窦中出，止两派[③]。俗云：“三派有年[④]，两派中熟[⑤]，一派或绝流饥馑[⑥]。”泊疲石[⑦]。

【笺　注】

①窦：孔，穴。

②栏楯：栏杆。

③两派：犹两支，两股。派，水分道而流。

④有年：丰收。

⑤中熟：中等的年成。

⑥饥馑：灾荒，庄稼收成很差或颗粒无收。《诗经·大雅·云汉》："天降丧乱，饥馑荐臻。"（《毛诗正义》卷十八，李学勤主编《十三经注疏》本，北京大学出版社 1999 年 12 月第 1 版，第 1193 页）

⑦疲石：地名。《陆游全集校注》此句后有"夜雨"。

二十三日，过巫山凝真观①，谒妙用真人祠②。真人③，即世所谓巫山神女也。祠正对巫山，峰峦上入霄汉④，山脚直插江中。议者谓太、华、衡、庐⑤，皆无此奇。然十二峰⑥不可悉见，所见八九峰⑦，惟神女峰⑧最为纤丽奇峭⑨，宜为仙真所托。祝史⑩云："每八月十五夜月明时，有丝竹⑪之音，往来峰顶上⑫，峰上⑬猿皆鸣，达旦⑭方渐止。"庙后山半，有石坛⑮平旷⑯。传云："夏禹见神女，授符书于此⑰。"坛上观十二峰，宛如屏障。是日⑱，天宇晴霁⑲，四顾无纤翳⑳，惟神女峰上有白云数片，如鸾鹤㉑翔舞徘徊㉒，久之不散，亦可异也。祠旧有乌数百，送迎客舟。自唐幽州㉓刺史李贻㉔诗已去㉕，群乌幸㉖胙余㉗矣。近乾道元年㉘，忽不至。今绝无一乌，不知其㉙故。泊清水洞㉚。洞极深，后门自山后出，黮闇㉛，水流其中，鲜能㉜入者。岁旱祈雨颇应㉝。

【笺　注】

①凝真观：宋宣和四年（1122）改神女庙为凝真观。

②妙用真人祠：即巫山神女庙，〔宋〕李心传《建炎以来系年要录》卷一百六十二载："（绍兴二十一年五月）乙巳（1151 年 6 月 21 日），封巫山神女为妙用真人。"〔清〕连山、白曾熙修，李友梁等纂，清光绪十九年刊本《巫山县志》卷三十一《寺观志》："神女庙，即凝真观，在县东四十里，十二峰南飞凤峰之麓。《元统志》：'唐仪凤元年置，宋宣和四年改曰凝真观。绍兴二十年封妙用真人。'"（《中国地方志集成·四川府县志辑》第 52 册，巴蜀书社 1992 年 8 月影印第 1 版，第 487 页）按：材料中"绍兴二十年"应为"绍兴二十一年"。

③真人：道家称存养本性或修真得道的人。亦泛称"成仙"之人。《庄子·大宗师》：

"古之真人，其寝不梦，其觉无忧，其食不甘，其息深深……古之真人，不知说生，不知恶死；其出不䜣，其入不距；翛然而往，翛然而来而已矣。"（方勇、陆永品《庄子诠评》，巴蜀书社 1998 年 9 月第 1 版，第 172 页）绍兴二十一年（1151）封巫山神女为"妙用真人"，故云"真人，即世所谓巫山神女也"。

④霄汉：云霄和天河，指天空极高处。

⑤太、华、衡、庐：即泰山、华山、衡山、庐山。衡山，一名岣嵝山，又名霍山，古称南岳，为五岳之一。位于湖南中部，有七十二峰，以祝融、天柱、芙蓉、紫盖、石廪五峰为最著。相传舜南巡和禹治水都到过这里。

⑥十二峰：《陆游全集校注》作"十二峰者"。

⑦所见八九峰：今人指认的十二峰中，有六峰在长江北岸，即登龙、圣泉、朝云、望霞、集仙、松峦；有六峰在长江南岸，即聚鹤、翠屏、上升、净坛、飞凤、起云。但在宋代，人们所说的十二峰均在长江北岸。范成大《吴船录》云："十二峰俱在北岸，前后蔽亏，不能足其数。"（参见下文）也就是说，之所以"不可悉见。所见八九峰"乃是因为"前后蔽亏，不能足其数"的缘故。

⑧神女峰：即十二峰中的望霞峰。神女峰之名由来已久。〔唐〕杜甫《大历三年春白帝城放船出瞿唐峡久居夔府将适江陵漂泊有诗凡四十韵》："神女峰娟妙，昭君宅有无。"（卷三有收录）神女峰上有一孤石，兀立一侧，其形若人，被称为"神女石"。〔宋〕苏轼《巫山》中有云："遥观神女石，绰约诚有以。俯首见斜鬟，拖霞弄修帔。人心随物变，远觉含深意。"（张志烈、马德富、周裕锴主编《苏轼全集校注·第一册·诗集一》，河北人民出版社 2010 年 6 月等 1 版，第 71 页）

⑨纤丽奇峭：纤细秀美，奇特峻峭。

⑩祝史：司祭祀之官。《左传·昭公十八年》："郊人助祝史除于国北。"〔唐〕孔颖达疏："祝史，掌祭祀之官也。"（《春秋左传正义》卷四十八，李学勤主编《十三经注疏》本，北京大学出版社 1999 年 12 月第 1 版，第 1375 页）这里指妙用真人祠（神女庙）里的庙祝（庙宇中管香火的人）。

⑪丝竹：弦乐器与竹管乐器之总称，亦泛指音乐。

⑫上：《陆游全集校注》无此字。

⑬峰上：《陆游全集校注》作"山"。

⑭达旦：直到第二天早晨。

⑮石坛：石质的台或墩，此即所谓"天尊神女坛"。典出〔前蜀〕杜光庭《集仙录》："云华夫人，王母第二十三女，太真王夫人之妹也。名瑶姬，受徊风混合万景炼神飞化之道。尝东海游还，过江上，有巫山焉，峰岩挺拔，林壑幽丽，巨石如坛，留

连久之。……复有石天尊神女坛，侧有竹，垂之若篲。有稿叶飞物著坛上者，竹则因风扫之，终莹洁不为所污。楚人世祀焉。”（张国风《太平广记会校》卷五十六，北京燕山出版社 2011 年 11 月第 1 版，第 646—648 页）

⑯平旷：平坦宽广。

⑰夏禹见神女，授符书于此：出自〔前蜀〕杜光庭《集仙录》：“时大禹理水，驻山下。大风卒至，崖振谷陨不可制。因与夫人相值，拜而求助。即敕侍女，授禹策召鬼神之书……因命侍女陵容华出丹玉之笈，开上清宝文以授，禹拜受而去，又得庚辰、虞余之助，遂能导波决川，以成其功。”（张国风《太平广记会校》卷五十六，北京燕山出版社 2011 年 11 月第 1 版，第 646—648 页）

⑱是日：这一天。是，代词，此，这。

⑲天宇晴霁（jì）：天空晴朗。

⑳纤翳（yì）：细微的云雾。

㉑鸾鹤：鸾与鹤，相传为仙人所乘。

㉒徘徊：往返回旋。

㉓幽州：《陆游全集校注》作“夔州”。

㉔李贻：应是李贻孙。李贻孙，贞元时官夔州刺史。〔唐〕段成式《酉阳杂俎》续集卷八《支动》云：“夔州刺史李贻孙云：‘尝见木枝化为蚓。’”（许逸民《酉阳杂俎校笺》，中华书局 2015 年 7 月第 1 版，第 2027 页）〔宋〕欧阳修《集古录》：“唐神女庙诗。右神女庙诗，李吉甫、丘玄素、李贻孙、敬骞等作。余贬夷陵令时，尝泛舟黄牛峡。至其祠下。又饮虾蟆碚水，览其江山，巉绝穷僻，独恨不得见巫山之奇秀，每读数子之诗，爱其辞翰，遂录之。”（李逸安点校《欧阳修全集》卷一百四十一，中华书局 2001 年 3 月第 1 版，第 2267 页）李贻孙还有《夔州都督府记》，《全蜀艺文志》卷三十四有录（刘琳、王晓波点校《全蜀艺文志》，线装书局 2003 年 5 月第 1 版，第 956—957 页）。

㉕去：《陆游全集校注》作“云”。

㉖幸：希求恩幸。

㉗胙（zuò）余：祭祀完毕后所余之肉。〔东汉〕班固《汉书·郊祀志上》：“已祠，胙余皆燎之。”颜师古注：“胙，谓祭余酒肉也。”（中华书局 1962 年 6 月第 1 版，第 1230 页）幸胙余，有幸享用祭祀完毕后所余之肉。按，此诗句或即为欧阳修《集古录》所记之李吉甫、丘玄素、李贻孙、敬骞等作之“唐神女庙诗”中李诗中的句子。〔明〕曹学佺《蜀中广记·名胜记·下川东道·夔州府·巫山县》引《集古录》云：“神女庙，唐李吉甫诗一首，以贞元十四年刻；邱元素一首，无刻石年月；李贻孙二首，

会昌五年刻；敬骞一首，元和五年刻，沈幼真书。其它皆无书人名氏，可摸搨。”（刘知渐点校《蜀中名胜记》，重庆出版社 1984 年 10 月第 1 版，第 317 页）李贻孙《神女庙》诗刻石、《夔州都督府记》皆署为“会昌五年”，可见它们作于同时，惜乎全诗不可见矣。

㉘乾道元年：即 1165 年。

㉙其：抄本为“何”字。

㉚清水洞：位于巫峡西口与大宁河交界处北岸，圣泉峰下，距巫山县城二里。由清水洞、金柱洞、玉林洞组成。因陆游当年曾游此洞，且载于《入蜀记》中，故后人名之曰陆游洞。三峡水库蓄水前是重要的旅游景点，今已被淹没。

㉛黮闇（shèn àn）：黑暗，无光。《陆游全集校注》作“但黮暗”。闇：同“暗”。

㉜鲜能：很少能。

㉝《陆游全集校注》后还有“权知巫山县左文林郎冉徽之、尉右迪功郎文庶几来”。知：主持，执掌某官、某事之称。唐以后，常差遣他官主持某官署、某事称知。宋代沿之，复以京朝官带职，任府、州、军、县的长官，称权知某府、某军州事、某县事，后简称知府、知州、知县。文林郎：文散官名。隋置，取北齐征文学之士充文林馆之义。历代因之。时文林郎分左右。散官，古代表示品阶等级的称号，与职事官表示所任职务的称号相对而言。冉徽之：梁山军（今重庆梁平区）人，绍兴十八年（1148）进士。

二十四日早，抵巫山。县在峡中，亦壮县[①]也。市井胜归、峡二郡。隔江南陵山[②]极高大，有路如线，盘屈[③]至绝顶，谓之一百八盘，盖施州[④]正路。黄鲁直诗[⑤]：“一百八盘携手上，至今归梦绕羊肠。”即谓此也。县廨[⑥]有故铁盆[⑦]，底锐似半瓮状，极坚厚，铭在其中，盖汉永平中物也[⑧]。缺处铁色光黑如佳漆，字画淳质可爱玩[⑨]。有石刻鲁直作《盆记》[⑩]，大略言：建中靖国元年[⑪]，予弟叔向[⑫]，自涪陵尉摄县事[⑬]。予起戎州[⑭]，来寓县廨[⑮]。此盆旧以种莲，余洗涤乃见字云。游楚故离宫[⑯]，俗谓之细腰宫[⑰]。有一池，皆[⑱]当时宫中燕游[⑲]之地，今湮没略尽矣。三面皆荒山，南望江山奇丽。又有将军墓[⑳]，东晋人也。一碑在墓后，趺[㉑]陷入地，碑倾前欲压，字才半存。

【笺　注】

①壮县：富庶繁盛的县。

②南陵山：在巫山县南，隔江，一名向南山。

③盘屈：盘曲。

④施州：北周建德三年（574）置，治所在沙渠县（今属恩施市）。大业初改为清江郡。义宁二年（618）复置，治所在清江县（今属恩施市）。元属夔州路。明洪武初废。洪武十四年（1381）复置，属夔州府。洪武二十三年（1390）废，并入施州卫。

⑤黄鲁直诗：绍圣元年（1094），黄庭坚因《神宗实录》案获罪被贬为"涪州别驾，黔州安置"。其入蜀赴贬所时，至巫山后，即取道陆路，"过一百八盘，涉四十八渡"，抵黔州（今彭水县）。"一百八盘"在今巫山县南陵山，"四十八渡"在今黔江县境内（黄庭坚入蜀时隶属黔州）。"一百八盘携手上，至今犹梦绕羊肠"为《新喻道中寄元明用觞字韵》中的诗句。全诗云："中年畏病不举酒，孤负东来数百觞。唤客煎茶山店远，看人获稻午风凉。但知家里俱无恙，不用书来细作行。一百八盘携手上，至今犹梦绕羊肠。"（刘琳等点校《黄庭坚全集》，四川大学出版社 2001 年 5 月第 1 版，第 168 页）元明，黄庭坚友人，名黄大临，字符明。黄庭坚赴贬所时，曾亲自陪伴，送至黔州摩围山安置处。《陆游全集校注》"诗"后有"云"字。此处为"归梦"，《黄庭坚全集》作"犹梦"。

⑥县廨（xiè）：县衙官署。

⑦故铁盆：过去年代的铁盆，即所谓"巴官铁盆"。是东汉永平七年（64）巴郡官铸的煮盐器，它是三峡盐文化的历史见证。可以参看程地宇《巫山诗文·宋代部分·历史文献部、散文部》"前言"中"《巴官铁盆》铭文辑录"处的分析（重庆出版社 2014 年 12 月第 1 版）。

⑧铭在其中，盖汉永平中物也：犹言铭文在铁盆的内壁。大约是东汉永平年间的器物。按：关于"巴官铁盆铭"历代文献异文甚多，歧见迭出。人们大多以为其器已亡，其铭已没，遂衍生出对此盆铭文及相关名物制度的一些误释、误判。事实上宋代文字学家刘球《隶韵》、娄机《汉隶字源》已将其 16 字铭文中的 14 字摹写收录，余二字之字形亦见于洪适《隶续》的记载中。据上述文献将其铭文逐字辑出，则为"厂巴官三百五十升永平七年弟廿七西"。在陆游本文中对"巴官铁盆"的记载，是研究该盆以及三峡地区盐文化的珍贵历史资料。

⑨字画淳质可爱玩：犹言铭文的笔画淳厚朴质可供喜爱玩赏。按，"巴官铁盆"为汉隶，风格朴实无华。

⑩有石刻鲁直作《盆记》：黄庭坚此《盆记》未见载于《山谷集》，但〔南宋〕王象之《舆地碑记目·夔州碑记·汉盐铁盆记》云："在巫山县，黄太史《石刻》云：'余弟嗣直，来摄邑事，堂下有大盐铁盆，有款识，盖汉时物也。其末曰永平七年。'"（〔南宋〕王象之《舆地纪胜·舆地纪胜补阙》，中华书局 1992 年 10 月第 1 版，第

5129 页）陆游是说黄鲁直的《盆记》乃以石刻的形式存在于巫山县廨中，陆游只记下了其大意而非原文照录。

⑪建中靖国元年：即 1101 年。

⑫予弟叔向：《陆游全集校注》“叔向”后有“嗣直”二字。黄庭坚堂弟黄叔向，字嗣直。黄庭坚《题固陵寺壁》：“天水张茂先，世家南昌。黄某鲁直、弟叔向嗣直，建中靖国元年丁卯同来，时左绵道人思顺开法席于此山。”（刘琳等点校《黄庭坚全集》，四川大学出版社 2001 年 5 月第 1 版，第 1599 页）〔明〕曹学佺《蜀中广记·名胜记 · 下川东道 · 夔州府》引此文作《卧龙行记》（刘知渐点校《蜀中名胜记》，重庆出版社 1984 年 10 月第 1 版，第 302 页）。建中靖国元年黄庭坚东归途经南浦（今万州区），作《西山碑》，碑末署为“建中靖国元年二月辛酉，江西黄鲁直题”。建中靖国元年二月辛酉即二月三十日（1101 年 3 月 31 日）。其顺江而下到巫山，当是三月初，则“三月丁卯”即为三月初六（1101 年 4 月 6 日），时间前后相续。

⑬自涪陵尉摄县事：以涪陵尉的身份代理巫山县的政事。尉，职事官名。掌部辖弓手、兵士巡警，捕盗解送县狱，维持一县治安。北宋并用作选人阶官，属判司簿尉之等、第七阶。崇宁二年（1103）易为将仕郎，政和六年（1116）十一月改为迪功郎。摄，代理，非正式除授。〔清〕连山、白曾熙修，李友梁等纂；清光绪十九年刊本《巫山县志》卷二十三《政绩志》：“黄嗣直，江西豫章人，太史黄鲁直之弟。大中靖国元年任巫山令，博学有才，爱民兴士，邑人德之。”（《中国地方志集成 · 四川府县志辑》第 52 册，巴蜀书社 1992 年 8 月影印第 1 版，第 425 页）不言其摄县事，且语多溢美。

⑭予起戎州：我从戎州起身。黄庭坚于元符三年(1100)五月五获复官消息。〔宋〕黄㽦《山谷年谱》卷二十七：“元符三年庚辰。五月复宣义郎监鄂州在城盐税。见先生《辞免吏部员外郎状》。又家藏先生《与道微使君》手书真迹云：‘庭坚五月五日被告复宣义郎添监鄂州盐税。得不死于贬所，又有俸禄，实已满慰所望。但已江涨，未能下峡，方欲拏舟。一至青神省张氏家姑，乃渐治舟而东。’”十二月从戎州动身东归。《山谷年谱》卷二十八：“先生有书《和晁无咎诗》与斌老，《跋》云：‘元符三年十二月，余尝发戎州，于百忙中为斌老书此卷。’”戎州，南朝梁大同十年（544）置，治所在僰道县（今四川宜宾市，一说在今宜宾市西边镇）。

⑮来寓县廨：来此寄居在县署中。

⑯故离宫：旧时的离宫。离宫，正宫之外供帝王出巡时居住的宫室。

⑰细腰宫：明正德《夔州府志》卷七《宫室 · 巫山县》：“古楚宫，在县西北，楚襄王所游之地，遗址尚存。宋黄庭坚《石刻》所谓‘细腰宫’是也。”（中华书局

2009年11月点校第1版，第121页）

⑱皆：《陆游全集校注》作“亦”。

⑲燕游：宴饮游乐。

⑳将军墓：〔清〕恩成修、刘德铨纂，清道光七年刊本《夔州府志》卷三十二《陵墓志·巫山县》：“晋将军墓，名姓失考，疑即周抚墓，桓温有碑。”（中华书局2011年12月点校第1版，第531页）〔清〕连山、白曾熙修，李友梁等纂；清光绪十九年刊本《巫山县志》卷三十《古迹志·古墓》：“将军墓，《入蜀记》：‘将军，东晋人也。一碑在墓后，趺陷入地，碑倾前欲压，字才半存。’疑即周抚墓，桓温有碑。”（《中国地方志集成·四川府县志辑》第52册，巴蜀书社1992年8月影印第1版，第486页）

㉑趺：碑石的下座。

二十六日[1]，入瞿唐峡[2]。两壁对耸，上入霄汉，其平如削成。仰视天，如匹练[3]然。水已落，峡中平如油盎。过圣姥泉，盖石上一罅[4]，人大呼于旁，则泉出，屡呼则屡出，可怪也。晚至瞿唐关，唐故夔州，与白帝城盖言难辩也[5]。关西门正对滟滪堆碎石积成[6]，出水数十丈。土人云：“方夏秋水涨时，水又高于堆数十丈。”入谒白帝庙[7]，气象甚古，松柏皆数百年物。有数碑，皆孟蜀时立[8]。庭中石笋，有黄鲁直建中靖国元年题字。又有越公堂[9]，隋杨素所创，少陵为赋诗者[10]，已毁。近所筑亦宏壮[11]。自关而东，即东屯[12]，少陵故居也。

【笺 注】

①《陆游全集校注》在“二十六日”前有一段关于“二十五日”的内容：“二十五日，晡后，至大溪口泊舟。出美梨，大如升。”晡（bū）后：晡，申时，即十五时至十七时。晡后，下午五点以后，接近黄昏的时分。

②《陆游全集校注》此句前有“发大溪口”一句。大溪口：大溪注入长江初，在瞿塘峡东口。大溪，又称黛溪，古称乌飞水。〔清〕连山、白曾熙修，李友梁等纂，清光绪十九年刊本《巫山县志》卷六《山川志》：“大溪，县西南九十里。古名金沙滩，即明汤和征明升屯兵处。峡口有石刻云：‘康茂才行兵到此。’现存。尚有康公庙，今废。《入蜀记》：‘大溪出美梨，大如升。’即《水经》郦注‘乌飞水’。夔峡至此尽，南岸曰门扇峡。”（《中国地方志集成·四川府县志辑》第52册，巴蜀书社1992年8月影印第1版，第313页）

③匹练：一匹白娟。

④罅：缝隙，裂缝。

⑤此句《陆游全集校注》作："与白帝城相连。杜诗云：'白帝夔州各异城。'盖言难辨也。"

⑥《陆游全集校注》"碎石"前有一"堆"字。

⑦此句《陆游全集校注》作"肩舆入关，谒白帝庙"。

⑧此句《陆游全集校注》作"皆孟蜀时所立。"孟蜀：五代十国之一，史称"后蜀"(934—965)。孟知祥建立，建都成都。历二世，二主，共三十二年。

⑨越公堂：〔南宋〕祝穆《方舆胜览》卷五十七《夔州路·夔州·古迹》："越公堂，在瞿唐关城内，隋杨公素所为也。"（中华书局2003年6月第1版，第1016页）杨素曾封越国公，故称。杨素（544—606）：字处道，弘农郡华阴县（今陕西华阴市）人。出身弘农杨氏，不拘小节，胸怀大志。初仕北周，拜车骑将军、仪同三司，参加平定北齐之役，与族兄杨坚深相结纳。隋朝建立后，升御史大夫。开皇八年(588)，以行军元帅身份，率水军东下攻灭陈朝，以功拜荆州总管，封越国公。暗中帮助晋王杨广，夺嫡成为太子。杨广即位后，领兵讨平汉王杨谅叛乱，拜尚书令、太师、司徒，封楚国公。

⑩少陵为赋诗者：指杜甫《陪诸公上白帝城宴越公堂之作》，诗为："此堂存古制，城上俯江郊。落构垂云雨，荒阶蔓草茅。柱穿蜂溜蜜，栈缺燕添巢。坐接春杯气，心伤艳蕊梢。英灵如过隙，宴衎愿投胶。莫问东流水，生涯未即抛。"（中华书局编辑部点校《全唐诗》增订本卷二百二十九，中华书局1999年1月第1版，第2505页）少陵：此处指杜甫。少陵原为汉宣帝许后之陵，因其规模较汉宣帝陵为小，故名。杜甫曾在少陵西边居住，自号"少陵野老"，故后世亦称杜甫为杜少陵。

⑪此句《陆游全集校注》作"今堂近岁所筑，亦甚宏壮"。

⑫东屯：东瀼水（草堂河）之畔草堂所在地，公孙述于此垦稻田，号东屯。杜甫曾寓居于此，草堂及草堂河由此得名。〔清〕郑玉选主修、焦懋熙等纂修、光绪十九年刊本《奉节县志》卷七《山川》："东瀼水，治东十五里。自长松岭发源，由白帝山脚流入岷江（注者按：古人长期认为长江上游为岷江，故又称长江为岷江）。公孙述于此垦稻田，号东屯。杜甫侨寓诗有'泥留虎斗迹，月挂客愁村'之句。草堂遗址尚在。又名为草堂河。"（《中国地方志集成·四川府县志辑》第52册，巴蜀书社1992年8月影印第1版，第606页）

二十七日早，至夔州。州在山麓沙上，所谓鱼腹[①]永安宫也。今[②]为州仓，而州治在宫西北、甘夫人墓西南，景德中转运使丁谓、薛颜所徙。比白帝颇平旷，然失关险，无复形势。在瀼之西，故一曰瀼西。土人谓山间之流通江者曰"瀼"云。

州东南有八阵碛，孔明之遗迹，碎石行列如引绳。每岁江涨，碛上水数十丈，比退，阵石如故。

【笺 注】

①鱼腹：《陆游全集校注》作“鱼复”。

②今：《陆游全集校注》此字前有一“宫”字。

吴船录　范成大[①]

余前年入蜀，以重午至夔[②]，鱼腹[③]方涨，八阵在水中，今来水更过之，六十四蕝不复得见，颇有遗恨。

【笺 注】

①本文可见于《范成大笔记六种》之《吴船录》卷下（中华书局 2002 年 9 月第 1 版，第 217—223 页）。关于《吴船录》，〔清〕纪昀等《〈吴船录〉提要》：“宋范成大撰。成大于淳熙丁酉自四川制置使召还，取水程赴临安，因随日记所阅历，作为此书。自五月戊辰，迄十月己巳。于古迹形胜言之最悉，亦自有所考证。”（四库全书研究所整理《钦定四库全书总目》整理本，中华书局 1997 年 1 月第 1 版，第 819 页）淳熙丁酉：即淳熙四年，1177 年。五月戊辰：五月二十九日，1177 年 6 月 27 日。十月己巳：十月三日，1177 年 10 月 26 日。

②夔：即夔州，治奉节县。

③鱼腹：《范成大笔记六种》作“鱼复”，即今奉节县。

峡江水性大恶，饮辄生瘿[①]，妇人尤多。前过此时，婢子辈汲江而饮，数日后发热，一再宿，项颈[②]肿起，十余人悉然。至四川[③]月余，方渐消散[④]。

【笺 注】

①瘿（yǐng）：指生长在脖子上的一种囊状的瘤子。

②项颈：脖子。《范成大笔记六种》作“项领”。

③四川：《范成大笔记六种》作“西川”。

④《范成大笔记六种》此句后还有：“守、倅乃日取水于卧龙山泉，去郡十许里，前此不知也。”

丙辰，泊夔州。早遣视瞿塘水[①]，仅能漫[②]滟滪之顶，盘涡[③]散出其上，谓之滟滪撒发。人云如马尚不可下[④]，况撒发邪[⑤]！是夜，水忽骤涨，渰[⑥]及排亭[⑦]，及明走视，滟滪则已在五丈以[⑧]下。或[⑨]可以侥幸入峡[⑩]，而夔人犹难之[⑪]。

【笺 注】

①早遣视瞿塘水：《范成大笔记六种》作“早遣人视瞿唐，水齐”。本文作“瞿塘”，《范成大笔记六种》一律作“瞿唐”，后不再出校。

②漫：《范成大笔记六种》作“没”。

③盘涡：水旋流形成的深涡。

④如马尚不可下：民谚所谓“滟滪如马，瞿塘不可下”。

⑤邪：《范成大笔记六种》作“耶”。

⑥渰（yān）：同“淹”。

⑦《范成大笔记六种》此句后还有：“诸篳舍，亟遣人毁拆，终夜有声。”

⑧以：《范成大笔记六种》作“水”。

⑨或：《范成大笔记六种》作“或谓”。

⑩入峡：《范成大笔记六种》作“乘此入峡”。

⑪《范成大笔记六种》此句后还有：“同行皆往瞿唐祀白帝，登三峡堂及游高斋，皆在关上。高斋虽未必是杜子美所赋，然下临滟滪，亦奇观也。”

丁巳，水涨[①]未已[②]，遂决解维[③]。十五里，至瞿塘口，水平如席。独滟滪之顶，犹涡纹瀺灂[④]，舟拂其上以过，摇橹[⑤]者皆[⑥]汗手死心，面[⑦]无人色。盖天下至险之地，行路极危之时，旁[⑧]观皆神惊[⑨]，余已在舟中，一切付之[⑩]自然，不暇问，据胡床[⑪]坐招头处，任其荡兀[⑫]。每一舟入峡数里，后舟方[⑬]续发。水势怒急，恐猝相遇，不可解拆[⑭]也。师司[⑮]遣卒执一[⑯]旗，次第[⑰]立山之上，下一舟平安，则簸旗以招后船。旧图云：“滟滪大如襆[⑱]，瞿塘不可触。滟滪大如马，瞿塘不可下。”此俗传“滟滪大如象，瞿塘不可上”，盖非是也。后人立石办[⑲]之，甚详。

【笺 注】

①涨：《范成大笔记六种》作“长”。

②《范成大笔记六种》此句后还有一句“辰、巳时”。

③解维：解开缆索，指开船。

④瀺灂（chán zhuó）：出没。

⑤橹：《范成大笔记六种》作"艣"。艣：同"橹"。

⑥皆：《范成大笔记六种》无此字。

⑦面：《范成大笔记六种》此字之前有"皆"字。

⑧旁：《范成大笔记六种》作"傍"。

⑨神惊：形容极度惊恐。

⑩之：《范成大笔记六种》无此字。

⑪胡床：一种可以折叠的轻便绳椅。椅脚交叉即能折叠，背后设有靠背。

⑫荡兀：颠簸，震荡。

⑬方：《范成大笔记六种》作"方敢"。

⑭解拆：分解。

⑮师司：《范成大笔记六种》作"帅司"，应为"帅司"，乃宋代在诸路置安抚司或经略安抚司，以朝臣充任，掌一路军政之事。

⑯一：《范成大笔记六种》无此字。

⑰次第：依次。

⑱襆（fú）：古代男子用的一种头巾。

⑲办：《范成大笔记六种》作"辩"。

峡中两岸[①]，高岩峻壁，斧凿之痕皴皴然，而黑石滩最号险[②]恶。两山束江骤起，水势不能平[③]。余来此[④]，水势适平，俗[⑤]所谓茶槽者。又水大涨，渰没草木，谓之青草齐，则诸滩之上，水宽少浪，可以犯之[⑥]。余之来此[⑦]，水未能尽漫草木，但名草根齐，亦[⑧]不可涉，然犯难而[⑨]行，不可回首也。

【笺　注】

①《范成大笔记六种》此句之前还有："入峡百余步，南壁有泉，相传行人欲饮水，则叫呼曰人渴也，泉出岩罅，尽一杯而止。舟行速且难梢泊，不暇考也。"

②险：《范成大笔记六种》作"崄"。

③能平：《范成大笔记六种》作"及平"，且《范成大笔记六种》此后还有"两边高而中洼下，状如茶碾之槽，舟楫易以倾侧，谓之茶槽齐，万万不可行"。

④此：《范成大笔记六种》无此字。

⑤俗：《范成大笔记六种》作"免"。

⑥《范成大笔记六种》在"之"字之后还有"而行"二字。

⑦此：《范成大笔记六种》无此字。

⑧亦：《范成大笔记六种》此字之前有一“法”字。

⑨而：《范成大笔记六种》作“以”。

十五里，至大溪口[①]。水稍阔，亦[②]差远，夔峡[③]之险也[④]。

【笺　注】

①大溪口：大溪注入长江初，在瞿塘峡东口。大溪，又称黛溪，古称乌飞水。〔北魏〕郦道元《水经注》卷三十四《江水》：“江水又东，乌飞水注之。水出天门郡溇中县界，北流径建平郡沙渠县南，又北流径巫县南，西北历山道三百七十里，注于江，谓之乌飞口。江水又东径巫县故城南。”（陈桥驿《水经注校证》，中华书局2007年7月第1版，第789页）

②亦：《范成大笔记六种》此字之前有一“山”字。

③夔峡：指瞿塘峡。为长江三峡之首。西起今重庆市奉节县白帝城，东至巫山县大溪，全长7.5千米。两岸悬崖壁立，江流湍急，山势险峻，为巴蜀门户。

④也：《范成大笔记六种》作“纾矣”。纾（shū）：舒缓，平缓。这里是说夔峡险峻的地势到大溪口就舒缓了。

七十里，至巫山县宿。县人云：“昨日水大涨，滟滪恰在船底，故可下夔峡。巫峡[①]则不能[②]，却[③]须水退十丈乃可。”是夕，水骤退[④]数丈，同行者皆有喜色。

【笺　注】

①巫峡：《范成大笔记六种》前有“至”字。

②不能：《范成大笔记六种》作“不然”。

③却：《范成大笔记六种》作“则”。

④退：抄本无此字。

戊午[①]。乘水退下巫峡，滩泷稠险[②]，湍流[③]洄洑[④]，其危又过夔峡。

【笺　注】

①戊午：宋孝宗淳熙四年七月二十一日（1177年8月16日）。

②滩泷（lóng）稠险：滩头水流湍急，险情密布。泷：湍急。

③湍流：《范成大笔记六种》作“濆淖”。濆淖（pēn nào）：漩涡。

④洄洑（fú）：回旋的水流。

三十五里，至神女庙。庙前滩尤汹怒，十二峰俱在北岸，前后映带[①]，不能足其数[②]。十二峰皆有名，不甚切，事不足录。

【笺 注】

①映带：《范成大笔记六种》作“蔽亏”。

②十二峰即望霞峰、翠屏峰、朝云峰、松峦峰、集仙峰、聚鹤峰、净坛峰、上升峰、起云峰、飞凤峰、登龙峰、圣泉峰。今人指认的十二峰中，有六峰在长江北岸，即登龙、圣泉、朝云、望霞、集仙、松峦；有六峰在长江南岸，即聚鹤、翠屏、上升、净坛、飞凤、起云。范成大此处说“十二峰俱在北岸，前后蔽亏，不能足其数”，即说在宋代“十二峰”皆在北岸。陆游《入蜀记》云：“然十二峰者，不可悉见。所见八九峰”，是因为“前后蔽亏，不能足其数”。蔽亏，犹言因为相互遮蔽而消失了。《范成大笔记六种》此句之后还有：“最东一峰尤奇绝，其顶分两歧，如双玉篸插半霄，最西一峰似之而差小。余峰皆郁嵂非常，但不如两峰之诡特。相传一峰之上，有文曰‘巫’，不暇访寻。自县行半里，即入峡。时辰巳间，日未当午，峡间陡暗如昏暮，举头仅有天数尺耳。两壁皆是奇山，其可拟十二峰者甚多。烟云映发，应接不暇，如是者百余里，富哉其观山也。”玉篸（zān）：即玉簪。“篸”同“簪”。诡特：奇特。不暇：没有空闲。时辰巳间，日未当午：时辰在巳的区间，太阳还没有到达午时的位置。时辰，旧时计时的单位。把一昼夜平分为十二段，每段叫作一个时辰，合现在的两小时。十二个时辰分别以地支为名称，从半夜起算，半夜十一点到一点是子时，中午十一点到一点是午时。巳，十二时辰之一，上午九时至十一时。昏暮：昏暗的傍晚。拟：比拟。可拟十二峰者甚多，犹言可与十二峰相比的很多。映发：辉映。应接不暇：谓美景众多，来不及欣赏。

所谓阳台[①]、高唐观[②]，人云在来鹤峰上，亦未必是。神女之事，据宋玉词，本[③]以讽襄王[④]，后世不察[⑤]，一切以儿女[⑥]亵之[⑦]。今庙中石刻引《墉城记》[⑧]：瑶姬[⑨]，封[⑩]妙用真人，庙额曰凝真观[⑪]。

【笺 注】

①阳台：《范成大笔记六种》作“阳云台”，且在此句之前还有“神女庙乃在诸峰对岸小冈之上”一句。此处之神女庙，当在巫山十二峰之一的飞凤峰麓，位于长

江南岸原青石镇。

②高唐观：战国时楚先王梦遇巫山神女处，后世诗文多用作巫山的代称。故址在巫山县西北高丘山半腰台地上，隔江与南陵山遥望。历代诗人如李白、杜甫、白居易、李商隐、韦庄、苏轼、郭棐等留下了诸多优秀诗篇。

高唐观在明代还颇有规模，建有前殿、正殿、后殿、韦驮殿、玉皇阁、钟古楼等殿堂，占地约六亩。山门刻有明代进士缪宗周所题诗碑，名为《咏楚王宫》，诗曰："云雨台荒何处宫，长途暮日映山枫。浮生往来浑闲事，不独襄王是梦中。"寓意深刻，发人警醒。大殿门口天井下有一龙盘石，朝有腾腾云雾，暮有晶晶露珠，称为"朝云暮雨"，为古高唐观一大奇观。清乾隆二十年（1755）又重建殿宇三楹，门楣大书"阳台景秀"四字。观内绿树成荫，四季如春，题刻比比皆是，神像栩栩如生。嘉庆初，白莲教起，巫山一带是主战场之一，王聪儿、姚之富、王廷诏等转战三峡，高唐观迭遭兵燹，几经毁损。如今只有玉皇阁硕果仅存，残碑断碣依稀可见。从"金阙向南陵九天阊阖开宫殿，琼楼依北斗万国衣冠拜冕旒""仙鬟枕峡水三千休谈宋赋，古刹迎巫峰十二可访高唐""何须问普陀花雨飞来尽法界，即此是南海紫云深处现慈航"等含义隽永的楹联中，仍可想见当年钟磬缭绕、香火旺盛的情景。

高唐观遗址现存碑碣二通。其一为嘉庆丁卯（1807）十一月巫山六品职员韩钫撰写的《捐建高唐观外殿碑序》："巫邑有高唐，自古传为盛迹。其地四面层峦叠翠，而长江横绕于前，观之左右林木苍蔚，花香鸟语，不绝于四时，以故骚人逸士选胜探奇，莫不欲一登临以为快。"作者等人常于阳春三月、深秋重九时节，邀约二三友朋，登览高唐，临风把臂，抒发古今盛衰之感。由于嘉庆二年（1797）平定白莲教军，高唐观遭到战火毁坏，逐渐凋残。住持僧本慈和尚因陋就简，四处募化，补葺一新，尚不失为清静古刹。作者见山门外还有一块宽绰的空地，可另建一殿以崇大高唐观规矩，遂与同仁商议，得到大家一致赞同，"南陵五号"——元利、天源、恒昇、新兴、源丰五家商号慷慨资助，于是购买建材，雇请人手，同心协力，不到一个月即告竣工。外殿落成，尚缺匾额，不足以壮威观。时夔州知府周景福升任山西延榆绥（今陕西延安市、榆林市、绥德县）道台，临行前亲笔题写匾额，派人送达巫山，令众人抵掌称快。巫山方面虽有请太守题字却不曾出口，知府与地方贤达心有灵犀，大家爱护古迹、扶持寺观的意图是不约而同的。碑文最后总结说："兹梵宫之严肃，匾额之辉煌，谓太守率予等而成之也可，即谓予等踵太守而成之也亦可。"周景福殚精竭虑治理夔州五县的政绩，当与高唐观"共流传于不朽者也"。

另一通无碑额，道光二十二年（1842）十二月上旬高唐观住持僧隆偈立，叙大宁县（今重庆市巫溪县）东溪河善人陈洪相自愿出家，拜方丈觉安为师，剃度为徒，法名昌达，将随身携带的一百贯钱钞捐献出来，用于补贴高唐观右山上陆地改造为水田的工程。其精神可嘉，故“建碑刊刻以垂久远”。录自滕新才、曾毅编注《巫山诗文·辽金元部分·诗词戏曲部（上)》（重庆出版社 2014 年 12 月第 1 版，第 506—507 页)。

③词，本：《范成大笔记六种》作“赋，云”。

④以讽襄王：以此讽喻楚襄王。讽，用委婉的语言暗示、劝告或讥刺、指责。按：“讽喻说”是阐释《高唐赋》《神女赋》寓意的一种重要的传统观点。褚斌杰在《宋玉〈高唐〉、〈神女〉二赋的主旨及艺术探微》一文中说：“讽喻说，或称谏淫乱说。此说出现最早，从之者亦众。《神女赋》的序文，说高唐神女曾‘荐枕席’于楚先王，而楚襄王又欲与之游，故论者称之‘淫乱’。《文选》李善注又据《襄阳耆旧传》文，认为所谓‘先王’即楚怀王，而襄王乃怀王之子，这就更成为父子聚麀乱伦的丑行。故李善注称宋玉写作此赋是‘谏淫惑也’。《文选》孙圹批文，于《神女赋》中‘曾不可乎犯干’一语后，批曰：‘此守礼之正，所以遏流荡之邪心也。’又说：‘王止慕其色，玉乃进规于义。发乎情，止乎礼义，风人之遗。’另外，宋人洪迈、明人陈第对此论述更详。在分析了宋玉赋的全文后，洪迈认为‘既则神女但与怀王交御，虽见梦于襄，而未尝及乱也。玉之意可谓正矣。’陈第则云：‘玉之辞诚婉，而其意诚规’，称‘引词之讽在词之表。’近、今人或不强调父子乱伦之事，但也认为是‘借以讽刺襄王的追求淫乐’，‘实则对楚襄王欲见神女的妄想进谲谏。’”（《北京大学学报》哲学社会科学版 1995 年第 1 期）《范成大笔记六种》此句之后还有：“其词亦止乎礼义，如‘玉色頩以赪颜’‘羌不可兮犯干’之语，可以概见。”“玉色頩以赪颜，羌不可兮犯干”：这是宋玉《神女赋》中的两句，原文是“頩薄怒以自持兮，曾不可乎犯干”，意思是说神女怒而变色自我克制着情感，竟是凛然不可冒犯。但这仅是赋中所描写的神女复杂的心理和丰富的情态中的一种。赋中还有“褰余帱而请御兮，愿尽心之惓惓”“精交接以来往兮，心凯康以乐欢”等语。虽然神女最终未能摆脱“发乎情而止乎礼”的俗套，但讽喻之说毕竟牵强。

⑤察：《范成大笔记六种》作“詧”。詧：同“察”。

⑥儿女：《范成大笔记六种》作“儿女子”。儿女子：犹言妇孺之辈。

⑦《范成大笔记六种》此句之后还有“余尝作前后《巫山高》以辩”一句。作前后《巫山高》以辩：范成大曾作《巫山高》两首，来为宋玉辩污（这两首诗卷三有录，可以参看）。客观地说，前一首“玉色赪颜不可干，人间错说高唐梦”辩诬的成分重一些，而后一首则并不明显。

⑧《墉城记》：即〔前蜀〕杜光庭所撰之《墉城集仙录》，书中把巫山神女瑶姬

说成是西王母之女，称云华夫人，助禹驱鬼神，斩石疏波，有功见纪。

⑨《范成大笔记六种》此句之后还有“西王母之女，称云华夫人，助禹驱鬼神，斩石疏波，有功见纪”几句。

⑩封：《范成大笔记六种》作“今封”。

⑪封妙用真人，庙额曰凝真观：宋宣和四年（1122）改神女庙为凝真观，绍兴二十一年（1151）封妙用真人。庙额，庙门上方的匾额。《范成大笔记六种》此句之后还有“从祀有白马将军，俗传所驱之神也。巫峡山最嘉处，不问阴晴，常多云气，映带飘拂，不可绘画，余两过其下，所见皆然。岂余经过时偶如此，抑其地固然？‘行云’之语，亦有所据依耶？世传巫山图，皆非是；虽夔府官廨中所画亦不类。余令画史以小舠泛中流摹写，始得形似。今好事者所藏，举不若余图之真也”一段。从祀有白马将军句：从祀，附祭。俗传所驱之神：犹言庙中所附祭的还有传说云华夫人所驱使助大禹开山导流的白马将军。余两过其下：淳熙二年（1175），范成大除四川安抚制置使，取道水路，溯江赴任，沿途有诗。其三峡段常水陆兼程，所作诗每有自注，详细地记录了其行程：《发荆州》题下注曰“自此登舟至夷陵”、《初入峡山效孟东野》题下注曰“自此登陆至秭归”、《巫山县》题下注曰“自此复登陆，至夔门。县前掉石滩最险，登岸以过舟，谓之盘滩。城楼曰高唐门，此去瞿唐不百里，县人以郭西流石堆为水信，流石没，则滟滪如马矣”、《万州》题下注曰“自此后登陆，州号南浦郡”（以上四首诗均见《范石湖集》，上海古籍出版社 1981 年 8 月第 1 版，第 203 页、第 204 页、第 218 页、第 221 页）。范成大在万州登陆后，则取道陆路赴成都。古时从湖北取水路进入四川，再由水路到成都，大约需一百天。而到万州后弃舟登岸，取“小川北路”入成都，只需二十天。严如熤《三省边防备览》中对这条路线有记载。“小川北路”早在唐宋时期就已经形成。当年范成大就是走的这条路。淳熙四年（1177），范成大自四川安抚制置使召还，经三峡赴临安，是第二次经过巫峡山下，其途程《吴船录》有详载。这两次经过三峡一次是溯江而上，一次是顺流而下，使范成大对三峡的了解和感受更为充分、真切。岂余经过时偶如此，抑其地固然：难道是我经过时偶尔如此，还是此地本来就是这样？岂，表示疑问或反诘，相当于难道。抑，连词，还是，表示选择。小舠（dāo）：小船。

庙有驯鸦，客舟将来，则迓[①]数里外[②]，船过[③]，亦送数里[④]，土人谓之神鸦[⑤]。

【笺 注】

①迓（yà）：迎接。

②数里外：《范成大笔记六种》作“于数里之外”，且后有“或直至县”一句。

③船过：《范成大笔记六种》作“下船过”。

④《范成大笔记六种》此句之后还有：“人以饼饵掷空，鸦仰喙承取不失一。”饼饵：饼类食品的总称。喙（huì）：鸟兽的嘴。

⑤《范成大笔记六种》此句之后还有“亦谓之迎船鸦”一句。

二十里，至东奔滩[①]。高浪大涡，巨艑[②]掀舞[③]，不当一叶[④]，或为涡所使，如磨之旋。三老[⑤]挽招竿叫呼，力争以出涡。

【笺　注】

①东奔滩：即新崩滩，为三峡险滩之一，在今重庆市巫山县东、湖北省秭归县西北新滩镇长江中。〔北魏〕郦道元《水经注》卷三十四《江水》：“江水历峡东径新崩滩。此山，汉和帝永元十二年崩，晋太元二年又崩，当崩之日，水逆流百余里，涌起数十丈。今滩上有石，或圆如簞，或方似屋，若此者甚众，皆崩崖所陨，致怒湍流，故谓之新崩滩。”（陈桥驿《水经注校证》，中华书局2007年7月第1版，第790页）

②巨艑（biàn）：大船。

③掀舞：翻腾。

④叶：《范成大笔记六种》作“槁叶”。

⑤三老：古代称船上的舵公。〔唐〕杜甫《拨闷》：“长年三老遥怜汝，捩舵开头捷有神。”〔清〕仇兆鳌注：“蔡注：峡中以篙师为长年，舵工为三老。邵注：三老，捩舵者。长年，开头者。”（〔清〕仇兆鳌《杜诗详注》，中华书局1979年10月第1版，第1223页）

二十里，过归州巴东县[①]

【笺　注】

①《范成大笔记六种》此句之后还有：“有寇忠愍公祠。县亭二柏，传为公手植。”

九十里，至归州。未至州数里，曰叱滩[①]，其险[②]又过东奔[③]。连接新[④]城下大滩，曰人鲊瓮[⑤]。

【笺 注】

①叱滩：《范成大笔记六种》作“吒滩”。

②险：《范成大笔记六种》作“崄”。

③《范成大笔记六种》此句之后还有“土人云黄魔神所为也”一句。

④新：《范成大笔记六种》无此字。

⑤《范成大笔记六种》后还有“很石横卧，据江十七八。从人船倾侧，水入篷窗，危不济。闻交代胡长文给事已至夷陵，欲陆行，舟车且参辰，义不可相避，泊秭归以须之”一段。

已未。泊归州①。

【笺 注】

①《范成大笔记六种》此句之后还有较长的内容：

峡路州郡固皆荒凉，未有若归之甚者。满目皆茅茨，惟州宅虽有盖瓦，缘江负山，逼仄无平地。楚熊绎始封于此，筚路蓝缕，以启山林，其后始大，奄有今荆湖数千里之广。

州东五里，有清烈公祠，屈平庙也。秭归之名，俗传以屈平被放，其姊女嬃先归，故以名，殆若戏论。好事者或书作此“姊归”字。

倚郭秭归县，亦传为宋玉宅。杜子美诗云：“宋玉悲秋宅。”谓此县傍有酒垆，或为题作“宋玉东家”。属邑兴山县，王嫱生焉。今有昭君台、香溪，尚存。城南二里有明妃庙。余尝论归为州僻陋，为西蜀之最，而男子有屈、宋，女子有昭君。阀阅如此，政未易忽。

庚申、辛酉。泊归州。归故尝隶湖北，近岁以地望形势正在峡中，乃以属夔，是矣。而财赋仍隶湖北，岁输止二万缗，而一州两属，罷（疲）于奔命，非是。当别拨此缗补湖北而并以归隶夔，始尽事理。

壬戌。泊归州。水骤退十许丈，沿岸滩石森然，人鲊瓮石亦尽出。望昨夕系舟排亭，乃在半山间。移舟近东泊。从船迁徙稍缓，为暗石作触，水入船，几破败。

癸亥。泊归州。假郡中小圃，挈孥累暂驻望洋轩。所谓圃者，崖上不能两亩，花竹萧然。有秭归、怀忠二小堂。前后山既高且近，堂堂廪廪，迫而临之，如欲覆压。

甲子。泊归州。长文自峡山陆行，暮夜至归乡沱渡江，往渡头迓之。余前入蜀时，亦以江涨不可溯，自此路来，极天下之艰险。乃告峡州守管鉴、归州守叶默、熊浩及夔漕沈作砺，请略修治。先是过麻线堆下，人告余不须登山，有浮屠法宝于山脚刊木开路，尽避麻线之厄，县尉孙某作小记龛道傍石壁上。余感之，谓一道人独能办此，况以官司力耶？乃作《麻线堆诗》以遗四君。是时，余改成都路制置使，号令不及峡中，故以诗道之。继而四君皆相听许，以盐、米募村夫凿石治梯级，其不可施力者，则改从他涂。除治十六七，商旅遂以通行。新制使之来正赖此，然犹叹咤行路之难，特不见未修治以前耳。

乙丑、丙寅。泊归州。

丁卯。欲解船，而长文固留，复泊归州。

八月戊辰，朔。发归州[①]。

【笺　注】

①《范成大笔记六种》此句之后还有“两岸大石连延，蹲踞相望，顽很之态，不可状名”。

五里，至[①]白狗滩[②]。

【笺　注】

①至：《范成大笔记六种》作“入”。

②白狗滩：一名白狗峡。在今湖北省秭归县（剪刀峪）西北。〔北魏〕郦道元《水经注》卷三十四《江水》：江水“径狗峡西，峡崖龛中，石隐起有狗形，形状具足，故以狗名峡”（陈桥驿《水经注校证》，中华书局2007年7月第1版，第792页）。《范成大笔记六种》此句之后还有：“山特奇峭，峡左小溪入玉虚洞中，可容数百人。”

三十里，至新滩。此滩恶名豪三峡[①]。

【笺　注】

①《范成大笔记六种》此句之后还有：“汉、晋时，山再崩，塞江，所以后名新滩。石乱水汹，瞬息覆溺，上下欲脱免者，必盘博陆行，以虚舟过之。两岸多居民，号滩子，专以盘滩为业。余犯涨潦时来，水漫羡不复见滩，击楫飞度，人翻以为快。”

八十里，至黄牛峡[①]。上有洺川庙，黄牛之神也，亦云助禹所[②]疏川者。庙在[③]大峰，峻壁之上，有黄迹如牛，一黑迹如人牵之，云此其神也[④]。

【笺　注】

①黄牛峡：又称黄牛滩，东距宜昌市约四十千米，江中乱石星罗棋布，犬牙交错其间，河道似九曲回肠，泡漩如沸水翻滚，水急礁险，号称黄牛滩。其位于明月峡上侧，长江南岸一峰，形如城堡，直耸云霄。临江一面的白色石壁上天生一幅彩画，好像一位黑衣壮士牵着一条黄牛，俗称“壮士牵牛图”。传说大禹治水时，此地高山阻挡，无法开江，天上土星化为黄牛，用犄角触山，开出三峡，然后跃上高崖隐没深山，只在石壁上留下一个影像。

②所：《范成大笔记六种》无此字。

③在：《范成大笔记六种》作“背”。

④《范成大笔记六种》此句之后还有：“庙门两石马，一马缺一耳，东坡所书欧阳公梦记及诗甚详。至今人以此马为有灵，甚严惮之。古语云：‘朝发黄牛，暮宿黄牛。三朝三暮，黄牛如故。’言其山岧峣，终日犹望见之。欧阳公诗中亦引用此语。”

顺[①]流而下[②]，黄牛峡尽，则扇子峡[③]。过此，则峡中滩尽矣。

三十里，得南岸平地，曰平善坝[④]。出峡舟至是皆[⑤]相庆如更生。舟师、篙工皆有犒赐[⑥]。己巳。发平善坝。三十里[⑦]，至[⑧]峡州。

【笺　注】

①顺：《范成大笔记六种》此字之前有“然余”二字。

②《范成大笔记六种》此句之后还有：“回首即望断，‘如故’之语，亦好事者之言耳。自此以往，峡山尤奇，江道转至黄牛山背，谓之假十二峰。过假十二峰之下，两岸悉是奇峰，不可数计，不可以图画摹写，亦不可以言语形容，超妙胜绝，殆有过巫阳处。欧阳公所以溯峡来游，正不为黄牛庙也。”

③扇子峡：即明月峡，今长江三峡西陵峡东段，在今湖北省宜昌市西。《范成大笔记六种》此句之后还有：“虾蟆碚在南壁半山，有石挺出，如大蟆，呿吻向江。泉出蟆背山窦中，漫流背上散下。蟆吻垂颐颔间如水帘以下于江，时水方涨，蟆去江面才丈余，闻水落时，下更有小矶承之。张又新《水品》亦录此泉。蜀士赴廷对，或挹取以为砚水。”

④平善坝：一作平喜坝，在今湖北省宜昌市西北长江南岸。〔清〕顾祖禹《读史方舆纪要》卷七十八《湖广四·荆州府·夷陵州》“大江”条下：“今州西北二十五里有平喜坝，凡自蜀出峡，至此相庆，故名。”（中华书局 2005 年 3 月第 1 版，

第 3681 页）

⑤皆：《范成大笔记六种》此字之后有“檥泊”二字。

⑥《范成大笔记六种》此句之后还有：“上下欢然。将吏以刺字通贺，不待至至喜亭也。舟将至平善坝，青天烈日中，忽大风急雨倾盆。食顷，至坝下，风定雨止，晴色如故，若江渎之神相送者。”

⑦三十里：抄本无此三字。

⑧至：《范成大笔记六种》此字之前有“早食时”三字。

峡纪行　熊　相①

正德丙子②秋九月，予奉命之蜀，道夷陵、归州、巴东、巫山，以抵于夔③。历驿凤栖、黄牛、屈溪、建平、巴山、万流、高唐④，逶迤四百余里。水急如射。挽⑤舟上⑥者，日不一舍⑦；下⑧者，顷刻数程。中间若十二背，向阳背、夜叉背，两崖俱⑨滑石。而浪尤汹涌不可楫，以綷⑩匪⑪篙⑫。即人背之，故曰背也，又曰“与舟相背也”。

【笺　注】

①本文可见于〔民国〕劳亦安辑《古今游记丛钞》卷二十九《四川省》中的《三峡纪行》（中华书局 1924 年 7 月第 2 版，第 6 册，第 15—16 页）。题目《古今游记丛钞》作《三峡纪行》。熊相（1473—1530）：字尚弼，号台峰。明弘治甲子中举人，明正德三年（1508）科举进士，历任临海知县、河南御史、四川按察使、福建按察司廉使等职，诰授通奉大夫。居官二十余年，颇有政绩。在职期间主修《四川总志》《蓟州志》《瑞州府志》。死后崇祀于邑名宦贤祠。

②正德丙子：即 1516 年。按，正德乃明朝第十位皇帝明武宗朱厚照（1491—1521）的年号，从 1506 年至 1521 年共使用了十六年。

③夔：即夔州。

④凤栖、黄牛、屈溪、建平、巴山、万流、高唐：作者说“历驿”，那么，这些皆是明代在长江三峡沿岸设立的驿站的名字，是水驿，以供来往官吏住宿。注释可以参看卷一《三峡中额设公署卫所》处。

⑤挽：拉。

⑥上：逆流而上。

⑦舍：三十里为一舍。

⑧下：顺流而下。

⑨俱：抄本为“均”。

⑩綷：粗绳子。

⑪匪：假借为“非”，表示否定。

⑫篙：用竹竿或杉木等制成的撑船工具。

有曰：“峡者，狭也。”又曰：“山夹水曰峡。”盖水行山间，随山以曲折。在古统谓之西峡、黄牛[①]、巫峡而已。今则岐[②]之，为荆棺、石碑、马肝、兵书、门扇、弹穿、扁担、黑石、风厢、黄牵、铁锁之类。仰视之，悬厓[③]绝壁，万仞千寻[④]，如覆屋，如峻削，如断截，如连绎[⑤]，如半瓮，凹如驼峰，凸如粲粲[⑥]，如色斯黝[⑦]，如土如练[⑧]，如草木葱葱[⑨]，如鹿豕[⑩]濯濯[⑪]，如猿猱[⑫]之声惨，如藤萝倒浸，啮窦[⑬]飞泉，左环右抱，如出无门。间有鸟道[⑭]，綷者万盘。日午[⑮]方见，而天之多斯昭昭然。孰曰杜宇所凿[⑯]，是皆成于混沌[⑰]。俯视之，深潭莫极。潴潦[⑱]流沙[⑲]，溶溶滚滚，如釜之水，如冶之金，如珠之溅，如花之蕊。小而洄波[⑳]，大而盘涡[㉑]，如洞窈然[㉒]，如砏[㉓]砑然[㉔]，如风之旋油然[㉕]。随辟随阖。舟遭之者，鲜有出焉。俗谓荆棺、兵书、风厢，皆古人遗迹。予不敢信其他，即物以状。因数[㉖]以称者，固有谓[㉗]也。

【笺 注】

①黄牛：即黄牛峡，在湖北省宜昌市西 40 千米，乱石棋布，犬牙交错，河道九曲肠，漩涡翻滚，水急礁险，又称“黄牛滩”，是长江著名险滩。〔唐〕李白《上三峡》：“巫山夹青天，巴水流若兹……三朝上黄牛，三暮行太迟。三朝又三暮，不觉鬓成丝。”（中华书局编辑部点校《全唐诗》增订本卷一百八十一，中华书局 1999 年 1 月第 1 版，第 1849 页）

②岐：同“歧”，不一致。

③厓：同“崖”。《古今游记丛钞》作“崖”。

④万仞千寻：形容极高。仞：古代长度单位。周制八尺，汉制七尺。寻：古以八尺为一寻。

⑤连绎：连续不断。

⑥《古今游记丛钞》“粲粲”前有“石”字。

⑦黝：淡黑色。

⑧练：白绢。

⑨葱葱：形容草木青翠茂盛。

⑩鹿豕：鹿和猪。〔唐〕汪万於《晚眺》：“静对豺狼窟，幽观鹿豕群。”（中华

书局编辑部点校《全唐诗》增订本卷四百七十三，中华书局 1999 年 1 月第 1 版，第 5404 页）

⑪濯濯：肌肉丰润的样子。

⑫猿猱：泛指猿猴。

⑬啮窦：水侵蚀而出的孔穴。

⑭鸟道：陡峭狭隘的山间小路。

⑮日午：中午。

⑯杜宇所凿：杜宇为传说中的古蜀国国王，号曰望帝。晚年时，洪水为患，蜀民不得安处，乃使其相鳖灵治水。鳖灵经过观察，决定把巫山的峡道开凿清理，让川内的河流得以顺峡谷而出，不再四处泛滥。于是他率领川中健儿，在巫山一带开凿石壁。经过数年千辛万苦的努力，终于将今天的巫峡开凿畅通，使得原本淤塞横流的川内江河，都从巫峡顺势而出，一泻万里，形成奔流不息的滚滚长江。

⑰混沌：天地未形成时的状态。此指非人力。

⑱潴潦（zhū lǎo）：聚汇的水。

⑲流沙：指冲刷入江海中的细沙土。

⑳洄波：指回旋的流水。

㉑盘涡：水旋流形成的深涡。

㉒窈然：幽深的样子。

㉓硔（hóng）：同“谼”，大谷，深沟。

㉔砑（yà）然：碾压而发光的样子。

㉕油然：形容云气聚合的样子。

㉖数：《古今游记丛钞》作“锁”。

㉗有谓：有原因，有用意。

又有曰滩，滩从水从难，盖水之难行者，深浅不一，转徙无方。岩岩[①]怪石，锋利牙交，平者铺弹，险者截江。奇者可爱，恶者可憎。所谓铁积剑排，狼头鹿角，累累然牛马饮于河者，不足以模仿万一。水波摩激[②]，日夜不停。潒潒[③]雷吼，涓涓[④]金鸣[⑤]。花喷若雪，沙滚若奔。瞻之近岸，而多败船。曰喜、曰登、曰清、曰叶、曰偏涝，猪圈、马鞍，无义，大小蛇、蓢栋、通灵、锯齿、石门，牛口、清溪、莲花[⑥]三滩兹其大者也。

【笺 注】

①岩岩：高耸。

②摩激：摩擦振荡。

③潨潨（cōng cōng）：水流声。

④涓涓：细水慢流的样子。

⑤金鸣：乐器发声。

⑥以上均为险滩名，对其所呈现出的形状进行了比喻。其中牛口，即牛口滩，在今天的湖北省巴东县。牛口滩声，乃是历史上的巴东八景之一。

予过之，舟行则畏，途步无从，乃叹曰："蜀道之难，信矣！"若南沱过龙沱、平善乌稍坝、山斗坪柟水源[1]，流稍缓而可泊。南津香溪口、东西瀼口，势空阔而可游。碑石、梢公石、虾蟆石、滟滪石，天工之妙，不假人为。十二峰孤峭拔空，尤为奇绝。秭归，则屈原所生；白帝，则子美[2]所恋。鱼腹沙[3]，孔明之图[4]犹[5]在；黄陵庙[6]，大禹之功未磨。乃若高唐观，阳云台之雄据上流。凡山之蜿蜒峻嶒[7]、櫶枒崒嵂[8]，嵾张笋茁[9]、盖倚圭横者，凭阑间一目可尽，固楚襄之所流连，而宋玉之所赋者也。何景不可赏，何古[10]不可吊[11]，而以闷为哉！

【笺 注】

①均为渡口名，在今湖北省境内西陵峡一段。

②子美：即杜甫。杜甫于永泰元年（765）五月离开成都，买舟东下，于永泰二年（766）至夔州。在夔州生活了近两年，作诗四百三十多首，《登高》《秋兴八首》《咏怀古迹五首》等名篇即作于此时。白帝城位于夔州东五里的白帝山上，故而杜甫有多首诗歌写到白帝。如《白帝》诗："白帝城中云出门，白帝城下雨翻盆。高江急峡雷霆斗，翠木苍藤日月昏。戎马不如归马逸，千家今有百家存！哀哀寡妇诛求尽，恸哭秋原何处村。"又如《白帝城最高楼》诗："城尖径昃旌旆愁，独立缥缈之飞楼。峡坼云霾龙虎卧，江清日抱鼋鼍游。扶桑西枝对断石，弱水东影随长流。杖藜叹世者谁子，泣血迸空回白头。"

③鱼腹沙：即鱼腹浦。本卷前有注释。

④孔明之图：即传说由诸葛亮创建的八阵图。〔西晋〕陈寿撰、〔南朝·宋〕裴松之注《三国志》卷三十五《蜀书五·诸葛亮传》记载："亮性长于巧思，损益连弩，木牛流马，皆出其意；推演兵法，作八阵图，咸得其要云。"（中华书局 2006 年 9 月第 1 版，第 553 页）以乱石堆成石阵，按遁甲分成生、伤、休、杜、景、死、惊、

开八门，变化万端，据说可挡十万精兵。

⑤犹：《古今游记丛钞》作“攸”。

⑥黄陵庙：古称黄牛庙、黄牛祠，又称黄牛灵应庙，乃长江三峡地区保存较好的唯一一座以纪念大禹开江治水的禹王殿为主体建筑的古代建筑群，坐落在三峡西陵峡中段长江南岸黄牛岩下的湖北省宜昌市夷陵区三斗坪镇。

⑦峻嶒（jùn céng）：陡峭不平的样子。

⑧檍枒（yì yā）：檍树的枝丫。崒嵂（zú lǜ）：高峻的样子。

⑨幔张笋茁：（山峰）像幔帐一样张开，像笋子一样绽开。

⑩古：《古今游记丛钞》作“故”。

⑪吊：凭吊；伤怀往事。

《三峡通志》卷之二　夔峡

高安吴守忠编辑
黄冈卢国祯校次

诗

五　言

八阵图　杜　甫[①]

功盖三分国[②]，名成[③]八阵图[④]。
江流石不转，遗恨失吞吴[⑤]。

【笺　注】

①此诗可见于中华书局编辑部点校《全唐诗》增订本卷二百二十九（中华书局 1999 年 1 月第 1 版，第 2503 页）。

②功盖三分国：此句总写诸葛亮在确立魏、蜀、吴三分天下的过程中功绩最为卓绝。盖：超过。三分国：魏、蜀、吴三国。

③成：《全唐诗》作“高”。

④八阵图：诸葛亮造。〔西晋〕陈寿撰、〔南朝·宋〕裴松之注《三国志·蜀志·诸葛亮传》记载：“亮长于巧思，损益连弩，木牛流马，皆出其意；推演丘法，作八阵图，咸得其要云。”（中华书局 2006 年 9 月第 1 版，第 553 页）历史文献屡有记载。《晋书》卷九十八《桓温传》：“诸葛亮造八阵图于鱼复平沙之上。”《水经注》卷三十三《江水》：“江水又东，径诸葛亮图垒南，石碛平旷，望兼川陆，有亮所造八阵图。东跨故垒，皆累细石为之。自垒西去，聚石八行，行间相去二丈，因曰：八阵既成，自今行师，庶不覆败。皆图兵势行藏之权。自后深识者所不能了。今夏水漂荡，岁月消损，高处可二三尺，下处磨灭殆尽。”（陈桥驿《水经注校证》，中华书局 2007 年 7 月第 1 版，第 776—777 页）八阵图在奉节鱼复浦，起于奉节老县城梅溪河注入长江处之东侧，

终于耀奎塔南方江面。秋冬之时，浮出江面；春夏之时，遂没于水。三峡工程蓄水后，乃完全淹没水中，不复为人所见。

⑤此句说刘备吞吴失计，破坏了诸葛亮联吴抗曹的根本策略，以致统一大业中途夭折，而成了千古遗恨。这种遗恨不仅是诸葛亮的，也是后之凭吊遗迹者的感慨来源。

瞿唐峡　白居易①

瞿唐天下险，夜上信②难哉。
岸似双屏合，天如匹练开③。

【笺　注】

①此诗可见于中华书局编辑部点校《全唐诗》增订本卷四百四十一（中华书局 1999 年 1 月第 1 版，第 4933 页）。《全唐诗》题目作《夜入瞿唐峡》。

②信：确实。

③最后两句意为：两岸像两扇屏风聚合，天空像一匹白绢展开。《全唐诗》在此两句后还有四句："逆风惊浪起，拔篸暗船来。欲识愁多少，高于滟滪堆。"

滟滪堆①

见说②瞿唐③峡，横斜④滟滪根⑤。
难于寻鸟道⑥，险上过龙门⑦。

【笺　注】

①此诗可见于中华书局编辑部点校《全唐诗》增订本卷四百四十（中华书局 1999 年 1 月第 1 版，第 4919 页）。诗题《全唐诗》作《送友人上峡赴东川辟命》。东川：今四川省三台县。辟命：接受征召。

②见说：听说。

③瞿唐：《全唐诗》作"瞿塘"。

④横斜：《全唐诗》作"斜衔"。

⑤滟滪根：滟滪石像植物的根茎一样扎根于瞿塘峡口的长江大水之中。

⑥鸟道：陡峭狭隘的山间小路。

⑦龙门：即禹门口，在山西省河津市西北的黄河峡谷中，为黄河晋陕峡谷的南端出口。这里两岸峭壁夹峙，形如门阙，水势汹汹，故称。《全唐诗》后还有"羊

角风头急，桃花水色浑。山回若鳌转，舟入似鲸吞。岸合愁天断，波跳恐地翻。怜君经此去，为感主人恩”。

上白帝城　杜　甫①

城峻随天壁②，楼高更女墙③。
江流思夏后④，风至忆襄王⑤。
老去闻悲角⑥，人扶报夕阳⑦。
公孙⑧初恃险，跃马⑨意何长⑩。

【笺　注】

①此诗可见于中华书局编辑部点校《全唐诗》增订本卷二百二十九（中华书局1999年1月第1版，第2503页）。

②天壁：高耸入天的崖壁，极言山崖峭壁之高。白帝山临长江之南面、西面皆为陡峭之石壁，故称“天壁”。

③女墙：城墙上呈凹凸形的矮墙。

④夏后：亦多称夏后氏，称号渊源于大禹，因治水有功，受到各部落拥戴，上尊号曰“夏后氏”，即华夏族的君长，相当于“夏王”。“后”在夏代即“君主”“帝王”之意。〔西汉〕司马迁《史记》卷二《夏本纪》载：“太史公曰：禹为姒姓，其后分封，用国为姓，故有夏后氏、有扈氏、有男氏、斟寻氏、彤城氏、褒氏、费氏、杞氏、缯氏、辛氏、冥氏、斟（氏）戈氏。”（郭逸、郭曼标点《史记》，上海古籍出版社1997年8月第1版，第59页）另据《竹书纪年》记载，夏代君主称呼前多冠以“后”字，如后启、后相、后羿、后少康、后芬、后荒（芒）、后泄、后昊、后发、后桀。传说夏禹开辟了三峡，故杜甫登白帝城望瞿塘而言“思”。

⑤襄王：即楚襄王，一作楚顷襄王，名芈横，战国时楚国君主，楚怀王芈槐之子，前298至前262年在位。楚怀王受秦之骗，入武关会盟，被羁不得归，楚遂立太子横为王，是为楚襄王。襄王即位后，继续重用靳尚和令尹子兰，不思振作，亲近群小州侯、夏侯、鄢陵君、寿陵君等，淫逸侈靡，无报秦之志，国势日衰。前279年，秦将白起大举攻楚，连下邓（今湖北襄樊北）、鄢（今湖北宜城东南），消灭楚国主力。次年，长驱入郢（今湖北江陵北），襄王流亡城阳（今河南信阳西北），旋徙都于陈（今河南淮阳）。从此，楚国一蹶不振。杜甫此处为何“忆襄王”，可能源于“听舟子指点楚宫阳台，以为在瞿塘峡中，故临风怀想楚襄王”（简锦松先生注语）。

⑥悲角：城上驻军傍晚之号角声音，本很雄壮动听，此言“悲”乃相反以见义。

⑦杜甫初至夔州，应当受当地官员接待，疑暂住于“西阁”之类招待所，由此上白帝城，所行不远，故不乘马，不乘轿子，仅由人扶，兴尽而归，夕阳由西方穿越山林射来，同行指以相告，故云“报夕阳”。人扶：儿子或者僮仆扶持。

⑧公孙：即公孙述（？—36），字子阳，扶风茂陵（今陕西兴平）人。王莽篡汉后为导江卒正（蜀郡太守）。王莽末年，豪杰并起，公孙述亦恃巴蜀之险起兵，自称辅汉将军兼领益州牧，并于建武元年（25）称帝于成都，国号成家（一作大成或成），年号龙兴。至建武十二年（36）为光武大将吴汉所败，战死于成都。白帝山与白帝城之名据说就与公孙述有关。

⑨跃马：纵横称雄。

⑩意何长：意气何其盛也。按，杜甫多首诗中提到公孙述，如《上白帝城二首》“勇略今何在，当年亦壮哉”、《峡口二首》“去矣英雄事，荒哉割据心”。对于公孙述恃险割据之事，并无指责，而是承认其英雄之事，并伤感其割据之事不能成功。

晓望白帝城盐山[①]

徐步移斑杖[②]，看山仰白头。
翠深[③]开断壁[④]，红远[⑤]结飞楼[⑥]。
日出清江望[⑦]，暄和[⑧]散旅愁。
春城见松雪，始拟进归舟[⑨]。

【笺　注】

①此诗可见于中华书局编辑部点校《全唐诗》增订本卷二百二十九（中华书局1999年1月第1版，第2505页）。

②斑杖：斑竹手杖。后《瀼西入宅》第二首中有“过眉柱杖斑”，即此。《全唐诗》作“班杖”。

③翠深：谓瞿塘峡内虽在冬日仍有绿树。

④断壁：指瞿塘峡口两崖之绝壁。

⑤红远：楼宇建筑之色彩。

⑥飞楼：白帝山顶之楼宇。

⑦此句言日出之后，雾露消净，江间所望之景为之一清。

⑧暄和：暖和。

⑨此句言初春正是出峡而去的好节候。

秋峡[1]

江涛万古峡，肺气[2]久衰翁。
不寝[3]防巴虎[4]，全生[5]狎楚童[6]。
衣裳垂素发[7]，门巷落丹枫[8]。
常怪商山老，兼存翊赞功[9]。

【笺　注】

①此诗可见于中华书局编辑部点校《全唐诗》增订本卷二百三十（中华书局 1999 年 1 月第 1 版，第 2525 页）。

②肺气：肺病。杜甫《进封西岳赋表》："况臣常有肺气之疾，恐忽复先草露涂粪土。"此文作于天宝十二载（753）。可知杜甫早有此疾。按，肺气之疾出自〔西汉〕司马迁《史记》卷一百五《扁鹊仓公传》："齐章武里曹山跗病，臣意诊其脉……所以知山跗之病者，臣意切其脉，肺气热也。"（郭逸、郭曼标点《史记》，上海古籍出版社 1997 年 8 月第 1 版，第 2126 页）

③寝：《全唐诗》作"寐"。

④巴虎：此指夔州之地的老虎。夔州有虎，屡见杜甫的诗歌，如《夜归》："夜半归来冲虎过，山黑家中已眠卧。"

⑤全生：犹言苟全性命。

⑥楚童：疑指原住民僮仆。杜甫在夔州之生活很依赖僮仆阿段，有诗《示獠奴阿段》。

⑦素发：白发。在家不需簪发，故垂于衣裳之上。

⑧丹枫：经霜泛红的枫叶。

⑨商山老：指商山四皓。他们是秦朝末年四位信奉黄老之学的博士，后隐居于商山，曾经向汉高祖刘邦讽谏不可废去太子刘盈（即后来的汉惠帝）。翊（yì）赞：辅佐，辅助。

瞿唐怀古[1]

西南万壑注[2]，劲敌两崖[3]开。
地与山根[4]裂，江从月窟[5]来。
削成当白帝，空曲[6]隐阳台。
疏凿[7]功虽美，陶钧[8]力大哉。

【笺　注】

①此诗可见于中华书局编辑部点校《全唐诗》增订本卷二百三十四（中华书局1999年1月第1版，第2579页）。

②此句言西南地区众多的小河、溪水沿着沟壑注入长江。

③劲敌两崖：瞿塘峡口之赤甲、白盐两山近似垂直屹立着，互相对峙犹如两支劲敌。

④山根：赤甲、白盐两山的山脚，即江水经过处。

⑤月窟：传说月的归宿处，即西极之地。

⑥空曲：指高峻险要的山峰。

⑦疏凿：开凿。传说大禹治水，凿三峡以通江水。

⑧陶钧：制作陶器所用的转轮，此指天地造化。

滟滪堆[1]

巨石[2]水中央，江寒出水长。
沉牛[3]答云雨[4]，如马戒舟航[5]。
天意存倾覆[6]，神功[7]接混茫[8]。
干戈[9]连解缆[10]，行止[11]忆垂堂[12]。

【笺　注】

①此诗可见中华书局编辑部点校《全唐诗》增订本卷二百二十九（中华书局1999年1月第1版，第2504页）。

②巨石：指滟滪堆。滟滪堆底部潜连白帝山，出水部分距离南北岸皆数百米，故曰水中央。

③沉牛：投牛于水，向神祈求行船平安。杜甫《三韵三篇》之二云："起樯必椎牛，挂席集众功。"（中华书局编辑部点校《全唐诗》增订本卷二百二十一，中华书局1999年1月第1版，第2337页）前句即指此。

④答云雨：以云雨为神而答谢之。

⑤此句即所谓"滟滪大如马，瞿塘不可下"。

⑥此句谓是天意留下这个警示避免倾覆的滟滪堆存在。

⑦神功：天意留下滟滪堆警示避免倾覆乃神力所为。

⑧混茫：不可预测的神秘力量。

⑨干戈：战争。此处指行船之险如同一场战争。

⑩解缆：开船。

⑪行止：犹言一举一动。

⑫垂堂：典出〔东汉〕班固《汉书》卷四十九《爰盎传》："千金之子不垂堂，百金之子不骑衡。"颜师古注："垂堂，谓坐堂外边，恐坠堕也。"（中华书局 1962 年 6 月第 1 版，第 2270 页）靠近堂屋檐下，因檐瓦坠落可能伤人，故以喻危险的境地。

张　祜①

不远夔州路，层波滟滪连。
下来千里峡，入去一条天。
树色秋帆上，滩声夜枕前。
何堪②正危侧③，百丈④半山巅。

【笺　注】

①此诗可见于中华书局编辑部点校《全唐诗》增订本卷五百一十（中华书局 1999 年 1 月第 1 版，第 5840 页）。诗题《全唐诗》作《送曾黯游夔州》。张祜：字承吉，唐代清河（今河北省清河县）人。初寓居姑苏，令狐楚表荐之，不报。后到长安辟诸侯府，受元稹排挤，遂至淮南，在丹阳（今江苏省丹阳市）隐居以终。

②何堪：怎能忍受。

③危侧：危险。

④百丈：牵船的篾缆，即纤夫拉船的纤索。

何景明①

霜落夔门②树，寒江滟滪孤。
狂澜须此障，砥柱③赖谁扶。
入峡愁孤客，当关用一夫。
何劳念西域，千载固舆图④。

【笺　注】

①此诗可见于李淑毅等点校《何大复集》卷十五（中州古籍出版社 1989 年 7 月第 1 版，第 224 页）。诗题《何大复集》作《滟滪》。

②夔门：长江三峡之首的瞿塘峡西口，江面陡然变窄，两岸峭壁矗立，高入云际，俨然如两扇石门，名为夔门。

③砥柱：砥柱山，在河南三门峡黄河激流中，矗立如柱。此处借指滟滪石。

④舆图：疆土。

瀼西入宅　杜　甫[①]

奔峭背赤甲，断岩[②]当白盐。客居愧迁次[③]，春酒渐多添。花亚[④]欲移竹，鸟窥[⑤]新卷帘。衰年不敢恨，胜概[⑥]欲相兼[⑦]。

乱后居难定[⑧]，春归客未还[⑨]。水生鱼腹浦[⑩]，云暖麝香山[⑪]。半顶[⑫]梳头白，过眉[⑬]柱[⑭]杖斑。相看多使者[⑮]，一一问函关[⑯]。

宋玉归州宅[⑰]，云通[⑱]白帝城。吾人淹老病，旅食[⑲]岂才名[⑳]。峡口[㉑]风常急，江流气不平。只应与儿子，飘转[㉒]任浮生[㉓]。

【笺　注】

①这三首诗可见于中华书局编辑部点校《全唐诗》增订本卷二百二十九（中华书局 1999 年 1 月第 1 版，第 2497—2498 页）。诗题《全唐诗》作《入宅三首》。

②岩：《全唐诗》作"崖"。

③迁次：移居，从一处搬到另一处。

④亚：低垂。

⑤鸟窥：新迁此居住，鸟儿来窥探。

⑥胜概：美景。

⑦欲相兼：想全部拥有。

⑧乱后居难定：安史之乱以后，杜甫从天宝十五载（756）起一直迁徙不定，曾居住西京长安、鄜州、凤翔、华州、秦州、同谷、成都、梓州、阆州、云安，写此诗时在夔州。

⑨春归客未还：春天回来了，但我还是没能出峡还家。

⑩鱼腹浦：《全唐诗》作"鱼复浦"。

⑪麝香山：不详，简锦松先生以为即今之白盐山。

⑫半顶：头顶前额先秃无发。

⑬过眉：因为杜甫患肺气病，咳嗽厉害，咳嗽的时候一般要低着头，所以柱杖就"过眉"。

⑭柱：《全唐诗》作"拄"。

⑮使者：指朝廷派往各地公干的官员。

⑯函关：函谷关的简称。此处代指潼关，潼关安定，则长安、洛阳无事，天下无事。

⑰宋玉归州宅：在归州的宋玉故宅，陆游《入蜀记》言其在秭归县东。按，有关文献记载，宋玉故宅有三处，《水经注疏》卷二十八《城南有宋玉宅》："熊会贞按：宋玉宅有三，此在今宜城县（市）南，乃其里居。一在今归州东二里，从学屈原时所居。杜诗所谓'宋玉归州宅，云通白帝城'是也。一在今江陵县城西三里，服官郢都时所居。杜诗所谓'曾闻宋玉宅，每欲到荆州'是也。"

⑱云通：秭归、奉节皆在峡中，一江贯通，故云"云通"。

⑲旅食：寄食，旅居。这是杜甫谦称自已为旅食之人。

⑳岂才名：哪儿有才名。

㉑峡口：瞿塘峡口，在白帝山东南。

㉒飘转：漂泊转徙。

㉓浮生：短暂的人生。

暮春题瀼西新赁草屋[1]

久嗟三峡客，再与莫春期[2]。百舌[3]欲无语[4]，繁花能几时。谷虚云气薄[5]，波乱日华迟[6]。战伐[7]何由定[8]，哀伤不在兹[9]。

此郊[10]千树橘，不见比封君[11]。养拙[12]干戈际，全生[13]麋鹿群。畏人江北草，旅食瀼西云。万里巴渝曲，三年[14]实饱闻。

彩云阴复白，锦树[15]晓来青。身世双蓬鬓[16]，乾坤[17]一草亭[18]。哀歌时自短，醉舞[19]为谁醒。细雨荷鉏[20]立，江猿吟[21]翠屏[22]。

壮年学书剑，他日[23]委泥沙[24]。事主[25]非无禄[26]，浮生即有涯[27]。高斋[28]依药饵[29]，绝域[30]改春华。丧乱丹心[31]破，王臣[32]未一家。

欲陈济世策，已老尚书郎[33]。不[34]息豺虎斗[35]，空惭鸳鹭[36]行。时危人事急，风逆羽毛伤。落日悲江汉[37]，中宵[38]泪满床。

【笺　注】

①这五首诗可见于中华书局编辑部点校《全唐诗》增订本卷二百二十九（中华书局 1999 年 1 月第 1 版，第 2498 页）。赁：租用。

②期：相遇。

③百舌：鸟名，善鸣，其声多变化。

④欲无语：俗传百舌鸟当春而鸣，春尽则止，今为暮春，故云。

⑤谷虚云气薄：东瀼溪谷比较宽阔，春日空气中有似烟非烟的云气。

⑥波乱日华迟：东瀼水波，暮春之时，长江回水尚未进入，仅有东瀼溪水涓涓

细流，太阳光照耀之下，水波摇动。日华：太阳的光华。迟：即春日迟迟之意。

⑦战伐：战争。

⑧何由定：因何来平定。

⑨不在兹：乃“岂不在兹”之省略。兹：指战伐。

⑩郊：《全唐诗》作“邦”。

⑪封君：素封之君。〔西汉〕司马迁《史记》卷一百二十九《货殖列传》：“今有无秩禄之奉，爵邑之入，而乐与之比者，命曰‘素封’。封者食租税……蜀、汉、江陵千树橘……此其人皆与千户侯等。”（郭逸、郭曼标点《史记》，上海古籍出版社 1997 年 8 月第 1 版，第 2468—2469 页）此句言古人虽说千树橘之利等于千户封君，但夔州之人，虽种千树橘，却无封君之富。

⑫养拙：谓才能低下而闲居度日，常用为退隐不仕的自谦之辞。

⑬全生：保全生命。

⑭三年：指作者杜甫永泰元年（765）从渝州（今重庆）东行下峡，至写诗时的大历二年（767），前后三年。

⑮锦树：枝叶茂盛之树。

⑯蓬鬓：鬓发蓬乱。

⑰乾坤：天地。

⑱草亭：即诗题所谓的“草屋”。

⑲醉舞：饮醉而起舞。

⑳鉏（chú）：《全唐诗》作“锄”。鉏：同“锄”。

㉑吟：指猿啼。

㉒翠屏：形容峰峦排列的绿色山岩。

㉓他日：昔日。

㉔委泥沙：弃掷于泥沙，指不被朝廷所用。

㉕事主：事奉君主。杜甫当时为检校工部员外郎之官职，其自认为朝廷官员，故云。

㉖非无禄：有俸禄收入。

㉗即有涯：将有尽头，即离死不远。

㉘高斋：杜甫的书斋名。

㉙依药饵：因为有病，所以依赖于药物。药饵：药物。

㉚绝域：此指夔州。因为杜甫心怀长安，而夔州离长安较远，故称绝域。

㉛丹心：忠诚的心。

㉜王臣：臣民。

㉝尚书郎：杜甫自称。因为杜甫当时有检校工部员外郎之官职，工部乃尚书省六部之一，故称尚书郎。

㉞不：《全唐诗》作“未”。

㉟豺虎斗：此指安史之乱虽然平定下来了，但国家还有其他叛乱与盗贼。

㊱鹓鹭：鹓和鹭飞行有序，比喻班行有序的朝官。《全唐诗》作“鸳鹭”。鹓鹭行：比喻尚书省同僚。

㊲江汉：长江和汉水，此指长江和汉水的部分地区，尤指夔州。

㊳中宵：半夜。

从瀼西移居东屯[1]

白盐危峤[2]北，赤甲古城东。平地一川[3]稳，高山四面同[4]。烟霜凄野日，杭[5]稻熟天风[6]。人事伤蓬转，吾将守桂丛[7]。

东屯复瀼西，一种[8]住青溪[9]。来往[10]皆茅屋，淹留为稻畦[11]。市喧宜近利[12]，林僻此无蹊[13]。若访衰翁[14]语，须令賸[15]客迷。

道北逢[16]都使[17]，高斋见一川[18]。子[19]能渠细石[20]，吾[21]亦沼清泉[22]。枕带[23]还相似，柴荆[24]即有焉。斫畲应费日，解缆不知年[25]。

牢落[26]西江[27]外，参差[28]北户[29]间。久游巴子国[30]，卧病楚人山[31]。幽独移佳境，清深隔远关[32]。寒空见鹓鹭[33]，回首忆朝班[34]。

【笺 注】

①这四首诗可见于中华书局编辑部点校《全唐诗》增订本卷二百二十九（中华书局 1999 年 1 月第 1 版，第 2501 页）。诗题《全唐诗》作《自瀼西荆扉且移居东屯茅屋四首》。

②危峤：险峻的山。

③平地一川：指东瀼溪。杜甫东屯宅在东瀼溪边，其溪宽裕开阔，冈陵平衍，故有“平地一川”之感。

④高山四面同：宅外四面皆是相同的高山环绕。

⑤杭：《全唐诗》作“粳”。

⑥熟天风：季风吹拂之下，稻米即将成熟。

⑦桂丛：桂树林，多指隐居之地。

⑧一种：一样。

⑨青溪：此指东瀼溪。杜甫的瀼西宅和东屯宅，皆在东瀼溪边。

⑩来往：指往来于瀼西宅与东屯宅。

⑪稻畦：稻田。此两句言两地住处皆为茅屋，似无迁居之必要，但为了稻米收获之故，乃迁居东屯。

⑫市喧宜近利：市集喧闹适合于追求利益。

⑬蹊：小路。

⑭衰翁：杜甫自谓。

⑮賸：《全唐诗》作"剩"。賸：同"剩"。剩客：少数可能来寻访我的客人。

⑯逢：《全唐诗》作"冯"。

⑰都使：官职名。此人可能亦居住了东屯村，故而杜甫能在道旁相逢。

⑱一川：即东瀼溪。

⑲子：指都使。

⑳渠细石：用细石堆砌成沟渠以导水。

㉑吾：杜甫自谓。

㉒沼清泉：用小池将清泉蓄积。

㉓枕带：依傍。

㉔柴荆：指用柴荆做的简陋门户。

㉕最后二句言开荒要费去很多的时间和精力，出峡之期就更遥不可期了。斫畬（shē）：开荒火耕。

㉖牢落：孤寂潦倒。

㉗西江：长江。

㉘参差：不整齐。

㉙北户：向北开的门。

㉚巴子国：即巴国，〔晋〕常璩《华阳国志》卷一《巴志》："武王既克殷，以封其宗姬于巴，爵之以子。——古者远国虽大，爵不过子，故吴、楚及巴皆曰子。"（刘琳《华阳国志校注（修订版）》，成都时代出版社 2007 年 6 月第 1 版，第 4 页）白帝城所在地区在某个时段属于巴国，故此处特指白帝城一带所在的夔州。

㉛楚人山：夔州古曾为楚人之地，故称。

㉜隔远关：隔绝于偏远之夔州。

㉝鸡鹭：皆为水鸟名。《全唐诗》作"鸳鹭"。

㉞朝班：古代群臣朝见帝王时按官品分班排列的位次。朝堂列班时，除侍奉官外，一般官品越高的班列离帝王越近。历代朝仪不一，分班情况各异。如唐设文武一品

至五品班，清设文武一品至九品班。后泛称朝廷百官之列。杜甫回忆起自己在至德二年至乾元二年（757—759）任职左拾遗期间，在大明宫之早朝往事。

白帝怀古　陈子昂①

日落沧江②晚，停桡③问土风④。
城临巴子国，台没汉王宫⑤。
荒服⑥仍周甸⑦，深山尚禹功⑧。
岩悬青壁断，地险碧流通。
古木生云际，归帆出雾中。
川途⑨去无限，客思坐何穷⑩。

【笺　注】

①此诗可见于中华书局编辑部点校《全唐诗》增订本卷八十四（中华书局1999年1月第1版,第908页）。试题《全唐诗》作《白帝城怀古》。陈子昂（661—702）：字伯玉，梓州射洪（今四川省射洪市）人，初唐诗文革新人物之一。因曾任右拾遗，后世称陈拾遗。直言敢谏，曾因“逆党”反对武后而株连下狱。曾两度从军边塞，对边防事务颇有远见。圣历元年（698），因父老解官回乡，父死居丧期间，权臣武三思指使射洪县令罗织罪名，加以迫害，最终冤死狱中。陈子昂存诗共一百多首，其诗风骨峥嵘，寓意深远，苍劲有力。其中最有代表性的有组诗《感遇》三十八首、《蓟丘览古》七首和《登幽州台歌》等。

②沧江：江水，以江水呈苍色，故称。此处特指夔州峡江深绿色的江面。

③桡（ráo）：船桨。

④土风：当地的风俗。

⑤汉王宫：指刘备伐吴失败后在夔州所筑行宫永安宫。

⑥荒服：古“五服”之一，称离京师二千到二千五百里的边远地方，为五服中最远的地区。亦泛指边远地区。

⑦周甸：周王室的郊外。

⑧尚禹功：崇尚大禹开凿三峡的功劳。

⑨川途：指水路。

⑩客思坐何穷：游客的思绪不断，将停留于无穷之时。坐：停留。

上白帝城　杜　甫[1]

江城合[2]变态[3]，一上一回新。天欲今朝雨，山归万古春。英雄[4]余事业[5]，衰迈[6]久风尘[7]。取醉[8]他乡客[9]，相逢故国人[10]。兵戈犹拥蜀[11]，赋敛尚输秦[12]。不是烦形胜[13]，深惭畏损神[14]。

白帝空祠庙[15]，孤云自往来。江山[16]城宛转[17]，栋宇客徘徊[18]。勇略[19]今何在，当年亦壮哉[20]。后人将酒肉[21]，虚殿[22]日尘埃。谷鸟鸣还过，林花落又开。多惭病无力，骑马入青苔。

【笺　注】

①这两首诗可见于中华书局编辑部点校《全唐诗》增订本卷二百二十九（中华书局 1999 年 1 月第 1 版，第 2503 页）。两首诗皆为登白帝城墙怀古，第一首为城上所见，第二首怀念公孙述。

②合：《全唐诗》作“含”。

③变态：景物变化的状态。

④英雄：此指公孙述。

⑤余事业：指留下的割据之事迹。

⑥衰迈：杜甫自谓。

⑦风尘：漂泊羁旅。

⑧取醉：喝酒致醉。

⑨他乡客：夔州本地官绅之士。

⑩故国人：京洛故乡之士。

⑪兵戈犹拥蜀：指蜀地还时有动乱。

⑫输秦：运输往关中长安。

⑬烦形胜：指多次登临，烦扰山川形胜为我解忧。

⑭畏损神：指国事深愁，恐因此而损伤精神。

⑮祠庙：公孙述庙，在白帝山顶。下文“栋宇”“虚殿”皆指此庙。

⑯江山：长江和白帝山。

⑰城宛转：环绕白帝山而建造的城墙，随着山势高低，蜿蜒而成。

⑱徘徊：《全唐诗》作“裴回”。

⑲勇略：勇敢和谋略。

⑳壮哉：本卷前杜甫《上白帝城》“公孙初恃险，跃马意何长”之意。

㉑将酒肉：持酒肉来祭拜。

㉒虚殿：指祠庙无人看守。

广溪峡　杨　炯[1]

广溪三峡首，旷望兼川陆。山路远[2]羊肠，江城镇鱼腹。乔林百丈偃，飞水千寻瀑。惊浪回高天，盘涡转深谷。汉氏昔云季，中原争逐鹿。天下有英雄，襄阳有龙伏。常山禁[3]军旅，永安兴版筑。池台思[4]已倾，邦家遽沦覆。庸才若刘禅，忠佐为心腹。设险犹可存，当无贾生哭。

【笺　注】

①此诗可见于中华书局编辑部点校《全唐诗》增订本卷五十（中华书局1999年1月第1版，第614页）。广溪峡：瞿塘峡。郦道元《水经注》卷三十三《江水》："江水又东径广溪峡，斯乃三峡之首也……峡中有瞿塘、黄龛二滩，夏水回复，沿溯所忌。"（陈桥驿《水经注校证》，中华书局2007年7月第1版，第777—778页）杨炯(650—694)：祖籍华阴（今陕西华阴市）。幼聪敏博学，显庆四年（659），举神童，待制弘文馆。上元三年(676)，应制举，补校书郎。永淳元年(682)，迁太子詹事司直，充崇文馆学士。垂拱元年(685)冬，坐从祖弟神让与徐敬业谋叛，左迁梓州司法参军。天授元年(690)，奉召至洛阳，与宋之问同直习艺馆。如意元年(692)，出为盈川令，不久卒于官。中宗即位，追赠著作郎。与王勃、卢照邻、骆宾王以文词齐名海内，称"王杨卢骆"，亦号为"初唐四杰"。有《盈川集》十卷行世。

②远：《全唐诗》作"绕"，从文意来看，应为"绕"。

③禁：《全唐诗》作"集"。

④思：《全唐诗》作"忽"。

瞿唐峡　苏　轼[1]

自昔怀清赏[2]，今兹[3]得纵探[4]。长江连楚蜀[5]，万派[6]泻东南[7]。合水[8]来如电，黔波[9]绿似蓝[10]。余流细不数，远石[11]竞相参[12]。入峡初无路，连山忽似龛[13]。萦纡[14]收浩渺[15]，蹙缩[16]作渊潭[17]。风过如呼吸，云生是吐含。坠崖[18]鸣窣窣[19]，垂蔓[20]绿毵毵[21]。冷翠[22]多崖竹[23]，孤生有石楠[24]。飞泉飘乱雪[25]，怪石走惊骖[26]。绝涧[27]知深浅，樵僮[28]忽两三。人烟偶逢郭[29]，沙岸可乘篮[30]。野戍[31]荒州县[32]，邦君[33]古子男[34]。放衙[35]鸣晚鼓[36]，留客荐霜柑[37]。闻道黄精草[38]，丛生绿玉篸[39]。尽应充食饮，不见有彭聃[40]。气候冬犹暖[41]，星河[42]夜半涵。遗民[43]悲昶衍[44]，旧俗接鱼蚕[45]。版屋[46]漫无瓦[47]，岩居[48]穷似庵[49]。伐薪尝[50]冒险，得水[51]不盈甔[52]。叹息生何陋[53]，劬劳[54]不自惭[55]。叶舟[56]轻远泝[57]，大浪固无[58]谙。矍铄[59]空相视，呕哑[60]莫与谈。蛮荒[61]安可驻[62]，幽邃[63]信难妉[64]。独爱孤栖鹘[65]，高超百尺岚[66]，横飞应自得，远飏似无贪。振翮[67]游霄汉[68]，无心顾雀鶕。尘劳[69]世方病[70]，局束[71]我何堪[72]！尽解林泉好，多为富贵酣[73]。试看飞鸟乐，高遁[74]此心甘。

【笺 注】

①本诗可见于张志烈、马德富、周裕锴主编《苏轼全集校注 · 第一册 · 诗集一》（河北人民出版社 2010 年 6 月等 1 版，第 64 页），《苏轼全集校注》标题作《入峡》。此处参考了程地宇《巫山诗文 · 宋代部分 · 诗歌部（上）》（重庆出版社 2013 年 12 月第 1 版，第 419—426 页）中的注释。

②清赏：清雅可赏的景致。《苏轼全集校注》作“幽赏”。

③今兹：今此，现在。

④纵探：犹广泛地、任意地探寻。

⑤长江连楚蜀：犹言长江连接着蜀地与楚地。蜀：古族名、国名。分布在今四川西部。相传最早的首领名叫蚕丛，称蜀王。公元前 316 年归并于秦，秦于其地置蜀郡。后泛指四川地区（含今重庆市辖区）。楚：古国名。芈姓。西周时立国于荆山一带，都丹阳（今湖北秭归东南）。周人称为荆蛮。后建都于郢（今湖北江陵西北纪王城）。春秋战国时国势强盛，为五霸七雄之一。战国末，渐弱，屡败于秦。前 223 年为秦所灭。

⑥万派：犹万条支流。派，江河的支流。

⑦泻东南：流泻东南方。泻：倾泻，奔流。长江水系在中国的东南方，故云。

⑧合水：犹汇合众水。

⑨黔波：乌江之波。黔：乌江由贵州流入今重庆境，亦称黔江。〔清〕查慎行注：“黔波，《吴船录》：黔水自黔江来合大江，江涛黄浊，黔江乃清冷如玻璃，其下悉是石底自成都至此，始见清江。”（《苏诗补注》卷一）

⑩绿似蓝：绿得像用蓝染的一样。

⑪石：《苏轼全集校注》作“势”。

⑫竞相参：犹言竞相比参。按，此句大意为，这些大的支流竞相比赛谁流得更远。

⑬龛：供奉神佛或神主的石室或小阁子。按，长江三峡中常见这种龛形的石岩，岩体向里凹进去，上则有石岩为顶，当地人称之为罩岩。

⑭萦纡：盘旋环绕。

⑮收浩渺：犹言消失在浩渺之中。收：消散，消失。浩渺：广大辽阔。

⑯蹙（cù）缩：退缩，蜷缩。

⑰渊潭：深潭。

⑱坠崖：犹崩岩。

⑲窣窣（sū sū）：象声词，形容风声。

⑳垂蔓：下垂的藤蔓。

㉑毵毵（sān）：垂拂纷披的样子。

㉒冷翠：给人以清凉感的翠绿色。

㉓崖竹：岩边生长的竹子。

㉔石楠：植物名。花供观赏，叶可入药。〔唐〕李白《秋浦歌十七首》其十："千千石楠树，万万女贞林。"〔清〕王琦集注："《唐本草》：石楠，叶似㼌草，凌冬不凋。关中者叶细，江以南者叶长，大如枇杷。"（〔清〕王琦《李太白集注》，中华书局1977年9月第1版，第421页）

㉕飞泉飘乱雪：犹言岩间飞泉落下，水花飞溅，如乱雪飘舞。

㉖怪石走惊骖（cān）：犹言峡中奇形怪状的石头，如同奔走的惊马。骖，同驾一车的三匹马。《诗经·鄘风·干旄》"良马五之"，〔唐〕孔颖达疏引〔三国·魏〕王肃曰："古者一辕之车驾三马则五辔，其大夫皆一辕车。夏后氏驾两谓之丽，殷益一騑谓之骖。周人又益一騑谓之驷。"（《毛诗正义》卷三，李学勤主编《十三经注疏》本，北京大学出版社1999年12月第1版，第209页）这里泛指马。

㉗绝涧：高山陡壁之下的溪涧。

㉘樵僮：砍柴的童子。《苏轼全集校注》作"童"。僮，同"童"。

㉙郭：外城，古代在城的外围加筑的一道城墙。

㉚乘篮：乘坐竹轿。篮，篮舆。

㉛野戍：指野外驻防之处。

㉜荒州县：犹言荒僻之地的州县。〔清〕查慎行注："州县，本集《与荆州王兵部书云》：'自蜀至楚，过郡十一，县二十有六。'"（《苏诗补注》卷一）

㉝邦君：古代指诸侯国君主。《尚书·伊训》："卿士有一于身，家必丧；邦君有一于身，国必亡。"〔汉〕孔安国传："诸侯犯此，国亡之道。"（《尚书正义》卷八，李学勤主编《十三经注疏》本，北京大学出版社1999年12月第1版，第205页）

㉞古子男：古代的子爵和男爵，古代诸侯有五等爵位，其第四等和第五等即为子爵和男爵。按，古代峡江地区属巴国和楚国，巴王和楚王均始封为子爵。〔晋〕常璩《华阳国志》卷一《巴志》："武王既克殷，以封其宗姬于巴，爵之以子。——

古者远国虽大，爵不过子，故吴、楚及巴皆曰子。”（刘琳《华阳国志校注（修订版）》，成都时代出版社2007年6月第1版，第4页）

㉟放衙：属吏早晚参谒主司听候差遣谓之衙参，退衙谓之放衙。

㊱鸣晚鼓：放衙以鸣鼓为号，故云。

㊲荐霜柑：进献经霜的柑橘。按，柑橘是峡江的特产，自汉代至晋代后期均设“橘官”，霜柑自是待客的佳品。

㊳黄精草：药草名，多年生草本植物，中医以根茎入药。

㊴玉篸（zān）：篸，同“簪”。玉簪，多年生草本植物，叶丛生，卵形或心脏形，花茎从叶丛中抽出，总状花序。秋季开花，色白如玉，未开时如簪头，有芳香。栽培供观赏。

㊵彭聃（dān）：彭祖与老聃的并称，传说二人均极长寿。

㊶暖：《苏轼全集校注》作“煖”。

㊷星河：银河。

㊸遗民：亡国之民，前朝留下的老百姓。

㊹昶衍：即孟昶和王衍。孟昶（919—965），五代十国时后蜀皇帝。字保元，名仍赞，生于太原。孟知祥第三子。曾任两川节度行军司马。孟知祥死后嗣位。993—965年在位。广政十年（947），契丹灭晋，雄武军节度使何重进以秦、成、阶三州来附；又遣军攻凤州，尽有前蜀之地，并窥兵关中。唯君臣生活奢靡，溺器亦饰以珍宝。周世宗时，再失秦。成、阶诸州国势日蹙。宋军入蜀，被迫奉表出降，俘至开封后死。王衍（901—926），五代十国时期前蜀皇帝。原名宗衍，字化源，王建幼子。后梁贞明四年（918）袭帝位。即位后荒淫奢侈，不理政事，信用宦官宋光嗣等操纵政权，自与狎客、妇女日夜酣饮及游猎。又迷信神仙，兴造道观，民不聊生。后唐同光三年（925），后唐大军来讨，兵败投降。次年，行至长安，被杀。喜作诗词，多为宣扬纸醉金迷、寻花问柳之作。《苏轼全集校注》后有作者的自注：“孟昶从此入觐，王衍亦蜀主。”

㊺鱼蚕：传说中古蜀国帝王鱼凫和蚕丛。〔晋〕常璩《华阳国志》卷三《蜀志》：“周失纲纪，蜀先称王。有蜀侯蚕丛，其目纵，始称王。死，作石棺石椁，国人从之，故俗以石棺椁为纵目人冢也。次王曰柏灌。次王曰鱼凫。鱼凫王田于湔山，忽得仙道，蜀人思之，为立祠。”（刘琳《华阳国志校注（修订版）》，成都时代出版社2007年6月第1版，第91页）

㊻版屋：用木板搭盖的房屋，指简陋住宅。《苏轼全集校注》作“板屋”。

㊼漫无瓦：犹言覆盖房屋没有瓦，意为仅用草木。

㊽岩居：以岩间山洞或缝隙为居所。

㊾庵：小草屋。

㊿尝：《苏轼全集校注》作“常”。

51水：《苏轼全集校注》作“米”。

52甔（dān）：陶制罂类（小口大腹）容器。

53生何陋：犹言生活何其粗劣简陋。

54劬（qú）劳：劳累，劳苦。《诗经·小雅·蓼莪》：“哀哀父母，生我劬劳。”（《毛诗正义》卷十三，李学勤主编《十三经注疏》本，北京大学出版社 1999 年 12 月第 1 版，第 776 页）

55不自惭：自己不感到惭愧。

56叶舟：小船。

57泝（sù）：逆水而上。泝，同“溯”。

58无：《苏轼全集校注》作“尝”，应为尝。固尝谙（ān）：犹言固然曾经历、熟悉。谙，熟悉、经受。

59矍铄：形容老人目光炯炯、精神健旺。

60呕哑：象声词，小儿说话声。

61蛮荒：指远离京畿而文化、经济落后的僻远地区。

62驻：《苏轼全集校注》作“住”。

63幽邃：幽深，深邃。

64妉（dān）：犹乐。

65鹘（hú）：鸟类的一科，翅膀窄而尖，嘴短而宽，上嘴弯曲并有齿状突起。飞得很快，善于袭击其他鸟类。也叫隼。

66岚：山林中的雾气。

67振翮（hé）：犹振翅。翮：鸟羽的茎中空透明，俗称“羽管”。亦指代鸟的翅膀。

68霄汉：天河，亦借指天空。

69尘劳：佛教徒谓世俗事务的烦恼。

70世方病：犹言世间方才为之疲惫。方：副词，方始，方才。病：疲惫。

71局束：窘迫拘束。《苏轼全集校注》作“局促”，形容受束缚而不得舒展。

72我何堪：犹言我何以忍受。

73多为富贵酣：犹言多为富贵所迷醉。酣：沉湎于酒。

74高遁：犹高隐。

苏　辙[1]

舟行瞿唐口，两耳风鸣号。渺然长江水，千里投一瓢[2]。峡门石为户，郁怒[3]水力骄[4]。扁舟落中流，浩如一叶飘。呼吸信奔浪，不复由长篙。捩柁[5]破濆漩[6]，畏与乱石遭[7]。两山[8]蹙[9]相值[10]，望之不容舠[11]。渐近乃可入，白盐[12]最雄高。草木皆倒生[13]，哀叫悲玄猱[14]。白云缭长袖，零露[15]如飞毛。缅怀洚水[16]年，惨蹙[17]病[18]有尧[19]。禹益[20]决岷水[21]，屡与山鬼鏖[22]。摧岗[23]转大石，破地疏洪涛。巉巉[24]当道[25]山，斩截肩尾销。峭壁下趾连[26]，危峰[27]断修腰。破处不生草，上不挂鸟巢。水怪不尽戮，下有龙与鳌。辽[28]哉千万年，禹死遗迹牢。岂必见河洛[29]，开峡[30]斯已劳。

【笺　注】

①本诗可见于〔北宋〕苏辙《苏辙集》(中华书局 1990 年 8 月第 1 版，第 7 页)，诗题《苏辙集》作《入峡》。苏辙（1039—1112）：字子由，一字同叔，晚号颍滨遗老。眉州眉山（今四川省眉山市）人。嘉祐二年（1057)，登进士第。历官秘书省校书郎、商州军事推官、右司谏、御史中丞、尚书右丞、门下侍郎等职，以太中大夫致仕，筑室于许州。苏辙与父亲苏洵、兄长苏轼齐名，合称“三苏”。其生平学问深受其父兄影响，以散文著称。有《栾城集》等行于世。

②千里投一瓢：千里长江，犹如一瓢水倾泻而下，形容江水猛急。

③郁怒：气势盛积。

④骄：猛烈。

⑤捩柁（liè tuó）：同捩舵，即拨转船舵。

⑥濆（fèn）漩：同“濆旋”，水势汹涌，水流回旋。《苏辙集》作“濆旋”。

⑦遭：遇。

⑧两山：两岸的高山。

⑨蹙：紧迫。

⑩相值：相遇。突出江面的窄小。

⑪舠（dāo）：小船。

⑫白盐：白盐山。

⑬倒生：向下生长。

⑭玄猱（náo）：一种黑颜色的猴子。

⑮零露：降落的露水。

⑯洚（jiàng）水：洪水。

⑰惨蹙：犹惨戚，悲伤凄切。

⑱病：使动用法，使忧虑。

⑲有尧：即尧，姓伊祁，名放勋，古唐国（今山西临汾尧都区）人，我国上古时期部落联盟首领，"五帝"之一。传说尧时有洪水之灾，许多文献有记载，如《尚书·尧典》《孟子·滕文公上》《史记·夏本纪》等。如《孟子·滕文公上》："当尧之时，天下犹未平，洪水横流，泛滥于天下。"（《孟子注疏》卷五下，李学勤主编《十三经注疏》本，北京大学出版社 1999 年 12 月第 1 版，第 145 页）

⑳禹益：大禹和伯益。传说他们曾治理洪水，三峡皆大禹所开通。

㉑岷水：岷江之水。岷江乃长江上游川江段四大支流之一，源于岷山，流经四川盆地西部，在宜宾入长江。

㉒鏖（áo）：激烈地战斗。

㉓摧岗：《苏辙集》作"摧冈"。

㉔巉巉（chán chán）：形容山势峭拔险峻。

㉕当道：拦阻道路。

㉖下趾连：《苏辙集》作"下无趾"。下趾，指物体的根底部分。

㉗危峰：《苏辙集》作"连峰"。

㉘辽：远。

㉙河洛：黄河与洛水的并称。传说为大禹所治理。

㉚开峡：传说大禹开辟了三峡。

七　言

铁柱　元不伐[①]

白帝城边春草生，黄牛峡里水波清。
追思昭烈千年事，常使英雄气不平。

【笺　注】

①元不伐：即元勋，河南阳翟（今河南禹县）人，乃黄庭坚弟子，北京大学古文献研究所《全宋诗》第二一册卷一二六四辑其诗九首（北京大学出版社 1995 年 8 月第 1 版，第 14253—14254），但无此诗，可以补《全宋诗》之不全。

兵书峡　刘　丙[1]

筹策三分出草庐，眼中吴魏鼎中鱼。
英雄不尽当时用，一卷还留峡里书。

【笺　注】

①刘丙（？—1518），字文焕，江西安福县人。成化二十三年（1487）进士，改庶吉士，升御史，巡按云南。后督两淮盐课，中官请用二万引为织造费，部议许给，刘丙力持不可，得减四分之三。弘治间历福建、四川提学副使，四川左布政使。

秋兴　杜　甫[1]

瞿唐峡口曲江头[2]，万里风烟[3]接素秋[4]。
花萼[5]夹城[6]通御气[7]，芙蓉小苑[8]入边愁[9]。
朱帘绣柱[10]围黄鹄[11]，锦缆牙樯[12]起白鸥[13]。
回首[14]可怜[15]歌舞地[16]，秦中[17]自古帝王州[18]。

【笺　注】

①此诗可见于中华书局编辑部点校《全唐诗》增订本卷二百三十（中华书局1999年1月第1版，第2510页）。《秋兴》共有八首，本诗乃第六首。

②曲江头：在长安之南，名胜之地。唐代的曲江池，分为南北两池。南池地势较高，为皇家御用之芙蓉池；北池在乐游原之南、大雁塔之东，地势较低，为民间之游乐之地。

③万里风烟：指长安和夔州相隔万里。

④素秋：秋季。古代五行之说，秋属金，其色白，故称素秋。

⑤花萼：兴庆宫之楼名。唐玄宗即位不久就将旧邸扩建为兴庆宫。开元十四年（726）又增扩，名曰南内（谓之西南隅），有花萼相辉、勤政务本二楼。

⑥夹城：据《长安志》记载，唐玄宗为了潜行曲江，于开元二十年（732）从大明宫依城修筑复道，经通化门，达南内兴庆宫，直至曲江芙蓉园。根据1961年长安城考古实测报告，夹城一般宽约二十三米。

⑦通御气：此复道因系方便皇帝游赏而修，供皇帝往来通行，故曰“通御气”。

⑧芙蓉小苑：又名芙蓉园、南苑，乃唐代曲江之南池。

⑨入边愁：传来边地范阳安禄山造反攻入长安的消息。唐玄宗常住兴庆宫，常

和妃子们一起游览芙蓉园。史载，安禄山叛乱的消息传到长安，唐玄宗在逃往四川之前，曾登兴庆宫花萼楼饮酒，四顾凄怆。

⑩朱帘绣柱：串珠以为帘，以锦绣围绕堂柱为装饰，形容曲江的楼亭建筑极其富丽华美。

⑪围黄鹄：黄鹄乃野鸟，战乱之后，芙蓉园破败未修，野鸟在其中筑巢出入。

⑫锦缆牙樯：以织锦做船缆，以象牙做船桅，形容皇家游船极其豪奢。

⑬起白鸥：因芙蓉园主人已去，白鸥从船中飞落，时而立于锦绣之缆绳，时而立于象牙之船桅。

⑭回首：自夔州回望。《秋兴八首》后四首虽写长安，但杜甫在篇末皆不忘身在夔州，故此处用“回首”点出身在夔州回望长安之事。

⑮可怜：可爱。

⑯歌舞地：指曲江池苑。

⑰秦中：此处借指长安。

⑱帝王州：帝王建都之地。

鱼腹江中　刘禹锡[①]

扁舟尽室贫相逐，白发藏冠镊更加。
远水自澄终日绿，晴林长落过春花。
客情浩荡逢乡语，诗意留连重物华。
风樯好住贪程去，斜日青帘背酒家。

【笺　注】

①此诗可见于中华书局编辑部点校《全唐诗》增订本卷三百六十一（中华书局1999年1月第1版，第4091页）。《全唐诗》诗题作《鱼复江中》。

三峡堂　宋　肇[①]

林峦十里上巉岩[②]，飞槛初凭缥缈间。
夔子[③]风烟依白帝，夜郎[④]耕稼接乌蛮[⑤]。
砌横乱石遥临涧，门对高峰近带山。
咫尺惊湍吁莫测，每来登此念乡关。

【笺 注】

①此诗可见于〔明〕杨慎《全蜀艺文志》卷十三（刘琳、王晓波点校《全蜀艺文志》，线装书局2003年版，第314页）。

②巉（chán）岩：险峻的山岩。

③夔子：即夔子国，乃楚国国君熊绎的六世孙熊挚的后代所建立，前634年为楚国所灭。

④夜郎：汉时我国西南地区古国名，在今贵州省西北部及云南、四川二省部分地区，国都旧址迄无定论。

⑤乌蛮：古代西南少数民族名，亦指其居住地。

张佳胤[①]

舣舟下席楚云生，落日青霜白帝城。
踏迹难忘诸葛阵，野田曾为杜林[②]耕。
休言天地终陈迹，翻使江山借重名。
事业文章看[③]二子，风流[④]无限古今情。

【笺 注】

①此诗可见于〔明〕张佳胤《居来山房集》卷十九（《四库全书存目丛书补编》第51册，齐鲁书社2001年版，第265页）。诗题《居来山房集》作《宿夔府怀诸葛孔明、杜子美二公》。

张佳胤（1526—1588），避雍正帝讳，又作佳印、佳允，字肖甫、肖夫、肖父，号崌崃山人（一作居来山人），重庆府铜梁县（今重庆市铜梁区）人。明朝文学家。

②杜林：《居来山房集》作“杜陵”，应是，指杜甫。

③看：《居来山房集》作“垂”。

④风流：《居来山房集》作“更阑”。更阑，指夜已深。

夔峡舟中 刘 丙

春江随处落烟波，冉冉其如老至何。
有意青山供目久，无情白发上头多。
图缘八阵风云在，国为三分岁月过。
今古垂勋须及早，休教汗简笑蹉跎。

峡中览物　何景明[1]

峡口风高[2]猿夜号，孤舟灯火宿烟皋。
草深废井人家少，水落寒山雉堞[3]高。
自古金汤难恃险，当时版筑岂知劳。
永安亦在荒城里，玉殿凄凉空野蒿。

【笺　注】

①此诗可见于李淑毅等点校《何大复集》卷二十四（中州古籍出版社 1989 年 7 月第 1 版，第 424 页）。

②风高：作“风悲”。

③雉堞（zhì dié）：泛指城墙。

滟滪堆　杜　甫[1]

滟滪既没孤根[2]深，西来水多愁大阴[3]。
江天漠漠鸟双去，风雨时时龙一吟[4]。
舟人渔子歌回首，估客胡商[5]泪满襟。
寄语舟航恶年少，休翻盐井[6]横黄金[7]。

【笺　注】

①此诗可见于中华书局编辑部点校《全唐诗》增订本卷二百二十九（中华书局 1999 年 1 月第 1 版，第 2504 页）。诗题《全唐诗》作《滟滪》。

②孤根：滟滪堆独立于长江中，与白帝山及长江南北两岸皆不相连，故曰孤根。

③大阴：阴云。《全唐诗》作“太阴”。

④龙一吟：形容箫笛类管乐器声音响亮。

⑤估客胡商：指行商。

⑥翻盐井：自盐井取盐贩卖出售。

⑦横黄金：指获利甚丰。盖当时盐铁虽为公卖，贩售私盐，有厚利，故少年趋利为之。

赤甲山[①]

卜居赤甲迁居新[②]，两见[③]巫山楚水[④]春。
炙背可以献天子，美芹由来知野人[⑤]。
荆州郑薛[⑥]寄书近，蜀客郗岑[⑦]非我邻。
笑接郎中[⑧]评事[⑨]饮，病从深酌[⑩]道吾贞[⑪]。

【笺 注】

①此诗可见于中华书局编辑部点校《全唐诗》增订本卷二百二十九（中华书局 1999 年 1 月第 1 版，第 2498 页）。诗题《全唐诗》作《赤甲》。

②迁居新：杜甫之意是说自从成都出发后，在夔州终于迁居新居，对昔日成都草堂而言，现在居住夔州，可谓为新。

③两见：表示杜甫在夔州经历了两个春天。

④巫山楚水：指夔州山水。

⑤此两句之“炙背”“美芹”典出《列子·杨朱》：“昔者宋国有田夫，常衣缊黂，仅以过冬。暨春东作，自曝于日，不知天下之有广厦隩室，绵纩狐貉。顾谓其妻曰：‘负日之暄，人莫知者；以献吾君，将有重赏。’里之富室告之曰：‘昔人有美戎菽，甘枲茎芹萍子者，对乡豪称之。乡豪取而尝之，蜇于口，惨于腹，众哂而怨之，其人大惭。子，此类也。’”（杨伯峻《列子集释》，中华书局 1979 年 10 月第 1 版，第 237—238 页）〔三国·魏〕嵇康《与山巨源绝交书》：“野人有快炙背而美芹子者，欲献之至尊，虽有区区之意，亦已疏矣。”（韩格平主编《魏晋全蜀（2）》，吉林文史出版社 2006 年 1 月第 1 版，第 436 页）美芹本谓农夫以水芹为美味，欲献于他人，后喻以微物献给别人。杜甫引之用以自嘲，言今我已知晒背之暖，可以献曝于天子；芹菜美味，食之已久，此身真是野人也。

⑥郑薛：郑审和薛据。郑审，原名李之芳，安史之乱时安禄山、安庆绪父子及史思明大肆屠杀李姓宗亲，李之芳为避祸改母姓郑，取名审，意即审视自身之意。其官至秘书少监，故又称郑监。与杜甫交善。居夔州时多以财资助杜甫，杜甫亦感其善，多写诗答之，留有《秋日夔府咏怀奉寄郑监李宾客一百韵》《秋日寄题郑监湖上亭》三首等。薛据，唐河东宝鼎（今山西万荣县）人。薛氏为河东望族。薛据排行第三，所以当时称他作薛三。薛据晚岁客居荆州，杜甫诗数及之。

⑦郗岑：郗昂和岑参。郗昂生平不详，与杜甫在成都时皆曾为严武幕的僚友。岑参于大历元年（766）被剑南西川节度使杜鸿渐荐用，第二年任嘉州刺史。约大

历四年（769）客死于成都。

⑧郎中：不详为何人。

⑨评事：职官名。此指崔公辅，排行十三，进士及第。与杜甫同时，曾任评事，后官至雅州刺史。

⑩病从深酌：杜甫以为自己的生病乃少年时候痛饮太多而来。所以当郎中、评事邀请宴饮时，杜甫以此推辞酒杯。诸人皆道其真率。

⑪贞：《全唐诗》作“真”。

西瀼溪①

迢迢水出走长蛇，怀抱江村在野牙。
一叶兰舟龙洞府，数间茅屋野人家。
冬来纯绿松杉树，春到间红桃李花。
山下②青莲遗故址，时时常有白云遮。

【笺　注】

①杜甫于大历三年（768）正月离开夔州赶往江陵，在巴东县西瀼溪居住了三月，其间畅游了神农溪，然后写有此诗。《全唐诗》无载。

②山下：抄本作“山中”。

瞿唐天下险　周洪谟①

两崖壁立何险巇，把东②大江如一丝。
杜宇神功③渺何许，尧时余烬④谁复知？
中流滟滪实挺特，如牛如马夏秋月。
怒涛掀天万壑雷，巨漩⑤触石千层雪。
汤汤东去几回⑥湾，虎头狼尾如连环。
赤甲下映虎须子⑦，黄牛⑧高抗鬼门关。
忆昔英雄割据日，插丁⑨为梯上绝壁。
只今四海尽为家，锁江铁柱存何益。

【笺　注】

①此诗可见于〔明〕杨慎编，刘琳、王晓波点校《全蜀艺文志》卷八（线装书局2003年版，第200页）。

周洪谟（1421—1492）：字尧弼。四川长宁县人。明正统十年（1445），进士及第，殿试榜眼，并授翰林院编修一职，后修《环宇通志》。周洪谟还修过《英宗实录》《宪宗实录》。谥号文安。

②把东：《全蜀艺文志》作“巴东”，应是。

③杜宇神功：〔北魏〕郦道元《水经注》云：“杜宇所凿，以通江水。”（陈桥驿《水经注校证》，中华书局2007年7月第1版，第790页）时巫山壅塞，蜀地洪水，杜宇令鳖令凿之，江水乃通达。

④尧时余烬：指尧帝任用舜放火烧荒、大禹治水。语本《孟子·滕文公上》：“当尧之时，天下犹未平。洪水横流，泛滥于天下。草木畅茂，禽兽繁殖，五谷不登，禽兽逼人。兽蹄鸟迹之道，交于中国。尧独忧之，举舜而敷治焉。舜使益掌火；益烈山泽而焚之，禽兽逃匿。禹疏九河，瀹济、漯而注诸海；决汝汉，排淮泗，而注之江；然后中国可得而食也。”（《孟子注疏》卷五下，李学勤主编《十三经注疏》本，北京大学出版社1999年12月第1版，第145—146页）

⑤巨漩：《全蜀艺文志》作“巨旋”。

⑥回：《全蜀艺文志》作“洄”。

⑦虎须子：《全蜀艺文志》作“人鲊瓮”。

⑧黄牛：即黄牛山，黄牛滩。

⑨插丁：《全蜀艺文志》作“插木”，应是。

负薪行　杜　甫①

夔州处女②发半华③，四十五十无夫家。
更遭丧乱嫁不售④，一生抱恨堪咨嗟⑤。
土风⑥坐男使女立，应⑦当门户女出入。
十犹八九负薪归，卖薪得钱应供给。
至老双鬟⑧只垂颈，野花山叶银钗并⑨。
筋力⑩登危⑪集市门⑫，死生⑬射利⑭兼⑮盐井⑯。
面妆首饰杂啼痕，地褊⑰衣寒困石根⑱。
若道巫山女粗丑，何得此有昭君村。

【笺　注】

①此诗可见于中华书局编辑部点校《全唐诗》增订本卷二百二十一（中华书局1999年1月第1版，第2339页）。

②处女：未出嫁的女子。

③发半华：头发半黑半白。

④嫁不售：嫁不出去。

⑤咨嗟：叹息。

⑥土风：当地的风俗。

⑦应：《全唐诗》曰“一作‘男’”，其义就更明显。此句意为：男子在家闲坐，女子进出劳动。

⑧双鬟：古代年轻女子的两个环形发髻。唐代女子未嫁者梳双鬟，已嫁者为单髻。

⑨野花山叶银钗并：野花、山叶、银钗俱为首饰。

⑩筋力：体力，此言不惜身体劳苦。

⑪登危：攀登高危之地（采薪）。

⑫集市门：将柴薪背负到集市贩卖。

⑬死生：死与生，此言不顾性命。

⑭射利：谋取财利。

⑮兼：聚集。

⑯盐井：此指翻盐井而取盐，然后贩卖，得利颇厚。本卷前杜甫《滟滪》诗“休翻盐井横黄金”说的就是此事。杜甫还有《盐井》（《全唐诗》卷二百一十八）一诗，专门谈煮盐射利之事。

⑰褊（biǎn）：狭小。

⑱石根：岩石的底部。因要攀登岩石采薪，故曰“困”。

歌

滟滪歌　梁简文帝[1]

滟滪大如马，瞿唐不可下[2]。
金沙浮转多，桂浦忌经过。

【笺　注】

①此诗可见于逯钦立辑校《先秦汉魏晋南北朝诗》之《梁诗》卷二十（中华书局 1983 年 9 月第 1 版，第 1925 页）。诗题《先秦汉魏晋南北朝诗》作《淫豫歌》。淫豫：即滟滪石。

②这两句《先秦汉魏晋南北朝诗》作："淫豫大如服，瞿塘不可触。"

庚子兴[1]

滟滪如牛本不通，瞿唐水退为庚公。

【笺　注】

①庚子兴：〔唐〕李延寿《南史》有传，可以参看。〔唐〕李延寿《南史》卷五十六《庚子兴传》载："及父卒，哀恸将绝者再。奉丧还乡，秋水犹壮。巴东有淫预，石高出二十许丈，及秋至，则才如见焉，次有瞿塘大滩，行旅忌之，部伍至此，石犹不见。子舆抚心长叫，其夜五更水忽退减，安流南下。及度，水复旧，行人为之语曰：'淫预如幞本不通，瞿塘水退为庾公'。"（中华书局 1975 年 6 月第 1 版，第 1391 页）由此可知，其内容涉及庚子兴，但作者不是庚子兴。

竹枝　刘禹锡[①]

瞿唐[②]嶆嶆[③]十二滩，此中道路古来难。

长恨人心不如水，等闲平地起波澜。

【笺 注】

①此诗可见于中华书局编辑部点校《全唐诗》增订本卷三百六十五（中华书局1999年1月第1版，第4121页）。《全唐诗》诗题作《竹枝词》，共九首，本诗乃第七首。

②瞿唐：《全唐诗》作“瞿塘”。

③嶆嶆：《全唐诗》作“嘈嘈”。

词

瞿唐感怀词　曾　璠[①]

峡口瞿唐，论形胜[②]、古今奇绝。最险是、孤根[③]滟滪，浪花飞雪。苔锁崖碑难认字，波�底柱犹存铁[④]。忽舟人、指点孟良梯，横三叠。

扶刘事[⑤]，今磨灭。吟《秋兴》[⑥]，俱消歇[⑦]。空阵[⑧]演风云，诗传萝月。青琐[⑨]游人魂歌断，黄金估客[⑩]心休热。笑此时、身价一闲萍，轻于叶。

【笺　注】

①曾璠：江西彭泽人，湖北安陆籍，嘉靖七年（1528）乡试举人，嘉靖四十一年（1562）进士，官陕西参议（录自汪超《〈全明词〉辑补42首》，《五邑大学学报(社会科学版)》2011年第3期）。

②形胜：地势险要。

③孤根：因滟滪堆独立于长江中，与白帝山及长江南北两岸皆不相连，故曰孤根。

④波潆底柱犹存铁：波浪在瞿塘峡口铁柱周围回旋，仍可见残落的铁链。

⑤扶刘事：指诸葛亮辅助刘备欲兴复汉室之事。

⑥吟《秋兴》：指杜甫在夔州停留其间作了著名的诗歌《秋兴八首》。

⑦消歇：停歇。

⑧空阵：指八阵图。

⑨青琐：泛指豪华富丽的房屋建筑。

⑩估客：即行商。

赋

滟滪堆赋　苏　轼①

世以瞿唐峡口滟滪为天下之至险，凡覆舟者，皆归咎于此石。以余观之，盖有功于斯人者。夫蜀江②会百水而至于夔，弥漫③浩汗④，横放⑤于大野⑥，而峡之小大⑦，曾不及其十一。苟先无以龃龉⑧于其间，则江之远来，奔腾迅快，尽锐于瞿唐之口，则其崄悍可畏，当不啻⑨于今耳。因为之赋，以待好事者试观而思之。

天下之至信者，唯⑩水而已。江河之大与海之深，而可以意揣⑪。唯其不自为形，而因物以赋形，是故千变万化而有必然之理。掀腾勃怒，万夫不敢前兮，宛然⑫听命，唯圣人之所使。予⑬泊舟乎瞿唐之口，而观乎滟滪之崔嵬⑭，然后知其⑮所以开峡而不去者，固有以⑯也。蜀江远来兮，浩漫漫之平沙⑰。行千里而未尝龃龉兮，其意骄逞⑱而不可摧。忽峡口之逼窄⑲兮，纳万顷于一杯。方其未知有峡也，而战乎滟滪之下，喧豗震掉⑳，尽力以与石斗，勃乎若万骑㉑之西来。忽孤城之当道㉒，钩援临冲㉓；毕至于其下兮，城坚而不可取。矢尽剑折㉔兮，迤逦㉕循城而东去。于是滔滔汩汩㉖，与㉗入峡，安行而不敢怒。嗟夫，物固有以安而生变兮，亦有以用危而求安㉘。得吾说而推之兮，亦足以知物理㉙之固然㉚。

【笺　注】

①本赋可见于张志烈、马德富、周裕锴主编《苏轼全集校注 · 第十册 · 文集一》（河北人民出版社 2010 年 6 月等 1 版，第 1—2 页），标题《苏轼全集校注》作《滟滪堆赋并叙》。本赋作于嘉祐四年（1059）苏轼二十三岁时。此时苏轼服母丧毕，与父亲苏洵、弟弟苏辙及家眷离蜀由水路入京，在经过夔州时，有感而作。在本赋中，苏轼一反常态，认为凡在滟滪堆因船沉舟覆而心生埋怨都是错误的，其实滟滪

堆不但无过，而且有功。因为，如果蜀江的水蜂拥而至，一直奔流到夔门，中间倘使没有阻隔，“弥漫浩汗”的江水猝然间拥挤到瞿塘峡口，那么，它的险悍及其所造成的损害将会更大。正因为有了滟滪堆，阻挡了江水，消靡了它的锐气，让它意识到了自己的力量有限，所以，就被一种“安行而不敢怒”的态势所取代，“于是滔滔汩汩”地流向东方，显示出一种从容安顺的姿态。最后作者得出结论是：“物固有以安而生变兮，亦有以用危而求安。”在这里，作者将世间万物的运行分为两种：一种原来一直平安，但中间突然发生变动；另一种，敢冒风险，越过风险以后走向了安宁。很显然，作者虽然说的是万物，但主要还是针对人生而言的。有的人，一直顺利，体会不到世态的险恶，倘若忽然遇到波浪，那么，人生将会发生极大的扭曲和转折，这样的扭曲和转折对于毫无准备的人是一件非常危险的事情；而有的人，他意识到生活不是一帆风顺的，有一种忧患的意识，于是，在遇到危难的时候，他不是躲避逃离，而是迎难而上，最终战胜困难。这是一种人生经验的积累，是一种生活素质的历练，这样的危难会帮助他，也会成就他，度过了，他就会具备一份“胜似闲庭信步”的从容。所以，文章虽由水而起，但谈的却是如何面对人生困难的问题。这种观点，在苏轼作品中是一贯的，同时，也是他自己心理的写照。他的一生，波澜起伏，屡遭打击，但他都能从这种人生观点出发，做到履险如夷。他把每一次的挫折和灾难都看作是让他通向更广更高的路途的动力。

②蜀江：蜀郡境内的江河。〔唐〕刘禹锡《竹枝词》之一：“山桃红花满上头，蜀江春水拍江流。”（中华书局编辑部点校《全唐诗》增订本卷二十八，中华书局1999年1月第1版，第394页）

③弥漫：充盈洋溢。

④浩汗：水盛大的样子。

⑤横放：横行奔放。

⑥大野：广大的原野、田野。

⑦小大：《苏轼全集校注》作“大小”。

⑧龃龉（jǔ yǔ）：上下牙齿不相对应，比喻意见不合，相抵触。此处指抵制、阻拦。

⑨不啻：不仅。

⑩唯：《苏轼全集校注》作“惟”。本文下同，不再出校。

⑪意揣：猜想，揣测。

⑫宛然：顺从的样子。

⑬予：《苏轼全集校注》作“余”。

⑭崔嵬：高大的样子。《诗经·小雅·谷风》：“习习谷风，维山崔嵬。”〔西汉〕

毛亨传："崔嵬，山巅也。"（《毛诗正义》卷十三，李学勤主编《十三经注疏》本，北京大学出版社 1999 年 12 月第 1 版，第 775 页）

⑮其：抄本无此字。

⑯有以：有原因，有道理。

⑰平沙：指广阔的沙原。

⑱骄逞：凶暴肆虐。

⑲逼窄：指狭隘，不宽敞。

⑳喧豗（huī）震掉：轰响抖动。

㉑万骑：此处指江水众多，来势汹汹。

㉒当道：阻拦道路。

㉓钩援临冲：钩援，即云梯，古时攻城用的工具。临冲，指古代的两种战车。《诗经·大雅·皇矣》："帝谓文王，询尔仇方。同尔兄弟，以尔钩援。与尔临冲，以伐崇墉。"（《毛诗正义》卷十六，李学勤主编《十三经注疏》本，北京大学出版社 1999 年 12 月第 1 版，第 1033 页）

㉔矢尽剑折：形容战斗到武器丧尽，此处用以指江水终于安静下来。

㉕迤逦（yǐ lǐ）：连接的样子。

㉖滔滔汩汩：滔滔，形容流水不断。汩汩，水流动的声音或样子。比喻连续不断。

㉗与：《苏轼全集校注》作"相与"。

㉘安而生变兮、用危而求安：身居安乐之中，中途会生变动，可能变得不安乐；而克服了这些变动和困难，后面反而会安乐下来。这就是辩证。

㉙物理：事物的道理。

㉚固然：本来就如此。〔战国·楚〕屈原《离骚》："鸷鸟之不群兮，自前世而固然。"（〔北宋〕洪兴祖《楚辞补注》，中华书局 1993 年 3 月第 1 版，第 16 页）

后滟滪赋　陆　深[①]

昔苏公子瞻[②]赋滟滪，盖曰江会百川，势易骄逞，不先之以[③]龃龉，尽[④]其快锐[⑤]，为害斯大。嗟乎，是诚有之[⑥]。夫当国家丰亨豫大[⑦]之时，必有风靡波荡[⑧]之俗。使无正人法家[⑨]出气力以捍[⑩]扞之，则末流[⑪]有不可救者矣，此公作赋之旨也。嘉靖丁酉[⑫]二月初，予将出峡，舟过瞿唐[⑬]，春水未生，孤根[⑭]欲露，盘旋其下，有感于心，作《后滟滪赋》。

道[⑮]丛凫[⑯]之故国，沿岷汶[⑰]之长源。睇[⑱]滟滪之兀嵂[⑲]。绎[⑳]先哲之名言[㉑]。测安危之倚伏[㉒]，乃始疑而今信然[㉓]。昔伯禹[㉔]之导江兮，命阳侯[㉕]为驱先。挟六龙与二虬兮，劈雷斧[26]之神铦[27]。劃[28]地脉[29]而中分兮，挺孤高之一拳。障[30]奔轰[31]之东骛[32]兮，回[33]万折于澜翻[34]。时盈缩[35]以浮沉[36]兮，拥百川而独尊。或如象兮如马，舟人睆而不敢上下[37]。相游[38]者之汩汩兮，固昼夜之不舍[39]。惟上帝[40]之默佑[41]兮，恒斡运[42]于区中[43]。示机缄[44]于错纠兮，物有穷而必通。猗宣父之感麟[45]兮，既伐树又绝粮[46]。羌[47]邹孟[48]之仁义兮，竟见沮于臧仓[49]。胡[50]贤圣之迍邅[51]兮，夫岂兹堆[52]之未汰[53]。派远而弥昌兮，象下流兮永赖。抱遗经而先觉兮，反[54]乱治于否泰[55]。顾[56]大化[57]之茫茫[58]兮，俟[59]万世于须臾[60]。俯中流之一柱兮，盍[61]前鉴而蚤图[62]。慨孔明[63]之驰驱[64]兮，磊魄[65]乎八阵犹未磨[66]。草堂[67]于瀼水兮，吊[68]江上之东坡[69]。予粲粲[70]其白发兮，惧末路[71]之蹉跎[72]。

【笺 注】

①本赋可见于《四库明人文集丛刊》之《俨山集》卷一（上海古籍出版社 1993 年 6 月第 1 版，第 6—7 页）。

陆深（1477—1544）：明代文学家、书法家。初名荣，字子渊，号俨山（此号取之于所居后乐园“土岗数里，宛转有情，俨然如山”之景），南直隶松江府（今上海）人。弘治十八年（1505）进士，授编修，遭刘瑾忌，改南京主事。瑾诛，复职，累官四川左布政使，嘉靖中，官至詹事府詹事。卒，赠礼部右侍郎，谥文裕。陆深书法遒劲有法，如铁画银钩。著述宏富，在明代上海人中绝无仅有。上海陆家嘴也因其故宅和祖茔而得名。

②苏公子瞻：指苏轼，子瞻乃苏轼的字。公乃旧时对男性长者的尊称。

③以：抄本无此字。

④尽：动词，消除完全。

⑤快锐：快速锐气。

⑥是诚有之：这确实如此。

⑦丰亨豫大：形容富足兴盛的太平安乐景象。

⑧风靡波荡：比喻事物风行较快。

⑨正人法家：正直的名人、有名的大家。

⑩捍：抵御。

⑪末流：比喻事物的后期状态。

⑫嘉靖丁酉：即 1537 年。

⑬瞿唐：《俨山集》作“瞿塘”。

⑭孤根：指滟滪堆。因滟滪堆独立于长江中，与白帝山及长江南北两岸皆不相连，

故曰孤根。

⑮道：动词，取道，经过。

⑯丛凫：传说中古蜀国帝王蚕丛和鱼凫。详见本卷前苏轼《瞿唐峡》中的注释。

⑰岷汶：即岷江。岷与汶通。

⑱睇（dì）：看。

⑲兀嵂（lǜ）：突兀高峻。

⑳绎：寻绎，推究。

㉑先哲之名言：此指苏轼《滟滪堆赋》中有深刻道理的语句，如“物固有以安而生变兮，亦有以用危而求安”。

㉒倚伏：语出《老子》：“祸兮福之所倚，福兮祸之所伏。”（陈鼓应《老子注译及评介（修订增补本）》，中华书局2009年2月第2版，第279页）意为祸与福互相依存，互相转化。

㉓然：用作句末语气词，表示断定或决定，相当于古汉语的“焉”“也”。

㉔伯禹：夏朝的禹。禹代鲧为宗伯，入为天子司空，故称为“伯禹”。

㉕阳侯：传说中的水神，能兴风作浪。

㉖雷斧：传说中雷神用以发霹雳的工具，其形如斧，故称。

㉗神铦（xiān）：神奇的利器。

㉘劙（lí）：割，劈。

㉙地脉：地形的走势。

㉚障：阻拦。

㉛奔轰：奔走轰鸣。

㉜东骛：向东奔驰。

㉝回：旋转。

㉞澜翻：水势翻腾。

㉟盈缩：增长和减少。

㊱浮沉：在水中忽上忽下。

㊲民谚所谓“滟滪大如象，瞿唐不可上；滟滪大如马，瞿唐不可上”。睨（nì）：看。

㊳游：《俨山集》作“逝”。

㊴《论语·子罕》：“子在川上曰：‘逝者如斯夫，不舍昼夜。’”（《论语注疏》卷九，李学勤主编《十三经注疏》本，北京大学出版社1999年12月第1版，第119页）相：观看。汩汩：水流动的声音或样子。昼夜之不舍：比喻夜以继日。

㊵上帝：古代指主宰万物的天神。

㊶默佑：暗中保佑。

㊷斡运：旋转运行。

㊸区中：人世间。

㊹机缄：机关开闭，谓推动事物发生变化的力量。

㊺宣父之感麟：《孔子家语·辨物》：叔孙氏之车士曰子钽商，采薪于大野，获麟焉，折其前左足，载以归。叔孙以为不祥，弃之于郭外，使人告孔子曰："有麏而角者，何也？"孔子往观之，曰："麟也。胡为来哉？胡为来哉？"反袂拭面，涕泣沾衿。叔孙闻之，然后取之。子贡问曰："夫子何泣尔？"孔子曰："麟之至，为明王也。出非其时而见害，吾是以伤焉。"（杨朝明、宋立林主编《孔子家语通解》，齐鲁书社 2009 年 4 月第 1 版，第 205 页）孔子以麒麟之来，因非其时而遇害，故感伤落泪。

㊻既伐树又绝粮：指孔子在周游列国时候所遭受到的危险和困苦。伐树见〔西汉〕司马迁《史记》卷四十七《孔子世家》："孔子去曹适宋，与弟子习礼大树下。宋司马桓魋欲杀孔子，拔其树。孔子去。弟子曰：'可以速矣。'孔子曰：'天生德于予，桓魋其如予何！'"（郭逸、郭曼标点《史记》，上海古籍出版社 1997 年 8 月第 1 版，第 1504 页）绝粮见《论语·卫灵公》："在陈绝粮，从者病，莫能兴。"（《论语注疏》卷十五，李学勤主编《十三经注疏》本，北京大学出版社 1999 年 12 月第 1 版，第 207 页）

㊼羌：文言助词，用在句首，无义。

㊽邹孟：指孟子。孟子为邹人，故称。

㊾臧仓：战国末年鲁国人，鲁平公的男宠，曾向鲁君进谗言诋毁孟子，使其不接见孟子（见《孟子·梁惠王下》），后因此以臧仓指进谗害贤的小人。

㊿胡：为何。

51迍邅（zhūn zhān）：处境艰险，前进困难。

52兹堆：指滟滪堆。

53未汰：没有剔除。

54反：同"返"。

55否泰：否，《易经》六十四卦之一，象天地不交，表厄运。泰，《易经》六十四卦之一，象天地交泰，表好运。用以指世道盛衰、人事通塞、运气好坏等。

56顾：环视。

57大化：指宇宙，大自然。

58茫茫：广阔深远。

59俟：等待。

⑥⓪须臾：顷刻，瞬间。

⑥①盍：何不，表示反问或疑问。

⑥②前鉴而蚤图：借鉴以前覆船的教训，早做行船安全的打算。蚤：同“早”。

⑥③孔明：诸葛亮的字，诸葛亮乃三国蜀政治家、军事家。东汉末，隐居隆中，世称“卧龙”。刘备三顾草庐，他提出联吴抗曹的策略，遂成为刘备的主要谋臣。

⑥④驰驱：奔走效力。

⑥⑤磊磈（wěi）：众石累积的样子。

⑥⑥磨：磨灭。

⑥⑦草堂：指杜甫居住于瀼水旁的故宅。《俨山集》作“问草堂”。

⑥⑧吊：凭吊；伤怀往事。

⑥⑨东坡：苏轼自号东坡居士，因以“东坡”为其别称。

⑦⓪粲粲：显得鲜明。

⑦①末路：末位、末列。

⑦②蹉跎：失意；虚度光阴。

记

新修武侯祠堂记　王十朋[①]

益与夔[②]皆祠诸葛丞相，并见于杜少陵[③]诗。"锦官城外柏森森"[④]者，益也；"卧龙无首对江濆"[⑤]者，夔也。夔故[⑥]永安县[⑦]，据三峡上流，水有瞿唐[⑧]、滟滪，山有赤甲、白盐，形胜[⑨]险天下。丞相昔与先主[⑩]屯兵讲武[⑪]，控扼[⑫]吴魏[⑬]，经营[⑭]中原之所，有八阵图、永安宫、卧龙山[⑮]遗迹在焉，祀而庙食[⑯]宜矣。然祠在州之南隅，地非爽垲[⑰]，巷无乔木，堂庑庳陋[⑱]，丹青黝剥[⑲]，祀事弗严，无异乎"虫蛇穿画壁[⑳]"时仅免无首而已。吁，可叹也！

前帅紫微舍人[㉑]张公震[㉒]尝立新祠于卧龙[㉓]，命缁徒[㉔]奉之，而城中之祠未暇修，岂留以有待耶？乾道改元[㉕]，某被命自番易夔，时方丐祠[㉖]力甚，俄一夕梦观八阵，岂丞相精诚[㉗]默[㉘]有以告之耶？十一月至郡，首谒[㉙]祠下，诔[㉚]之以文，曰：

"丞相忠武，蜀之伊吕[㉛]。高卧[㉜]南阳[㉝]，悲吟梁甫[㉞]。草庐之中，三顾先主[㉟]。将汉是兴[㊱]，非刘曷与[㊲]？君臣鱼水[㊳]，蛟龙云雨[㊴]。才十曹丕[㊵]，志小寰宇[㊶]。假令[㊷]毋死[㊸]，师一再举[㊹]。吴魏可吞，礼乐可[㊺]许。宁使英雄，堕泪今古。将略非长，庸史之语[㊻]。"

因命工[㊼]葺之，庙貌一新，辟路植木[㊽]，榜[㊾]其坊曰"卧龙"。明年二月辛卯告成，帅[㊿]同僚祀之。呜呼！公之生也，能使其君委国托孤[51]而不疑；其没也，能使汹涌江流不转千载之石[52]。然遗像缺落，未尝一出祸福以惊动之，益足以见其聪明正直，不显其灵于土木偶，以求人之敬畏，殆非柳[53]之罗池[54]比也。

今夔之二祠[55]，相继鼎新[56]，郡人四时香火、牲牢[57]、酒醴[58]之奉，有加而不怠。盛德百世之祀益章[59]，可以洗[60]江濆异代之耻[61]，无愧乎锦官城矣！于是乎书。七月二十七日，永嘉王十朋[62]记。

【笺 注】

①本文可见于《王十朋全集》（修订本）（上海古籍出版社 2012 年 12 月第 1 版，第 950—951 页）。题目《王十朋全集》（修订本）作《夔州新修诸葛武侯祠堂记》。

②益与夔：指益州和夔州。益州乃汉武帝设置的十三州（十三刺史部）之一，州治在雒县（今四川广汉），后来州治迁往成都，此后益州兼含成都别名之意。

③杜少陵：指杜甫，因其自号少陵野老，故称。

④《全唐诗》诗题为《蜀相》。

⑤《全唐诗》诗题为《诸葛庙》。

⑥故：过去的。《王十朋全集》（修订本）作"州"。

⑦永安县：即奉节县。章武二年（222）刘备伐吴失败后退守白帝城，将鱼复县改为永安县。唐贞观二十三年（649），因旌表蜀丞相诸葛亮奉昭烈皇帝刘备"托孤寄命，临大节而不可夺"的品质，改名奉节县。

⑧瞿唐：《王十朋全集》（修订本）作"瞿塘"。

⑨形胜：地势险要。《王十朋全集》（修订本）作"形势"。

⑩先主：称三国蜀主刘备。

⑪讲武：讲习武事。

⑫控扼：控制。

⑬吴魏：吴国与魏国，乃三国时期与蜀相对峙的另外两国。

⑭经营：规划治理。

⑮卧龙山：今关庙沱所在的那座山，因为相传诸葛亮曾驻扎于此，故名。

⑯庙食：谓死后立庙，受人奉祀，享受祭飨。

⑰爽垲（kǎi）：高爽干燥的地方。

⑱庳（bì）陋：矮小简陋。

⑲黝剥：发黑剥落。

⑳虫蛇穿画壁：乃杜甫《诸葛庙》中的一句。

㉑紫微舍人：唐宋中书舍人的别称。中书舍人，职官名。魏晋时于中书省内置中书通事舍人，掌传宣诏命。南朝沿置，至梁，除"通事"二字，称中书舍人，任起草诏令之职。宋初亦设此官，实不任职。元丰改制后，始掌其事。

㉒张公震：张震，南宋夔州府郡守，乾隆《夔州府志》卷五《职官》载："广汉人，隆兴中任。"（中华书局 2015 年 9 月第 1 版，第 124 页）卷六《宦绩》载："字子发，广汉人，以敷文阁待制知夔州，为政以利民泽物为先，疏言马纲利害，又修补大成乐及忠武侯祠，皆自为记。"（同上，第 189 页）

㉓卧龙：卧龙山。

㉔缁徒：僧侣。

㉕乾道改元：指1165年。乾道是南宋皇帝宋孝宗赵昚的第二个年号，从1165年至1173年共使用了九年。改元：君主、王朝改换年号，每一个年号开始的那年称“元年”。

㉖丐祠：宋时，高级官员老病不宜任事者，请求赐予“奉祠”之职，以享受其俸禄。亦多指自请退职。

㉗精诚：精神，此指魂灵。

㉘默：私下，暗中。

㉙谒：拜见。

㉚诔（lěi）：叙述死者生平并表达哀悼。

㉛伊吕：商伊尹辅商汤，西周吕尚（姜子牙）佐周武王，皆有大功，后因并称。伊吕泛指辅弼重臣。

㉜高卧：悠闲地躺着，指隐居不仕。

㉝南阳：郡名，秦昭王三十五年（前272）初设置，包有旧南阳府和旧襄阳府。诸葛亮《出师表》云：“臣本布衣，躬耕于南阳。”习凿齿《汉晋春秋》云：“亮家于南阳之邓县，在襄阳城西二十里，号曰隆中。”（〔西晋〕陈寿撰、〔南朝·宋〕裴松之注《三国志》，中华书局2006年9月第1版，第543页）具体地方在今湖北省襄阳市西隆中。

㉞悲吟梁甫：〔西晋〕陈寿撰、〔南朝·宋〕裴松之注《三国志·蜀书·诸葛亮传》载诸葛亮“好为《梁父吟》”（中华书局2006年9月第1版，第543页）。梁甫：即梁父。《梁父吟》，乐府楚调曲名。梁父，山名，在泰山下。《梁父吟》，盖言人死葬此山，亦为葬歌。今传诸葛亮所作《梁父吟》辞，乃述春秋齐相晏婴二桃杀三士事。

㉟三顾先主：此指刘备三顾茅庐，请出诸葛亮。

㊱将汉是兴：带领汉室走向中兴。

㊲非刘曷与：不是刘备又是何人呢?

㊳君臣鱼水：〔西晋〕陈寿撰、〔南朝·宋〕裴松之注《三国志·蜀书·诸葛亮传》：“于是与亮情好日密，关羽、张飞等不悦，先主解之曰：‘孤之有孔明，犹鱼之有水也，愿诸君勿复言。’”（中华书局2006年9月第1版，第544页）

㊴蛟龙云雨：蛟龙得云雨，喻有才能的人遇到机会，能够施展抱负。

㊵才十曹丕：才干比曹丕多出十倍。曹丕（187—226）：即“魏文帝”。三国时魏国的建立者、文学家。字子桓，谯县（今安徽亳州）人。曹操次子。曹操死后袭

为魏王。推行九品中正制，确立和巩固士族门阀在政治上的特权。220 年，代汉称帝，都洛阳（今属河南），国号魏。爱好文学，诗歌创作和文学理论都有成就。

㊶志小寰宇：志气凌驾于天下之上。

㊷假令：假如。

㊸毋死：不早死。

㊹师一再举：北伐之师再次出发。

㊺可：《王十朋全集》（修订本）作“宜”。

㊻将略非长，庸史之语：这是王十朋指责陈寿在《三国志 · 诸葛亮传》中说诸葛亮“盖应变将略，非其所长欤”（中华书局 2006 年 9 月第 1 版，第 557 页）。

㊼命工：命令工匠。

㊽辟路植木：开辟道路种植树木。

㊾榜：题写文字。

㊿帅：率领。

51委国托孤：刘备兵败东吴之后，在白帝城病危，将诸葛亮招到白帝城，将儿子也就是后主刘禅托付给诸葛亮，刘备甚至说：“君才十倍曹丕，必能安国，终定大事。若嗣子可辅，辅之；如其不才，君可自取。”（〔西晋〕陈寿撰、〔南朝 · 宋〕裴松之注《三国志》，中华书局 2006 年 9 月第 1 版，第 547 页）

52能使汹涌江流不转千载之石：取杜甫《八阵图》诗中“江流石不转”之意，谓诸葛亮的八阵图永远屹立于江边。

53柳：柳州。

54罗池：池名，在今广西壮族自治区柳州市，池上有庙，祀唐代文学家柳宗元，因柳宗元曾为柳州刺史。韩愈《柳州罗池庙记》写道：“尝与其部将魏忠、谢宁、欧阳翼饮酒驿亭，谓曰：‘吾弃于时，而寄于此，与若等好也。明年吾将死，死而为神，后三年，为庙祀我。’及期而死。三年孟秋辛卯，侯降于州之后堂，欧阳翼等见而拜之。其夕梦翼而告曰：‘馆我于罗池。’其月景辰庙成，大祭。过客李仪醉酒，慢侮堂上，得疾，扶出庙门即死。明年春，魏忠、欧阳翼使谢宁来京师，请书其事于石。余谓柳侯，生能泽其民，死能惊动福祸之，以食其土，可谓灵也已。”意为：一次柳宗元曾经与他的部属魏忠、谢宁、欧阳翼在驿亭饮酒，对他们说：“我被时代抛弃，寄身在这里，和你们交好。明年我就要死去，死后会成为神。三年之后，建座庙宇祭祀我。”到第二年真的去世了。过了三年的七月辛卯日，柳侯降临在州府的后堂，欧阳翼等人看到他就跪拜。这天晚上他托梦给欧阳翼说：“在罗池旁边给我建庙宇。”这个月的吉日良辰庙建成，举行隆重的祭祀。路过此地的客人李仪喝醉了酒，在庙上有轻视侮辱举动，立刻得了病，扶出庙门外就马上死了。第二年春天，魏忠、欧阳翼派谢宁来京城，请求我写出柳侯的事迹刻在庙碑石上。我说，柳侯活着能给老百姓恩惠，死后还能降福消灾，来保护那个地方，可以称作神灵了。

㊺夔之二祠：指夔州两座武侯祠。一为张震“尝立新祠于卧龙”，一为王十朋修葺的城中之祠。

㊻鼎新：更新。

㊼牲牢：犹牲畜。

㊽酒醴：酒和醴。亦泛指各种酒。

㊾益章：更加明显。

㊿洗：《王十朋全集》（修订本）作“一洗”。

[61]江濆异代之耻：即靖康之耻，指北宋灭亡后北方为金所占。

[62]王十朋：《王十朋全集》（修订本）作“王某”。

夔州重葺三峡堂记　宋　肇[1]

天下之险，莫险于峡江[2]；峡江之险，莫甚于瞿唐。盖两川回薄[3]，崎岖万里，绵跨[4]西南诸夷，缭绕遐荒[5]，合牂牁[6]、越嶲[7]、夜郎[8]、乌蛮[9]之水，大小并吞，南北向背，始则就下为汙[10]，流湿成浸[11]，渐至于萦迂[12]曲折，逶迤澎湃；其终也，弥漫浩瀚，掀腾胸涌[13]，咸归[14]于江之峡口[15]者，实水之会。夫万山[16]对立，万顷一注[17]，故至此而艰难龃龉[18]、倾危险侧[19]也。

余以元祐八年[20]五月持节本道[21]，同使张塈家父，一日相与访峡中古迹，而得旧锁江亭于故城之南隅，其岿然[22]独存者，但颓垣废址[23]而已，因语夔守[24]赵仲逵平父。既广昔构，而又易新名，其曰“三峡堂”者，西峡、巫峡、归峡是也。

兹堂为巴东小游[25]，尽占江山[26]之胜，然而一有登临观览，则景色云物[27]，逡巡[28]而异，是皆人情参差不齐[29]，故使悲欢忧乐，所得未尝同也。请试言其所以[30]：方其倚槛凭栏[31]，四顾远眺，长江急雨，飘风[32]怒号[33]，奔走转石，万壑雷动[34]，惊湍骇浪，喧豗震掉[35]，蛟鳄蜿蜒[36]，神怪叱咤[37]，若马陵伏弩之射庞涓[38]，潍水决壅之击龙沮[39]。此西游不得意之客，方且[40]陨心丧魄[41]，失箸[42]停杯，愕然而叹也。洎[43]至瞬息之间，一俯一仰，云烟变灭[44]，山川发露；草花纤浓[45]，炳若绘画[46]；松石奇怪，旁出杂见；巫峰高唐[47]，想像仿佛，襄王恍然而若遇，宋玉斐然而成赋[48]，此西州[49]行乐之士，尚犹极目纵观，促席[50]观饮[51]，欢然而笑也。迨[52]其滟滪春深，鱼腹涨绿[53]，风雨晦冥[54]，龙吟[55]其下；白盐赤甲[56]，东屯[57]西瀼[58]，断崖奔峭[59]，安流逆浪[60]，远近因依[61]，左右映带[62]，则[63]坐中能诗之流，莫不拥鼻拄颊[64]，耸肩侧身，浩然而歌也。又有沙岸石碛[65]，名滩古渡，白帝、武侯之遗迹，永安、八阵之故处，荒烟野草，废宫旧戍[66]，远树平芜[67]，孤村别浦[68]，牧童渔父，棹歌牛唱；深林巨谷，重岩复岭，悬猿舞鹤，飞鸣坐啸，则席上多感之子，有至搔首[69]抚膺[70]，掩袂沾裳，泫然[71]而泣也。

客有诮[72]余曰："子作《三峡堂记》，而有笑歌叹泣之说，子胡不[73]忘是四者[74]而付之一醉？彼醉者，刘伶[75]、阮籍之徒皆所以全其真[76]而名后世[77]者也，子独求异于数子乎？[78]"余曰："有是哉[79]，余幸不从监河侯贷粟[80]，则吾将以大江为饮，凡雨雪之朝，风月之夕，所谓登临观览，行且[81]无时而不往也，亦不复问其悲欢忧乐之所来，一寓诸酒矣[82]，尚庶几[83]有以[84]自托于酩酊[85]，而厕迹[86]二人[87]之列也，可矣。"客曰："唯唯[88]。"[89]

【笺　注】

①本文可见于〔明〕杨慎编，刘琳、王晓波点校《全蜀艺文志》（线装书局2003年5月第1版，第960—961页）。

②峡江：长江自四川奉节县瞿塘峡以下，至湖北宜昌，称为峡江。

③回薄：盘旋回绕。

④绵跨：绵延跨越。

⑤遐荒：边远荒僻之地。

⑥牂牁（zāng kē）：古国名，在今贵州省。《全蜀艺文志》作"牂牁"。

⑦越嶲（xī）：古郡名，今为四川省越西县。

⑧夜郎：汉时我国西南地区古国名，在今贵州省西北部及云南、四川二省部分地区。

⑨乌蛮：古代西南少数民族名。

⑩汙：同"污"，停积不流的水。

⑪流湿成浸：积水多了以后就有所流动而且有了浸水。

⑫萦迂：旋绕弯曲。

⑬胸涌：《全蜀艺文志》作"汹涌"，应是。

⑭归：《全蜀艺文志》作"归纳"。

⑮峡口：此指瞿塘峡口。

⑯万山：《全蜀艺文志》作"两山"。

⑰万顷一注：流域宽广的长江水从峡口这一个地方注入。

⑱龃龉（jǔ yǔ）：上下牙齿不相对应，比喻意见不合，相抵触。此处指抵制、阻拦。

⑲倾危险侧：倾覆危险。

⑳元祐八年：即 1093 年。按，元祐乃宋哲宗赵煦的第一个年号，从 1086 年至 1094 年共使用了九年。

㉑持节本道：指任夔州路转运判官。转运判官：官名，宋太宗太平兴国三年 (978) 置于诸道，总管转运司庶务，兼督察属吏。

㉒岿然：高大的样子。

㉓颓垣废址：形容荒凉破败的景象。

㉔夔守：夔州行政长官。

㉕小游：《全蜀艺文志》作“上游”。

㉖山：原无，根据《全蜀艺文志》加。《全蜀艺文志》校曰：“山原脱，据雍正《四川通志》卷四一补。”

㉗云物：云气、云彩。

㉘逡巡：迟疑徘徊。

㉙参差不齐：不整齐，不相同。

㉚所以：原因，缘由。

㉛倚槛凭栏：依凭栏杆。

㉜飘风：暴风。

㉝怒号：大声号叫（多形容风势猛烈）。

㉞万壑雷动：众多的沟壑的声音震动洪大，如同打雷一般。

㉟喧豗（huī）震掉：纷乱的声音让人震颤。

㊱蛟鳄蜿蜒：蛟龙与鳄鱼这样的凶猛的水中动物曲折爬行。

㊲叱咤：发怒斥喝。

㊳马陵伏弩之射庞涓：此指马陵之战。公元前 343 年，魏国为了补偿在桂陵之战损失，发兵攻打韩国。齐威王待魏、韩火拼后以田盼为主将、孙膑为军师攻打魏国。魏国派太子申来抵挡，但全军覆没，后田盼又以“减灶”之策诱魏国庞涓中计，追至马陵山中伏身亡，齐军乘胜追击，俘太子申，全歼魏军。经此一战魏国元气大伤，失去霸主地位。庞涓（？—前 341），战国初期魏国名将。相传与孙膑同拜于隐士鬼谷子门下，因嫉妒孙膑的才能，恐其贤于己，因而设计把他的膝盖骨刮去。后在马陵之战中兵败而死。

㊴潍水决壅之击龙沮：此指潍水之战。刘邦命令韩信去攻打齐国，齐王田广派使者到楚国去请求救援。项羽派龙沮领兵前去援救齐国。两军隔潍水摆开阵势。韩信命人连夜赶做了一万多个袋子，装满沙土，投堵潍水的上游，然后率领一半部队渡河去袭击龙沮，随即假装战败，往回奔逃。龙沮果然高兴地说：“我本来就知道

韩信胆小如鼠嘛！”于是渡潍水追击韩信。韩信即派人挖开堵塞在潍水上游的沙袋，大水立刻奔泻而下，龙沮全军覆没，自已也被杀。潍水之战是楚汉时期重要的一场转折性战役，项羽失败已不可逆转，已经到了完全被动的防御状态；而汉军则进入全面战略大反攻的时刻。龙沮：《全蜀艺文志》作“龙且”。

㊵方且：将要。

㊶陨心丧魄：形容十分恐惧。

㊷失箸：因受惊而失落手中的餐具。

㊸洎（jì）：到。

㊹变灭：变化幻灭。

㊺纤浓：纤细浓密。

㊻炳若绘画：光辉灿烂如同绘画。

㊼巫峰高唐：巫山山峰上的高唐观，乃楚先王梦幸巫山神女处。

㊽成赋：写成《神女赋》《高唐赋》。

㊾西州：指巴蜀地区。

㊿促席：坐席互相靠近。

51观饮：《全蜀艺文志》作“劝饮”。

52迨：等到。

53涨绿：谓春水上涨。

54风雨晦冥：指风雨交加，天色昏暗犹如黑夜。冥：同“瞑”。

55龙吟：声音洪亮或者深沉。

56白盐赤甲：指瞿塘峡口的白盐山和赤甲山。

57东屯：东瀼水（草堂河）之畔草堂所在地，公孙述于此垦稻田，号东屯。杜甫曾寓居于此，草堂及草堂河由此得名。〔清〕郑玉选主修，焦懋熙等纂修；光绪十九年刊本《奉节县志》卷七《山川》：“东瀼水，治东十五里。自长松岭发源，由白帝山脚流入岷江（编者按：古人长期认为长江上游为岷江，故又称长江为岷江）。公孙述于此垦稻田，号东屯。杜甫侨寓诗有‘泥留虎斗迹，月挂客愁村’之句。草堂遗址尚在。又名为草堂河。”（《中国地方志集成·四川府县志辑》第52册，巴蜀书社1992年8月影印第1版，第606页）

58西瀼：即瀼西。关于“瀼西”的地理位置，历来争议颇大。一种观点认为西瀼指东瀼水（草堂河）以西，鱼复浦今菜园沱一带；另一种观点认为瀼西指西瀼水（梅溪河）以西，三峡水库形成前的奉节老县城所在。值得重视的是宋人陆游的记述，其《东屯高斋记》云：“少陵先生晚游夔州，爱其山川不忍去，三徙居皆名高斋。

质于其诗，曰次水门者，白帝城之高斋也；曰依药饵者，瀼西之高斋也；曰见一川者，东屯之高斋也。故其诗又曰‘高斋非一处’。予至夔数月，吊先生之遗迹，则白帝城已废为丘墟百有余年，自城郭府寺，父老无知其处者，况所谓高斋乎？瀼西盖今夔府治所，画为阡陌，裂为坊市，高斋尤不可识，独东屯有李氏者，居已数世，上距少陵，财三易主，大历中故券犹在，而高斋负山带溪，气象良是。”（钱仲联等主编《陆游全集校注》第九册，浙江教育出版社 2011 年 12 月第 1 版，第 438—439 页）据陆游之说，“瀼西盖今夔府治所”，即三峡水库形成前的奉节老县城所在地。

㊾断崖奔峭：陡峭的山崖、势若奔涌的山峰。

㊿安流逆浪：顺着流水、顶着波浪。

(61)因依：相亲相倚。

(62)映带：景物彼此衬托。

(63)则：抄本无此字。

(64)拥鼻拄颊：用雅音曼声吟咏，以手支颊显得悠然自得。

(65)石碛（qì）：多石的沙滩。

(66)旧戍：从前的营垒。

(67)平芜：草木丛生的平旷原野。

(68)别浦：河流入江海之处。

(69)搔首：以手搔头，表示焦急或有所思的样子。

(70)抚膺：捶胸，表示悲痛、愤恨或慨叹。

(71)泫然：流泪。

(72)诮：嘲讽。

(73)胡不：何不。

(74)四者：指笑歌叹泣。

(75)刘伶：生卒年不详，字伯伦，沛国（今安徽淮北）人，魏晋时期名士，与阮籍、嵇康、山涛、向秀、王戎和阮咸并称为“竹林七贤”。嗜酒不羁，被称为“醉侯”，曾作《酒德颂》。好老庄之学，追求自由逍遥、无为而治。

(76)全其真：保全了他的天性。

(77)名后世：留名于后世。

(78)子独求异于数子乎：你独独追求与刘伶、阮籍他们不同吗？

(79)有是哉：确实是这样啊。

(80)监河侯贷粟：典出《庄子·外物》：“庄周家贫，故往贷粟于监河侯。”（方勇、陆永品《庄子诠评》，巴蜀书社 1998 年 9 月第 1 版，第 737 页）泛指向人借贷。

⑧①行且：将要。

⑧②一寓诸酒矣：全都寄托于酒中了。

⑧③庶几：差不多。

⑧④有以：可以。

⑧⑤酩酊：大醉的样子。

⑧⑥厕迹：置身。

⑧⑦二人：指刘伶、阮籍。

⑧⑧唯唯：恭敬的应答声。

⑧⑨《全蜀艺文志》后还有落款："元祐九年三月二十九日，朝奉郎、充夔州路转运判官、上骑都尉、赐绯鱼袋宋肇记。"

瞿唐峡记　王嘉言[①]

峡者何？取以山夹水而为名也。楚蜀之交，以峡称者多矣，而三峡为险。三者何？归峡、巫峡、瞿唐峡。三峡同称险矣，而瞿唐为最，旧所谓西陵峡者是也。峡在城[②]东十二里，两崖对峙，中贯大江，盖全蜀之门户。峡口石盘上树铁柱二根，山畔岩[③]穴中有铁索七条。柱高六尺四寸，索长二百七十七丈五尺，盖昔人置以截江者。柱于夏、秋水泛则汩[④]，冬、春复见。呜呼，奇哉[⑤]！

夫瞿唐之险冠于诸峡者何？盖西南万水总注[⑥]于斯，而双崖把束[⑦]，极为狭隘，以故潆洄[⑧]曲折，龃龉艰难，惊涛奔浪，喧豗[⑨]訇訇[⑩]，归舸行艓[⑪]，一遭风[⑫]动，则上下失势，而此生安危，尽付之撇漩[⑬]，触石[⑭]瞬息间[⑮]矣。虽然，关[⑯]门一守，百二之势[⑰]也。

明初以汤、廖两将军[⑱]绝人[⑲]之智力，席[⑳]皇祖[㉑]之神威，师薄关下[㉒]，矢石[㉓]一交而即却[㉔]，非颍国阶、文之捷[㉕]，水陆夹进，以奇取胜，亦难为力矣。今天下熙熙[㉖]，氛沴[㉗]久消，雄关险峡，虽依然索柱之存，而山川胜概[㉘]，只为文儒[㉙]嬉眺浪吟之具而已。嗟夫！宗国[㉚]之忧，虽非恤纬[㉛]者所宜忧，而处堂之乐达者，亦恒笑夫燕雀之愚[㉜]，然则防御之略，亦可于熙恬[㉝]中讲求之。

【笺　注】

①本文可见于〔清〕黄宗羲《明文海》卷三百六十二（中华书局 1987 年 2 月影印第 1 版，第 3720 页）。

王嘉言：明人，曾任夔州府同知。其还著有《八阵图记》《滟滪堆记》《赤甲山记》《白盐山记》《草堂记》《风厢匣记》《白帝沿革记》等文，《明文海》卷三百六十二中有收录。

②城：此指夔州城。《明文海》作“夔”。

③岩：《明文海》作“崖”。

④汩：淹没。

⑤奇哉：《明文海》无此二字。

⑥注：集中。

⑦把束：控制约束。

⑧潆洄（yíng huí）：水流回旋。《明文海》作“萦回”。

⑨喧豗：形容轰响。

⑩砰訇（pēng hōng）：象声词，形容大声。《明文海》作“訇砰”。

⑪归舸（gě）行艓（dié）：来往的大船小船。舸：大船。艓：小船。

⑫风：《明文海》作“水”。

⑬撇漩：撇开漩涡，指操舟的技巧。

⑭触石：碰撞崖石。

⑮瞬息间：瞬息之间，指极短暂的时间内。

⑯关：指瞿塘关，在瞿塘峡口。〔明〕李贤等《大明一统志》卷七十《夔州府·关梁》：“瞿唐关，在府城东八里关城下，旧有锁水二铁柱。”（三秦出版社 1990 年 2 月第 1 版，第 1091 页）〔清〕恩成修，刘德铨纂，清道光七年刊本《夔州府志·关梁志》卷十二：“瞿塘关，在瞿唐峡口。《地理通释》：古江关即今瞿唐关。《图经》云：瞿唐关即古白帝城。《元统志》：瞿唐关去城八里，管锁水铁锁二条。按：《地理通释》云江关即瞿唐关者，谓瞿唐关即江关所移置也。”

⑰百二之势：险固的地区。百二：以二敌百，一说百的一倍，后以喻山河险固之地。

⑱汤、廖两将军：指率领明军在瞿塘关击败大夏军队的汤和、廖永忠两人。明洪武四年（1371）正月，朱元璋正式发布攻夏命令，两路大军同时进攻。其中一路以征西将军汤和、副将廖永忠率舟师进攻瞿塘峡，然后攻打大夏国的首都重庆。其中一路由征虏将军傅友德率步骑由秦、陇南下成都。此则后文所谓的“水陆夹进”。

⑲绝人：《明文海》无此二字。

⑳席：凭借，倚仗。

㉑皇祖：此指明朝的建立者朱元璋。

㉒明洪武二年（1369），明将汤和自瞿塘峡东口的大溪分兵三路攻夔州。一路沿北岸经赤甲山直扑夔州，另一路沿南岸经白盐山攻南城山寨，汤和亲率水军进攻飞桥，然皆失利而还。汤再以精兵抬着小船，从白盐山顶密林中伐木开道，出其不

意，绕到飞桥上游，乘船东下，与正面强攻夏军水陆寨的大军配合，突破飞桥防线。汤和率步兵、骑兵，其部将廖永忠率水军，乘胜进攻重庆，夏王明升开城投降。薄：迫近，接近。关下：瞿塘关下。

㉓矢石：箭和垒石，此指战争。

㉔即却：立即退却。汤和与大夏军队在夔州交战，战败，被迫退回归州（今湖北省秭归县归州镇）。

㉕非颍国阶、文之捷：如果没有傅友德在阶州（今甘肃省陇南市武都区）、文州（今甘肃省文县）的胜利。朱元璋料到大夏会重兵防守夔门，指令傅友德出陇右入川，出其不意。傅友德领命后，在陕西大造声势，摆出由汉中出金牛道入川、直逼剑州的姿态，大夏也相应加强了剑门关的守卫。然而，傅友德挑选精兵，出陇右攻下夏军丁世珍等防御的阶州、文州，经阴平道，袭取青川（今四川省青川县）、龙州（今四川省平武县南）、绵州（今四川省绵阳市）。这条路是三国邓艾攻蜀的小道，也是傅友德当年随青巾军入蜀的旧道，他轻车熟路，绕开剑门天险，直入川西腹地。颍国：应为"颍国"，颍国公，也即傅友德。明洪武十七年（1384）十一月，傅友德进封颍国公。

㉖熙熙：和乐的样子。

㉗氛沴（lì）：喻寇乱。

㉘胜概：美景。

㉙文儒：指儒者中从事撰述的人。《明文海》作"文人"。

㉚宗国：国家，朝廷。

㉛恤纬：《左传·昭公二十四年》："抑人亦有言曰：嫠不恤其纬，而忧宗周之陨。"（《春秋左传正义》卷五十一，李学勤主编《十三经注疏》本，北京大学出版社 1999 年 12 月第 1 版，第 1442 页）谓寡妇不忧其织事，而忧国家之危亡。后因以"恤纬"指忧虑国事。

㉜此处用燕雀处堂之典，燕雀住在堂上，比喻生活安定而失去警惕性，也比喻大祸临头而自己不知道。

㉝熙恬：谓安于逸乐。

重修瀼西草堂记　陈文烛[①]

昔人谓杜子美夔州以后诸诗盖最工[②]云[③]，考先生自成都下瞿塘[④]，浮湘望洛[⑤]，而寓[⑥]于夔门[⑦]，其居三徙[⑧]，有瀼东，有东屯，而瀼西尤著，地多平旷，田可水稻。先生出峡即易其主[⑨]，而所手书券[⑩]，宋元间得而珍之。后日[⑪]荒圮[⑫]。万历改元[⑬]，夔守[14]郭君棐[15]访遗址，檄奉节令罗绣藻新祠事[16]，肖先生像[17]。太守能文章，有记述[18]，而又请余碑[19]焉。余奉天子玺书[20]宣教化，例得旌扬古今忠义之士，徘徊祠下，不觉泫然[21]也。忆先生献赋[22]时，玄宗[23]大奇之，命宰相[24]试其文，拜左拾遗[25]，乃高自称道。先世[26]以来，多以文显，若薄杨雄、枚皋不为者[27]，其矜诞[28]一时，有祖审言[29]之风。会禄山乱[30]，天子入蜀[31]，避走三川[32]。肃宗[33]立，往救房琯[34]，至不省录[35]。严武[36]节度剑南[37]，复依[38]焉，表[39]为参谋[40]、检校工部员外郎[41]。先生久于夔[42]，及兹堂之建，其时有足悲者。而史称先生挺节不污[43]，所为诗歌善陈时事，千汇万状[44]，兼而有之，忠君忧国，每饭不忘[45]。当时韩愈氏高其文章[46]，光焰至长万丈也[47]，真知言矣！语曰："生无一日欢，死有万世名。"[48]先生之谓乎？！先生，襄阳人，与孟浩然友善，襄阳旧有孟亭[49]，不存，而岘山祠先生者，亦荒。今瀼西更新，比于同谷[50]、浣花[51]，可谓无关世教[52]哉？余为迎、送神曲，使歌以祀。其词曰：

昔飘零兮流寓[53]，叹迁次[54]兮朝暮，侧身来兮参差[55]其旧路。迎。

三年饱兮烟雾，千载惊兮香炷，尚[56]转蓬[57]兮山灵[58]其阿护！送。

【笺 注】

①本文可见于《四库全书存目丛书·集部一三九·二酉园文集》卷九（齐鲁书社 1997 年 7 月第 1 版，第 118 页）。

陈文烛（1525—？）：字玉叔，号五岳山人，湖北沔阳（今湖北省仙桃市）人。嘉靖四十四年（1565）进士，曾任四川提学副使。博学工诗，著有《二酉园诗集》十二卷、《文集》十四卷、《续集》二十三卷。明万历初年，夔州知府郭棐令奉节知县罗秀藻在关庙沱重修杜甫瀼西草堂，然后请四川提学副使陈文烛写成了此篇。

②昔人谓杜子美夔州以后诸诗盖最工：如〔南宋〕陈善《扪虱新话》："观子美到夔州以后诗，简易纯熟，无斧凿痕，信是如弹丸矣。"

③云：句末文言助词，无实义。

④自成都下瞿塘：唐代宗永泰元年（765）五月，杜甫携家人从成都出发，沿岷江、长江顺流而下，向长江三峡进发，于次年（大历元年，766）四月到达夔州，后又于唐代宗大历三年（768）正月出峡。杜甫一家流寓夔州近两年。

⑤浮湘望洛：从水路经过湖湘之地然后转向洛阳到达长安。

⑥寓：寄居。

⑦夔门：长江三峡之首的瞿塘峡西口，江面陡然变窄，两岸峭壁矗立，高入云际，俨然如两扇石门，名为夔门。

⑧其居三徙：指杜甫的居处迁徙了三次。

⑨先生出峡即易其主：杜甫在夔州购置了瀼西草堂和四十亩果园。杜甫离开夔州出峡后就转卖出去了。

⑩券：买卖的契据。

⑪后日：以后的日子。

⑫荒圮：荒废坍塌。

⑬万历改元：指1573年。万历是明神宗朱翊钧的年号，从1573年至1620年共有四十八年。改元：君主、王朝改换年号，每一个年号开始的那年称“元年”。

⑭夔守：夔州知府。

⑮郭君棐：即郭棐（1529—1605)，字笃周，号梦兰，广东南海（今广东省佛山市南海区）人。明嘉靖四十一年(1562)进士，初授户部主事，后改礼部。曾疏陈十事，皆被采纳；因数忤当权，被外调做夔州知府，后任湖广道屯田副使、四川提学、广西右江副使、云南右布政使等，晚为光禄寺正卿。著有《齐楚滇蜀诸稿》等。

⑯檄奉节令罗绣藻新祠事：下文告知奉节县令罗绣藻更新祠堂事。

⑰肖先生像：绘出杜甫的画像。

⑱太守能文章，有记述：乾隆《夔州府志》和道光《夔州府志》中没有收录郭的记，所以不能窥其貌。

⑲请余碑：请我写一篇碑记。

⑳玺书：皇帝的诏书。

㉑泫然：流泪。

㉒献赋：指杜甫所献的三大礼赋。天宝十载（751）正月，唐玄宗将举行祭祀太清宫、太庙和天地的三大盛典，杜甫于是在天宝九载（750）冬天预献《三大礼赋》，即《朝献太清宫赋》《朝享太庙赋》《有事于南郊赋》，还作了《进三大礼赋表》。〔后晋〕刘昫等《旧唐书》卷一百九十下《文苑下·杜甫传》：“甫天宝初应进士不第。天宝末，献《三大礼赋》，玄宗奇之，召试文章，授京兆府兵曹参军。”（中华书局1975年5月第1版，第5054页）

㉓玄宗：即唐玄宗李隆基。

㉔宰相：当时的宰相为李林甫。

㉕拜左拾遗：从上条注文引《旧唐书》杜甫本传可知，杜甫此时的官职不是左拾遗。杜甫被授左拾遗乃唐肃宗至德二年（757）时事。

㉖先世：前代；祖先。

㉗若薄杨雄、枚皋不为者：杜甫年轻时在给唐明皇的上书中，自称才华横溢，绝不在汉代文学大家杨雄、枚皋之下。在今天看来杨雄、枚皋的名声成就远不可和

杜甫相提并论，但在当时的杜甫却籍籍无名，被认为年少轻狂。

㉘矜诞：自大狂妄。

㉙审言：即杜甫的祖父杜审言（约645—约708），字必简。唐高宗咸亨间进士，为隰（xí）城县尉。唐中宗时，因与张易之兄弟交往，被流放峰州（今越南越池东南）。累官修文馆直学士，与李峤、崔融、苏味道被称为“文章四友”。原有集，已散佚，后人辑有《杜审言诗集》。杜审言恃才傲物，自视甚高，睥睨天下，曾说过屈原、宋玉、王羲之都不如他这样的话。

㉚会禄山乱：正好安禄山叛乱。

㉛天子入蜀：此指唐玄宗李隆基逃往四川。《二酉园文集》作“辇毂入蜀”。

㉜避走三川：因避害而逃跑到三川县。〔北宋〕欧阳修、宋祁《新唐书》作“甫避走三川”（中华书局1975年2月第1版，第5737页），应是。三川：乃关内道鄜州的一个县，故址在今陕西省洛川县西北，因华池水、黑水、洛水三川交会而得名。〔北宋〕欧阳修、宋祁《新唐书·地理志一》说：“（鄜州）县五。洛交，洛川，三川，直罗，甘泉。”原注：“华池水、黑水、洛水所会。”（中华书局1975年2月第1版，第970页）据四川省文史研究馆《杜甫年谱》的考订，早在“安史之乱”爆发前两年的天宝十三载（754）秋天，杜甫就从长安将妻儿送往奉先县（在长安东北，今陕西蒲城）安置。天宝十四载（755）仲冬，安禄山起兵反于范阳，长驱西进。次年（756）六月，攻克潼关，玄宗仓皇逃奔蜀中。杜甫也携带家眷从奉先辗转北上，经过白水、彭衙、华原、三川等地，最后在鄜州西北三十里的羌村住了下来。在途经三川县时正遇山洪泛滥，原野一片汪洋，他曾作《三川观水涨二十韵》一诗，记下了这次艰苦的经历。不久听说肃宗已于七月十三日在灵武即位，便又告别妻儿，离开鄜州前去投奔新君。

㉝肃宗：唐肃宗李亨（711—762），安史之乱爆发后，他被玄宗任为天下兵马大元帅，领朔方、河东、平卢节度使，负责平叛。唐玄宗西逃，他在马嵬坡为百姓所留，与玄宗分道，北上至灵武。至德元年（756）七月十二日，李亨在灵武即位，尊唐玄宗为太上皇。

㉞往救房琯：杜甫被授左拾遗后不久，因当时的宰相房琯兵败于陈陶斜，又因任用非人，被罢去相职。杜甫上疏为房琯开脱，触怒肃宗，将其诏付三司问罪。宰相张镐力救得免。肃宗允准杜甫回家探亲。

㉟省录：省察。

㊱严武（726—765）：字季鹰，华州华阴（今陕西华阴）人。两次镇蜀，以军功封郑国公。严武虽是武夫，亦能诗。他与诗人杜甫友善，常以诗歌唱和。《全唐诗》

中录存六首。

㊲节度剑南：为剑南节度使。剑南节度使，唐朝在今四川省中部设立的节度使，是天宝十节度使之一，治所在益州（今四川成都）。前身为剑南支度营田处置兵马经略使。后为剑南东川节度使、剑南西川节度使。

㊳依：依赖，投靠。

㊴表：启奏，上表章给皇帝。

㊵参谋：官名。唐后期节度使幕僚之一，掌参与谋划。南宋制置大使与督视军马属官。

㊶检校工部员外郎：检校，唐中前期，加“检校”官职虽非正式拜授，但有权行使该事职，相当于“代理”官职。唐中后期，“检校”官职均为散官或加官，不具有事职权，主要表达深受恩宠。安史之乱后，“检校”官职盛行，使用范围扩大，连节度使的幕府参谋都采用“检校”官职。工部员外郎：部属官。隋开皇六年（586），于尚书省二十四曹（司）各置员外郎一人，以司本曹之籍帐。唐工部下有四司，工部司为其中之一，以工部郎中为主官，员外郎为次官。以后各代凡置工部郎中，例以工部员外郎为其副。

㊷久于夔：唐代宗永泰元年（765）五月，杜甫携家人从成都出发，沿岷江、长江顺流而下，向长江三峡进发，于次年（大历元年，766）四月到达夔州，后又于唐代宗大历三年（768）正月出峡。杜甫一家流寓夔州近两年。

㊸史称先生挺节不污：〔北宋〕欧阳修、宋祁《新唐书·文艺传上·杜甫传论》：“数尝寇乱，挺节无所污。”（中华书局1975年2月第1版，第5738页）

㊹千汇万状：种类纷繁，形态多样。

㊺每饭不忘：指时刻不忘。

㊻高其文章：推崇杜甫的诗文作品。

㊼韩愈《调张籍》：“李杜文章在，光焰万丈长。”（中华书局编辑部点校《全唐诗》增订本卷三百四十，中华书局1999年1月第1版，第3821页）

㊽语出《列子·杨朱》：“凡彼四圣者（指舜、禹、周公、孔子），生无一日之欢，死有万世之名。”（杨伯峻《列子集释》，中华书局1979年10月第1版，第232页）

㊾孟亭：亭名。在今湖北省钟祥市境内。〔北宋〕欧阳修、宋祁《新唐书·文艺传下·孟浩然》：“王维过郢州，画浩然像于刺史亭，因曰浩然亭。咸通中，刺史郑诚谓贤者名不可斥，更署曰孟亭。”（中华书局1975年2月第1版，第5780页）

㊿同谷：古县名。因制内两水同聚一谷而得名。安史之乱后，杜甫到秦州（今甘肃省天水市），不久又到同谷（今甘肃省成县），住了一个月左右。因感伤离乱，

曾作《同谷七歌》。不久，杜甫离开同谷奔往成都。

[51]浣花：浣花溪，又称百花潭，在今四川省成都市百花潭公园，为锦江支流。溪北为唐诗人杜甫故居，号浣花草堂。唐女诗人薛涛亦家于溪旁，以溪水造十色笺，名浣花笺。自唐以来，为成都著名的游览地。

[52]世教：指当世的正统思想、正统礼教。

[53]流寓：迁居他乡。

[54]迁次：移居，从一处搬到另一处。

[55]参差：杂乱不平。

[56]尚：仍然。

[57]转蓬：随风飘转的蓬草，比喻飘零无定。

[58]山灵：山神。

诸葛武侯庙碑铭并序　裴　度[1]

度尝读旧史，详求往哲[2]，或秉[3]事君之节[4]、无开国[5]之才，得立身之道、无治人之术。四者[6]备矣，兼而行之[7]，则蜀[8]丞相诸葛公[9]其人也。公本系在简策[10]，大名并[11]天地，不复以云[12]。当汉祚[13]衰陵[14]，人心竞逐，取威定霸[15]者，求贤如不及[16]；藏器在身[17]者，择主而后动。是时[18]也，躬耕[19]南阳，自比管、乐[20]，风未从虎[21]，时称"卧龙"。《诗》曰："潜虽伏矣，亦孔之昭。"[22]故州平心与、元直神交[23]。洎乎[24]三顾[25]，而许以驰驱[26]，一言而定其机务[27]。繇[28]是翼扶[29]刘氏，缵承旧服[30]，结吴抗魏[31]，拥蜀称汉[32]，刑政[33]达于荒外[34]，道化[35]行乎域中。谁谓阻深[36]，殷[37]为强国；谁谓遳脆[38]，励为劲兵，则知地无常形，人无常性，自我而作[39]，若金在镕[40]。故九州之地，魏有其七，我[41]无其一，由僻陋[42]而启雄图[43]，出封疆[44]以延[45]大敌，财用足而不曰浚我以生[46]，干戈动而不曰残人以逞[47]。其感定[48]南方也，不以力制[49]，而取其心服[50]；震叠[51]诸夏[52]也，不敢角其胜负[53]，而止[54]候其存亡；法加于人也，虽死徙[55]而无怨；德及[56]于人也，虽弈叶[57]而见思[58]。此所谓精义入神[59]、自诚而明[60]者矣。若其人存[61]，其政举，则四海可平，五服可倾[62]。而陈寿之评未极其能事[63]，崔浩之说又诘其成功[64]，此皆以变诈之略，论节制之师；以进取之方，语成化[65]之道[66]，不其谬欤[67]？夫委弃荆州，不能遂有三郡，此乃务增德以吞宇宙，不黩武以事寻常[68]。及出斜谷[69]，据武功[70]，分兵屯田，为[71]久驻之计[72]；与敌对垒，待可胜之期[73]。杂乎居人[74]，如适虚邑[75]。彼则丧气，我方养威[76]。若天假之年[77]，则继[78]大汉之祚[79]，承[80]先主之志[81]，不难矣。且权倾一国[82]，声震八纮[83]，而上下[84]无异词[85]，始终无愧色[86]。苟非[87]运膺五百[88]，道冠生知[89]，曷以臻于此乎[90]？故玄德知人之明者，倚仗曰鱼之有水[91]。仲达奸人之雄者，嗟称曰“天下奇才”[92]。

【笺 注】

①本文可见于〔明〕杨慎编，刘琳、王晓波点校《全蜀艺文志》(线装书局2003年5月第1版，第1031—1033页)。标题《全蜀艺文志》作《诸葛武侯祠堂记》。成都武侯祠裴度原碑题作《蜀丞相诸葛武侯祠堂碑》。元和二年（807）成都动乱，唐王朝派相国武元衡出任剑南节度使。元和四年（809）武元衡率僚属拜谒武侯祠，命僚属裴度撰写并刻立记载诸葛亮事迹和功德的碑刻一通，由书法家柳公绰书丹（碑刻术语，古时刻碑，先用朱笔在石上写所要刻的文字，称“书丹”)。裴度（765—839)：字中立，河东闻喜（今山西闻喜东北）人，唐代中期杰出的政治家、文学家。唐德宗贞元五年（789）进士，以功封晋国公，世称“裴晋公”。官终中书令。

②往哲：前贤。

③秉：坚持。

④节：操守。

⑤开国：创建国家。

⑥四者：指事君之节、开国之才、立身之道、治人之术。

⑦兼而行之：同时具备并付诸实施的。

⑧蜀：三国之一。刘备于211年于成都称帝，国号汉，史称“蜀”“蜀汉”。263年为魏所灭。共历二帝，四十三年。

⑨诸葛公：《全蜀艺文志》作“诸葛公亮”。

⑩在简策：《全蜀艺文志》作“载在简册”。简策：此处指史书。

⑪并：《全蜀艺文志》作“盖”。

⑫不复以云：用不着多说。

⑬汉祚：汉朝。

⑭衰陵：衰弱败落。

⑮取威定霸：取得威望，策定霸业，比喻功高威重。

⑯求贤如不及：即求贤若渴。

⑰藏器在身：指有才能。

⑱是时：此时。《全蜀艺文志》前有“公”字。

⑲躬耕：亲自耕种。

⑳自比管、乐：将自己比作管仲、乐毅。管仲，姬姓，管氏，名夷吾，字仲，谥敬，颍上（今安徽颍上县）人。齐桓公任为国相，任职期间，对内大兴改革、富国强兵。

对外尊王攘夷，九合诸侯，一匡天下，辅佐齐桓公使其成为春秋五霸之首。乐毅，生卒年不详，子姓，乐氏，名毅，字永霸。拜燕上将军，受封昌国君，辅佐燕昭王振兴燕国。公元前284年，他统帅燕国等五国联军攻打齐国，连下七十余城，创造了中国古代战争史上以弱胜强的著名战例，报了强齐伐燕之仇。后因受燕惠王猜忌，投奔赵国，被封于观津，号为望诸君。

㉑风未从虎：指还未找到明君。风：《全蜀艺文志》作“我”。

㉒语出《诗经·小雅·正月》，潜虽伏矣，为“虽潜伏矣”之倒文。孔：很。昭：明。一作“炤”。原意谓鱼虽潜藏于深水，仍旧明白可见。后泛指事物无可掩蔽。昭：《全蜀艺文志》作“炤”。

㉓〔西晋〕陈寿撰、〔南朝·宋〕裴松之注《三国志·蜀书·诸葛亮传》载：“身长八尺，每自比于管仲、乐毅，时人莫之许也。惟博陵崔州平、颍川徐庶元直与亮友善，谓为信然。”（中华书局2006年9月第1版，第543页）州平：崔钧的字。心与：以心相许。元直：徐庶的字。神交：彼此慕名而未谋面的交谊。

㉔洎（jì）乎：等到。

㉕三顾：指汉末刘备三次往隆中访聘诸葛亮。

㉖许以驰驱：为刘备奔走效力。

㉗机务：机要的事务。《全蜀艺文志》作“机势”。

㉘繇：同“由”。《全蜀艺文志》作“于”。

㉙翼扶：辅佐，扶助。

㉚缵（zuǎn）承旧服：继承从前的法则制度。

㉛结吴抗魏：结交东吴抵抗曹魏。

㉜拥蜀称汉：拥有蜀地建国曰汉（史称蜀汉）。

㉝刑政：刑法政令。《全蜀艺文志》作“政刑”。

㉞荒外：八荒之外，指未开化的边远地区。

㉟道化：道德教化。

㊱阻深：此指蜀地险阻幽深。

㊲殷：富裕。

㊳遳（cuō）脆：脆弱。

㊴自我而作：作一件事情在于自己。

㊵若金在镕：如同金属在镕炼之中，形象地说明了人才是千锤百炼而成的。

㊶我：三国之蜀国。

㊷僻陋：谓地处僻远，风俗粗野。

㊸雄图：远大的抱负；宏伟的谋略。此指恢复中原，兴复汉室。

㊹封疆：疆界。

㊺延：迎击。此指诸葛亮出兵秦川迎击强大的敌人。

㊻浚我以生：出自《左传·襄公二十四年》："'毋宁使人谓子：'子实生我，而谓子浚我以生乎？'象有齿以焚其身，贿也。"（《春秋左传正义》卷三十五，李学勤主编《十三经注疏》本，北京大学出版社 1999 年 12 月第 1 版，第 1005 页）意为：您是宁可让人家说"您实在是养活了我"，还是说"您榨取我的血汗来养活您自己"。大象因为有了象牙而毁了自己，这是因为象牙值钱的缘故。浚：榨取。

㊼残人以逞：出自《左传·宣公二年》："《诗》所谓'人之无良'者，其羊斟之谓乎！残民以逞。"（《春秋左传正义》卷二十一，李学勤主编《十三经注疏》本，北京大学出版社 1999 年 12 月第 1 版，第 592 页）残：残害。逞：称愿，满足某种心愿。残害人民，来实现某种愿望，使自己称心如意。

㊽感定：以德感人而平定。

㊾不以力制：不用武力制服。

㊿心服：衷心信服。

51震叠：即震迭，使震惊，恐惧。

52诸夏：泛指中原地区，此指三国之魏国。

53不敢角其胜负：指魏国不敢与蜀汉直接比试胜负。

54止：仅，只。

55死徙：犯人接受死刑或者流放。

56及：至。

57弈叶：世世代代。

58见思：被想起。

59精义入神：出自《周易·系辞下》："精义入神，以致用也。"（《周易正义》卷八，李学勤主编《十三经注疏》本，北京大学出版社 1999 年 12 月第 1 版，第 304 页）指精研事物的微义，达到神妙的境地。

60自诚而明：由于诚恳而明白事理。出自《中庸》："自诚明，谓之性。"（〔南宋〕朱熹《四书章句集注·中庸章句》，中华书局 1983 年 10 月第 1 版，第 32 页）

61若其人存：假使诸葛亮还在。

62五服可倾：全天下都钦佩。五服：古代王畿外围，以五百里为一区划，由近及远分为侯服、甸服、绥服、要服、荒服，合称五服。服，服事天子之意。《尚书·益稷》："弼成五服，至于五千。"孔传："五服，侯、甸、绥、要、荒服也。服，五百里。

四方相距为方五千里。”（《尚书正义》卷五，李学勤主编《十三经注疏》本，北京大学出版社 1999 年 12 月第 1 版，第 123 页）

㊳裴度认为《三国志》的作者陈寿对诸葛亮的评价并不全面且准确。此是针对《三国志·诸葛亮传》末尾一句话而言的："然连年动众，未能成功，盖应变将略，非其所长欤！"（中华书局 2006 年 9 月第 1 版，第 557 页）

㊴崔浩之说又诘其成功：崔浩的说法，是以成败来责难诸葛亮。北魏的崔浩精通军事、政治、史学和天文学，非常有才，对诸葛亮有他自己的看法："夫亮之相备，英雄奋发之时，君臣相得，鱼水为喻。而不能与曹氏争天下，委弃荆州，退入巴蜀，守穷崎岖之地，僭号边夷之间，此策之下者。可以赵佗为偶，而以管、萧之亚匹，不亦过乎！且亮既据蜀，弗量势力，严威切法，控勒蜀人，欲以边夷之众，抗衡上国。出兵陇右，再攻祁山，一攻陈仓，疏迟失会，摧衄而反。后入秦川，更求野战。魏人知其意，以不战屈之。智穷势尽，发病而死。"（〔唐〕李延寿《北史》，中华书局 1974 年 10 月第 1 版，第 988 页）崔浩认为诸葛亮辅佐刘备，不与曹操争夺，却主动离开战略要地荆州，去偏僻的巴蜀，实在是下策，"此策之下者"。崔浩又批评诸葛亮出兵位置不对。蕞尔小国与庞大的上国对抗，本来就没有胜算，又加上军事谋略失误，更加雪上加霜。例如出兵陇右，攻打祁山和陈仓，都失败。进入秦川后，又不攻占城池，企图与魏国的主力军决战，"不复攻城，更求野战"，魏国偏偏不出战，壁垒固守，长期耗费蜀军，"以不战屈之"。崔浩认为诸葛亮是忧急而死的，"愤结攻中，发病而死"。诘（jié）：责备。

㊵成化：《全蜀艺文志》作"化成"。

㊶这几句意为：这些议论说法，都是以巧变诡诈的谋略来攻击非议诸葛亮训练的纪律严明的军队，以急功近利来妄议诸葛亮的教化德政。变诈：巧变诡诈。

㊷不其谬欤：不是很荒谬吗？

㊸这几句意为：诸葛亮放弃荆州和三郡，是为了增加仁义道德以一统天下，不为寻常小事滥用武力。

㊹斜谷：古道名，从汉中到长安，最近的道路就是秦岭谷道，而秦岭便于行军的三个谷道即是子午谷、斜谷、骆谷，其中以斜谷的道路略为好走。建兴六年（228）春，诸葛亮第一次北伐，设疑兵于斜谷，自己率大军攻祁山。建兴十二年（234），诸葛亮第五次北伐，走的就是斜谷道。

㊺武功：古县名，在今陕西省眉县境内。

㊻为：《全蜀艺文志》作"谋"。

㊼《三国志·诸葛亮传》："亮每患粮不继，使己志不申，是以分兵屯田，为久

驻之基。”（中华书局 2006 年 9 月第 1 版，第 551 页）

(73)待可胜之期：等待取胜的时机。

(74)杂乎居人：与当地人杂居。

(75)虚邑：名义上的封邑，封君在这些封地上没有征收赋税的经济权。

(76)彼则丧气，我方养威：敌人灰心丧气，我方保持威力。

(77)若天假之年：假若上天再让诸葛亮多活几年。

(78)继：延续。

(79)祚（zuò）：皇位。《全蜀艺文志》作“祀”。

(80)承：《全蜀艺文志》作“成”。

(81)先主之志：刘备的遗志，即兴复汉室。

(82)权倾一国：此指诸葛亮集蜀汉军政大权于一身。

(83)八纮（hóng）：八方极远之地，泛指天下。

(84)上下：全国上下。

(85)异词：不同的言论和意见。《全蜀艺文志》作“异辞”。

(86)始终无愧色：此指诸葛亮从始至终没有做一件对不起国家的事。

(87)苟非：如果不是。

(88)运膺五百：此指诸葛亮乃五百年才产生出的一位贤人。

(89)道冠生知：此指诸葛亮具有非同寻常的智慧。生知：语本《论语·季氏》：“生而知之者，上也。”（《论语注疏》卷十六，李学勤主编《十三经注疏》本，北京大学出版社 1999 年 12 月第 1 版，第 228 页）谓不待学而知之。

(90)曷以臻于此乎：如何做到这样的呢？

(91)《三国志·诸葛亮传》：“于是与亮情好日密，关羽、张飞不悦，先主解之曰：‘孤之有孔明，犹鱼之有水也，愿诸君勿复言。’”（中华书局 2006 年 9 月第 1 版，第 544 页）玄德：刘备的字。

(92)《三国志·诸葛亮传》：“其年八月，亮疾病，卒于军，时年五十四。及军退，宣王案行其营垒处所，曰：‘天下奇才也！’”（中华书局 2006 年 9 月第 1 版，第 551 页）仲达：司马懿的字，即此段材料中所谓之“宣王”。嗟称：赞叹称赏。

度每迹[1]其行事，度其远心[2]，愿奋短机[3]，以排其群议[4]，而文字蚩鄙[5]，志愿未果[6]。元和二年[7]冬十月[8]，圣上以西南奥区[9]，寝乱余烈[10]，罢昿[11]未息，污俗未清[12]，辍我股肱[13]，为之父母[14]，乃诏相国临淮公[15]，由秉钧[16]之重，承推毂[17]之寄。戎轩[18]乃降，藩服[19]万[20]里[21]。将明帝德[22]，陬落绥怀[23]，溥畅仁风[24]，闾阎滋殖[25]。府中无留事[26]，宇下[27]无弃材[28]。人知向方[29]，我有余地。则诸葛公在汉[30]之治，与相国当今之政，异代而同符[31]矣。度谬以庸薄[32]，获参管记[33]。随旌旗而爰止[34]，望祠宇而修谒[35]。有仪可象[36]，以赫厥灵[37]，虽徽烈[38]不忘，而碑表未立。古者或拳拳一善[39]，或师长一城[40]，尚流斯文[41]，以示来裔[42]，况"如仁"之叹，终古不绝，其可阙[43]乎？方刻斯[44]石，庶[45]此都之人[46]，存必拜之感云尔[47]。铭曰：

【笺　注】

①迹：追踪，追寻。

②度其远心：推测其深远的心机。

③愿奋短札：即想奋笔疾书于书简之上。

④以排其群议：用以驳斥那些对诸葛亮的非议。

⑤蚩鄙：粗野拙劣。

⑥未果：没有实现。

⑦元和二年：即807年。按，元和是唐宪宗李纯的年号，从806年至820年共使用了十五年。

⑧十月：抄本无此二字。

⑨奥区：腹地。

⑩烈：《全蜀艺文志》作"孽"，应是。寝乱余孽：叛乱平息后的残余势力还在。此指元和二年（807）的成都动乱。

⑪罢甿：应为疲甿，指疲敝之民。罢：通"疲"。甿：应为"甿"，乃形近而误。

⑫污俗未清：坏风气还未清除。

⑬辍我股肱：停止了一位宰相的职务。

⑭为之父母：调任他去做四川这个地方的父母官。

⑮相国临淮公：指武元衡。武元衡于元和二年(807)正月拜门下侍郎、平章事，该年十月封临淮郡公，充剑南节度使。

⑯秉钧：比喻执政，此指宰相。钧：制陶器所用的转轮。

⑰推毂：推车前进，古代帝王任命将帅时的隆重礼遇，后因以称任命将帅之礼。

⑱戎轩：兵车，借指军队、军事。

⑲藩服：古九服之一。古代分王畿以外之地为九服，其封国区域离王畿最远的称"藩服"。《周礼·夏官·职方氏》："乃辨九服之邦国……又其外方五百里曰藩服。"贾公彦疏："言藩者，以其最在外为藩篱，故以藩为称。"（《周礼注疏》卷三十三，李学勤主编《十三经注疏》本，北京大学出版社1999年12月第1版，第877页）

此指四川这个边远之地。

⑳万：《全蜀艺文志》作“乃”。

㉑里：《全蜀艺文志》作“理”，应是，“治理”之意。

㉒将明帝德：将君王的恩德向百姓宣明。德：《全蜀艺文志》作“道”。

㉓陬（zōu）落绥怀：穷乡僻壤也得到安抚关切。

㉔溥畅仁风：其恩泽之风遍及各地。仁风：形容恩泽如风之流布，旧时多用以颂扬帝王或地方长官的德政。

㉕闾阎滋殖：民间繁荣。

㉖府中无留事：官府处理公务无积压。

㉗宇下：治下。

㉘材：《全蜀艺文志》作“才”。

㉙向方：归向正道，遵循正确方向。

㉚汉：《全蜀艺文志》作“昔”。

㉛异代而同符：时代不同，但治理效果相合。符：《全蜀艺文志》作“尘”。

㉜度谬以庸薄：我裴度荒谬地以平庸浅薄。

㉝获参管记：（承蒙武元衡的错爱）获得执掌文书的职务。

㉞随旌旗而爰止：跟随相国的旗帜而停止。旌旗：《全蜀艺文志》作“旌旄”。

㉟望祠宇而修谒：望着诸葛亮的庙宇而进见参拜。

㊱有仪可象：（诸葛亮的）仪表可以想象描绘。

㊲以赫厥灵：用以显出其神灵。

㊳徽烈：功业，伟业。

㊴拳拳一善：真挚诚恳地展示出一种美德。

㊵师长一城：一个地方的贤达长者。

㊶尚流斯文：还流传着纪念他们的文章。

㊷以示来裔：用以启示后世子孙。来裔：后世子孙。

㊸阙：空缺；缺少。也作“缺”。

㊹斯：《全蜀艺文志》作“贞”。

㊺庶：但愿，表示对希望发生或出现某事而进行的推测。

㊻此都之人：指蜀地人民。

㊼云尔：句末语气词，无义。

昔在先主，思启疆宇[1]。扰攘靡依[2]，英雄无辅[3]。爰得武侯[4]，先定蜀土[5]。道德城池[6]，礼义干櫓[7]。煦物如春[8]，化人如神[9]。劳而不怨，用之有伦[10]。柔服蛮落[11]，铺敦渭滨[12]。蹑足畏服[13]，杂居怀仁[14]。中原旰食[15]，不测不克[16]，以待可胜，允兹其极。天未悔祸[17]，公命不果[18]。汉祚其亡，将星中堕[19]。反旗鸣鼓，犹走司马[20]。死而可作，当小天下[21]。尚父作周[22]，阿衡佐商[23]。兼齐管晏[24]，总汉萧张[25]。易代而生，易地而理[26]。遭遇丰约[27]，亦皆然[28]矣。呜呼！奇谋奋发[29]，中起[30]，美志夭遏[31]。吁嗟严立[32]，咸受谪罚[33]。闻之痛之[34]，或泣或诧[35]。甘棠勿剪[36]，骈邑斯夺[37]。繇[38]是而言，殊途共辙[39]。本于忠恕[40]，孰不感悦[41]？苟非诚悫[42]，徒云固结[43]。古柏森森，遗庙[44]沉沉[45]。不殄禋祀[46]，以迄于今[47]。靡不骏奔[48]，若有煦临[49]。蜀国之风，蜀人之心。锦江[50]清波，玉垒[51]峻岑[52]。入海际天[53]，知公德音[54]。

【笺　注】

①思启疆宇：开拓疆土。

②扰攘靡依：此指天下混乱不已，诸葛亮还未依附。

③无辅：没有辅助之人才。

④爰得武侯：此指刘备三顾茅庐请出了诸葛亮。武侯：诸葛亮去世后，刘禅追封其为忠武侯，后世常以武侯尊称诸葛亮。

⑤先定蜀土：首先平定了蜀地。

⑥道德城池：立道德以为城池。道德：人们共同生活及其言行的准则和规范。城池：城墙与护城河，皆是保护城邑的设施。

⑦礼义干櫓：立礼义以为干櫓。礼义：礼法道义。礼：谓人所履。义：谓事之宜。干櫓：小盾大盾，泛指能防范外敌入侵的武器。

⑧煦物如春：养育万物如同春天的阳光一样。

⑨化人如神：教化人民很神奇有效。

⑩劳而不怨，用之有伦：诸葛亮使民勤劳而民无埋怨，因为诸葛亮使用民力有理有分寸。

⑪柔服蛮落：安抚南方的少数民族。此指诸葛亮七擒孟获之事。

⑫铺敦渭滨：陈兵屯驻于渭水之滨。此指诸葛亮六次北伐中原之事。铺敦：谓陈兵屯驻。《诗经·大雅·常武》："铺敦淮濆，仍执丑虏。"《笺》："敦当作屯。陈屯其兵于淮水大防之上。"马瑞辰通释："敦、屯古声近，通用。"（〔清〕马瑞辰《毛诗传笺通释》，中华书局 1989 年 3 月第 1 版，第 1028 页）

⑬蹑足畏服：跟随着他的人对他充满敬畏佩服。畏服：《全蜀艺文志》作"畏威"。

⑭杂居怀仁：和他同居一处的人怀念他的仁德。

⑮中原旰（gàn）食：为了收复中原兴复汉室，诸葛亮勤于政事。旰食：晚食，指事务繁忙不能按时吃饭，泛指勤于政事。

⑯不测不克：不可预测、不可识见。

⑰天未悔祸：上天没有撤去所加的灾祸，此指诸葛亮过早去世。

⑱公命不果：此指诸葛亮的使命没有完成。

⑲将星中堕：将帅的星宿在中途堕落，此指诸葛亮病逝于五丈原。将星：古人认为帝王将相与天上星宿相应，将星即象征大将的星宿。

⑳反旗鸣鼓，犹走司马：诸葛亮去世之后，蜀军按照他生前的部署，掉转旗帜，鸣鼓而进，把前来追赶的司马懿吓跑了。

㉑死而可作，当小天下：就是死了还能如此作为，真乃天下第一。

㉒尚父作周：姜太公辅佐周武王消灭了商朝而建立了周朝。尚父：此处指姜太公。

㉓阿衡佐商：伊尹辅佐商汤灭夏建商。阿衡：此处指伊尹。

㉔兼齐管晏：（诸葛亮身上）兼具齐国著名的贤相管仲和晏婴的功绩。

㉕总汉萧张：（诸葛亮身上）汇集汉代贤相萧何和张良的才能。

㉖理：治理。

㉗遭遇丰约：挫折多多。

㉘然：一样。

㉙奇谋奋发：非凡的谋略接连兴起。

㉚中起：《全蜀艺文志》无。

㉛美志夭遏：美好的志向夭折。

㉜严立：指蜀汉官员李严、廖立。严：《全蜀艺文志》作“平”。李严（？—234），后改名李平，字正方，南阳人。三国时期蜀汉重臣，与诸葛亮同为刘备临终前的托孤之臣。建兴九年（231）蜀军北伐时，李严押运粮草因为下雨道路泥泞延误时日，为推卸责任反而怪罪诸葛亮的北伐，使诸葛亮不得不退兵，因而获罪，最终被废为平民，迁徙到梓潼郡（治今四川梓潼）。建兴十二年（234）诸葛亮病逝，李严得知这个消息后，认为以后再也不会有人能够起用自己了，因此心怀激愤而病死。廖立：生卒年不详，字公渊，武陵临沅人，三国时期蜀汉重要谋臣。廖立自恃奇才，公然批评先帝（刘备）一再失策、导致荆州覆灭、关羽身死、夷陵之败损兵折将等，他还诽谤众臣，被废为民，最后在得知诸葛亮的死讯时，廖立郁郁而终。

㉝咸受谪罚：都受到了诸葛亮的处罚。

㉞闻之痛之：听说诸葛亮病逝后，都很悲痛。

㉟或泣或诧：一个哭泣，一个惊诧。诧：《全蜀艺文志》作“绝”。

㊱甘棠勿剪：〔西汉〕司马迁《史记·燕召公世家》：“周武王之灭纣，封召公于北燕……召公巡行乡邑，有棠树，决狱政事其下，自侯伯至庶人各得其所，无失职者。召公卒，而民人思召公之政，怀棠树不敢伐，哥咏之，作《甘棠》之诗。”（郭逸、郭曼标点《史记》，上海古籍出版社 1997 年 8 月第 1 版，第 1245—1246 页）百姓怀念召公之德，不砍伐甘棠树。

㊲骈邑斯夺：《论语·宪问》：“问管仲 。曰：‘人也。夺伯氏骈邑三百，饭疏食，没齿无怨言。’”杨伯峻注：“骈邑，地名。阮元曾得伯爵彝，说是乾隆五十六年出于山东临朐县柳山寨。他在《积古斋钟鼎彝器款识》里说，柳山寨有古城的城基，即春秋的骈邑。”（杨伯峻《论语译注》，中华书局 2006 年 12 月第 1 版，第 167 页）管仲没收了伯氏骈邑三百户的采地，使伯氏只能吃粗粮，但伯氏到死都没有怨言。

㊳繇：同“由”，从，自。

㊴殊途共辙：诸葛亮虽与召公、管仲的路径不同，但效果是一样的。抄本作“殊途易辙”。

㊵忠恕：儒家的一种伦理思想。忠：谓尽心为人。恕：谓推己及人。

㊶孰不感悦：谁不感动喜悦。

㊷苟非诚悫（què）：如果不是诚朴真诚。

㊸徒云固结：不会有牢固团结。

㊹遗庙：古庙。

㊺沉沉：《全蜀艺文志》作“沈沈”。

㊻不殄（tiǎn）禋（yīn）祀：连续不断的祭祀。

㊼以迄于今：直到今天。

㊽靡不骏奔：没有哪一个（来成都的人）不急走拜谒诸葛亮的祠庙。

㊾若有煦临：好像和煦的阳光照射众人一样。煦临：《全蜀艺文志》作“照临”。

㊿锦江：岷江分支之一，在今四川成都平原。传说蜀人织锦濯其中则锦色鲜艳，濯于他水，则锦色暗淡，故称。

(51)玉垒：指玉垒山，在四川省理县东南。多作成都的代称。

(52)峻岑：高山。

(53)入海际天：锦江奔流入大海，玉垒高耸到天边。

(54)德音：好名声。《全蜀艺文志》后还有落款：“元和四年记。”

《三峡通志》卷之三　巫峡

高安吴守忠编辑
黄冈卢国祯校次

诗

巫山高　元　帝[1]

巫山高不穷[2]，迥出荆门[3]中。
滩声下溅石，猿鸣上逐风。
树杂山如画，林暗涧疑空[4]。
无因谢神女[5]，一为出房栊[6]。

【笺　注】

①此诗可见于逯钦立辑校《先秦汉魏晋南北朝诗》之《梁诗》卷二十五（中华书局 1983 年 9 月第 1 版，第 2032 页）。

巫山高：乃汉代“鼓吹铙歌十八曲”中的第七首，最早见于〔南朝·梁〕沈约《宋书》卷二十二《乐志》。据〔唐〕房玄龄等《晋书》卷二十三《乐志下》载：“汉时有《短箫铙歌》之乐，其曲有《朱鹭》、《思悲翁》、《艾如张》、《上之回》、《雍离》、《战城南》、《巫山高》、《上陵》、《将进酒》、《君马黄》、《芳树》、《有所思》、《雉子班》、《圣人出》、《上邪》、《临高台》、《远如期》、《石留》、《务成》、《玄云》、《黄爵行》、《钓竿》等曲，列于鼓吹，多序战阵之事。”（中华书局 1974 年 11 月第 1 版，第 701 页）也就是说，《巫山高》是一种曲名，“列于鼓吹，多序战阵之事”。历代诗人借题发挥，以汉代铙歌歌名为题的诗歌屡有所见，如《将进酒》，而以《巫山高》为题创作诗歌，更是代有其人，其中不乏名家，如南朝沈约、谢朓、王融、刘绘等唱和所赋的《巫山高》，虽与汉代“鼓吹铙歌十八曲”之《巫山高》有一定的关系，但诗歌立意和形式已经大不相同。就前者而言，〔北宋〕郭茂倩《乐府诗集》卷十六引《乐府解题》：“古词言：‘江淮水深，无梁可度，临水远望，思归而已。’若齐王融‘想像巫山高’、梁范云‘巫山高不极’，杂以阳台神女之事，无复远望思归之意也。”（中华书局 1979 年 11 月第 1 版，第 228 页）隋唐以后历代诗人反复吟唱《巫山高》，其内容和形式已与汉代“鼓吹铙歌十八曲”这个原题、原词关系不大。

元帝：即梁元帝萧绎（508—555），字世诚，小字七符，自号金楼子。梁武帝萧衍第七子，梁简文帝萧纲之弟。侯景之乱时，萧绎依附西魏、北齐，于 552 年击败侯景，乃称帝于江陵，年号承圣。承圣三年（554），西魏攻打并平定江陵，萧绎被虏，不久被杀。次年其子萧方智在建康称帝，追尊其为元帝。萧绎少聪颖，好读书，生平著述甚富，仅存《金缕子》《古今同姓名录》等数种。明人辑有《梁元帝集》。

②不穷：无穷尽。

③荆门：即荆门山，湖北省宜昌市宜都市西北、长江南岸，上有盘亘雄踞的荆门山十二碚，下有银潢倒泻的虎牙滩（下一句有“滩声”，即指此滩）；南与五龙山的群峰相接，北和虎牙山隔江相峙。长江至此，迅猛湍急，加上形势险峻，故在古代一直为巴蜀荆吴之要塞。

④涧疑空：因为树林间光线昏暗，看不见涧谷中的树木和水流，故为空。

⑤女：即巫山神女。

⑥房栊（lóng）：泛指房屋。〔唐〕孟郊《酬友人见寄新文》：“耕牛返村巷，野鸟依房栊。”（中华书局编辑部点校《全唐诗》增订本卷三百七十八，中华书局 1999 年 1 月第 1 版，第 4254 页）

虞　羲①

南国②多奇山，荆巫③独灵异。
云雨丽以佳，阳台重怨思④。
勿言可再得，特美君王意。
高唐一断绝，光阴不可迟⑤。

【笺　注】

①此诗可见于逯钦立辑校《先秦汉魏晋南北朝诗》之《梁诗》卷五（中华书局 1983 年 9 月第 1 版，第 1605 页）。

因诗题与上一首相同，故此处省略诗题，只列作者。下亦同。虞羲：南朝齐梁间诗人，生卒年不详。少有才学，南齐时，以太学生游于竟陵王萧子良西邸。入梁，官至晋安王侍郎。诗为谢朓所称赏。今仅存文一篇、诗十二首，收入《全上古三代秦汉三国六朝文》《先秦汉魏晋南北朝诗》中，其诗以《文选》所录《咏霍将军北伐》

最为有名。

②南国：泛指南方。

③荆巫：即荆山与巫山。荆山：山名，我国有五座荆山，此处应指坐落于湖北省南漳县西部、汉江西岸的荆山。巫山：在今重庆市巫山县境内。旧传山形似巫字得名；或传因巫咸死后葬于此，称巫咸山，就简称为巫山。巫山北起大巴山，东北西南走向，绵延于渝鄂边境，长200多千米，宽30～50千米，海拔1000～2000米，长江穿流其中，形成蔚为壮观的长江三峡。

④重怨思：《先秦汉魏晋南北朝诗》作"千里思"。

⑤此诗中的云雨、阳台、高唐等词均出自〔战国·楚〕宋玉《高唐赋》序："昔者楚襄王与宋玉游于云梦之台，望高唐之观，其上独有云气……王问玉曰：'此何气也？'玉对曰：'所谓朝云者也。'王曰：'何谓朝云？'玉曰：'昔者先王尝游高唐，怠而昼寝，梦见一妇人曰：妾巫山之女也，为高唐之客，闻君游高唐，愿荐枕席。王因幸之。去而辞曰：妾在巫山之阳，高丘之阻，旦为朝云，暮为行雨。朝朝暮暮，阳台之下。'旦朝视之，如言，故为立庙，号曰'朝云'。"（〔南朝·梁〕萧统编《文选》卷十九，上海古籍出版社1986年8月第1版，第875—876页）后或皆成为典故，"云雨"表示男女情爱。而阳台与高唐、巫峡、巫峰等乃为男女欢会之地的典实；或者部分词语如高唐、阳台等作为人文景观、历史遗迹。

刘　绘①

高唐与巫山，参差②郁相望。
灼烁③在云间，氛氲④出云上。
散雨收夕台⑤，行云卷晨帐。
出没不易期，婵娟⑥似惆怅。

【笺　注】

①此诗可见于逯钦立辑校《先秦汉魏晋南北朝诗》之《齐诗》卷五（中华书局1983年9月第1版，第1468页）。

刘绘（458—502）：字士章，彭城（今江苏徐州）人。因其聪警有文义，善隶书，被齐高帝赏识，以为录事典笔翰，为大司马从事中郎。《南齐书》卷四十八有传。有诗才，钟嵘《诗品》将其与王融并列，曰："元长、士章，并有盛才，词美英净，至于五言之作，几乎尺有所短。"（曹旭《诗品集注》，上海古籍出版社1994年10月第1版，第454页）现存诗作不多，仅十余首。

②参差：不整齐。

③灼烁：光彩明艳的样子。

④氛氲（fēn yūn）：云雾朦胧的样子。

⑤台：阳云台。

⑥婵娟：明月。

王　泰[①]

迢递[②]巫山好，远天[③]新霁[④]时。
树交凉去远，草合影开迟。
谷深流响咽[⑤]，峡近猿声悲。
只言云雨状，自有神仙[⑥]期。

【笺　注】

①此诗可见于逯钦立辑校《先秦汉魏晋南北朝诗》之《梁诗》卷二十六（中华书局1983年9月第1版，第2069页）。诗题《先秦汉魏晋南北朝诗》作《赋得巫山高诗》。

王泰：字仲通，小字炬，琅琊临沂（今山东临沂）人，生卒年不详。谥号“夷子.”《梁书》卷二十一有传。

②迢递：高峻的样子。

③远天：遥远的天空。

④新霁：雨雪后初晴。

⑤咽：声音低沉。

⑥神仙：指巫山神女。

范　云[①]

巫山高不极[②]，白日[③]隐光晖[④]。
霭霭[⑤]朝云去，溟溟[⑥]暮雨归。
岩悬兽无迹，林暗鸟疑飞[⑦]。
枕席竟谁荐[⑧]，相望日依依。

【笺　注】

①此诗可见于逯钦立辑校《先秦汉魏晋南北朝诗》之《梁诗》卷二（中华书局

1983年9月第1版，第1543页）。

范云（451—503）：字彦龙，南乡舞阴（今河南省泌阳县）人。范云是当时文坛领袖之一，与沈约、王融、谢朓等友善，和何逊也有交往。《文选》录其《赠张徐州稷》《古意赠王中书》《效古》等五言诗三首。《诗品》将其列之于中品，评为“清便宛转，如流风回雪”（曹旭《诗品集注》，上海古籍出版社1994年10月第1版，第312页）。《梁书·范云传》记其有集三十卷，至今文章已亡佚几尽，诗尚存三十余篇，收入今人逯钦立所辑《先秦汉魏晋南北朝诗》中。

②巫山高不极：言巫山之高，取意于〔战国·楚〕宋玉《高唐赋》序中“高矣显矣，临望远矣”之句。不极：不能达到。诸多《巫山高》诗中“高不极”“高无极”“高不穷”“望不极”“凌太清”“巫山竦”等词，均是此义。

③白日：太阳。

④晖：《先秦汉魏晋南北朝诗》作“辉”。

⑤霭霭：此处指云彩聚集的样子。〔东晋〕陶渊明《停云》：“霭霭停云，蒙蒙时雨。”（逯钦立《陶渊明集》，中华书局1979年5月第1版，第11页）

⑥溟溟：幽暗的样子。

⑦林暗鸟疑飞：此句言因为树林茂密，故光线昏暗，于是引起鸟儿的疑惑，吓得飞走了。

⑧枕席竟谁荐：用楚先王梦幸巫山神女之典故，见〔战国·楚〕宋玉《高唐赋》序：“昔者楚襄王与宋玉游于云梦之台，望高唐之观，其上独有云气……王问玉曰：‘此何气也？’玉对曰：‘所谓朝云者也。’王曰：‘何谓朝云？’玉曰：‘昔者先王尝游高唐，怠而昼寝，梦见一妇人曰：妾巫山之女也，为高唐之客，闻君游高唐，愿荐枕席。王因幸之。去而辞曰：妾在巫山之阳，高丘之岨，旦为朝云，暮为行雨。朝朝暮暮，阳台之下。’旦朝视之，如言，故为立庙，号曰‘朝云’。”（〔南朝·梁〕萧统编《文选》卷十九，上海古籍出版社1986年8月第1版，第875—876页）。后来，荐席或自荐枕席遂成为“以身相许”之典故。

萧　诠[1]

巫山映巫峡，高高殊未穷。
猿声不辨处，雨色讵[2]分空。
悬崖下桂月[3]，深涧响松风。
别有仙云[4]起，时向楚王宫[5]。

【笺 注】

①此诗可见于逯钦立辑校《先秦汉魏晋南北朝诗》之《陈诗》卷六（中华书局1983年9月第1版，第2552页）。

萧诠：生卒年不详，仕于南朝陈，为黄门郎，为当时文人名士。〔唐〕姚思廉《陈书》卷三十四《文学·徐伯阳传》："太建初，中记室李爽、记室张正见、左民郎贺彻、学士阮卓、黄门郎萧诠、三公郎王由礼、处士马枢、记室祖孙登、比部贺循、长史刘删等为文会之友，后有蔡凝、刘助、陈暄、孔范亦预焉。皆一时之士也。游宴赋诗，勒成卷轴，伯阳为其集序，盛传于世。"（中华书局第1972年3月第1版，第468—469页）今存诗不多。

②讵（jù）：何，怎。表示反问。

③桂月：指月亮。传说月中有桂树，故称。

④仙云：古时传说仙人靠腾云驾雾行走，故仙云指代仙人。此处暗指巫山神女。

⑤楚王宫：楚王之宫。在重庆市巫山县西阳台古城内，相传乃楚襄王所游之地。〔清〕连山、白曾熙修，李友梁等纂，清光绪十九年刊本《巫山县志》卷三十《古迹志》载："楚王宫，在县东北一里。《寰宇记》，'在县西北二百步阳台故城内。'《入蜀记》，'楚故离宫，俗谓之细腰宫。前有一池，亦当时燕游之地，今湮没略尽。'《元统志》，'细腰宫，在县东北一里许。'《府志》'在女观山西畔小山顶'。三面皆荒山。南望江山奇丽。"（《中国地方志集成·四川府县志辑》第52册，巴蜀书社1992年8月影印第1版，第482页）

郑世翼[①]

巫山凌太清[②]，岩峣[③]类削成[④]。
霏霏[⑤]暮雨合，霭霭[⑥]朝云生。
危峰[⑦]入鸟道[⑧]，深谷泻[⑨]猿声。
别有幽栖客[⑩]，淹留攀桂情[⑪]。

【笺 注】

①此诗可见于中华书局编辑部点校《全唐诗》增订本卷三十八（中华书局1999年1月第1版，第492页）。

郑世翼：因避唐太宗李世民讳，又作郑代翼或郑翼，郑州荥阳（今属河南省）人。弱冠有盛名。撰有《交游传》二卷，颇行于时，今佚。《旧唐书·经籍志》及《新唐书·艺文志》均著录有《郑世翼集》八卷，已散佚。

②凌太清：耸入天空之中。凌：高出。太清：天空，古人认为天系清而轻的气所构成，故称太清。

③岧峣（tiáo yáo）：山势高峻。

④类削成：像切割而成一样。类：相似，像。

⑤霏霏：雨雪纷飞的样子。

⑥霭霭：云盛的样子。

⑦危峰：高峰。危：高。

⑧鸟道：鸟飞行的路，形容山路险峻狭窄，只有飞鸟可度。

⑨泻：倾泻。《全唐诗》作“写”。

⑩幽栖客：即隐士。

⑪此句语本〔汉〕淮南小山《招隐士》:“攀援桂枝兮聊淹留。”(〔北宋〕洪兴祖《楚辞补注》，中华书局 1983 年 3 月第 1 版，第 233 页）淹留：滞留，停留。攀桂：攀缘或攀折桂枝。

凌　敬①

巫岫②郁岧峣，高高入紫霄③。
白云闲抱石，玄猿④回挂条⑤。
悬崖激巨浪，脆叶殒⑥惊飙⑦。
别有阳台⑧处，风雨共飘飖⑨。

【笺　注】

①此诗可见于中华书局编辑部点校《全唐诗》增订本卷三十三（中华书局 1999 年 1 月第 1 版，第 455 页)。

凌敬：郑州管城（今河南省郑州市）人。原在窦建德部下任职，建德兵败后，归降唐朝，官至魏王府文学。《旧唐书·经籍志》《新唐书·艺文志》皆著录《凌敬集》十四卷，已佚。今存诗四首。《全唐诗》作陆敬，误。

②巫岫：即巫山。

③紫霄：紫色的天空，因云霞映日而成。

④玄猿：黑色的猿。

⑤挂条：垂挂着的枝条。

⑥殒：同“陨”，坠落。

⑦飙（biāo）：疾风，暴风。此句言脆弱的树叶因疾风而从树上掉落下来。

⑧阳台：台观名。传说为巫山神女的居处。

⑨飘飖（yáo）：飘荡，飞扬。

李元操[①]

荆门对巫峡，云梦[②]迩[③]阳台。
燎火[④]如奔电[⑤]，坠石似惊雷[⑥]。
天寒秋水急，风静夜猿哀。
枕席由无荐[⑦]，朝云徒去来。

【笺　注】

①此诗可见于逯钦立辑校《先秦汉魏晋南北朝诗》之《隋诗》卷二（中华书局1983年9月第1版，第2652页）。

李元操：应是李孝贞，字符操，生卒年不详。开皇初，拜冯翊太守。因犯庙讳，于是称字，故此处吴守忠写为“李元操”。

②云梦：即云梦泽，古代楚国的大泽名，在古荆州，范围比今天的洞庭湖要大。

③迩：接近。

④燎火：燃烧着的火。

⑤奔电：闪电。

⑥惊雷：使人震惊的雷声，多用于比喻。

⑦此句取意自宋玉《高唐赋》序“楚先王梦幸巫山神女”中的巫山神女荐席之典，意为不能梦到巫山神女与之欢会。由无荐：《先秦汉魏晋南北朝诗》作“无由荐”。

卢照邻[①]

巫山望不极，望望下朝雰[②]。
莫辨啼猿树，徒看神女[③]云。
惊涛乱水脉[④]，骤雨暗岑文[⑤]。
沾裳即此地，况复远思君。

【笺　注】

①此诗可见于中华书局编辑部点校《全唐诗》增订本卷四十二（中华书局1999年1月第1版，第525页）。

卢照邻(634—686，一说635—689)，字升之，幽州范阳（今河北省涿州市）人。出身望族，不得志，因不堪病痛，自投颍水而卒。《全唐诗》存诗二卷。可参看任国绪《卢照邻集编年笺注 · 附录 · 卢照邻诗文系年及生平行迹》。

②朝雰：早晨的霜雪。

③神女：即神女峰，巫山十二峰之一，相传为天帝之女瑶姬所化。

④水脉：水流。

⑤岑文：众山的外形。《全唐诗》作“峰文”。

沈佺期[①]

巫山峰十二，合沓[②]隐昭回[③]。
俯眺琵琶峡[④]，平看云雨台。
古槎[⑤]天外倚，瀑水日边来。
何忍啼猿[⑥]夜，荆王枕席开[⑦]。

【笺 注】

①此诗可见于中华书局编辑部点校《全唐诗》增订本卷五十二（中华书局 1999 年 1 月第 1 版，第 646 页）。

沈佺期（约 656—约 714）：字云卿，相州内黄（今河南省内黄县）人。与宋之问齐名，世称“沈宋”，为律诗的定型做出了重要贡献。《旧唐书·经籍志》《新唐书·艺文志》及《直斋书录解题》著录有集十卷，已散佚，明人辑有《沈佺期集》四卷。

②合沓：纷至沓来。

③昭回：谓星辰光耀回转。

④琵琶峡：在巫山，形同琵琶，故名。

⑤古槎（chá）：古旧的木筏。

⑥啼猿：《全唐诗》作“猿啼”。

⑦此句用楚先王梦幸巫山神女典故，见〔战国 · 楚〕宋玉《高唐赋》序：“昔者先王尝游高唐，怠而昼寝，梦见一妇人曰：‘妾，巫山之女也。为高唐之客。闻君游高唐，愿荐枕席。’王因幸之。去而辞曰：‘妾在巫山之阳，高丘之阻，旦为朝云，暮为行雨。朝朝暮暮，阳台之下。’”（〔南朝 · 梁〕萧统编《文选》卷十九，上海古籍出版社 1986 年 8 月第 1 版，第 875—876 页）此指夜深了，楚王的梦境也开始了。荆王：即楚王。

乔知之[①]

巫山十二峰，参差[②]互隐见[③]。
浔阳[④]几千里，周览[⑤]忽已遍。
想像神女[⑥]姿，摘芳共珍荐。
楚云何逶迤[⑦]，红树日葱蒨[⑧]。
楚云没湘源[⑨]，红树断荆门。
郢路[⑩]不可见，况复夜闻猿。

【笺 注】

①此诗可见于中华书局编辑部点校《全唐诗》增订本卷八十一（中华书局 1999 年 1 月第 1 版，第 871 页）。

乔知之：同州冯翊（今陕西大荔）人。官至左司郎中。有侍婢窈娘为武承嗣所夺，知之怨惜，作诗寄情，婢感愤自杀，承嗣大怒，指示酷吏罗织罪名杀之。《新唐书·艺文志》著录有集二十卷，已佚。今存诗十八首。

②参差：此指巫山十二峰高低不齐。

③隐见：或隐或现。

④浔阳：古县名。今属江西省九江市。

⑤周览：浏览，细看。

⑥神女：此指巫山神女。

⑦逶迤：弯弯曲曲、延续不断的样子。

⑧葱蒨（qiàn）：郁郁葱葱，非常茂盛。蒨：茂盛。

⑨湘源：湘水的源头。

⑩郢（yǐng）路：《楚辞·九章·抽思》："惟郢路之辽远兮，魂一夕而九逝。"（〔北宋〕洪兴祖《楚辞补注》，中华书局 1983 年 3 月第 1 版，第 140 页）郢：楚都，在今湖北江陵西北。此指通往都城之路。

张九龄[①]

巫山与天近，烟景[②]常[③]青荧[④]。
此中楚王梦[⑤]，梦得神女[⑥]灵。
神女去已久，白云[⑦]空冥冥[⑧]。
唯有巴猿啸，哀音不可听。

【笺 注】

①此诗可见于中华书局编辑部点校《全唐诗》增订本卷四十七（中华书局 1999 年 1 月第 1 版，第 569 页）。

张九龄 (678—740)，字子寿，一名博物，韶州曲江（今广东省韶关市）人。长安二年 (702) 进士及第。开元二十一年 (733) 拜相，翌年迁中书令。受奸相李林甫排挤，于开元二十四年 (736) 罢相，改任尚书右丞相。翌年贬荆州长史，在州唯以文史自娱。累封始兴县伯。

②烟景：云雾缭绕之景。

③常：《全唐诗》作“长”。

④青荧：青光闪映的样子。

⑤楚王梦：即梦幸巫山神女之梦，见宋玉《高唐赋》序，借指男女欢爱。

⑥神女：指巫山神女。

⑦白云：《全唐诗》作“云雨”。

⑧冥冥：高远；渺茫。

皇甫冉[1]

巫峡见巴东[2]，迢迢[3]出半空。
云藏神女馆[4]，雨到楚王宫。
朝暮泉声落，寒暄[5]树色同。
清猿[6]不可听，偏在九秋[7]中。

【笺 注】

①此诗可见于中华书局编辑部点校《全唐诗》增订本卷二百四十九（中华书局 1999 年 1 月第 1 版，第 2787 页）。

皇甫冉（约 717—约 770），字茂政，润州丹阳（今江苏省丹阳市）人。天宝十五载 (756) 举进士第一。

②巴东：县名，隋开皇十八年 (598) 置，今属湖北省恩施土家族苗族自治州辖县。

③迢迢：高貌。

④神女馆：宋玉《高唐赋》称，战国时楚王游高唐，梦见神女“愿荐枕席，王因幸之”。临别神女自称：“妾在巫山之阳，高丘之阻，旦为朝云，暮为行雨，朝朝暮暮，阳台之下。”后楚王为之立庙，号曰“朝云”。即所谓“神女馆”。

⑤寒暄：寒冷与温暖。

⑥清猿：猿。因其啼声凄清，故称。

⑦九秋：指秋天。

张循之①

巫山高不极②，合沓奇状③新。
暗谷疑风雨，幽岩若鬼神④。
月明三峡曙⑤，潮满二江⑥春。
为问阳台客，应知入梦人⑦。

【笺 注】

①此诗可见于中华书局编辑部点校《全唐诗》增订本卷九十九（中华书局 1999 年 1 月第 1 版，第 1060 页）。

张循之，唐洛阳（今属河南省）人。武则天时，上书忤旨，被杀。今存诗六首。

②巫山高不极：《巫山高》诗多有以“巫山高不极”“不穷”等开头的，言巫山之高无穷。

③奇状：奇特的形状。《全唐诗》作“状奇”。

④此两句写巫山谷崖的阴森险怪。幽岩《全唐诗》作“阴崖”。

⑤曙：曙光。

⑥二江：《全唐诗》作“九江”，是。九江：指三峡上下长江众多的支流。九：泛言多，不是确数。这句说当各支流春水涨时，长江也纳百川之水而潮满。

⑦阳台客：指楚先王。入梦人：指巫山神女。用楚先王梦幸巫山神女事。见〔战国·楚〕宋玉《高唐赋》序：“昔者先王尝游高唐，怠而昼寝，梦见一妇人曰：‘妾，巫山之女也。为高唐之客。闻君游高唐，愿荐枕席。’王因幸之。去而辞曰：‘妾在巫山之阳，高丘之阻，旦为朝云，暮为行雨。朝朝暮暮，阳台之下。’”（〔南朝·梁〕萧统编《文选》卷十九，上海古籍出版社 1986 年 8 月第 1 版，第 875—876 页）

李　端①

巫山十二峰，皆在碧虚②中。
回合③云藏日，霏微④雨带风。
猿声寒过涧，树色暮连空。
愁向高唐⑤去⑥，清风见楚宫。

【笺 注】

①此诗可见于中华书局编辑部点校《全唐诗》增订本卷二百八十五（中华书局1999年1月第1版，第3239页）。

李端：字正已，行二，唐赵州（今河北省赵县）人，其为“大历十才子”之一。

②碧虚：青天。

③回合：缭绕，环绕。

④霏微：细雨弥漫的样子。霏：飘扬。

⑤高唐：战国时楚国的台馆，在楚地云梦泽中，相传楚襄王曾游此地，并梦见巫山神女。

⑥去：《全唐诗》作“望”。

于 濆[①]

何山无朝云，彼云亦悠扬[②]。
何山无暮雨，彼雨亦苍茫。
宋玉恃才者，凭虚构高唐[③]。
自垂文赋名，荒淫归楚襄[④]。
峨峨[⑤]十二峰，永作妖鬼乡。

【笺 注】

①此诗可见于中华书局编辑部点校《全唐诗》增订本卷五百九十九（中华书局1999年1月第1版，第6986页）。

于濆：字子漪，唐京兆长安（今陕西省西安市）人。其蹉跎科场近二十年，曾流寓各地，远至边塞。咸通二年(861)裴延鲁榜进士及第，官终泗州（治今江苏省盱眙县）判官。弃官后曾寓居于尧山（今河北省隆尧县）。

②悠扬：飘忽不定。

③这两句言宋玉凭借文才虚构了高唐观，即楚先王梦幸巫山神女、楚襄王梦遇巫山神女之地。

④楚襄：即楚襄王。这是误读。《高唐赋·序》所描写的楚先王梦幸巫山神女故事中，梦主是楚先王；《神女赋》中所描写的楚襄王梦见神女的故事里，梦主虽然是楚襄王，但却终究与神女无染，故无男女情事。但在古典诗词里，却把与巫山神女相关的事全都说成楚襄王，说成了楚襄王梦幸巫山神女了。

⑤峨峨：高大的样子。

阎立本[①]

君不见巫山高高半天起，绝壁千寻[②]画相似。
君不见巫山磕匝[③]翠屏[④]开，湘江[⑤]碧水绕山来。
绿树春娇明月峡[⑥]，红花朝覆白云台[⑦]。
台上朝云无定所，此中窈窕[⑧]神仙女[⑨]。
仙女盈盈仙骨飞，清谷[⑩]出没有光辉。
欲暮高唐行雨送，今宵定入荆王梦[⑪]。
荆王梦里爱秾华[⑫]，枕席初开红帐遮。
可怜欲晓啼猿处，说道巫山是妾家。

【笺 注】

①此诗可见于中华书局编辑部点校《全唐诗》增订本卷三十九（中华书局 1999 年 1 月第 1 版，第 507 页）。

阎立本（？—673）：唐雍州万年（今陕西省西安市）人，我国古代著名的画家，绘有《秦府十八学士图》及贞观中《凌烟阁功臣图》等。

②千寻：此处形容极高，古以八尺为一寻。

③磕匝：环绕。

④翠屏：形容排列的绿色峰峦。

⑤湘江：长江支流之一，在湖南省境内。

⑥明月峡：在西陵峡东，南津关附近。这一段峡谷，山色明净，晶莹闪光，好似洒满了月光，山岩映入江水，静影澄碧，一平如镜，故称明月峡，又称灯影峡。在山谷两岸的山头上，岩石风化成各种形象。峡江南岸一处有四个人形石，很像《西游记》里的唐僧、孙悟空、猪八戒、沙和尚师徒四人。每当夕阳晚照的时刻，他们就像一则灯影戏，故称。

⑦白云台：即阳台。

⑧窈窕：女子娴静美好之态。《全唐诗》作“窕窈”。

⑨神仙女：传说为天地之小女名瑶姬，未嫁而亡，封于巫山，即所谓巫山神女。

⑩清谷：《全唐诗》作“清容”。

⑪荆王梦：即楚先王梦幸巫山神女之梦，见宋玉《高唐赋》序，借指男女欢爱。

⑫秾（nóng）华：指女子青春美貌，此指巫山神女。

巫峡　杨　炯[1]

三峡七百里，唯言巫峡长。
重岩[2]窅[3]不极，叠嶂凌苍苍。
绝壁横天险，莓苔烂锦章[4]。
入夜分明见，无风波浪狂。
忠信吾所蹈[5]，泛舟亦何伤。
可以涉砥柱[6]，可以浮吕梁[7]。
美人[8]今何在，灵芝[9]徒有芳。
山空夜猿啸，征客[10]泪沾裳。

【笺　注】

①此诗可见于中华书局编辑部点校《全唐诗》增订本卷五十（中华书局 1999 年 1 月第 1 版，第 614 页）。

②重岩：重叠的山岩，常指高峻、连绵的山崖。

③窅（yǎo）：深远。

④锦章：美丽的斑纹。

⑤蹈：实行。

⑥砥柱：山名，在今河南省三门峡市东北黄河中，河水至此分流，势极湍急。〔北魏〕郦道元《水经注·河水四》："砥柱，山名也。昔禹治洪水，山陵当水者凿之，故破山以通河。河水分流，包山而过，山见水中若柱然，故曰砥柱也。"（陈桥驿《水经注校证》，中华书局 2007 年 7 月第 1 版，第 116 页）

⑦吕梁：一说即龙门，为黄河巨险；一说即吕梁洪，在今江苏省徐州市东南，急流汹涌。《庄子 · 达生》载，孔子观于吕梁，见一人在急流中游泳，行歌自若。孔子问他"蹈水有道乎"，他答道："吾始乎故，长乎性，成乎命。与齐俱入，与汩偕出，从水之道，而不为私焉。此吾所以蹈之也。"（方勇、陆永品《庄子诠评》，巴蜀书社 1998 年 9 月第 1 版，第 504 页）

⑧美人：指〔战国 · 楚〕宋玉《高唐赋》《神女赋》中所描写的巫山神女。

⑨灵芝：传说中的仙草。此指巫山神女的精魂。〔北魏〕郦道元《水经注·江水》："宋玉所谓天帝之季女，名曰瑶姬，未行而亡，封于巫山之阳，精魂为草，实为灵芝。所谓巫山之女，高唐之阻。"（陈桥驿《水经注校证》，中华书局 2007 年 7 月第 1 版，第 790 页）

⑩征客：远行他乡的客旅。

李　沇[1]

没[2]天心[3]，开地脉[4]，浮动凌霄[5]拂蓝碧[6]。
襄王瑞眸望不及[7]，似睹瑶姬长叹息[8]。
巫妆不治[9]独西望，暗泣红蕉[10]抱云帐[11]。
君王妒妾梦荆宫[12]，虚把金泥[13]印仙掌[14]。
江涛迅激如相助，十二狞龙[15]怒行雨。
昆仑[16]谩有通天路，九峰[17]正在天低处。

【笺　注】

①此诗可见于中华书局编辑部点校《全唐诗》增订本卷六百八十八（中华书局1999年1月第1版，第7979页）。诗题《全唐诗》作《巫山高》。

李沇（yǎn）（？—895）：字东济，江夏（今武昌）人，昭宗朝宰相李蹊子。乾宁二年（895）与其父同时被王行瑜杀害。王行瑜败后，被追赠礼部员外郎。《全唐诗》录存其诗六首。

②没：《全唐诗》作“抉”。

③天心：天空中央。

④地脉：地势。

⑤凌霄：凌云，直上云霄。

⑥蓝碧：蓝天。

⑦不及：《全唐诗》作“不极”。瑞：《全唐诗》作“端”。

⑧此二句用楚襄王梦遇巫山神女事。〔战国·楚〕宋玉《神女赋》：“楚襄王与宋玉游于云梦之浦，使玉赋高唐之事。其夜玉寝，果梦与神女遇，其状甚丽。”（〔南朝·梁〕萧统编《文选》卷十九，上海古籍出版社1986年8月第1版，第886—887页）瑶姬：即巫山神女，相传为天帝的小女。〔北魏〕郦道元《水经注》卷三十四《江水》：“郭景纯云：丹山在丹阳，属巴。丹山西即巫山者也。又帝女居焉，宋玉所谓天帝之季女，名曰瑶姬，未行而亡，封于巫山之阳，精魂为草，实为灵芝。所谓巫山之女，高唐之阻。”（陈桥驿《水经注校证》，中华书局2007年7月第1版，第790页）

⑨不治：不打扮。

⑩红蕉：指红色美人蕉。

⑪云帐：轻柔飘洒似云雾的帷帐。

⑫荆宫：楚王宫。

⑬金泥：用以饰物的金屑。

⑭仙掌：汉武帝为求仙，在建章宫神明台上造铜仙人，舒掌捧铜盘玉杯，以承接天上的仙露，后称承露金人为仙掌。

⑮十二狞龙：此喻指巫山十二峰。

⑯昆仑：即昆仑山。在新疆、西藏之间，西接帕米尔高原，东延入青海境内。势极高峻，多雪峰、冰川。古代神话传说，昆仑山上有瑶池、阆苑、增城、县圃等仙境，故云"昆仑谩有通天路"。《庄子·天地》："黄帝游乎赤水之北，登乎昆仑之丘而南望。"（方勇、陆永品《庄子诠评》，巴蜀书社 1998 年 9 月第 1 版，第 311 页）

⑰九峰：即巫山十二峰，因行舟江上只能见到北岸的神女、朝云等六峰和南岸的飞凤等三峰，故云。

李　贺①

巫山丛碧②高插天，巴江③翻澜神曳烟。
楚魂④寻梦风飔⑤然，晓风飞雨生苔钱⑥。
瑶姬⑦一去一千年，丁香⑧筇竹⑨啼老猿。
古祠⑩近月蟾桂⑪寒，椒花坠红⑫湿云间。

【笺　注】

①此诗可见于中华书局编辑部点校《全唐诗》增订本卷三百九十三（中华书局 1999 年 1 月第 1 版，第 4439 页）。诗题《全唐诗》作《巫山高》。

李贺(790—816)：字长吉，河南福昌（今河南宜阳）人。其才名早著，与李益齐名，称"二李"，长于乐府诗，与皇甫湜、沈亚之、杨敬之等人交善。杜牧《李长吉歌诗叙》称贺诗"二百三十三首"，《新唐书·艺文志》著录《李贺集》五卷。

②巫山丛碧：《全唐诗》作"碧丛丛"。

③巴江：巴地的长江，此指三峡。《全唐诗》作"大江"。

④楚魂：诗中言"楚魂"多有追吊楚人之意，指楚先王梦幸巫山神女。

⑤飔（sī）：指疾风，这里做形容词用。

⑥苔钱：即苔藓，苔点形圆如钱，故曰"苔钱"。

⑦瑶姬：赤帝之女，葬于巫山之阳。即传说中的巫山神女。〔北魏〕郦道元《水经注·江水》："郭景纯云：丹山在丹阳，属巴。丹山西即巫山者也。又帝女居焉。

宋玉所谓天帝之季女，名曰瑶姬，未行而亡，封于巫山之阳，精魂为草，实为灵芝。所谓巫山之女，高唐之阻。”（陈桥驿《水经注校证》，中华书局 2007 年 7 月第 1 版，第 790 页）

⑧丁香：指紫丁香。

⑨筇竹：即邛竹，一种实心疏节的竹，可制成手杖，产于古邛都国（今四川省西昌东南），因名邛竹。

⑩古祠：指巫山神女祠。陆游《入蜀记》：“过巫山凝真观，谒妙用真人祠。真人，即世所谓巫山神女也。祠正对巫山。”卷一有录，可以参看。

⑪蟾桂：神话传说中月亮里的蟾蜍和丹桂，此处借指月亮。此句言古老的神女祠紧挨月亮，浴着一片寒冷的月光。

⑫椒花坠红：王琦注：“据此（《图经本草》）则（蜀）椒无花，所谓椒花坠红，即是指其红实（果实）。”（《李贺诗选》，广东人民出版社 1984 年版，第 120 页）按，蜀椒，又称花椒，有花，但体型较小。

陈　陶[①]

玉峰青云十一枝[②]，金母[③]和云赐瑶姬。
花宫[④]磊砢[⑤]楚宫外，列仙[⑥]八面星斗[⑦]垂。
秀色无双怨三峡，春风几梦襄王猎[⑧]。
青鸾[⑨]不在懒吹箫，斑竹[⑩]题诗寄江妾[⑪]。
飘飖散丝[⑫]巴子[⑬]天，苔裳玉辔红霞幡[⑭]。
归时白帝[⑮]掩青琐[⑯]，琼枝瑶草[⑰]遗湘烟。

【笺　注】

①此诗可见于中华书局编辑部点校《全唐诗》增订本卷七百四十五（中华书局 1999 年 1 月第 1 版，第 8561 页）。诗题《全唐诗》作《巫山高》。

陈陶（803？—879？）：字嵩伯。举进士不第，后隐居于洪州（今江西南昌）西山，与蔡京、贯休往还。有《文录》十卷，已佚。五代南唐时另有一陈陶，其事迹和诗多与此陈陶相混，见今人陶敏《陈陶考》（《中华文史论丛》1986 年第 1 辑）。

②十一枝：《全唐诗》作“十二枝”，因是。此句描述巫山十二峰。

③金母：神话传说中的女神，俗称西王母。〔前蜀〕杜光庭《墉城集仙录》把巫山神女瑶姬说成是西王母之女，称云华夫人，助禹驱鬼神，斩石疏波，有功见纪。

④花宫：犹仙界。

⑤磊珂：《全唐诗》作“磊砢”，应是。高耸的样子。

⑥列仙：诸神。

⑦星斗：泛指天上的星星。

⑧几梦襄王猎：襄王，楚襄王。〔战国·楚〕宋玉《神女赋》记襄王畋猎，与神女相遇事：“楚襄王与宋玉游于云梦之浦，使玉赋高唐之事。其夜玉寝，果梦与神女遇，其状甚丽。”（〔南朝·梁〕萧统编《文选》卷十九，上海古籍出版社 1986 年 8 月第 1 版，第 886—887 页）

⑨青鸾：指凤。传说秦穆公的女儿弄玉跟仙人萧史学吹箫，箫声可吸引凤凰飞来，后来弄玉与萧史随凤仙去。

⑩斑竹：一种茎上有紫褐色斑点的竹子，也叫湘妃竹。传说，舜帝的二个妃子娥皇、女英千里寻追舜帝。到君山后，闻舜帝已崩，抱竹痛哭，流泪成血，落在竹子上形成斑点，故又名“泪竹”。

⑪江妾：即江妃，传说中的神女。

⑫散丝：散落细丝，常用以形容细雨。《全唐诗》作“丝散”。

⑬巴子：即巴子国。中国周代分封的诸侯国，国君为姬姓，子爵。据《华阳国志·巴志》载：“武王既克殷，以其宗姬封于巴，爵之以子。”（〔晋〕常璩撰、刘琳校注《华阳国志校注》，巴蜀书社 1984 年 7 月第 1 版，第 21 页）史学家认为，此段材料，说的是周朝以降，巴子国的由来。巴子国受封于周武王，据此推知，巴子封国迄今为止已有三千多年的历史。那么，历史上的巴子国疆域有多大呢？据《华阳国志·巴志》载：“其地东至鱼复（今重庆市奉节县，笔者注，后同），西至僰道（今四川省宜宾市），北接汉中（今陕西省汉水流域），南极黔、涪（今重庆、湖北、湖南、贵州四省市接壤一带）。”（〔晋〕常璩撰、刘琳校注《华阳国志校注》，巴蜀书社 1984 年 7 月第 1 版，第 25 页）但随着巴国国力的盛衰，其领地也有变化。

⑭此句言以苔藓做衣裳，以玉装饰马缰绳，以红霞做旗子。

⑮白帝：白帝城，在今重庆市奉节县白帝山上。

⑯青琐：泛指豪华富丽的房屋建筑。

⑰琼枝瑶草：传说中的玉树香草。《全唐诗》作“琼枝草草”。

孟　郊[①]

巴江上峡重复重，阳台峭壁十二峰。
荆王猎时逢春雨，夜卧高丘梦神女。
轻红[②]流烟[③]湿艳姿[④]，行云飞去明星稀。

目极[5]魂断望不见，猿啼三声泪滴衣[6]。

【笺　注】

①此诗可见于中华书局编辑部点校《全唐诗》增订本卷三百七十二（中华书局1999年1月第1版，第4197页）。诗题《全唐诗》作《巫山曲》。

孟郊(751—814)：字东野。湖州武康（今浙江省德清县）人。早年在江南与皎然、陆羽等交往，与韩愈交好，与张籍、李翱、卢仝诸人亦多往来。现存《孟东野诗集》十卷。今人华忱之撰有《孟郊年谱》。

②轻红：淡红色、粉红色。

③流烟：谓飘动的雾气。

④艳姿：艳美的风姿。

⑤目极：用尽目力远望。

⑥猿啼三声泪滴衣：古代巫峡两岸多猿。〔北魏〕郦道元《水经注·江水》："其间首尾百六十里，谓之巫峡，盖因山为名也。……每至晴初霜旦，林寒涧肃，常有高猿长啸，属引凄异，空谷传响，哀转久绝。故渔者歌曰：巴东三峡巫峡长，猿鸣三声泪沾裳！"（陈桥驿《水经注校证》，中华书局2007年7月第1版，第790页）

何景明[1]

巫山高极青冥[2]间，翠馆[3]参差十二鬟[4]。
神女仙裙佩缨[5]动，行云飞入荆王梦[6]。
含情流盼[7]轻烟中，玉床瑶枕[8]荐君宫。
紫罗白縠[9]垂香风，恍惚云散莫与同。
微霜销落[10]高丘树，哀猿孤吟鸟双去。
荒淫沦灭[11]竟何为，暮雨冥冥归古祠。

【笺　注】

①此诗可见于李叔毅等点校《何大复集》（中州古籍出版社1989年7月第1版，第45—46页）。

②青冥：青色天空。〔唐〕钱起《夜宿灵台寺寄郎士元》："朝瞻双顶青冥上，夜宿诸天色界中。"（中华书局编辑部点校《全唐诗》增订本卷二百三十九，中华书局1999年1月第1版，第2661页）

③翠馆：《何大复集》作"翠绾"。

④十二鬟：用以比喻巫山十二峰，其外形如同古代妇女所梳的环形发髻。

⑤佩缨：古代青年男女用以系香囊的彩色佩带。

⑥荆王梦：即楚先王梦幸巫山神女之梦，见宋玉《高唐赋》序，借指男女欢爱。

⑦流盼：转动目光看。

⑧瑶枕：玉制的枕头。亦用为石枕、瓷枕的美称。〔唐〕王翰《古蛾眉怨》："灯前含笑更罗衣，帐里承恩荐瑶枕。"（中华书局编辑部点校《全唐诗》增订本卷一百五十六，中华书局1999年1月第1版，第1608页）

⑨白縠（hú）：白色绉（zhòu）纱。

⑩销落：凋谢。

⑪沦灭：灭亡。

刘　基[1]

巫山高哉郁崔嵬[2]，下有江汉[3]浮天回。深林日月照不到，洞谷阖辟[4]生风雷[5]。危峰半出赤道[6]上，落日猿狖[7]鸣声哀。虎牙[8]赤甲[9]斗雄壮，风气[10]以之而隔阂[11]。楚王遗迹[12]安在哉？但见麋鹿[13]跳蒿莱[14]。当时忠臣[15]放泽畔[16]，乃与靳尚[17]相徘徊[18]。山中妖狐[19]老不死，化作妇女莲花腮[20]。潜形谲迹[21]托梦寐，变幻涕泪成琼瑰[22]。神灵震怒不可祷[23]，云雾惨淡昏阳台[24]。猛风吹雨洗不尽，假手秦炬歊[25]飞灰。精诚[26]感应[27]各以类，世间妖孽[28]匪[29]自来。君不见商王梦中得良弼，傅岩之美今安匹[30]？巫山何事[31]近楚宫，终古[32]怨恨流无穷！

【笺　注】

①此诗可见于林家骊点校《刘基集》（浙江古籍出版社1999年12月第1版，第218页）。

刘基（1311—1375）：字伯温，青田县南田乡（今属浙江省文成县）人，故也称刘青田，元末明初的军事家、政治家、文学家，明朝开国元勋，明洪武三年（1370）封诚意伯，故又称刘诚意。武宗正德九年（1514）追赠太师，谥号文成，后人称他刘文成、文成公。刘基辅佐朱元璋完成帝业，开创明朝并尽力保持国家的安定，因而驰名天下，被后人比作诸葛武侯。朱元璋多次称刘基为"吾之子房也"。在文学史上，刘基与宋濂、高启并称"明初诗文三大家"。

②崔嵬：高大耸立。

③江汉：指长江与汉水之间及其附近的一些地区，在今湖北省及其附近地区。

④阖（hé）辟：闭合与开启。

⑤风雷：狂风和暴雷。

⑥赤道：古代主浑天说者认为，天体是个浑圆形的球体，赤道即指天球表面距离南北两极相等的圆周线。现代天文学称为天球赤道。〔汉〕班固《汉书·天文志》："立春、春分，月东从青道……立夏、夏至，南从赤道。"（中华书局1962年6月第1版，第1295页）

⑦猿狖（yòu）：泛指猿猴。

⑧虎牙：俗称突出的犬牙。此处指山势高壮突出。

⑨赤甲：亦作"赤岬"，山名，在重庆市奉节县东。〔北魏〕郦道元《水经注》卷三十三《江水》："江水又东径赤岬城西，……南连基白帝山，甚高大，不生树木，其石悉赤，土人云：如人袒胛，故谓之赤岬山。"（陈桥驿《水经注校证》，中华书局2007年7月第1版，第777页）

⑩风气：指空气和由空气流动而生的风。

⑪这两句言巫山与山势突出的赤甲山相比其更雄壮，且此地的空气及其风都在巫山受到阻隔而不能向外流通。

⑫楚王遗迹：意指楚先王梦幸巫山神女事后的遗存或者与这个故事相关的遗存，如朝云庙、阳台、高唐等。

⑬麋鹿：又名"四不象"，乃世界珍稀动物，属于鹿科。因为它头脸像马、角像鹿、颈像骆驼、尾像驴，因此得名"四不象"。原产于中国长江中下游沼泽地带，以青草和水草为食物。性好合群，善游泳。后来由于自然气候变化和人为因素，在汉朝末年就近乎绝种。到19世纪时只剩在北京南海子皇家猎苑内一群。后被八国联军捕捉并从此在中国消失。直到1898年被英国购买并繁殖到255头，并在1983年将部分个体送回中国。之后有更多的麋鹿回归家乡，并有部分被放生野外。现在，江苏盐城大丰湿地和湖北石首市天鹅洲麋鹿保护区麋鹿总数达三四千头。

⑭蒿莱：野草。

⑮忠臣：此指屈原。屈原（约前340—前278）：我国伟大诗人，名平，字原，通常称为屈原，楚武王熊通之子屈瑕的后代。开始得楚怀王的信任，任三闾大夫、左徒，兼管内政外交大事。他主张对内举贤能，修明法度，对外联齐抗秦。后因遭贵族排挤，被流放沅、湘流域。后来怀王被秦国所骗，被拘并客死于他乡。其子襄王即位，仍不思振作，继续投靠秦国，继续疏远屈原，并将屈原流放到更偏远的地方。前278年，秦将白起一举攻破楚国首都郢都。忧国忧民的屈原在长沙附近汨罗江怀石自杀。

⑯泽畔：语出《楚辞·渔夫》：屈原既放，游于江潭，行吟泽畔，颜色憔悴，

形容枯槁。渔父见而问之曰："子非三闾大夫与！何故至于斯？"屈原曰："举世皆浊我独清，众人皆醉我独醒，是以见放。"（〔北宋〕洪兴祖《楚辞补注》，中华书局1983年3月第1版，第179页）

⑰靳尚（？—前311年）：战国时楚臣，本名尚，楚怀王时期大夫，受封于靳江，世称靳尚。〔宋〕郑樵《通志 · 氏族略》："楚大夫靳尚，汉有靳歙，又汾阳侯靳强。"其子孙以封地为氏。在正史中，靳尚是一个小人，得楚怀王夫人郑袖信任。王逸《离骚经序》说："（屈原）入则与王图议政事，决定嫌疑；出则监察群下，应对诸侯。谋行职修，王甚珍之。同列大夫上官、靳尚妒害其能，共谮毁之。"（〔北宋〕洪兴祖《楚辞补注》，中华书局1983年3月第1版，第2页）〔汉〕司马迁《史记 · 屈原列传》记载：上官大夫与之同列，争宠而心害其能。怀王使屈原造为宪令，屈平属草稿未定。上官大夫见而欲夺之，屈平不与。因谗之曰："王使屈平为令，众莫不知，每一令出，平伐其功，以为'非我莫能为也'。"（郭逸、郭曼标点《史记》，上海古籍出版社1997年8月第1版，第1900页）

⑱徘徊：留恋，此处指经常待在一起，有宠爱之意。这两句是对楚襄王的指责，说他疏远并流放忠臣屈原于沅湘一带，而与奸臣靳尚等亲近。此处言外之意就是指责襄王荒淫误国。

⑲妖狐：也称狐妖或狐狸精，是一种由狐狸修炼演变成的妖精。从很早以前，人们就相信狐狸拥有妖力。妖狐的传说，在东方这片土壤上可谓遍布广大，有名者乃是九尾妖狐妲己。

⑳莲花腮：指白嫩红润的面颊。

㉑潜形谲迹：隐蔽形迹，不露真相。同"潜形匿迹"。

㉒琼瑰：次于玉的美石，泛指珠玉。

这两句和上两句是作者对楚王梦幸巫山神女故事的评论，认为巫山神女是巫山之中的妖狐变化而来。她因为是妖狐，所以老而不死，它变化成美人，且隐蔽形迹，于他人的梦寐之中显身，然后幻化成美人。

㉓祷：教徒或迷信的人向天、向神求助、求福。

㉔这两句和下面两句言因为妖狐如此作为引起了神灵的震怒而不能饶恕，于是降下惨淡的云雾笼罩着阳台，阳台于是陷入昏沉；但大风大雨吹洗不尽，于是假借秦国的火炬，将它烧去，于是它化作上升的烟灰消失不见。

㉕歊（xiāo）：（烟、气）升腾。〔唐〕李白《安州应城玉女汤作》："地底烁朱火，沙旁歊素烟。"（〔清〕王琦注《李太白全集》，中华书局1977年9月第1版，第1007页）

㉖精诚：犹精神。

㉗感应：因受外界影响而引起相应的感情或动作。〔唐〕杜甫《徐卿二子歌》诗："君不见徐卿二子生绝奇，感应吉梦相追随。"（中华书局编辑部点校《全唐诗》增订本卷二百一十九，中华书局 1999 年 1 月第 1 版，第 2309 页）

㉘妖孽：本意为物类反常的现象，古人以为是不祥之兆。如《礼记·中庸》言："国家将亡，必有妖孽。"（李学勤主编《十三经注疏（标点本）·礼记正义》，北京大学出版社 1999 年 12 月第 1 版，第 1449 页）后多指妖怪，害人之物，如妖魔、邪恶、女人等。

㉙匪：不，不是。

㉚这两句是以武丁与傅岩君臣相遇之事对上两句的举例说明。事见〔汉〕司马迁《史记》卷三《殷本纪》记载："（殷）帝小乙崩，子帝武丁立。帝武丁即位，思复兴殷，而未得其佐。三年不言，政事决定于冢宰，以观国风。武丁夜梦得圣人，名曰说。以梦所见视群臣百吏，皆非也。于是乃使百工营求之野，得说于傅险中。是时说为胥靡，筑于傅险。见于武丁，武丁曰是也。得而与之语，果圣人，举以为相，殷国大治。故遂以傅险姓之，号曰傅说。"（郭逸、郭曼标点《史记》，上海古籍出版社 1997 年 8 月第 1 版，第 69 页）

㉛何事：为何，何故。

㉜终古：往昔，自古以来。

黄　佐[1]

巫山高，高若何？淮水绕之，不可以过。驌骢父马锦障泥[2]，我欲渡之，徘徊而骄嘶[3]。阳台有女居迷楼，爰而不见烟云愁。冑有虮虱[4]，户有蛜蝛[5]，嗟我行役，今还归。

【笺　注】

①此诗可见于沈乃文主编《明别集丛刊》第二辑第三十四册《泰泉集六十卷》（黄山书社 2016 年版，第 53 页）。

黄佐（1490—1566）：明代广东香山（今中山）人，字才伯，号希斋，晚号泰泉。正德十五年（1520）辛巳科进士，廷试选庶吉士。历江西佥事、广西学政、少詹事等官。与大学士夏言论河套事不合被罢归，弃官归养，筑室于禺山之阳，潜心研习孔孟之道。学宗程朱，是岭南著名学者，学者称泰泉先生。曾与王守仁辩难知行合一之旨。黄宗羲在《明儒学案》中为他特立泰泉学案，称他是个博通经史的思想家，在岭南思想史上占有一席之地。藏书丰富，家有藏书楼为"宝书楼"，收藏各类书籍，为岭南之冠，秘籍善本亦为最多之家。为学重博约，博通典、礼、乐、律、词、章。编撰有《广州人物传》《广东通志》《广西通志》《泰泉集》《乐典》《诗经通解》《文艺流别》《革除遗事》《春秋传意》等四百六十余卷。

②騳骢（niè cōng）：速度很快的马。騳：马步疾也。骢：青白色的马。父马：雄马。锦障泥：锦缎做成的障泥。障泥：垂于马腹两侧，用于遮挡尘土的东西。

③骄嘶：昂首嘶鸣。

④虮虱（jǐ shī）：虱子及其卵。

⑤蛜蝛（yī wēi）：同“伊威”，虫名，体椭圆形，灰褐色，生活在阴暗潮湿处。俗称“地鸡”“地虱子”或“地虱婆”。

乔世宁[①]

巫山高，高以寒。不到巫山不见山。长江百丈走其下，上峰十二摩[②]青天，况有滟滪当中间。巫山高，高以寒。朝能作云暮作雨，山精月魅[③]向人语。洪涛欲没滟滪堆，哀猿接挂桄榔树。有时狂飙[④]突起浪如山，蛟斗龙吟更咤汝。往岁曾悲蜀道难，今见巫山心独苦。欲济无梁飞无羽，嗟我胡为[⑤]赋远游。巫山巫山能久留？

【笺　注】

①乔世宁（1503—1563）：字景叔，明代耀州小丘人。嘉靖四年（1525）乡试解元。嘉靖十七年（1538）进士及第。年轻时曾读书于三石山（今大香山），因字号三石山人。历任福建司员外郎、贵州司郎中、四川佥事、湖广督学、四川按察使等官。后以丁忧回乡，潜心文史，著书立说，终老于家。撰《耀州志》十二卷（被誉为明代陕西名志之一）、《丘隅集》十九卷。

②摩：接近。

③山精月魅：山间的精怪、月亮下的鬼魅。

④狂飙（biāo）：狂风。

⑤胡为：何为，为什么。

吴国伦[①]

巫山高，天与际。江水深，曷[②]以济？我欲东归，将从此逝[③]。涂无梁[④]，舟无楫，泱泱[⑤]漭漭[⑥]，临水远望，涕下沾裳。久客之人心思乡，谓之何？

【笺 注】

①此诗可见于沈乃文主编《明别集丛刊》第三辑第二十五册《甔甀洞稿五十四卷目录二卷》(黄山书社 2016 年版，第 53 页)。

吴国伦（1524—1593）：字明卿，号川楼子、惟楚山人、南岳山人，武昌府兴国州人（今属湖北省阳新县）人，著名文学家，与李攀龙、王世贞、谢榛、宗臣、梁有誉、徐中行等七人并称“后七子”。“后七子”前期，以李攀龙、王世贞为代表，王死后，吴国伦成为文坛盟主。

②曷：何，什么。

③逝：去，往。

④涂无梁：涂水没有桥梁。涂：涂水，古水名，即今云南省之牛栏江。

⑤泱泱（yāng yāng）：水深广的样子。

⑥漭漭（mǎng mǎng）：形容广大无边的水域。

郭 庄[①]

巫峡之山崔嵬[②]兮，千云并吐芙蓉巅。十二峰峦竦秀[③]兮，瑰如鸣环[④]簪玉斗[⑤]。婵娟[⑥]当时章华台[⑦]上兮，细腰[⑧]落雪曳翩跹[⑨]。吁嗟哉！襄王[⑩]何事神游华胥[⑪]天，自从高唐精灵[⑫]感梦怜。山中芳树琪花[⑬]兮，笑日帔霞[⑭]弄粉铅[⑮]。十二峰峦低昂异态[⑯]兮，累累犹作望夫[⑰]偏，又若亭亭[⑱]艳影照寒泉[⑲]。巫峡之山崔嵬兮，只今人去千年陵谷迁[⑳]，巴流东逝恨绵绵。但见千岩万壑苍苍兮，朝夕云雾蒙蒙连。苦竹丛中飞杜鹃，年年春风叫破桃花烟。崔嵬兮，巫峡之山，叹高唐遗迹何年。惟有古今骚客[㉑]兮，写江山，文藻流传琅琅[㉒]兮，巫山篇。吁嗟哉，千载王孙作鬼仙。

【笺 注】

①郭庄：明朝人。生平、事迹等不详。

②崔嵬（cuī wéi）：高峻、高大的样子。

③竦秀：挺拔秀丽。

④鸣环：古人衣带上所系的环形佩玉。

⑤玉斗：星名，指北斗星。

⑥婵娟：美女。此指巫山神女。

⑦章华台：又称章华宫，是楚灵王六年（前 535）修建的离宫，后毁于兵乱。这座“举国营之，数年乃成”的宏大建筑，被誉为当时的“天下第一台”。经考证位于湖北潜江龙湾附近。

⑧细腰：纤细的腰身。《韩非子·二柄》："楚灵王好细腰，而国中多饿人。"（陈奇猷校注《韩非子集释》，上海人民出版社 1974 年 7 月第 1 版，第 112 页）〔宋〕柳永《临江仙引》词之三："鲛丝雾吐渐收，细腰无力转娇慵。"（唐圭璋编《全宋词》，中华书局 1965 年 6 月第 1 版，第 48 页）

⑨翩跹（piān xiān）：形容飞舞或行动轻快的样子。

⑩襄王：即楚襄王，一作楚顷襄王，名芈横，战国时楚国君主，楚怀王芈槐之子，公元前 298—公元前 262 年在位。

⑪华胥：《列子·黄帝》："〔黄帝〕昼寝而梦，游于华胥氏之国。华胥氏之国在弇州之西，台州之北，不知斯齐国几千万里；盖非舟车足力之所及，神游而已。其国无师长，自然而已。其民无嗜欲，自然而已……黄帝既寤，怡然自得。"（杨伯峻《列子集释》卷五，中华书局 1979 年 10 月第 1 版，第 41—42 页）此处作梦境的代称。

⑫高唐精灵：指巫山神女。

⑬琪（qí）花：指仙境中玉树之花，或指莹洁如玉的花。

⑭帔（pèi）霞：以云霞为服。帔：帔肩。

⑮粉铅：即铅粉，古代妇女用来搽脸。

⑯低昂异态：高低起伏的不同姿态。

⑰望夫：眺望夫君。

⑱亭亭：高洁美好的样子。

⑲寒泉：清冽的泉水或井水。

⑳陵谷迁：即陵谷迁变，比喻自然界或世事巨变。

㉑骚客：屈原作《离骚》，因有骚人之称，后也泛指诗人。

㉒琅琅：象声词，金石相击的声音、响亮的读书声音等。

黎民表[①]

巫山高不极，远望何芊芊[②]。灵林构郁律[③]，神宇[④]閟[⑤]冲玄[⑥]。曳云翳[⑦]白日，兴雨蒙层颠[⑧]。平瞻[⑨]景夷[⑩]馆，俯瞰云梦[⑪]田。芳春展游豫[⑫]，弭节[⑬]此山前。精灵尔何感，魂梦屡徂迁[⑭]。晨鸡奏天色，环佩[⑮]声锵然[⑯]。空山旷延伫[⑰]，掩涕方来旋。人神道终异，欢爱难久延[⑱]。荒淫古有戒，兹乐诚已偏。惟有《高唐赋》，千载凌云烟。

【笺 注】

①此诗可见于《四库明人文集丛刊》之《瑶石山人稿》卷一（上海古籍出版社

1993年6月第1版，第12页）。

黎民表（1515—1581）：字惟敬，号瑶石、罗浮山樵、瑶石山人，明代广东从化人。嘉靖十三年（1534）中举人，累官河南布政参议。万历七年（1579）致仕。好读书，善诗词，喜作画，居广州越秀山麓清泉精舍，与弟友唱和。为文自成一家。著有《瑶石山人稿》《北游稿》等。与欧大任、梁有誉、李时行、吴旦并称“南园后五子”。

②芊芊（qiān qiān）：草木茂盛的样子。

③郁律：深邃的样子。

④神宇：即庙宇。

⑤閟（bì）：同“闭”。

⑥冲玄：冲和沉静。

⑦翳（yì）：遮蔽。

⑧层颠：即层巅，高耸而重叠的山峰。《瑶石山人稿》作“层巅”。

⑨平瞻：平视。

⑩景夷：汉代台名。

⑪云梦：古泽名，指楚国云梦泽，其故址在今湖北省境内，一般泛指春秋战国时的游猎区。

⑫游豫：游乐。

⑬弭节：驻节，停车。节：车行的节度。

⑭徂迁：迁徙。

⑮环佩：古人所系的佩玉。后多指女子所佩的玉饰。

⑯锵然：形容金宝珠玉等声音清脆。

⑰延伫：停留，逗留。

⑱久延：谓长久。

巫山怀古　刘希夷[①]

巫山幽阴地[②]，神女[③]艳阳年[④]。襄王伺容色[⑤]，落日望悠然[⑥]。归来高堂[⑦]夜，金釭[⑧]焰青烟。颓想[⑨]卧瑶席[⑩]，梦魂何翩翩[⑪]。摇落[⑫]殊[⑬]未已[⑭]，荣华[⑮]倏[⑯]徂迁[⑰]。愁思潇湘浦[⑱]，悲凉云梦田。猿啼秋风夜，雁飞[⑲]明月天。巴歌不可听[⑳]，听此益潺湲[㉑]。

【笺　注】

①此诗可见于中华书局编辑部点校《全唐诗》增订本卷八十二（中华书局1999

年1月第1版，第880—881页）。

刘希夷(651—679？)：字庭芝，汝州（今河南汝州市）人。上元二年(675)进士，时年二十五岁。一生不仕，曾漫游巴蜀。其为诗，好依古调，疏豪磊落，尤以歌行见长，在唐代歌行发展中，实为由“四杰”到盛唐的过渡。

②幽阴地：幽暗阴森之地。

③神女：巫山神女。

④艳阳年：青春美好的时光。

⑤此句言楚襄王窥看神女的美貌。伺：暗中窥看。

⑥此句言日落了楚襄王他还在朝悠远的高空观望。

⑦高堂：《全唐诗》作“高唐”。

⑧金釭：亦作“金缸”，金质的灯盏、烛台。

⑨颓想：愁思。

⑩瑶席：美玉装饰的席子。

⑪此句言梦魂总是连绵不断。

⑫摇落：秋天凋残的枝叶。

⑬殊：犹，还。

⑭未已：不止。

⑮荣华：喻美好的容颜或年华。

⑯倏：忽然。

⑰徂迁：消逝、流逝。

⑱潇湘浦：潇湘水边。潇湘，湖南省内的湘水在零陵县西与潇水汇合，世称潇湘。〔唐〕李白《远别离》：“古有皇英之二女，乃在洞庭之南，潇湘之浦。”(〔北宋〕郭茂倩《乐府诗集》卷七十二《杂曲歌辞十二》，中华书局1979年11月第1版，第1024页）相传舜崩于苍梧，二妃娥皇、女英哭帝极哀，泪染竹成斑，投湘水死。

⑲猿啼、雁飞：皆是令人伤感或悲愁的景象。

⑳巴歌：即巴渝之歌，曲调特别哀怨。此句说：巴歌叫人不忍听下去。

㉑此句言听这种哀怨的歌曲就会让人更加流泪不止。益：更加。潺湲（chán yuán）：本指水流的样子，此指泪水流而不止。

罗　隐①

下压重泉②上千仞，香云结梦③西风紧。纵有精灵④得往来，狖轭⑤鼯轩⑥亦颠陨⑦。岚光⑧双双⑨云⑩隐隐，愁为衣裳恨为鬓。暮洒朝行⑪何所之，江边日月情无尽。珠零冷露丹堕枫，细腰长脸[12]愁满宫。人生对面犹异同，况在千岩万壑中。

【笺 注】

①此诗可见于中华书局编辑部点校《全唐诗》增订本卷六百六十五（中华书局1999年1月第1版，第7669页）。诗题《全唐诗》作《巫山高》。

罗隐(833—909)：字昭谏，自号江东生，唐新城（今浙江省富阳市西南）人。本名横，以十举进士不第，乃更名隐。今人雍文华辑有《罗隐集》。

②重泉：犹深渊。

③结梦：〔战国·楚〕宋玉《高唐赋》："昔者先王尝游高唐，怠而昼寝，梦见一妇人曰：'妾，巫山之女也。为高唐之客。闻君游高唐，愿荐枕席。'王因幸之。去而辞曰：'妾在巫山之阳，高丘之阻，旦为朝云，暮为行雨。朝朝暮暮，阳台之下。'旦朝视之，如言。故为立庙，号曰'朝云'。"（〔南朝·梁〕萧统编《文选》卷十九，上海古籍出版社1986年8月第1版，第875—876页）

④精灵：鬼怪。

⑤狖（yòu）轭：指狖所驾之车。狖：猿的种类之一。黄黑色，尾巴很长。轭：驾车时搁在牛马颈上的曲木。

⑥鼯（wú）轩：飞鼠所驾之车。鼯：鼯鼠，俗称飞鼠。哺乳动物，形似松鼠，能从树上飞降下来。住在树洞中，昼伏夜出。

⑦颠陨：自上而跌下谓之颠陨。《楚辞·离骚》："日康娱而自忘兮，厥首用夫颠陨。"王逸注："自上下曰颠。陨，坠也。"（〔北宋〕洪兴祖《楚辞补注》，中华书局1983年3月第1版，第22页）

⑧岚光：山间雾气经日光照射而发出的光彩。

⑨双双：《全唐诗》作"双双"。

⑩云：《全唐诗》作"雷"。

⑪暮洒朝行：用楚先王梦幸巫山神女事，同"暮雨朝云"，指男女间的情爱与欢会。

⑫细腰长脸：《太平御览》卷四九六引《风俗通义》："赵王好大眉，人间半额。齐王好细腰，后宫有饿死者。"

范成大[1]

余旧尝用韩无咎[2]韵题陈季陵《巫山图》[3]，考宋玉赋意，辨高唐之事甚详。今过阳台之下，复赋乐府[4]一首。世传瑶姬为西王母女，尝佐禹治水[5]，庙中刻[6]在焉。

湿云[7]不收烟雨[8]霏[9]，峡舡作滩[10]梢庙矶[11]。杜鹃无声猿叫断，惟有饥鸦迎客[12]飞。西真[13]功高佐禹迹[14]，斧凿鳞皴[15]倚天壁[16]。上有瑶簪[17]十二尖[18]，下有黄泉[19]三百尺。蔓花虬木风烟昏，薜佩[20]帷翠[21]香火[22]寒。灵斿[23]飘忽定何许[24]，时有行人开庙门。楚客词章[25]原是讽[26]，纷纷余子[27]空嘲弄[28]。玉色頩颜不可干[29]，人间错说高唐梦[30]。

凝真宫[31]前十一峰[32]，两峰[33]娟妙[34]翠插空[35]。余峰竞秀尚多有，白壁苍崖无数重。秋江漱石[36]半山腹[37]，倚天[38]削铁[39]荒行踪[40]。造化[41]钟奇[42]矗瑶巘[43]，真灵[44]择胜[45]深珠宫[46]。朝云未罢暮云起，阴晴竟日长冥蒙[47]。瑶姬作意[48]送归客，一夜收缭[49]乃回风。仰看馆御[50]飞楫[51]过，回首已在虚无中。惟余乌鸦作使者[52]，迎船送船西复东。

【笺　注】

①两首诗分别见于《范石湖集》卷十六、卷十九（上海古籍出版社 1981 年 8 月第 1 版，第 215 页、第 272—273 页），诗题《范石湖集》分别作《巫山高》《后巫山高》。

这两首诗参考程地宇《巫山诗文 · 宋代部分 · 诗歌部（中）》的注释（重庆出版社 2013 年 12 月第 1 版，第 528—531 页、第 533—536 页）。

②韩无咎：即韩元吉，字无咎。历龙图阁学士、吏部尚书，尝居广信溪南，自号南涧居士。有《桐阴旧话》《南涧甲乙稿》等行世。

③题陈季陵《巫山图》：即《韩无咎检详出示所赋〈陈季陵户部巫山图〉诗，仰窥高作，叹息弥襟。余尝考宋玉谈朝云事，漫称先王时本无据依，及襄王梦之，命玉为赋，但云"頩颜怒以自持，曾不可乎犯干"，后世弗察，一切溷以媟语。曹子建赋宓妃亦"感此而作"，此嘲谁当解者？辄用此意，次韵和呈以资抚掌》，原诗为：

瑶姬家山高插天，碧丛奇秀古未传。向来题目经楚客，名字径度岷峨前。是邪非邪莽谁识？乔林古庙常秋色。暮去行雨朝行云，翠帷瑶席知何人？峡船一息且千里，五两竿头见旛尾。仰窥仙馆至今疑，行人问讯居人指。千年遗恨何当申，阳台愁绝如荒村。高唐赋里人如画，玉色頩颜元不嫁。后来饥客眼长寒，浪传乐府吹复弹。此事牵连到温洛，更怜尘袜有无间。君不见天孙住在银涛许，尘间犹作儿女语。公家春风锦瑟傍，莫为此图虚断肠。

此诗的注释可参看程地宇《巫山诗文 · 宋代部分 · 诗歌部（中）》中的注释（重庆出版社 2013 年 12 月第 1 版，第 522—528 页）。

④乐府：诗体名，初指乐府官署所采制的诗歌，后将魏晋至唐可以入乐的诗歌，以及仿乐府古题的作品统称乐府。此处"乐府一首"即指本题《巫山高》。

⑤〔前蜀〕杜光庭《墉城集仙录》云:“云华夫人”为西王母第二十三女,名“瑶姬”,尝东海游还,过巫山,时大禹治水驻山下,曾授大禹《上清宝文》,助其成功。

⑥庙中刻:〔宋〕范成大《吴船录》记曰:“今庙中石刻引《墉城记》:瑶姬,西王母之女,称‘云华夫人’,助禹驱鬼神,斩石疏波,有功见记。今封‘妙用真人’,庙额曰‘凝真观’,从祀有白马将军,俗传所驱之神也。”

⑦湿云:湿度大的云。

⑧烟雨:蒙蒙细雨。

⑨霏:飘洒。

⑩作滩:即过滩。

⑪梢庙矶:犹船过神女庙外的岩石。梢:船尾,亦指代船。矶:水边石滩或突出的岩石。

⑫饥鸦迎客:旧时神女庙前有乌鸦迎送客船。〔南宋〕范成大《吴船录》:“(神女)庙有驯鸦,客舟将来,则迓于数里之外,或直至县。下船过,亦送数里。人以饼饵掷空,鸦仰喙承取不失一。土人谓之神鸦,亦谓之迎船鸦。”

⑬西真:即西王母,我国古代神话中的女仙人,旧时以其为长生不老的象征。

⑭佐禹迹:犹言帮助大禹治水的遗迹,指西王母第二十三女“云华夫人”瑶姬助禹治水之事。

⑮斧凿鳞皴:密集的斧头凿子砍凿痕迹。

⑯倚天壁:靠着天的崖壁,形容极高。此句是说有着鳞片般密集裂痕的峡石,犹如斧凿之后留下的。

⑰瑶簪:犹玉簪,比喻高而尖的山峰。

⑱十二尖:比喻巫山十二峰。

⑲黄泉:《范石湖集》作“黄湍”。

⑳藓佩:犹言以苔藓为佩。藓:苔藓。这里指神像以苔藓为饰物,这是野外神龛常见的现象。

㉑帷翠:《范石湖集》作“翠帷”,应是。指翠色的帏帐。

㉒香火:指供奉神灵的烛、香和灯火。

㉓灵斿(yóu):犹言神灵遨游。斿:游,遨游。

㉔何许:何时。

㉕楚客词章:指宋玉的《高唐赋》《神女赋》。

㉖原是讽:《范石湖集》作“元是讽”。元,本来。原本的用意是讽喻。讽,用委婉的语言暗示、劝告或讥刺、指责。范成大《吴船录》中有云:“神女之事,据

宋玉赋云，以讽襄王，其词亦止乎礼义，如‘玉色頩以赪颜，羌不可兮犯干’之语，可以概见。后世不督（察），一切以儿女子亵渎之，余尝作前后《巫山高》以辩。”按，在关于宋玉作《高唐赋》《神女赋》的用意的研究中，历来有“讽喻”之说，褚斌杰先生对此说做了如下概括：“讽喻说，或称谏淫乱说。此说出现最早，从之者亦众。《神女赋》的序文，说高唐神女曾‘荐枕席’于楚先王，而楚襄王又欲与之游，故论者称之‘淫乱’。《文选》李善注又据《襄阳耆旧传》文，认为所谓‘先王’即楚怀王，而襄王乃怀王之子，这就更成为父子聚麀乱伦的丑行。故李善注称宋玉写作此赋是‘谏淫惑也’。《文选》孙圹批文，于《神女赋》中‘曾不可乎犯干’一语后，批曰：‘此守礼之正，所以遏流荡之邪心也。’又说：‘王止慕其色，玉乃进规于义。发乎情，止乎礼义，风人之遗。’另外，宋人洪迈、明人陈第对此论述更详。在分析了宋玉赋的全文后，洪迈认为‘既则神女但与怀王交御，虽见梦于襄，而未尝及乱也。玉之意可谓正矣。’陈第则云：‘玉之辞诚婉，而其意诚规’，称‘引词之讽在词之表。’近、今人或不强调父子乱伦之事，但也认为是‘借以讽刺襄王的追求淫乐’，‘实则对楚襄王欲见神女的妄想进谲谏。’”（《楚辞要论》，北京大学出版社 2003 年 1 月第 1 版，431—444 页）

㉗纷纷余子：指宋玉之后的众多学人。子：泛称人。

㉘空嘲弄：白白地嘲弄。指嘲弄宋玉。作者认为这些“纷纷余子”对宋玉“元是讽”是对本义缺乏了解，因而群起攻讦，予以嘲弄，其实是徒劳的。

㉙此句取义自〔战国·楚〕宋玉《神女赋》：“頩薄怒以自持兮，曾不可乎犯干。”頩，愤怒变色貌。其意是说神女微怒，庄重自持，竟不可触犯。范成大此句是说神女庄敬自重，根本没有苟且的意向。范成大《吴船录》亦云：“神女之事，据宋玉赋云，以讽襄王，其词亦止乎礼义，如‘玉色頩以赪颜，羌不可兮犯干’之语，可以概见。后世不督（察），一切以儿女子亵渎之，余尝作前后《巫山高》以辩。”

㉚此句是说人间错误地理解了《高唐赋》《神女赋》的寓意，把它作为宣扬情爱的艳梦，这是“错说高唐梦”。按，范成大此诗中“楚客词章元是讽，纷纷余子空嘲弄。玉色頩颜不可干，人间错说高唐梦”的这四句诗，是历代宋玉《高唐赋》《神女赋》研究中“讽喻说”的典型言论，具有重要的理论意义。

㉛凝真宫：即凝真观，亦即巫山神女庙，在巫山县东四十里，十二峰南飞凤峰之麓。范成大《吴船录》云：“神女庙乃在诸峰对岸小冈之上，所谓阳云台高唐观，人云在来鹤峰上，亦未必是。”

㉜十一峰：《范石湖集》作“十二峰”，应是，指巫山十二峰。

㉝两峰：指十二峰中最东一峰。范成大《吴船录》云：“最东一峰尤奇绝，其

顶分两岐。”

㉞娟妙：秀美。

㉟翠插空：如同翠玉插在天空。翠：青绿色的硬玉，喻指山峰。

㊱漱石：冲刷崖石。

㊲半山腹：犹半山腰。

㊳倚天：靠着天。

㊴削铁：用刀剑削出的铁块，形容山势陡峭，颜色苍黑。

㊵荒行踪：犹少行踪。荒：少。行踪：行人的踪迹。

㊶造化：自然界的创造者，亦指自然。

㊷钟奇：汇聚、集中奇秀。

㊸瑶巘（yǎn）：犹瑶山。巘：山。

㊹直灵：《范石湖集》作“真灵”，是，指真人、神仙。

㊺择胜：选择胜地。胜，特指优美的山水或古迹。

㊻珠宫：龙宫。

㊼冥蒙：幽暗，不明。

㊽作意：特意。

㊾收缭：《范石湖集》作“收潦”，应是，指消退大水。潦：雨后的积水。

㊿馆御：谓为迎接神仙而设置的馆台。这里指巫山神女庙。

51飞楫（jí）：犹飞桨，形容船行如飞。楫：船桨，短曰楫，长曰棹。

52此句言旧时神女庙前有乌鸦迎送客船。范成大《吴船录》亦云：“（神女）庙有驯鸦，客舟将来，则迓于数里之外，或直至县。下船过，亦送数里。人以饼饵掷空，鸦仰喙承取不失一。土人谓之神鸦，亦谓之迎船鸦。”（文见卷一）

巫山　张子容①

巫岭岧峣天际重，佳期宿昔愿相从②。
朝云暮雨连天暗，神女知来第几峰。

【笺　注】

①此诗可见于中华书局编辑部点校《全唐诗》增订本卷一百一十六（中华书局1999年1月第1版，第1179页）。

张子容：生卒年不详，唐代襄阳（今湖北省襄阳）人。先天二年（713）擢进士，为乐城令，后弃官流寓江表。初与孟浩然同隐鹿门山，为生死交，诗篇唱答颇多。

其为诗旨趣高远，为当时文士所称。

②此句言长久以来想一睹巫山风采的愿望终于实现了。

宿巫山下　李　白[①]

昨夜巫山下，猿声梦里长[②]。
桃花飞绿水[③]，三月下瞿唐[④]。
雨色风吹去，南行拂楚王。
高丘怀宋玉[⑤]，访古一沾裳。

【笺　注】

①此诗可见于中华书局编辑部点校《全唐诗》增订本卷一百八十一（中华书局1999年1月第1版，第1855页）。

②猿声梦里长：〔北魏〕郦道元《水经注·江水》："巴东三峡巫峡长，猿鸣三声泪沾裳。"（陈桥驿《水经注校证》，中华书局2007年7月第1版，第790页）

③桃花……水：亦作"桃华……水"，即春汛。

④瞿唐：即瞿塘峡。《全唐诗》作"瞿塘"。

⑤高丘怀宋玉：〔战国·楚〕宋玉作《高唐赋》写楚王与巫山神女相会的故事。高丘：高丘之山。《高唐赋》："妾在巫山之阳，高丘之阻。"

巫山神女　刘方平[①]

神女藏难识，巫山秀莫群。
今宵为大雨，昨日作孤云。
散漫愁巴峡[②]，徘徊恋楚君。
先王为立庙，春树几氛氲[③]。

【笺　注】

①此诗可见于中华书局编辑部点校《全唐诗》增订本卷二百五十一（中华书局1999年1月第1版，第2829页）。

刘方平：唐河南（今河南洛阳）人。天宝九载(750)应进士举，不第。曾入军幕。后隐于颍阳大谷（今河南洛阳市东南大谷口）。与李颀、皇甫冉、元德秀等过从酬唱。《全唐诗》录存其诗二十六首。

②巴峡：指湖北省巴东县以东江面的石洞峡、铜锣峡、明月峡，即《华阳国志·巴

志》所称的巴郡三峡。

③氛氲：茂盛的样子。

巫山八月十五夜月　杜　甫[①]

满目飞明镜[②]，归心折大刀[③]。
转蓬[④]行地远，攀桂[⑤]仰天高。
水路疑霜雪，林栖见羽毛。
此时瞻白兔[⑥]，直欲数秋毫。

【笺　注】

①此诗可见于中华书局编辑部点校《全唐诗》增订本卷二百三十（中华书局1999年1月第1版，第2528页）。诗题《全唐诗》作《八月十五夜月二首》，此为第一首。

②明镜：指月光。

③此句用吴刚在月宫被罚砍桂花树之典，作者杜甫猜想，吴刚也不是情愿砍树，一心想回到人间来。归去之心使他折断了砍树的大刀。

④转蓬：随风飘转的蓬草。

⑤攀桂：攀缘或攀折桂枝。

⑥白兔：指月亮。

巫山庙　崔　涂[①]

双黛[②]俨如[③]嚬[④]，应伤故国[⑤]春。
江山非旧主，云雨是前身[⑥]。
梦觉传词客[⑦]，灵[⑧]犹福[⑨]楚人。
不知千载后，何处更[⑩]为神。

【笺　注】

①此诗可见于中华书局编辑部点校《全唐诗》增订本卷六百七十九（中华书局1999年1月第1版，第7835页）。

崔涂：生卒年不详，字礼山，唐代江南（今浙江省桐庐、建德一带）人。久客巴蜀等地。巫山庙：巫山神女庙。

②双黛：指神女像的双眉。黛：青黑色的颜料，古代女子用以画眉。

③俨如：宛如，好像。

④嚬：古同“颦”，皱眉。

⑤故国：楚国。

⑥此句取意于宋玉《高唐赋》序，其中说神女化作朝云、暮雨：“妾在巫山之阳，高丘之阻，旦为朝云，暮为行雨。朝朝暮暮，阳台之下。”（〔南朝·梁〕萧统编《文选》卷十九，上海古籍出版社1986年8月第1版，第876页）

⑦词客：此指宋玉，其《高唐赋》《神女赋》皆记楚王在梦中与巫山神女相会的故事。

⑧灵：神灵，此指巫山神女。

⑨福：用作动词，降福、保佑之意。

⑩更：《全唐诗》作“又”。

巫峡中作　羽　翼[①]

高唐几百里，树色接阳台。
晚见江山霁[②]，宵闻风雨来。
云从三峡起，天向数峰开。
灵境[③]信[④]难见，轻舟那可回。

【笺　注】

①此诗《全唐诗》诗题作《峡中作》，作者为“卢象”（中华书局编辑部点校《全唐诗》增订本卷一百二十二，中华书局1999年1月第1版，第1219页）。卢象：约741年前后在世，字纬卿，著有文集十二卷。

②霁：雨雪停止，天放晴。

③灵境：泛指风景名胜之地。

④信：的确。

门扇峡　林　俊[①]

瀼西[②]一舍[③]许，两山[④]势回合[⑤]。
巨石壮城门[⑥]，铁衣[⑦]护周匝[⑧]。
楚蜀相犬牙[⑨]，乾坤[⑩]互辟阖[⑪]。
当关一夫守，万马不敢发。
云龛入玲珑，元气[⑫]深吐纳[⑬]。

风搜群窍开，水树声互答。

推窗[14]暂此清，巫山事杂沓[15]。

【笺　注】

①此诗《四库全书》第五百三十四册《湖广通志》卷八十四作《门扇峡》、《四库全书》第一千四百四十二册《御选宋金元明四朝诗·明诗1》卷二二作《铁门扇》，而在《见素集》中未见该诗。

林俊（1452—1527）：字待用，号见素、云庄，莆田人（今福建省莆田市荔城区人）。成化十四年（1478）进士，历任云南按察副使、四川巡抚、工部尚书、刑部尚书等职。隆庆元年（1567）追赠为少保，谥贞肃。其为人刚直敢谏，廉正忠诚，以礼进退，乃明成化、弘治、正德、嘉靖四朝老臣，著有《林见素文集》二十八卷，被收入《四库全书》。

门扇峡：巫峡东段巴东县境内的一段峡谷，西起链子溪，东至巫峡口，长约2.5千米。所谓“门扇”，是因为此段峡谷的江南岸有大面山，江北岸有尖子山。两山对峙，陡峭似壁。〔清〕廖恩树修、萧佩声纂，清同治五年修、清光绪六年重刊本《巴东县志》曰“大江两岸，峭壁如门”（成文出版社1976年影印本，第149页），故称门扇峡。

②瀼（ráng）西：指重庆市奉节县瀼水西岸地。唐杜甫居夔州时曾迁居于此，有《瀼西寒望》等诗歌。

③一舍：古以三十里为一舍。

④两山：江南岸的大面山、江北岸的尖子山。

⑤回合：较量，因两山对峙，如同敌我双方的较量。

⑥此句言门扇峡东口巨大的火焰石很壮丽，如同城池的门户。

⑦铁衣：铁锈。

⑧周匝：周围。

⑨犬牙：像犬牙般交错，多指地形、地势。

⑩乾坤：天地。

⑪辟阖：开合，引申指纵横变化。

⑫元气：泛指宇宙自然之气。

⑬吐纳：泛指呼吸。

⑭推窗：《湖广通志》作“推蓬”、《御选宋金元明四朝诗》作“推篷”。

⑮杂沓：纷杂，杂乱。

巫山旅别　崔　涂[1]

五千里外三年客，十二峰前一望秋。
无限别魂[2]招不得，夕阳西下水东流。

【笺　注】

①此诗可见于中华书局编辑部点校《全唐诗》增订本卷六百七十九（中华书局1999年1月第1版，第7848页）。

⑥别魂：离别的情思。

巫山

十二峰头云气昏，阳台妖梦[1]与谁论。
涛声千古寒江月，凝望瑶姬诉不平。

【笺　注】

①阳台妖梦：此指楚先王梦幸巫山神女之梦。

巫山凝真寺　李商隐[1]

巫峡迢迢旧楚宫，至今云雨暗丹枫[2]。
浮生[3]尽恋人间乐，只有襄王忆梦中[4]。

非关宋玉有微词[5]，自[6]是襄王梦[7]觉迟。
一自高唐赋成后，楚天云雨尽堪疑[8]。

【笺　注】

①两诗分别见于中华书局编辑部点校《全唐诗》增订本卷五百四十（中华书局1999年1月第1版，第6247、6246页）。诗题《全唐诗》分别作《过楚宫》《有感》。

李商隐（813—858）：字义山，故又称李义山，号玉溪生、樊南生（樊南子），晚唐著名诗人。李商隐在牛李两党斗争的夹缝中求生存，辗转于各藩镇当幕僚，郁郁而不得志，后潦倒终身。晚唐诗歌在前辈的光芒照耀下有着大不如前的趋势，但李商隐却又将唐诗推向了又一个高峰，杜牧与他齐名，两人并称“小李杜”、李商隐又与李贺、李白合称“三李”、与温庭筠合称为“温李”。其诗构思新奇，风格秾丽，尤其是一些爱情诗与无题诗写得缠绵悱恻，为人传诵。但部分诗歌过于隐晦迷离，难于索解，至有“诗家总爱西昆好，独恨无人作郑笺”之说。

②丹枫：经霜泛红的枫叶。

③浮生：《全唐诗》作“微生”。微生：常人、众生。

④襄王忆梦中：指楚襄王梦遇巫山神女。〔战国·楚〕宋玉《神女赋》叙述了楚襄王与神女相会的故事：“楚襄王与宋玉游于云梦之浦，使玉赋高唐之事。其夜王寝，果梦与神女遇，其状甚丽。”（〔南朝·梁〕萧统编《文选》卷十九，上海古籍出版社 1986 年 8 月第 1 版，第 886—887 页）。

⑤微词：《全唐诗》作“微辞”。微辞：委婉之言辞。

⑥自：《全唐诗》作“却”。

⑦襄王梦：楚先王游高唐，梦见巫山神女“愿荐枕席”，“王因幸之”。神女化云化雨于阳台（见〔战国·楚〕宋玉《高唐赋》序）。后遂以“襄王梦”为男女欢合之典。

⑧此诗一二句谓非是宋玉要以微辞托讽，而是因为楚襄王沉迷梦中迟迟不觉醒，故作《高唐赋》以讽喻也。三四句谓此赋既成，后来一切表现男女爱情的作品，都被疑别有寄托。

李　涉①

巫峡云间②神女祠，绿潭红树影参差③。
不劳戍④口初相问，无义滩⑤头剌⑥别离。

【笺　注】

①此诗《全唐诗》诗题作《竹枝》（中华书局编辑部点校《全唐诗》增订本卷二十八，中华书局 1999 年 1 月第 1 版，第 396 页）。

李涉：自号清溪子，洛（今河南洛阳）人。早岁逢兵乱避地南方，与弟李渤同隐庐山香炉峰下。后出山做幕僚。唐宪宗时，曾任太子通事舍人。不久，贬为峡州（今湖北宜昌）司仓参军，在峡中蹭蹬十年，遇赦放还，复归洛阳，隐于少室。文宗大和中，任国子博士，世称“李博士”。

②间：《全唐诗》作“开”。

③参差：不齐的样子。

④不劳戍：《全唐诗》作“下牢戍”，或指下牢关，在湖北省宜昌市西北。

⑤无义滩：滩名，在黄陵庙附近。

⑥剌：《全唐诗》作“剩”。

峡中览物[1]

曾为禄吏[2]趋三辅[3]，忆在潼关[4]诗兴多[5]。
巫峡忽如瞻华岳[6]，蜀江[7]犹似见黄河。
舟中得病移衾枕[8]，洞口经春长薜萝[9]。
形胜[10]有余风土恶[11]，几时回首一高歌。

【笺 注】

①此诗作者为杜甫，当是大历元年（766）杜甫在夔州作。诗题《全唐诗》作《览物》（中华书局编辑部点校《全唐诗》增订本卷二百三十一，中华书局 1999 年 1 月第 1 版，第 2536 页）。

②禄吏：《全唐诗》作“掾吏”，应是。掾吏：官府中佐助官吏的通称。杜甫曾为华州司功，故曰掾吏。

③三辅：汉以京兆尹、左冯翊、右扶风合称为三辅。唐之华州，汉时为京兆尹所辖，故称。

④潼关：关名，在今陕西潼关县北，唐时属华州。

⑤诗兴多：从今存杜诗看，如《潼关吏》等“三吏”“三别”诸作。

⑥华岳：指西岳华山。

⑦蜀江：蜀郡境内的江河。此处指长江。

⑧衾枕：被褥和枕头。

⑨薜萝：薜荔和女萝。两者皆野生植物，常攀缘于山野林木或屋壁之上。

⑩形胜：指山川壮美之地。

⑪风土恶：指夔州之地俗杂蛮夷，地多瘴气。风土：指风俗、气候。

曹 松[1]

巫山苍翠峡通津，下有仙宫[2]楚女[3]真。
不逐彩云归碧落[4]，却为暮雨扑行人。
年年旧事音容在，日日谁家梦想频。
应是荆山[5]留不住，至今犹得睹芳尘。

【笺 注】

①此诗《全唐诗》作《巫峡》（中华书局编辑部点校《全唐诗》增订本卷

七百一十七，中华书局 1999 年 1 月第 1 版，第 8323 页）

曹松（约 830—？）：字梦徵，舒州（今安徽潜山）人。咸通中尝游湖南、广州。乾符二、三年间(875—876)，依建州刺史李频。后曾避乱隐居洪州西山。光化四年(901)进士及第，时已七十余岁。授校书郎，不久便弃官南归。

②仙宫：指巫山神女庙。

③楚女：指巫山神女。

④碧落：道教语，指天空、青天。

⑤荆山：山名，在湖北省南漳县西。

望巫山　张　乔①

溪叠云深转谷迟，暝投孤店草虫悲。
愁连远水波涛夜，梦断空山雨雹时。
边海故园荒后卖，入关玄鬓②夜来衰。
东归③未必胜羁旅④，况是东归未有期。

【笺　注】

①此诗可见于中华书局编辑部点校《全唐诗》增订本卷六百三十九（中华书局 1999 年 1 月第 1 版，第 7383 页）。

张乔：字伯迁，池州（今安徽省池州市）人。尝隐居九华山苦读。有诗名，与许棠、喻坦之、郑谷等合称“咸通十哲”。黄巢兵起，复退隐九华山。存诗二卷。

②玄鬓：黑色鬓发。《全唐诗》作“玄发”。

③东归：此时作者羁旅蜀中，作者的故乡在安徽池州，故曰东归。

④羁旅：长久寄居他乡。《左传·庄公二十二年》：“齐侯使敬仲为卿，辞曰：‘羁旅之臣……敢辱高位？’”杜预注：“羁，寄；旅，客也。”（《春秋左传正义》卷九，李学勤主编《十三经注疏》本，北京大学出版社 1999 年 12 月第 1 版，第 267—268 页）

神女庙　刘禹锡①

巫山十二②郁苍苍，片石亭亭③号女郎④。
晓雾乍开疑卷幔⑤，山花欲谢似残妆⑥。
星河好夜闻清佩⑦，云雨归时带异香。
何事神仙九天上，人间来就⑧楚襄王。

【笺　注】

①此诗可见中华书局编辑部点校《全唐诗》增订本卷三百六十一（中华书局1999年1月第1版，第4091页）。诗题《全唐诗》作《巫山神女庙》。

②巫山十二：即巫山十二峰，其中最出名者，乃北岸之望霞峰，因其峰顶兀然耸立一块人形状的石柱，宛若少女，故又名神女峰。

③亭亭：高洁美好的样子，用以表现神女峰的秀美。

④号女郎：以巫山神女命令。

⑤幔：指帐幕。

⑥这两句顺承上一联第二句把神女峰比作“女郎”之意写之，清晨雾气散去，让人疑心是她卷起了帐幕；山中花朵凋零，又仿佛是她卸去残妆。比喻贴切，想象丰富。

⑦清佩：指古代妇女在走路时，身上的佩饰相撞击时发出的清脆之声。

⑧就：迁就，将就。

巫山感怀　甘为霖[①]

秋风孤舫出乡关[②]，未忍君恩特召还。
十二巫峰皆动色[③]，八千云迹亦开颜。
喜于胜地[④]留题刻[⑤]，携彼高人[⑥]醉饮攀。
鸡唱唤回连夜梦，乾坤[⑦]便不放人闲。

【笺　注】

①甘为霖：字公望，敬修孙，生卒年不详。四川富县人，嘉靖二年（1523）中第，后官至工部尚书。

②乡关：故乡。

③动色：谓景色变化。

④胜地：出名的、风景优美的地方。

⑤题刻：题字刻石。

⑥高人：高士。

⑦乾坤：天地。

巫峡　吴守忠

溯峡遥看十二峰，峰头笙鹤①俨仙踪。
到时斜日红将敛，入暮浮烟翠且重。
云雨不来神女梦②，雌雄谁识大王风③。
楚台宋赋④俱陈迹，唯有江流一碧同。

【笺　注】

①笙鹤：典故名，典见〔西汉〕刘向《列仙传 · 王子乔》："王子乔者，周灵王太子晋也。好吹笙，作凤凰鸣。游伊洛之间，道士浮丘公接以上嵩高山。三十余年后，求之于山上，见桓良，曰：'告我家：七月七日待我于缑氏山巅。'至时，果乘白鹤驻山头，望之不得到，举手谢时人，数日而去。"（王叔岷《列仙传校笺》，中华书局 2007 年 6 月第 1 版，第 65 页）后以"笙鹤"指仙人乘骑之仙鹤。

②神女梦：即《高唐赋》序中的楚先王梦幸巫山神女之梦。

③大王风：典故名，典见〔战国 · 楚〕宋玉《风赋》："楚襄王游于兰台之宫，宋玉景差侍。有风飒然而至。王乃披襟而当之曰：'快哉此风！寡人所与庶人共者邪？'宋玉对曰：'……发明耳目，宁体便人，此所谓大王之雄风也。'"（〔南朝·梁〕萧统编《文选》卷十三，上海古籍出版社 1986 年 8 月第 1 版，第 581—584 页）本为讽喻，后转为对帝王的谀辞，犹言帝王的雄风。

④宋赋：指宋玉的《高唐赋》和《神女赋》。《高唐赋》序中记叙了楚先王梦幸巫山神女之事，《神女赋》记叙了楚襄王梦遇巫山神女之事。

高唐观　郭　棐①

敞席②高登最上峰，凉飙③淅沥④入帘栊⑤。
三川远郭秋声息，九月看花客思浓。
对酒莫辞鹦鹉醆⑥，题诗须寄紫荷筒⑦。
感时怀古心俱切，云暗阳台十二重。

【笺　注】

①郭棐(fěi)(1529—1605)：字笃周，号梦兰，广东南海人。明嘉靖四十一年 (1562) 进士，初授户部主事，后改礼部，曾疏陈十事，皆见采纳；因数忤当权，被外调做夔州知府，后任湖广道屯田副使、四川提学、广西右江副使、云南右布政使等。著

有《梦菊全集》等。

②敞席：敞开轿子的帘幕。

③凉飙：指秋风。〔唐〕独孤及《奉和李大夫同吕评事太行苦热行兼寄院中诸公》："昼景赩可畏，凉飙何由发。"（中华书局编辑部点校《全唐诗》增订本卷二十四，中华书局1999年1月第1版，第320页）

④淅沥：拟声词，此处用以形容雨的声音。

⑤帘栊：此处指轿子的帘幕。

⑥鹦鹉醆（zhǎn）：鹦鹉杯。醆：同"盏"。

⑦荷筒：即荷叶杯，用以盛东西。

杜　甫[①]

巫山丛碧高插天，大江澜翻神曳烟。
楚魂寻梦风飔然，晓风飞雨生苔钱。
瑶姬一去一千年，丁香筇竹啼老猿。
古祠迎月蟾桂寒，椒花坠露湿云间。

【笺　注】

①此诗注释见本卷前，作为李贺的作品。此乃本志作者文献错误之又一表现。

巫山天下奇　周洪谟[①]

灵鳌[②]一动海水翻，三山[③]漂流无定根。
岱舆[④]忽失十二峰，万里飞堕夔之间[⑤]。
仰挹[⑥]银汉[⑦]洗青翠，俯瞰长江似衣带。
地森玉笋[⑧]青云端，天开罨画[⑨]彩文[⑩]外。
山间神女栖阳台，芙蓉为貌玉为腮。
如何朝暮弄云雨，却使怀襄[⑪]相继来。
无乃宋玉善蛊惑，托为怪诞荒淫说。
只今高崖紫蔓间，惟有猿哀声不绝。

【笺　注】

①此诗可见于〔明〕杨慎编，刘琳、王晓波点校《全蜀艺文志》卷八（线装书局2003年版，第201页）。

②灵鳌：神话传说中的巨龟。

③三山：神话传说中的海上三神山，名曰蓬莱、方丈、瀛洲。〔西汉〕司马迁《史记》卷六《秦始皇本纪》："齐人徐市（fú）等上书，言海中有三神山，名曰蓬莱、方丈、瀛洲，仙人居之。"〔唐〕张守节《史记正义》："《汉书·郊祀志》云：此三神山者，其传在渤海中，去人不远，盖曾有至者，诸仙人及不死之药皆在焉。其物禽兽尽白，而黄金白银为宫阙。未至，望之如云；及至，三神山乃居水下。"（中华书局1959年9月第1版，第247—248页）

④岱舆：亦称岱屿，出自《列子·汤问》（杨伯峻《列子集释》，中华书局1979年10月第1版，第151页）。是先秦神话中东海外仙山，后来漂流到北极，沉入大海。

⑤间：《全蜀艺文志》作"门"。

⑥挹（yì）：舀。

⑦银汉：银河。

⑧玉笋：此用以比喻巫山。

⑨罨（yǎn）画：色彩鲜明的绘画，此处用以形容巫山自然景物的艳丽多姿。

⑩文：《全蜀艺文志》作"虹"。

⑪怀襄：即楚怀王和楚襄王。本诗作者将《高唐赋》序里的楚先王理解为楚怀王，是错误的。

宿平田望巫山　郭　棐

君不见巫山十二青霄①里，飞凤登龙②宛相似。君不见翠屏③合沓④望霞⑤开，集仙聚鹤⑥相徘徊。松峦俯窥神女庙⑦，净坛⑧仰对襄王台。台上翔朝云，台前行暮雨。萧萧漠漠⑨俱含情，暮暮朝朝无定处。山花万朵凝红妆，岩柏千条摇翠羽⑩。飞盖⑪西来未暇游，峰头遥望月如钩。小轩借榻浑无寐，一夜猿声唤客愁。

【笺　注】

①青霄：青天，高空。

②飞凤登龙：即巫山十二峰中的飞凤峰（又名栖凤峰）和登龙峰。

③翠屏：巫山十二峰中的翠屏峰。

④合沓：纷至沓来。

⑤望霞：巫山十二峰中的望霞峰（神女峰）。

⑥集仙聚鹤：巫山十二峰中的集仙峰和聚鹤峰。

⑦神女庙：巫山神女庙。

⑧净坛：巫山十二峰中的净坛峰。

⑨萧萧漠漠：萧萧，这里指的是风雨声。漠漠，密布弥漫的样子。

⑩翠羽：翠鸟。

⑪飞盖：驰车，驱车。

朝云曲　王凤洲[①]

巫云欲阑接朝日，流辉斗滟[②]无定质。
若恋若惊态非一，态非一。境将残拟追寻，渺无端。

【笺　注】

①此诗可见于〔明〕王世贞《弇州山人四部稿》卷七（伟文图书出版社有限公司 1976 年版，第 802 页）。

《朝云曲》：南朝梁天监十一年（512），梁武帝改《西曲》，制《江南弄》七曲，即《江南弄》《龙笛曲》《采莲曲》《凤笙曲》《采菱曲》《游女曲》《朝云曲》，皆轻艳绮靡。又南朝梁沈约作《赵瑟曲》《秦筝曲》《阳春曲》《朝云曲》四曲，亦称《江南弄》。两者格调、字句全同，并同有转韵，说明《江南弄》一调已成定格。有人认为是唐五代词的雏形。

王凤洲：即王世贞（1526—1590），字符美，号凤洲，又号弇州山人。江苏太仓人。嘉靖二十六年（1547）进士，官至刑部尚书。才识渊博，好为诗、古文，与李攀龙同为“后七子”首领。有《弇州山人四部稿》一百七十四卷、《续稿》二百零七卷。《明史》卷二百八十七有传。

②滟：《弇州山人四部稿》作“艳”。

巫山行　孟　郊[①]

见尽数万里，不闻三声猿[②]。
但飞萧萧雨，中有亭亭魂。
千载楚襄恨，遗文宋玉言。
至今晴明天，云结深闺[③]门。

【笺　注】

①此诗可见于中华书局编辑部点校《全唐诗》增订本卷三百七十二（中华书局 1999 年 1 月第 1 版，第 4197 页）。

②三声猿：古代巫峡两岸多猿。〔北魏〕郦道元《水经注·江水》："其间首尾百六十里，谓之巫峡，盖因山为名也。……每至晴初霜旦，林寒涧肃，常有高猿长啸，属引凄异，空谷传响，哀转久绝。故渔者歌曰：巴东三峡巫峡长，猿鸣三声泪沾裳。"（陈桥驿《水经注校证》，中华书局 2007 年 7 月第 1 版，第 790 页）

③深闺：旧时指女子居住的内室。

词

净坛峰　赵孟頫[①]

叠嶂[②]千重碧，长江一带[③]清。　瑶坛[④]霞冷月胧明[⑤]，欹枕[⑥]若为情。

云过船窗晓，星移宿雾[⑦]晴。　古今[⑧]离恨[⑨]拨难平，惆怅峡猿声[⑩]。

【笺　注】

①赵孟頫的咏巫山十二峰的词可见于唐圭璋编《全金元词》下册（中华书局 1979 年 10 月第 1 版，第 807—808 页）。

赵孟頫（1254—1322）：字子昂，号松雪、松雪道人，吴兴（今浙江省湖州市）人，元代著名书画家。宋朝宗室出身，为宋太祖赵匡胤十一世孙、秦王赵德芳嫡系后裔。宋亡，归故乡闲居。后被举荐，“荣际五朝，名满四海”，卒封魏国公，谥文敏。赵孟頫博学多才，诗、书、画、印皆造诣高深。精通行书、楷书，独创“赵体”，与唐代颜真卿、柳公权、欧阳询并称楷书“四大家”。

此处虽然标为“词”，但没有写出词牌名，经考此处两首词的词牌名均为《巫山一段云》。《巫山一段云》：唐代教坊曲名，借为词牌，后人多倚声填词，咏巫山景物及神女事。双调四十六字，上阕四句三平韵，下阕四句二仄韵、二平韵，〔唐〕昭宗皇帝李晔、〔北宋〕柳永所作为此体。另一体：双调四十四字，上下阕各四句、三平韵，〔五代十国 · 前蜀〕毛文锡、李珣、〔元〕赵孟頫所作即此体。

此处赵孟頫咏巫山十二峰词的注释录自滕新才、曾毅编注《巫山诗文 · 辽金元部分 · 诗词戏曲部(上)》中的注释(重庆出版社 2014 年 12 月第 1 版，第 499—517 页)。

净坛峰：巫山十二峰之一，位于巫山县建坪乡黄岩村。沿神女溪逆水而上 5 千米，小地名蓝厂岩，离青石镇约 15 千米。万壑群山间一峰独秀，海拔 1020 米，有一宽敞平台如祭坛，峰顶则如一静坐诵经的神仙。山下一泓幽潭，碧波荡漾，俨如世外桃源。〔北宋〕吴世延咏净坛峰："巍巍盘石拔天成，拂拂修篁助洁清。一息斋宫浑不寐，九霄闻彻步虚声。"（〔清〕连山、白曾熙修，李友梁等纂，清光绪十九年刊本《巫山县志》卷三十二《艺文志》，《中国地方志集成·四川府县志辑》第52册，巴蜀书社1992年8月影印第1版，第541页）

②叠嶂：崇山峻岭。

③一带：像一条丝带，多形容景物。〔唐〕于鹄《泛舟入后溪》："雨余芳草净沙尘，水绿沙平一带春。"（中华书局编辑部点校《全唐诗》增订本卷三百一，中华书局1999年1月第1版，第3510页）

④瑶坛：祭坛的美称。

⑤胧明：微明，不真切。〔唐〕李九龄《荆溪夜泊》："点点渔灯照浪清，水烟疏碧月胧明。"（中华书局编辑部点校《全唐诗》增订本卷七百三十，中华书局1999年1月第1版，第8443页）

⑥攲（qī）枕：斜靠枕上。〔唐〕方干《许员外新阳别业》："柳絮风前攲枕卧，荷花香里棹舟回。"（中华书局编辑部点校《全唐诗》增订本卷六百五十三，中华书局1999年1月第1版，第7550页）

⑦宿雾：夜雾。

⑧古今：抄本为"今古"。

⑨离恨：离别的愁苦。

⑩峡猿声：巫峡猿鸣，其声甚哀，令过往客商断肠。〔北魏〕郦道元《水经注》卷三十四《江水》："故渔者歌曰：巴东三峡巫峡长，猿鸣三声泪沾裳。"（陈桥驿《水经注校证》卷三十四，中华书局2007年7月第1版，第790页）

登龙峰①

片月②生危岫③，残霞④拂翠桐⑤。　登龙峰下楚王宫，千古感遗踪⑥。

柳色梅⑦边绿，花明脸上红。　欲寻灵迹⑧阻江风，离思杳⑨无穷。

【笺　注】

①登龙峰：巫山十二峰之一，位于巫山县城东15千米横石溪西侧，巫峡北岸。海拔1130米，是十二峰中最高的山峰。山势如昂首向青天的巨龙。〔清〕沈鸿逵咏登龙峰："极目层峦似卧龙，就中高处彩云从……谁知变化飞升后，北岸依然第五峰。"（〔清〕连山、白曾熙修，李友梁等纂，清光绪十九年刊本《巫山县志》卷三十二《艺

文志》，《中国地方志集成·四川府县志辑》第52册，巴蜀书社1992年8月影印第1版，第541页）

②片月：弦月，半圆形的月亮。〔唐〕岑参《宿岐州北郭严给事别业》："疏钟入卧内，片月到床头。"（中华书局编辑部点校《全唐诗》增订本卷二百，中华书局1999年1月第1版，第2089页）

③危岫（xiù）：高峻的山峰。〔唐〕卢肇《题清远峡观音院二首》其一："清潭洞澈深千丈，危岫攀萝上几层。"（中华书局编辑部点校《全唐诗》增订本卷五百五十一，中华书局1999年1月第1版，第6444页）

④残霞：残留的晚霞。〔唐〕万齐融《三日绿潭篇》："绿水残霞催席散，画楼初月待人归。"（中华书局编辑部点校《全唐诗》增订本卷一百一十七，中华书局1999年1月第1版，第1183页）

⑤翠桐：碧绿的梧桐树。〔唐〕贾岛《落第东归逢僧伯阳》："翠桐犹入爨，青镜未辞尘。"（中华书局编辑部点校《全唐诗》增订本卷五百七十三，中华书局1999年1月第1版，第6479页）

⑥遗踪：前人留下的遗迹。〔唐〕张继《宿白马寺》："白马驮经事已空，断碑残刹见遗踪。"（中华书局编辑部点校《全唐诗》增订本卷二百四十二，中华书局1999年1月第1版，第2716页）

⑦梅：《全金元词》作"眉"。

⑧灵迹：神灵的遗迹。〔唐〕薛逢《灵台家兄古镜歌》："兴云致雨会有时，莫遣红妆秽灵迹。"（中华书局编辑部点校《全唐诗》增订本卷五百四十八，中华书局1999年1月第1版，第6375页）

⑨杳：悠远，深远。

松鹤峰[①]

松鹤堆岚霭[②]，阳台枕水湄。　风清月冷[③]好花时，惆怅阻佳期。

别梦游蝴蝶，离歌[④]怨竹枝[⑤]。　悠悠往事不胜[⑥]悲，春恨[⑦]入双眉。

【笺　注】

①松鹤峰：巫山十二峰之一，今称"松峦峰"。位于巫峡北岸、神女峰东侧，海拔820米。峰顶呈圆形，苍松环盖，状如帽盒，又名帽盒峰。松峦峰即以松盖峦命名。〔清〕沈鸿逵咏松峦峰："层峦佳木悦葱笼，况复山明对雪松……此去桃源应未远，何年种作老鳞容。"（〔清〕连山、白曾熙修，李友梁等纂，清光绪十九年刊

本《巫山县志》卷三十二《艺文志》，《中国地方志集成 · 四川府县志辑》第 52 册，巴蜀书社 1992 年 8 月影印第 1 版，第 541 页）

②岚霭：山林中的雾气。〔唐〕和凝《醴泉院》："万山岚霭簇洋城，数处禅斋尽有名。"（中华书局编辑部点校《全唐诗》增订本卷七百三十五，中华书局 1999 年 1 月第 1 版，第 8485 页）

③风清月冷：晚风清爽，月光皎洁。〔唐〕徐凝《和夜题玉泉寺》："风清月冷水边宿，诗好官高能几人。"（中华书局编辑部点校《全唐诗》增订本卷四百七十四，中华书局 1999 年 1 月第 1 版，第 5418 页）

④离歌：离别时的感伤之歌。〔唐〕许浑《南海府罢南康，阻浅行侣，稍稍登陆而迈，主人燕饯至频，暮宿东溪》："离歌不断如留客，归梦初惊似到家。"（中华书局编辑部点校《全唐诗》增订本卷五百三十三，中华书局 1999 年 1 月第 1 版，第 6134 页）

⑤竹枝：指竹枝词，古代三峡民歌，后传遍全国。

⑥不胜：不堪承受。《管子 · 入国》："士民有子，子有幼弱不胜养为累者。"（滕新才、荣挺进《管子白话今译》卷十八，中国书店 1994 年 12 月第 1 版，第 445 页）

⑦春恨：伤春的怨愁。〔唐〕王昌龄《西宫春怨》："西宫夜静百花香，欲卷珠帘春恨长。"（中华书局编辑部点校《全唐诗》增订本卷一百四十三，中华书局 1999 年 1 月第 1 版，第 1445 页）

上升峰①

云里高唐观②，江边楚客舟。　上升峰月照妆楼，离思两悠悠③。
雨云④千重阻，长江一带⑤秋。　歌声频唱引离愁，光景恨如流。

【笺　注】

①上升峰：巫山十二峰之一，位于神女溪东岸 6 千米处、七里塘东侧，海拔 780 米。山势峭拔，孤峰耸峙，一角斜上，飘然欲飞，故名"上升峰"。整个峰形如鲲鹏展翅，扶摇九天，民间称为"老鹰岩"。〔清〕曾朝柱咏上升峰："云梯步步快跻攀，一览横空小众山。升到九重高极处，分明天上说人间。"（〔清〕连山、白曾熙修，李友梁等纂，清光绪十九年刊本《巫山县志》卷三十二《艺文志》，《中国地方志集成 · 四川府县志辑》第 52 册，巴蜀书社 1992 年 8 月影印第 1 版，第 544 页）

②高唐观：战国时楚先王梦遇巫山神女处，后世诗文多用作巫山的代称。故址在今巫山县西北高丘山半腰台地上，隔江与南陵山遥望。

③悠悠：思念貌。《诗经·邶风·终风》："莫往莫来，悠悠我思！"〔东汉〕郑玄笺："我思其如是，心悠悠然。"（《毛诗正义》卷二，李学勤主编《十三经注疏》本，北京大学出版社 1999 年 12 月第 1 版，第 127 页）

④雨云：《全金元词》作"云雨"。

⑤带：《全金元词》作"片"。

朝云峰[①]

绝顶[②]朝云散，寒江[③]暮雨频。　楚王宫殿已成尘，过客[④]转伤神。

月是巫娥[⑤]伴，花为宋玉邻。　一听歌调[⑥]一含嚬[⑦]，哀怨竹枝春。

【笺　注】

①朝云峰：巫山十二峰之一，位于巫峡北岸、神女峰西侧，海拔 820 米。日出时云雾缭绕，幻出各种奇景，是感受"除却巫山不是云"的最佳处所。〔南宋〕阎伯敏咏朝云峰："山头行云自朝朝，阳台暮色联云霄。朝来暮去变云雨，送老行客无回桡（ráo）。"（〔清〕连山、白曾熙修，李友梁等纂，清光绪十九年刊本《巫山县志》卷三十二《艺文志》，《中国地方志集成·四川府县志辑》第 52 册，巴蜀书社 1992 年 8 月影印第 1 版，第 540 页）

②绝顶：山的最高点。

③寒江：冬天冰冷的江面。

④过客：过路人。

⑤巫娥：巫山神女。泛指美女。巫山神女是宋玉《高唐赋》《神女赋》匠心妙构的美神形象，古诗词中常以"巫娥""宋玉"对举。〔唐〕杜牧《柳长句》："巫娥庙里低含雨，宋玉宅前斜带风。"（中华书局编辑部点校《全唐诗》增订本卷五百二十二，中华书局 1999 年 1 月第 1 版，第 6017 页）

⑥歌调：歌曲的音调。〔唐〕李郢（yǐng）《秦处士移家富春发樟亭怀寄》："仙翁白石高歌调，无复松斋半夜听。"（中华书局编辑部点校《全唐诗》增订本卷五百九十，中华书局 1999 年 1 月第 1 版，第 6907 页）

⑦含嚬：含颦，皱眉。形容内心忧愁。

集仙峰[①]

雨过苹汀[②]远，云深水国[③]遥。　渡头齐举木兰[④]桡[⑤]，纤细楚宫腰[⑥]。

映水匀红脸，偎花整翠翘[⑦]。　行人倚棹[⑧]正无聊，一望一魂销[⑨]。

【笺 注】

①集仙峰：巫山十二峰之一，位于巫峡北岸、松峦峰东侧，海拔 840 米。峰顶石林环列，如群仙聚会，故名“集仙峰”。〔清〕徐朝纲咏集仙峰：“维石岩岩降列仙，置身高近五云边。不于蓬莱消灵蜕，来共巫峰证旧缘。”（〔清〕连山、白曾熙修，李友梁等纂，清光绪十九年刊本《巫山县志》卷三十二《艺文志》，《中国地方志集成 · 四川府县志辑》第 52 册，巴蜀书社 1992 年 8 月影印第 1 版，第 542 页）

②苹汀：长满萍藻的水边小洲。〔唐〕崔涂《和进士张曙闻雁见寄》：“也知榆塞寒须别，莫恋蘋汀暖不回。”（中华书局编辑部点校《全唐诗》增订本卷六百七十九，中华书局 1999 年 1 月第 1 版，第 7844 页）

③水国：水乡。〔唐〕张继《九日巴丘杨公台上宴集》：“凄凄霜日上高台，水国秋凉客思哀。”（中华书局编辑部点校《全唐诗》增订本卷二百四十二，中华书局 1999 年 1 月第 1 版，第 2714 页）

④木兰：香木名。又名杜兰、林兰。皮似桂而香，状如楠树，常以造船。

⑤桡：船桨。借指船。〔战国 · 楚〕屈原《九歌 · 湘君》：“薜荔柏兮蕙绸，荪桡兮兰旌。”〔东汉〕王逸注：“桡，船小楫也。”（〔南宋〕洪兴祖《楚辞补注》卷二，中华书局 1983 年 3 月第 1 版，第 61 页）

⑥楚宫腰：楚国宫女的细腰。《墨子 · 兼爱》《荀子 · 君道》《韩非子 · 二柄》《管子 · 七臣七主》《尹文子 · 大道》《淮南子 · 主术训》等典籍都记载了楚灵王好细腰的逸闻。〔南朝 · 宋〕范晔《后汉书》卷二十四《马廖传》：“楚王好细腰，宫中多饿死。”（中华书局 1965 年 5 月第 1 版，第 853 页）后以“宫腰”泛指女子的细腰。

⑦翠翘：古代女子首饰，状似翠鸟尾上长羽，故名。

⑧倚棹：又作“依櫂（zhào）”，靠着船桨，犹言“泛舟”。

⑨魂销：灵魂离开身体。形容极度悲伤或极度欢乐。〔唐〕冷朝阳《送红线》：“采菱歌怨木兰舟，送客魂销百尺楼。”（中华书局编辑部点校《全唐诗》增订本卷三百〇五，中华书局 1999 年 1 月第 1 版，第 3472 页）

望霞峰[①]

碧水鸳鸯浴，平沙[②]豆蔻红。　云霞峰翠一重重，帆卸落花风。

澹薄[③]云笼月，霏微[④]雨洒蓬[⑤]。　孤舟晚泊浪声中，无处问音容。

【笺 注】

①望霞峰：巫山十二峰之一，即著名的神女峰。位于巫峡北岸，离巫山县城

15 千米，介于朝云峰、松峦峰之间，海拔 922 米。峰顶一石柱亭亭玉立，高 6.4 米，传说为巫山神女瑶姬的化身，故名“神女峰”。每天晨迎朝云，暮送晚霞，故名“望霞峰”。十二峰中，最富人文意蕴者首推神女峰，屈原《山鬼》、宋玉《高唐赋》《神女赋》，将巫山神女的故事渲染得神奇瑰丽，成为独具中国特色的爱神和美神，神女峰于是天下闻名。〔唐〕刘禹锡《巫山神女庙》：“巫山十二郁苍苍，片石亭亭号女郎。晓雾乍开疑卷幔，山花欲谢似残妆。星河好夜闻清佩，云雨归时带异香。何事神仙九天上，人间来就楚襄王。”（中华书局编辑部点校《全唐诗》增订本卷三百六十一，中华书局 1999 年 1 月第 1 版，第 4091 页）

②平沙：平坦的沙原。

③澹薄：淡薄，不厚重。〔唐〕韩偓（wò）《社后》：“社后重阳近，云天澹薄间。”（中华书局编辑部点校《全唐诗》增订本卷六百八十一，中华书局 1999 年 1 月第 1 版，第 7865 页）

④霏微：雨雪细小貌。

⑤蓬：《全金元词》作“篷”。

栖凤峰①

芍药虚投赠②，丁香③漫结愁。　凤栖④鸾去两悠悠⑤，新恨⑥怯逢秋。

山色惊心碧，江声入梦流。　何时弦管⑦簇⑧归舟⑨？兰棹⑩泊沙头⑪。

【笺　注】

①栖凤峰：巫山十二峰之一，今名“飞凤峰”。位于巫峡南岸青石镇，神女溪西口，海拔 740 米。山势自西向东渐缓，状如凤凰翱翔，直冲江中饮水，故名“飞凤峰”。山腰有著名的“授书台”，传说是巫山神女传授大禹《策召鬼神之书》《灵宝真文》《丹玉之笈》《上清宝文》等秘籍的地方，可出火如水，叱咤幽冥，收束虎豹，呼召六丁，隐沦八地，颠倒五星，终成治水大业。宋孝宗乾道六年十月二十三日（1170 年 12 月 2 日）陆游赴任夔州（今重庆市奉节县）通判途中曾往游览，《入蜀记》中载有生动的描写，卷一有载，可以参看。

②投赠：赠送。〔唐〕李白《赠易秀才》：“少年解长剑，投赠即分离。”（中华书局编辑部点校《全唐诗》增订本卷一百七十，中华书局 1999 年 1 月第 1 版，第 1754 页）

③丁香：常绿乔木，花蕾结而不绽，古诗词中常喻愁结不解。

④栖：《全金元词》作“来”。

⑤悠悠：遥远。《诗经·王风·黍离》："知我者谓我心忧，不知我者谓我何求。悠悠苍天，此何人哉！"〔西汉〕毛亨传："悠悠，远意。"（《毛诗正义》卷四，李学勤主编《十三经注疏》本，北京大学出版社 1999 年 12 月第 1 版，第 253 页）

⑥新恨：刚产生的惆怅。〔唐〕戴叔伦《赋得长亭柳》："送客添新恨，听莺忆旧游。"（中华书局编辑部点校《全唐诗》增订本卷二百七十三，中华书局 1999 年 1 月第 1 版，第 3070 页）

⑦弦管：琴瑟等弦乐器和笛箫等管乐器。泛指乐器。

⑧簇：簇拥，环列。〔唐〕李廓《长安少年行》之五："杯酒逢花住，笙歌簇马吹。"（中华书局编辑部点校《全唐诗》增订本卷四百七十九，中华书局 1999 年 1 月第 1 版，第 5493 页）

⑨归舟：回家的船。〔唐〕王昌龄《送高三之桂林》："留君夜饮对潇湘，从此归舟客梦长。"（中华书局编辑部点校《全唐诗》增订本卷一百四十三，中华书局 1999 年 1 月第 1 版，第 1453 页）

⑩兰棹：兰舟。木兰树制成的小船，香气四溢。〔唐〕武元衡《送张侍御赴京》："相送汀州兰棹晚，菱歌一曲泪沾衣。"（中华书局编辑部点校《全唐诗》增订本卷三百一十七，中华书局 1999 年 1 月第 1 版，第 3571 页）

⑪沙头：沙滩边。〔唐〕刘宪《上巳日祓禊渭滨应制》："桃花欲落柳条长，沙头水上足风光。"（中华书局编辑部点校《全唐诗》增订本卷七十一，中华书局 1999 年 1 月第 1 版，第 782 页）

翠屏峰[1]

碧水澄青黛[2]，危峰[3]耸翠屏[4]。　竹枝歌[5]怨月三更，别是断肠声。
烟外黄牛峡[6]，云边[7]白帝城[8]。　扁舟[9]清夜泊莘行[10]，倚棹不胜情。

【笺　注】

①翠屏峰：巫山十二峰之一，位于巫峡南岸青石镇后山缓坡，海拔 740 米。漫山苍翠宛如绿色屏风，故名。〔清〕沈鸿逵咏翠屏峰："巫山四面屏无二，却望东南欲滴翠。碧色分明云母光，清辉掩映琉璃器。"（〔清〕连山、白曾熙修，李友梁等纂，清光绪十九年刊本《巫山县志》卷三十二《艺文志》，《中国地方志集成·四川府县志辑》第 52 册，巴蜀书社 1992 年 8 月影印第 1 版，第 542 页）

②青黛：青黑色。指植被茂密，郁郁葱葱。〔唐〕李白《庐山谣，寄卢侍御虚舟》："庐山秀出南斗傍，屏风九叠云锦张，影落明湖青黛光。"（中华书局编辑部点校《全

唐诗》增订本卷一百七十三，中华书局 1999 年 1 月第 1 版，第 1778 页）

③危峰：高峻的山峰。〔唐〕戴叔伦《巫山高》："巫山峨峨高插天，危峰十二凌紫烟。"（中华书局编辑部点校《全唐诗》增订本卷二百七十三，中华书局 1999 年 1 月第 1 版，第 3065 页）

④翠屏：绿色屏风。形容青翠的峰峦。〔唐〕杨巨源《山中主人》："十里青山有一家，翠屏深处更添霞。"（中华书局编辑部点校《全唐诗》增订本卷三百三十三，中华书局 1999 年 1 月第 1 版，第 3740 页）

⑤竹枝歌：即竹枝词。本为巴渝一带民歌，唐代诗人刘禹锡任夔州（今重庆市奉节县）刺史期间，据以改作新词，歌咏三峡风光和男女恋情，盛行于世。后人仿作者不绝于世，也多咏当地风土和儿女柔情。形式为七言绝句，语言通俗，节奏明快，影响遍及全国，产生了《西湖竹枝词》《京都竹枝词》《岭南竹枝词》等分支。

⑥黄牛峡：西陵峡中的一段小峡谷，位于湖北宜昌市西 40 千米处。传说巫山神女杀死十二孽龙，龙骨堵塞江道。天神化为黄牛，助大禹疏石浚滩，跃入山间石壁，影像宛然。〔北魏〕郦道元《水经注·江水二》："江水又东径黄牛山，下有滩，名曰黄牛滩。南岸重岭叠起，最外高崖间有石，色如人负刀牵牛，人黑牛黄，成就分明，既人迹所绝，莫得究焉。此岩既高，加以江湍纡回，虽途径信宿，犹望见此物，故行者谣曰：朝发黄牛，暮宿黄牛。三朝三暮，黄牛如故。言水路纡深，回望如一矣。"（陈桥驿《水经注校证》卷三十四，中华书局 2007 年 7 月第 1 版，第 793 页）

⑦边：《全金元词》作"中"。

⑧白帝城：长江三峡起点，位于重庆市奉节县城东 8 千米处，瞿塘峡西口。西汉末公孙述割据蜀中，自称白帝，于此筑城，抗拒东汉，后人称为"白帝城"。三国时刘备托孤被附会于此，声名远播。白帝城是三峡地区久负盛名的古迹，2006 年 5 月 25 日经国务院批准列为第六批全国文物保护单位。

⑨扁（piān）舟：轻快的小船。

⑩行：《全金元词》作"汀"。

聚鹤峰[①]

鹤信[②]三山[③]远，罗裙[④]片水深。　高唐春梦[⑤]杳[⑥]难寻，惆怅[⑦]至如今。

十二峰前月，三千里外心。　红笺[⑧]锦字[⑨]信沉沉[⑩]，肠断旧香衾[⑪]。

【笺　注】

①聚鹤峰：巫山十二峰之一，位于翠屏峰东，海拔 820 米。峰顶古松苍翠，引

白鹤千百成群，朝飞暮集，故名。〔清〕沈鸿逵咏聚鹤峰：“猿声巫峡愁漂泊，别有高峰招野鹤。松径兰崖任往还，雪翎砂顶相依托。空疑子晋挟箫笙，谁道令威歌城郭。自是凌霄擅异姿，白云一望天边廓。”（〔清〕连山、白曾熙修，李友梁等纂，清光绪十九年刊本《巫山县志》卷三十二《艺文志》，《中国地方志集成·四川府县志辑》第52册，巴蜀书社1992年8月影印第1版，第542页）

②鹤信：修道者的信息。〔唐〕罗隐《淮南高骈所造迎仙楼》：“鸾音鹤信杳难回，凤驾龙车早晚来。”（中华书局编辑部点校《全唐诗》增订本卷六百五十七，中华书局1999年1月第1版，第7608页）

③三山：指蓬莱、方丈、瀛洲，传说中的海上三仙山。〔前秦〕王嘉《拾遗记》卷一《高辛》：“三壶，则海中三山也。一曰方壶，则方丈也；二曰蓬壶，则蓬莱也；三曰瀛壶，则瀛洲也。”（王根林、黄益元、曹光甫校点《汉魏六朝笔记小说大观》本，上海古籍出版社1999年12月第1版，第498页）

④罗裙：丝裙。泛指妇女衣裙。〔唐〕王昌龄《采莲曲二首》其二：“荷叶罗裙一色裁，芙蓉向脸两边开。”（中华书局编辑部点校《全唐诗》增订本卷一百四十三，中华书局1999年1月第1版，第1445页）

⑤高唐春梦：即巫山梦，泛指男女性爱之梦。

⑥杳：无影无踪，虚无缥缈。〔唐〕卢贞《和白尚书赋永丰柳》：“一树依依在永丰，两枝飞去杳无踪。”（中华书局编辑部点校《全唐诗》增订本卷四百六十三，中华书局1999年1月第1版，第5300页）

⑦惆怅：因失意而生愁闷。

⑧红笺：红色笺纸。多用作题写诗词。〔唐〕何兆《赠兄》：“洛阳纸价因兄贵，蜀地红笺为弟贫。”（中华书局编辑部点校《全唐诗》增订本卷二百九十五，中华书局1999年1月第1版，第3347页）

⑨锦字：比喻华美的文辞。

⑩信沉沉：形容音信杳无。〔唐〕刘禹锡《怀妓》：“红壁尚留香漠漠，碧云初断信沉沉。”（中华书局编辑部点校《全唐诗》增订本卷三百六十一，中华书局1999年1月第1版，第4089—4090页）

⑪香衾：散发香气的被子。多用作被子的美称。〔唐〕李商隐《为有》：“无端嫁得金龟婿，辜负香衾事早朝。”（中华书局编辑部点校《全唐诗》增订本卷五百三十九，中华书局1999年1月第1版，第6218—6219页）

望泉峰[1]

晓色[2]飘红豆[3]，平沙枕碧流[4]。 泉声云影弄新秋[5]，触处是离愁。

脸泪横波[6]淡[7]，眉攒[8]片月[9]收。 佳人无[10]笑隼[11]难休，来整玉搔头[12]。

【笺 注】

①望泉峰：巫山十二峰之一，今名圣泉峰，位于巫峡西口横石溪东侧，海拔870米。峰顶高耸，如文人惯用的毛笔。清乾隆五十四年（1789）县人李安乡试中举，更名为文峰，并将峰顶凌云观更名为文峰观，相沿至今。峰下清泉淙淙，长年不涸，有幽深溶洞，原名清水洞。宋孝宗乾道六年十月二十三日（1170年12月2日）晚，陆游赴任夔州（今重庆市奉节县）通判途中，曾夜泊于此，入洞寻幽。载入《入蜀记》中，卷一有录，可以参看。1986年更名为陆游洞，整修了游览路径，并安装相应设施，把陆游洞开发为巫峡内遐迩闻名的景观，既可驻足洞外小亭，凭栏观赏峡江风光，又可入洞探胜寻幽，饱览喀斯特奇景，诚为休闲游玩的好去处。

②晓色：晨曦。

③红豆：《全金元词》作“红叶”。

④碧流：碧绿的流水。〔唐〕刘禹锡《浪淘沙九首》其二：“洛水桥边春日斜，碧流轻浅见琼砂。”（中华书局编辑部点校《全唐诗》增订本卷三百六十五，中华书局1999年1月第1版，第4122页）

⑤新秋：初秋。

⑥横波：比喻女子眼神顾盼，如水波横流。〔唐〕李白《长相思》：“忆君迢迢隔青天。昔日横波目，今成流泪泉。”（中华书局编辑部点校《全唐诗》增订本卷一百六十五，中华书局1999年1月第1版，第1715页）

⑦淡：《全金元词》作“漫”。

⑧眉攒：眉头紧皱。〔南宋〕张纲《浣溪沙·安人生日》：“眼眩岂堪花里笑，眉攒聊向酒边开，与君同醉莫辞杯。”（唐圭璋编《全宋词》，中华书局1965年6月第1版，第922页）

⑨片月：不圆满的月亮。〔唐〕钱起《春夜过长孙绎别业》：“带竹新泉冷，穿花片月深。”（中华书局编辑部点校《全唐诗》增订本卷二百三十七，中华书局1999年1月第1版，第2620页）

⑩无：《全金元词》作“欲”。

⑪隼：《全金元词》作“卒”，应是。

⑫玉搔头：即玉簪，古代女子首饰。

起云峰①

袅娜②江边柳，飘飖③岭上云。 卸帆回棹④楚江⑤滨，归信⑥夜来闻。
欲拂珊瑚枕⑦，先薰翡翠裙⑧。 江头含笑去迎君，鸾凤⑨尽成群。

【笺 注】

①起云峰：巫山十二峰之一，位于青石镇东侧8千米处，海拔720米。从蓝厂岩沿神女溪上行，过七里塘，即达起云峰。常年云蒸霞蔚，闪腾变幻，故名。〔清〕沈鸿逵咏起云峰："鬓耸巫山何处起，兹峰竞说封中似。须臾一片乍飞腾，倏忽千崖被朱紫。极目烟岚欲烧空，荡胸石壁疑翻水。起云云复起奇峰，变幻无端从此始。"（〔清〕连山、白曾熙修，李友梁等纂，清光绪十九年刊本《巫山县志》卷三十二《艺文志》，《中国地方志集成·四川府县志辑》第52册，巴蜀书社1992年8月影印第1版，第542页）

②袅娜：草木枝条细长柔美貌。〔唐〕刘禹锡《杨柳枝词九首》之九："轻盈袅娜占年华，舞榭妆楼处处遮。"（中华书局编辑部点校《全唐诗》增订本卷三百六十五，中华书局1999年1月第1版，第4122页）

③飘飖(yáo)：飘扬。〔唐〕白居易《长恨歌》："风吹仙袂飘飖举，犹似霓裳羽衣舞。"（中华书局编辑部点校《全唐诗》增订本卷四百三十五，中华书局1999年1月第1版，第4829页）

④回棹（zhào）：返航。〔唐〕白居易《杭州回舫》："欲将此意凭回棹，报与西湖风月知。"（中华书局编辑部点校《全唐诗》增订本卷四百四十六，中华书局1999年1月第1版，第5031页）

⑤楚江：楚地江河。特指今湖北段长江。〔唐〕李白《陪族叔刑部侍郎晔及中书贾舍人至游洞庭五首》其一："洞庭西望楚江分，水尽南天不见云。"（中华书局编辑部点校《全唐诗》增订本卷一百七十九，中华书局1999年1月第1版，第1835页）

⑥归信：回家的消息。〔唐〕司空图《灯花三首》其一："几时金雁传归信，剪断香魂一缕愁。"（中华书局编辑部点校《全唐诗》增订本卷六百三十三 ，中华书局1999年1月第1版，第7315页）

⑦珊瑚枕：有珊瑚装饰的枕头。

⑧翡翠裙：用翡翠鸟羽编织的裙子。〔唐〕胡曾《薄命妾》："宫前叶落鸳鸯瓦，

架上尘生翡翠裙。”（中华书局编辑部点校《全唐诗》增订本卷六百四十七 ，中华书局 1999 年 1 月第 1 版，第 7469 页）

⑨鸾凤：鸾鸟和凤凰。比喻美满夫妻。

净坛峰　郭　棐

山色连天碧，江流远峡清。　彤坛夜静七星[①]明，揽佩重含情。

漏报瑶窗曙，峰涵翠黛晴。　哀猿啼处思难平，偏到槛边声。

【笺　注】

①七星：此处指北斗七星。

登龙峰

绮霞[①]生列树[②]，碧月横樵桐。　登龙巀嶫[③]有行宫[④]，云雨几迷踪。

巧语莺为舌，芳姿蕊作红。　一宵香袭楚王风[⑤]，千载思难穷。

【笺　注】

①绮霞：美丽的彩霞。

②列树：成列的树木。

③巀嶫（jié yè）：高大险峻的样子。

④行宫：古代京城以外供帝王出行时居住的宫室。

⑤楚王风：〔战国·楚〕宋玉《风赋》谓，楚襄王游于兰台之宫，有风飒然而至，襄王曰：“快哉此风！”宋玉对曰，此“清凉雄风”，“独大王之风耳”（〔南朝·梁〕萧统编《文选》卷十三，上海古籍出版社 1986 年 8 月第 1 版，第 581—582 页）。后用“楚王风”指凉风、大风。

松鹤峰

鹤翮[①]翻青嶂[②]，松风皱绿湄[③]。　一声清泪月明时，把袂[④]是星期[⑤]。

旧思书花叶[⑥]，新愁咽竹枝[⑦]。　高唐遗调角声悲，惆怅敛娥眉。

【笺　注】

①翮（hé）：鸟的翅膀。〔唐〕贾岛《岐下送友人归襄阳》：“举翮笼中鸟，知心海上鸥。”（中华书局编辑部点校《全唐诗》增订本卷五百七十三，中华书局 1999

年 1 月第 1 版，第 6707 页）

②青嶂：如屏障的青山。

③绿湄（méi）：绿色的河边。

④把袂：拉住衣袖。以表示亲密。

⑤星期：即织女和牛郎二星的相会之期。指农历七月初七。

⑥花叶：即花片。

⑦竹枝：即竹枝歌。

上升峰

仙观丹霞袂，沧波罨①尽舟。　上升峰顶敞层楼，佳夕思悠悠。

月魄②清如水，云容澹似秋。　离多会少不胜愁，别恨付东流。

【笺　注】

①罨（yǎn）：掩盖。

②月魄：泛指月亮。

朝云峰

水色涵虚碧①，猿声入夜频。　朝云峰阙②暗流尘，楚客③总凄神。

月下琵琶调，花前窈窕邻。　瑶姬何处更含嚬，寂寞度芳春。

【笺　注】

①虚碧：指天空。

②阙：此处指神女庙。

③楚客：我国古代诗词中一个著名的代名词，一般泛指客居他乡的人。〔唐〕李白《愁阳春赋》："明妃玉塞，楚客枫林。试登高而望远，痛切骨而伤心。"（〔清〕王琦注《李太白全集》，中华书局 1977 年 9 月第 1 版，第 21 页）

集仙峰

玉佩飘声远，银河去路遥。　集仙丛里促兰桡①，袅怯楚姬腰。

弄笛寒金钏，移琴冷翠翘，　离鸾别鹤②两无聊。红脸为春销。

【笺 注】

①兰桡：小舟的美称。〔宋〕柳永《少年游》词："一曲《阳关》，断肠声尽，独自上兰桡。"（唐圭璋编《全宋词》，中华书局 1965 年 6 月第 1 版，第 32 页）

②离鸾别鹤：比喻分离的配偶。

望霞峰

瑶水蘼芜[①]绿，沧洲[②]菡萏[③]红。 望霞苍蔚锁千重，香散楚江风。

为雨飘长袖，行云逐短蓬。 霞光飞薄碧山中，恍惚见芳容。

【笺 注】

①蘼芜：一种香草的名字。芎䓖（xiōng qióng）的苗，叶有香气。〔唐〕权德舆《杂诗五首》之五："蘼芜山下路，团扇秋风去。"（中华书局编辑部点校《全唐诗》增订本卷三百二十八，中华书局 1999 年 1 月第 1 版，第 3673 页）

②沧洲：滨水的地方。〔唐〕杜甫《曲江对酒》："吏情更觉沧洲远，老大悲伤未拂衣。"（中华书局编辑部点校《全唐诗》增订本卷二百二十五，中华书局 1999 年 1 月第 1 版，第 2414 页）

③菡萏（hàn dàn）：荷花。〔唐〕李白《送温处士归黄山白鹅峰旧居》："丹崖夹石柱，菡萏金芙蓉。"（〔清〕王琦注《李太白全集》，中华书局 1977 年 9 月第 1 版，第 770 页）

栖凤峰

豆蔻封朝信，芙蓉结暮愁。 紫鸾碧落[①]影悠悠，春憾不禁秋。

山月连江碧，川云带峡流。 清宵[②]无语依兰舟，双鸟落沙头。

【笺 注】

①碧落：天空。〔唐〕刘沧《经麻姑山》诗："一自仙娥归碧落，几年春雨洗红兰。"（中华书局编辑部点校《全唐诗》增订本卷五百八十六，中华书局 1999 年 1 月第 1 版，第 6849 页）

②清宵：清静的夜晚。

翠屏峰

绿涨三千界[1]，青连[2]十二屏。　翠峰孤月度寒更，何处有猿声？

雨恼襄王梦[3]，云横夔子城[4]。　一双鸂鶒[5]起前汀，怅望若为情。

【笺　注】

①三千界：乃“三千大千世界”的省称，是佛教名词，简称“大千世界”。以须弥山为中心，七山八海交绕之，更以铁围山为外郭，是谓一小世界，合一千个小世界为小千世界，合一千个小千世界为中千世界，合一千个中千世界为大千世界，总称为三千大千世界。

②青连：青翠相连成一片。

③襄王梦：指楚襄王梦会巫山神女的典故。战国时楚襄王携宋玉游云梦台，遥望高唐观，知楚怀王梦会巫山神女，“旦为朝云，暮为行雨，朝朝暮暮，阳台之下”，令宋玉作《高唐赋》。其夜，楚襄王亦梦巫山神女，再令宋玉撰《神女赋》。事见宋玉《高唐赋》序、《神女赋》序。后世诗文多用作男女欢合的典实。

④夔子城：在今湖北省秭归县（剪刀峪）西北香溪镇。

⑤鸂鶒（chì）：一种水鸟。

聚鹤峰

眉扫巫山黛，裙拖湘水深。　云迷聚鹤阻相寻，契阔[1]到于今。

碧海年年梦，青天夜夜心。　玉楼金箭[2]漏初沉，独咏惜寒衾。

【笺　注】

①契阔：长期离散。

②金箭：对漏箭的美称。

望泉峰

峡口风偏肃[1]，宫前水漫流。　望泉峰月一轮秋，照彻梦中愁。

金井[2]梧初落，瑶天[3]雨乍收。　怜香惜玉思难休，伫眺碧峰头。

【笺　注】

①肃：疾速。

②金井：井栏上有雕饰的井。

③瑶天：对太空的美称。

起云峰

十二峰头月，三川峡口云。　棹歌①呜咽满江濆，妆阁可能闻。

恨凝桃叶渡②，泪暗藕丝裙③。　怅把琼枝独忆君，鼓瑟④怨离群。

【笺　注】

①棹歌：划船时歌唱之声。〔唐〕柳宗元《渔翁》："烟销日出不见人，欸乃一声山水绿。"（中华书局编辑部点校《全唐诗》增订本卷三百五十三，中华书局 1999 年 1 月第 1 版，第 3970 页）

②桃叶渡：渡口名。其得名是相传因为东晋王献之在此送其爱妾桃叶。

③藕丝裙：藕丝色的裙子。

④鼓瑟：比喻夫妇感情融洽。

歌

峡中行者歌　庾子兴[①]

巴东三峡巫峡长，猿鸣三声泪沾裳。
巴东三峡猿鸣悲，猿鸣三声泪沾衣。

【笺　注】

①此歌被〔北宋〕郭茂倩《乐府诗集》卷八十六《杂曲歌辞》收载（中华书局1979年11月第1版，第1208页），以为汉代佚名的《巴东三峡歌》。不知本志作者吴守忠为何以为是庾子兴的作品。

巫山竹枝歌　李　埴[①]

峰崇岭上细腰宫，遗老相传祭鬻熊[②]。
一炬牧儿今抵处，年年青草长春风。

阳台门前六律山，女郎吹笛翠微间。
日斜酒散同归去，笑插花枝蒲鬓鬟。

【笺　注】

①此处的两首诗《全宋文》没有收录。李植：字季允，江苏丹棱人，宋绍熙间进士，官至资政殿学士。

②鬻熊：本名熊蚤，又称鬻熊子、鬻子，颛顼的后裔，楚国的先祖，楚国开国君主熊绎之曾祖父。大约生活于公元前 11 世纪。

杨　慎①

最高峰顶有人家，冬种蔓菁②春采茶。
长笑江头来往客，冷风寒雨宿天涯。

清江白石女郎神，门外往来祈赛③频。
风毡青旗香雨歌，山姜花开瑶草春。

神女峰前江水深，襄王此地几沉吟。
晔花温玉朝朝态，翠壁丹枫夜夜心。

上峡舟即风浪多，送郎行去为郎歌。
白盐红锦多多载，危石高滩稳稳过。

【笺　注】

①此处四首诗可见于〔明〕杨慎著、王文才等点校《杨升庵丛书 · 升庵文集》卷三十四（天地出版社 2002 年 12 月第 1 版，第 541—542 页），题目《升庵文集》作《竹枝词》，共有九首，此处选了第四、第五、第七、第八首。

杨慎（1488—1559）：字用修，号升庵，后因流放滇南，故自称博南山人、金马碧鸡老兵，四川新都人，明代文学家，明代三大才子（杨慎、解缙、徐渭）之首。因“大礼议”事，杨慎谪戍云南永昌卫三十余年，终未召还。杨慎投荒多暇，书无不览，记诵之博，著述之富，明世推为第一。有《升庵集》《升庵长短句》《陶情乐府》《玲珑倡和》《滇程记》《滇载记》《古今谚》《古今风谣》《诗话补遗》《词林万选》《檀弓丛训》《奇字韵》《古音略例》《墨池琐录》《历代史略十段锦词话》等。旧传《宴清都洞天玄记》杂剧亦为杨慎所撰，疑不是。

②蔓菁：即芜菁，植物名。

③祈赛：谢神佑助的祭典。

巫山一片云　毛文锡[①]

雨霁[②]巫山上，云轻映碧天。远风吹散又相连，十二晚峰前。　暗湿啼猿树，高笼过客船。朝朝暮暮楚江边，几度降神仙。

【笺　注】

①此词可见于中华书局编辑部点校《全唐诗》增订本卷八百九十三（中华书局1999年1月第1版，第10155页）。题目《全唐诗》为《巫山一段云》。

毛文锡:唐末五代时人,字平珪,高阳（今属河北人）,一作南阳（今属河南）人。曾入蜀从王建,官翰林学士承旨,进文思殿大学士,拜司徒,蜀亡,随王衍降唐。未几,复事孟氏,与欧阳炯等五人以小词为孟昶所赏。《花间集》称毛司徒。毛文锡著有《前蜀纪事》二卷,《茶谱》一卷。

②雨霁：雨过天晴。

李　珣[①]

有客经巫峡,停桡向水湄[②]。楚王曾此梦瑶姬[③],一去[④]杳无期。　尘暗珠帘卷,香销翠幄[⑤]垂。西风回首不胜悲，暮雨洒空祠[⑥]。

古庙依青嶂[⑦],行宫枕碧流[⑧]。水声山色练[⑨]妆楼,往事思悠悠。　云雨朝还暮,烟花春复秋。啼猿何必近孤舟，行客自多愁。

【笺　注】

①此词可见于中华书局编辑部点校《全唐诗》增订本卷八百九十六（中华书局1999年1月第1版，第10187页）。题目《全唐诗》作《巫山一段云》。

李珣（855？—930？），五代词人，字德润，其祖先为波斯人。居家梓州（四川三台）。曾著有《琼瑶集》，已佚，今存词五十四首。

②水湄：水边。

③楚王曾此梦瑶姬：用〔战国 · 楚〕宋玉《高唐赋》序中楚先王梦幸巫山神女的典故。

④去：《全唐诗》作“梦”。

⑤翠幄：翠色的帐幔。

⑥空祠：巫山神女庙。

⑦青嶂：如屏障的青山。

⑧碧流：绿水。

⑨练：《全唐诗》作“锁”。

竹枝歌　刘　基[①]

阳台云雨漫荒唐，巫峡啼猿枉断肠[②]。　莫向苍梧山[③]下去，九疑[④]愁色满潇湘。

【笺　注】

①此诗可见于林家骊点校《刘基集》（浙江古籍出版社 1999 年 12 月第 1 版，第 268 页）。

竹枝歌：乐府《近代曲》之一。本为巴渝一带民歌，唐诗人刘禹锡据以改作新词，歌咏三峡风光和男女恋情，盛行于世。后人所作也多咏当地风土或儿女柔情。其形式为七言绝句，语言通俗，音调轻快。中国古代诗歌史上用《竹枝歌》或其他相关题目作诗者甚多。

②这二句言“阳台云雨”故事（即楚王梦幸巫山神女的故事）乃是荒唐不经之事，而巫峡中猿鸣的悲切才是真实的，让人徒增悲伤。

阳台云雨：用楚先王梦幸巫山神女之典故（见〔战国 · 楚〕宋玉《高唐赋》序，〔南朝 · 梁〕萧统编《文选》卷十九，上海古籍出版社 1986 年 8 月第 1 版，第 875—876 页），故在后世的诗词曲中，“阳台”一词多指男女欢会之所，“云雨”一词多指男女性爱。

枉断肠：徒然悲伤之意。断肠：形容悲伤到极点。〔唐〕李白的《清平调词 · 其二》：“一枝红艳露凝香，云雨巫山枉断肠。借问汉宫谁得似，可怜飞燕倚新妆。”（〔清〕王琦注《李太白全集》，中华书局 1977 年 9 月第 1 版，第 305 页）

③苍梧山：又名九嶷山。位于湖南省南部永州市宁远县境内，纵横 2000 余里，南接罗浮，北连衡岳。这里峰峦叠峙，深邃幽奇，千米以上高峰有 90 多处。苍梧山得名于舜帝之南巡。《山海经 · 海内经》：“南方苍梧之丘，苍梧之渊，其中有九嶷山，舜之所葬，在长沙零陵界中。”〔东晋〕郭璞注：“山今在零陵营道县南，其山九溪皆相似，故云‘九疑’；古者总名其地为苍梧也。”（袁珂《山海经校注》，巴蜀书社 1993 年 4 月第 1 版，第 521 页）

④九疑：亦作“九嶷”，山名。

赋得三峡流泉歌　李　冶[①]

妾家本住巫山云，巫山流泉常自闻。玉琴奏出转寥敻[②]，宜[③]似当时梦中[④]听。巫峡[⑤]迢迢几千里，一时流入幽闺里。巨石崩崖指下生[⑥]，飞波走浪弦中起。初疑喷怒[⑦]含雷风，又似呜咽流[⑧]不通。回湍[⑨]曲濑[⑩]势将尽，时复滴沥[⑪]平沙中。忆昔为此曲[⑫]，能令仲容听不足[⑬]。一弹既罢还一弹，愿比流泉镇相续。

【笺　注】

①此歌可见于中华书局编辑部点校《全唐诗》增订本卷八百零五（中华书局 1999 年 1 月第 1 版，第 9156 页）。题目《全唐诗》作《从萧叔子听弹琴，赋得三峡流泉歌》。

赋得：凡摘取古人成句为诗题，题首多冠以“赋得”二字。如南朝时期的梁元帝有《赋得兰泽多芳草》一诗。科举时代的试帖诗，因试题多取成句，故题前均有“赋得”二字。亦应用于应制之作及诗人集会分题。后人遂将“赋得”视为一种诗体。另外，后来即景赋诗者也往往以“赋得”为题。三峡流泉歌：琴曲名。〔北宋〕郭茂倩《乐府诗集》卷六十引《琴集》：“《三峡流泉》，晋阮咸所作也。”（中华书局 1979 年 11 月第 1 版，第 876 页）

李冶（？—784）：字季兰，乌程（今浙江吴兴）人，女道士。美丽聪慧，五六岁即能吟诗。年长后专心翰墨，工格律，善弹琴。与陆羽、刘长卿、僧皎然等有交往。曾被诏赴阙。因上诗叛将朱泚，为德宗所杀。

②寥敻（xiòng）：空旷，开阔。

③宜：《全唐诗》作“直”。

④中：《全唐诗》作“里”。

⑤巫峡：《全唐诗》作“三峡”。

⑥指下生：从手指下发出。此句言巨石滚落、山崖崩塌那样的声响从弹琴的手指下发出。

⑦喷怒：《全唐诗》作“愤怒”。

⑧呜咽：形容低沉凄切的声音，此处用以形容琴声如低微的、若断若续的流水声。

⑨回湍：回旋的急流。

⑩曲濑（lài）：从沙石上流过的急水。

⑪滴沥：水珠下滴的声音。

⑫《全唐诗》作“忆昔阮公为此曲”，应是，指阮公作了《三峡流泉》这首曲子。

阮公:指阮咸，西晋陈留尉氏（今属河南）人，字仲容，与嵇康、阮籍、山涛、向秀、刘伶、王戎并称“竹林七贤”。阮咸也是著名的音乐家。

⑬听不足：听不够，用以形容曲调优美。

赋

高唐赋 宋 玉[①]

昔者[②]楚襄王与宋玉游于云梦[③]之台[④]，望高唐[⑤]之观[⑥]。其上独有云气，崪[⑦]兮直上，忽兮改容[⑧]，须臾[⑨]之间，变化无穷。王问玉曰："此何气也？"玉对曰："所谓朝云者也。"王曰："何谓朝云？"玉曰："昔者先王[⑩]尝游高唐，怠[⑪]而昼寝[⑫]，梦见一妇人曰：'妾[⑬]，巫山之女[⑭]也，为高唐之客，闻君游高唐，愿荐枕席[⑮]。'王因[⑯]幸[⑰]之。去而辞曰：'妾在巫山之阳[⑱]，高丘之岨[⑲]，旦为朝云，暮为行雨[⑳]。朝朝暮暮[㉑]，阳台之下。'旦朝[㉒]视之，如言。故为立庙，号曰朝云。"王曰："朝云始出，状若何也？"玉对曰："其始出也，䁯[㉓]兮若松榯[㉔]；其少进[㉕]也，晰[㉖]兮若姣姬[㉗]。扬袂[㉘]鄣日[㉙]，而望所思[㉚]。忽兮改容，偈[㉛]兮若驾驷马[㉜]，建羽旗[㉝]。湫[㉞]兮如风，凄[㉟]兮如雨。风止雨霁[㊱]，云无处所[㊲]。"王曰："寡人[㊳]方今[㊴]可以游乎？"玉曰："可。"王曰："其何如矣？"玉曰："高矣显矣[㊵]，临望远矣[㊶]。广矣普矣[㊷]，万物祖矣[㊸]。上属于天[㊹]，下见于渊[㊺]；珍怪奇伟[㊻]，不可称论[㊼]。"王曰："试[㊽]为寡人赋[㊾]之[㊿]！"玉曰："唯唯[51]！"

【笺 注】

①此赋可见于〔南朝·梁〕萧统编《文选》卷十九（上海古籍出版社1986年8月第1版，第875—882页），此处多参考程地宇、滕新才、陈卫星编注《巫山诗文·先秦至隋代部分》中的《高唐赋》注释（重庆出版社2011年12月第1版，第193—220页）。先交代于此，后不再逐条注明。

②昔者：往日，从前。《周易·说卦》："昔者圣人之作《易》也，幽赞于神明而生蓍。"〔唐〕孔颖达疏："据今而称上世，谓之昔者也。"（《周易正义》卷九，李学勤主编《十三

经注疏》标点本，北京大学出版社 1999 年 12 月第 1 版，第 323 页）

③云梦：泛指战国时期楚王的狩猎区，它是包括山地、丘陵、平原和湖泊等多种地貌形态在内的广阔地区，东部在今武汉以东的大别山麓和幕阜山麓，西部直抵今宜昌、宜都一线以东，包括江南的松滋、公安县一带。楚国国都郢所在的今江陵纪南城已在其范围之内，离长江三峡地区并不遥远，《高唐赋》中楚襄王与宋玉所游的云梦之地当在荆州郢都附近，距巫山亦不远。

④台：四方高而上平且无屋的方形建筑物，供观察眺望用。宋玉《招魂》“层台累榭”，〔汉〕王逸注：“层，累，皆重也。无木谓之台，有木谓之榭。”〔北宋〕洪兴祖补注：“《说文》：台，观四方而高者；榭，台有屋也，一曰凡屋无室曰榭。”（〔北宋〕洪兴祖《楚辞补注》，中华书局 1983 年 3 月第 1 版，第 202—203 页）

⑤高唐：地名。从本赋“妾巫山之女也，为高唐之客”以及“惟高唐之大体兮，殊无物类之可仪比。巫山赫其无畴兮，道互折而曾累”等语来看，高唐在巫山中，是巫山中一座顶上建有“观”的高山（“上至观侧，地盖底平”）。关于“高唐”的由来，闻一多先生在《高唐神女传说之分析》（《清华学报》第 10 卷第 4 期）一文中，根据郭沫若“‘高唐’者余谓即高禖或郊社之音变”的推论出发，认为“与其说高唐即高禖，不如说即高阳”。他进而指出：“古代各民族所祀的高禖全是各该民族的先妣。……因此我以为楚人所祀为高禖的那位高唐神，必定也就是他们那‘厥初生民’的始祖高阳，而高阳则本是女性……在始祖的资格之下虽变成了男性，但在神禖的资格下，却仍然不得不是个女子。于是一人只好分化成二人了。……性别不变的，……照旧写他的‘高唐’，性别变了的，……就写作‘高阳’罢”。这就是说，巫山神女即楚民族的高禖，亦即他们的始祖（先妣）高唐。在现代，把巫山神女定格为楚民族的高禖神，并称之为“高唐神女”，自闻一多始。这一论断和称谓一直沿袭至今，成为巫山神女研究中最重要的一种学说。但这一学说的致命伤在于：既然“高唐神女”是楚人的始祖，那么作为始祖的巫山神女却向后嗣子孙求爱，自称“妾”，并投怀送抱，自荐枕席，而作为后代的楚先王居然毫不推辞地“幸之”，这岂不是骇人听闻的乱伦吗？有论者说：“楚王幸神女这类故事，并非楚国独有的现象，而曾是血缘婚和野蛮时代末期、文明时代早期全球各地普遍存在的弑生父娶庶母野蛮礼俗的折射。”（吴天明《高唐神女传说之再分析》，《云梦学刊》2003 年第 4 期）但这一解释存在着逻辑上的悖谬。既然是“弑生父娶庶母”，那么弑父者所娶的就绝非生母。被后人奉为“先妣”的必定是嫡亲老祖母，而绝不会把一位“庶母”身份的女人奉为“先妣”。闻一多《高唐神女传说之分析》发表后不久，其高足弟子孙作云即看出了这一破绽，他这样为闻说补苴罅漏：“在祭法上，先妣是早已因‘去墠为鬼’而不受

祭了的，既不受祭，则其先妣的资格势必终于被人忘却。在这种情形之下，先妣之失去其先妣的名分而专为山神，是必然的趋势。”（《〈九歌〉山鬼考》，《清华学报》1936年第11卷第4期）后来，褚斌杰也在《宋玉〈高唐〉、〈神女〉二赋的主旨及艺术探微》一文中说：“大约到了宋玉时代，这位楚远祖化身的女神，已经淡化了其原先的身份。宋玉此赋显然已不把女神当做楚国的始祖了，而只是把她当做楚人崇拜的一位女神”（《北京大学学报》1995年第1期）。对楚先王梦幸神女之事的阐释，众说纷纭，莫衷一是。在巫山神女神话形成的过程中，极有可能融合了高禖崇拜的因子，但直接将神女指认为楚民族的先妣，似乎难以自圆其说。平心而论，把楚王神女之事解释成作为国君的楚先王与作为山神的巫山神女的“圣婚”说较为允当，即他们的交合是一种祀奉山林之神的仪式，其目的在于祈求风调雨顺、人畜兴旺。在巫山神女神话的深层，还积淀着巫山地区的历史变迁的内涵。

⑥观：本指古代宫门外的双阙。《礼记·礼运》：“昔者仲尼与于蜡宾，事毕，出游于观之上，喟然而叹。”〔东汉〕郑玄注：“观，阙也。”（《礼记正义》卷二十一，李学勤主编《十三经注疏》标点本，北京大学出版社1999年12月第1版，第656页）亦指楼台。《左传·哀公元年》：“昔阖庐食不二味，居不重席，室不崇坛，器不彤镂，宫室不观，舟车不饰，衣服财用，择不取费。”〔晋〕杜预注：“观，台榭。”（《春秋左传正义》卷五十七，李学勤主编《十三经注疏》标点本，北京大学出版社1999年12月第1版，第1614页）引申之，凡台上屋可以游观者，皆可曰观。故离宫别馆亦有之，如卫有昆吾之观，楚有高唐之观（参见姜亮夫《楚辞通故》第二辑，云南人民出版社1999年12月第1版，第549页）。

⑦崒(zú)：高举的样子，形容云气像高峻的山峰一样上升。〔唐〕李善注：“《尔雅》曰：‘崪者，厜。注谓山峰头巉嵒。’然言云气形似于山。”（〔南朝·梁〕萧统编《文选》卷十九，上海古籍出版社1986年8月第1版，第875。下引李善注同，不再注明出处）

⑧忽兮改容：忽然之间改变了形貌和色彩。

⑨须臾（yú）：片刻，短时间。《荀子·劝学》：“吾尝终日而思矣，不如须臾之所学也。”（〔清〕王先谦撰，沈啸寰、王星贤点校《荀子集解》，中华书局1988年9月第1版，第4页）

⑩先王：楚国先辈君王。按，世人大多把《高唐赋》中的“先王”指认为“怀王”，最开始者，李善也。《文选·高唐赋》李善注曰：“《襄阳耆旧传》曰：‘赤帝女曰瑶姬，未行而卒，葬于巫山之阳，故曰巫山之女。楚怀王游于高唐，昼寝，梦见与神遇，自称是巫山之女，王因幸之。’”孙作云《〈九歌〉山鬼考》指出：“先王只是楚之先世某王，而不当专指怀王。赋言朝云之庙是先王所立，若先王果为怀王，

则立庙的来由，襄王决不会不知遭，反要宋玉当做掌故一五一十地来告诉他。只这一个理由就可以把李善驳倒了。”（《清华学报》1936 年第 11 卷第 4 期）其后马积高在其所著《赋史》中也说：“宋玉赋只说，‘昔者先王曾游高唐，怠而昼寝，梦见一妇人，曰：妾巫山之女也……王因幸之。’并未说先王是谁。……襄王是怀王之子，父之所幸，儿子却去追求，……这对于襄王来说，却是企图乱伦的事”（上海古籍出版社 1987 年 7 月第 1 版，第 44 页）；褚斌杰亦云：“将作品中所说的‘楚先王’，即坐实为楚怀王，亦可商。”（《宋玉〈高唐〉、〈神女〉二赋的主旨及艺术探微》，《北京大学学报》1995 年第 1 期）。但问题还在于究竟是《襄阳耆旧传》把先王坐实为“怀王”，还是李善作注时误引为“怀王”？孙作云在《〈九歌〉山鬼考》“注 [11] ”中说：“按此李善櫽括《耆旧传》之辞。《渚宫旧事》三载《耆旧传》全文仍作‘昔者先王来游高唐’，未尝明言是怀王，用知以先王为怀王者乃李善，非习凿齿也。”即是说，李善是概括地引述《襄阳耆旧传》，而并非引用其原文。故把《高唐赋》中的“先王”说成“怀王”者，当始于李善。

⑪怠：疲倦。

⑫昼寝：白天睡觉。《论语·公冶长》：“宰予昼寝。”〔宋〕邢昺疏：“‘宰予昼寝’者，弟子宰我昼日寝寐也。”（《论语注疏》卷五，李学勤主编《十三经注疏》标点本，北京大学出版社 1999 年 12 月第 1 版，第 60 页）

⑬妾：旧时女子自称的谦辞。〔西汉〕司马迁《史记·孟尝君列传》：“幸姬曰：‘妾愿得君狐白裘。’”（郭逸、郭曼标点《史记》，上海古籍出版社 1997 年 8 月第 1 版，第 1810 页）

⑭巫山之女：巫山的女神。《文选·高唐赋》李善注引《襄阳耆旧传》：“赤帝女曰姚姬，未行而卒，葬于巫山之阳，故曰巫山之女。”《文选·杂体诗》李善注引《宋玉集》：“……自云：我帝之季女，名曰瑶姬。未行而亡，封于巫山之台。”《文选·别赋》李善注引宋玉《高唐赋》，《渚宫旧事·三》引《襄阳耆旧传》，《太平御览》引《襄阳耆旧记》均有“未行而亡，封于巫山之台”语，由此可知，帝（或赤帝）之女姚姬（瑶姬），未行而亡（没有出嫁就死了），葬于巫山之阳（南面），封于巫山之台（台，指举行受封仪式的高台），即被封为巫山之神，所以自称“巫山之女”。

⑮荐枕席：进献枕席。借指侍寝。李善注：“荐，进也，欲亲于枕席，求亲昵之意也。”

⑯因：副词，就，于是。

⑰幸：此处特指帝王与女子同房。

⑱巫山之阳：巫山的南面。巫山：《高唐赋》中描写的巫山在今重庆市巫山县境内。旧传山形似巫字得名。或传巫咸死后葬于此，称巫咸山，简称巫山。巫山北

起大巴山，东北西南走向，绵延于渝鄂边境，长200多千米，宽30～50千米，海拔1000～2000多米，长江穿流其中，形成蔚为壮观的长江三峡。〔唐〕李善《文选·高唐赋》注云："《汉书》注：'巫山在南郡巫县。'"巫山所在地古为巫载国。战国楚置巫郡。秦昭王三十年（前277）改楚巫郡置巫县，属南郡。三国蜀汉属巴东郡。西晋为建平郡治。隋开皇初改为巫山县。〔北魏〕郦道元《水经注》卷三十四《江水》："江水又东径巫县故城南，县，故楚之巫郡也，秦省郡立县，以隶南郡。"（陈桥驿《水经注校证》，中华书局2007年7月第1版，第789页）阳：山的南面。《尚书·禹贡》："岷山之阳，至于衡山。"（李民、王健《尚书译注》，上海古籍出版社2000年第1版，第75页）按，此曰"妾在巫山之阳"，当即《文选·高唐赋》李善注引《襄阳耆旧传》所言"葬于巫山之阳"，其葬地即其居处，故云。

⑲高丘之岨：高丘山的险要之地。高丘：山名。1987年，湖北省荆门市包山二号墓出土278枚竹简和1枚竹牍，其中的卜筮祭祷简记载了楚人所祀的神灵和圣地。在祭祀对象中就有"高丘"。何琳仪先生《包山竹简选释》云："高丠下丠237：'高丠'即'高丘'，见《楚辞·离骚》：'哀高丘之无女。'注'楚有高丘之山……旧说高丘，楚地名也。'鄂君启节'高丘'为地名，包山简'高丘'则为山名。《文选·高唐赋》'妾在巫山之阳，高丘之岨。'应在三峡之中，为楚人膜拜之山，屈宋赋与包山简可以互证。"（《江汉考古》1993年第4期）阻：险要，险要之地。

⑳旦为朝云，暮为行雨：天明是清晨的云，傍晚是降落的雨。按，巫山神女是山神，行云施雨是其神职。因《高唐赋》序中有楚先王与神女之间的性事描述，在中国文学中"云雨"一词遂演化为性爱的符号。

㉑朝朝暮暮：每天早晨和傍晚。

㉒旦朝：次日清早。旦，天亮。《尚书·太甲上》："先王昧爽丕显，坐以待旦。"（李民、王健《尚书译注》，上海古籍出版社2000年第1版，第128页）

㉓䨴（duì）：茂盛貌。

㉔榯（shí）：树木直立貌。

这句是说，朝云刚出现的时候，像茂盛挺拔的松树。

㉕少进：稍微靠前。《仪礼·乡射礼》："众宾皆入门左，东面北上。宾少进。"〔汉〕郑玄注："少进，差在前也。"（《仪礼注疏》卷十一，李学勤主编《十三经注疏》标点本，北京大学出版社1999年12月第1版，第177页）

㉖晰：李善注："晰，昭晰，谓有光明美色。"

㉗姣姬：美女。

㉘扬袂：举起衣袖。李善注："扬袂，举袖也，如美人之举袖，望所思也。"

㉙鄣：同“障”，遮掩。

㉚这两句是说，就像美女举起衣袖遮挡阳光，眺望她所思念的人。这是描绘朝云的形状，实际上也是描写神女的形象。

㉛偈（jié）：疾驰貌。《诗经 · 桧风 · 匪风》：“匪车偈兮。”〔汉〕毛亨传：“偈，疾驱。”（《毛诗正义》卷第七，李学勤主编《十三经注疏》标点本，北京大学出版社 1999 年 12 月第 1 版，第 466 页）

㉜驷马：指驾一车之四马。

㉝羽旗：翠羽装饰的旌旗。李善注：“周礼曰：‘析羽为旌。’谓破五色鸟羽为之也。言气变改或如驾马建旗也。建，立也。”

这两句是说，朝云疾驰，像四匹马拉的车，车上竖立着五彩羽毛装饰的旗帜。

㉞湫：凉貌。李善注：“湫兮，凉貌。”

㉟凄：寒冷。《左传 · 昭公四年》：“冬无愆阳，夏无伏阴，春无凄风，秋无苦雨。”〔晋〕杜预注：“凄，寒也。”（《春秋左传正义》卷四十二，李学勤主编《十三经注疏》标点本，北京大学出版社 1999 年 12 月第 1 版，第 1198 页）

㊱雨霁：雨止天晴。《尚书 · 洪范》：“乃命卜筮。曰雨，曰霁。”〔汉〕孔安国传：“龟兆形有似雨者，有似雨止者。”（《尚书正义》卷十二，李学勤主编《十三经注疏》标点本，北京大学出版社 1999 年 12 月第 1 版，第 314 页）李善注：“《尔雅》曰：‘济谓之霁。’郭璞注曰：‘今南阳人呼雨止为霁。’音荠。”

㊲云无处所：云没有停留的地方。

㊳寡人：古代君主的谦称。《礼记 · 曲礼下》：“诸侯见天子，曰‘臣某侯某’。其与民言，自称曰‘寡人’。”〔唐〕孔颖达疏：“寡人者，言己是寡德之人。”（《礼记正义》卷五，李学勤主编《十三经注疏》标点本，北京大学出版社 1999 年 12 月第 1 版，第 143—144 页）

㊴方今：当今，现时。李善注：“方今，犹正今也。广雅曰：‘方，正也。’”

㊵高矣显矣：高峻呀，显赫呀。

㊶临望远矣：登临可以望得很远呀。临，由上看下，居高面低。《荀子 · 劝学》：“不临深溪，不知地之厚也。”（〔清〕王先谦撰，沈啸寰、王星贤点校《荀子集解》，中华书局 1988 年第 1 版，第 2 页）矣，语气助词。表肯定或判断。与“也”相当。

㊷广矣普矣：大啊，广啊。广：大，在体积、面积等方面超过一般。普：广大。

㊸万物祖矣：是万物的起源之地呀。祖：初，开始。《庄子 · 山木》：“浮游乎万物之祖。”（方勇、陆永品《庄子诠评》，巴蜀书社 1998 年 9 月第 1 版，第 519 页）

这两句，李善注：“广，閒（空阔宽大）也。普，遍也。祖，始也。言万物皆祖宗生此土，为万物神灵之祖，最有异也。”

㊹上属于天：上与天相接。属，连接。

㊺下见于潇：《文选》作“下见于渊”，应是。指下可见深渊。渊：深潭。

㊻珍怪奇伟：珍贵罕见奇异盛大。

㊼不可称论：犹言难以用言语称赞描述。称论：称述，评论。

㊽试：副词，相当于“姑且”“试着”。

㊾赋：吟诵或创作辞赋。《左传·文公十三年》：“郑伯与公宴于棐，子家赋《鸿雁》。”（《春秋左传正义》卷十九下，李学勤主编《十三经注疏》标点本，北京大学出版社 1999 年 12 月第 1 版，第 547 页）

㊿之：代词。这里指高唐朝云胜景。

51唯唯：恭敬的应答声，犹言“是，是。”李善注：“《礼记》曰：‘父召无诺，先生召无诺，唯而起。’郑玄曰：‘应唯恭于诺也。’”李善这段注文的意思是，父亲召唤不能应答“诺”（“诺”是遵命的答应声），老师召唤也不能应答“诺”，要回答“唯”而起身。郑玄说，应答“唯”要比应答“诺”恭敬。宋玉侍奉楚襄王，其应答当然须用“唯”。

萧统在编《文选》时将“唯唯”以前的文字标为序。但这种划分遭到了苏轼的反对。他说：“五臣（指唐吕延济、刘良、张铣、吕向、李周翰，因不满李善《文选》注而重新合注《文选》）既陋，甚至于萧统亦其流尔。宋玉《高唐》《神女》赋自‘玉曰：唯唯’以前皆赋也，而统谓之序，大可笑也。”（《苕溪渔隐丛话》卷一，吴文治主编《宋诗话全编》第四册，凤凰出版社 1998 年 12 月第 1 版，第 3522 页）但也有人赞同这种划分。这一争论一直延续至今。有论者指出，持不同观点者不是对立的双方，根本不能构成争议。因为他们所使用的“序”的概念不同，一方指的是作品之外的文字，而另一方则指作品内部用以引出作赋情由意旨的问答开头。这样的争论自然无所谓对错，也不会有结果。有鉴于此，他提出“外序”“内序”的概念，认为宋玉《高唐赋》《神女赋》“唯唯”以前的文字“是典范的内序，是赋体主要体式——问答体赋形成的重要标志。赋体内序奠定了赋体辩对的模式与叙事框架。虚设人物只是一种代言的机制，这种代言的机制在赋体内序中主要通过人称的转化与人物的设名来建立。赋体内序假设客主以为问答的目的，在很大程度上就是要将本来可用第一人称的叙事转变为相对客观的第三人称叙事。内序的设名，既有普通的客主，也有假借的古人；既有虚构的人物，也有拟人的对问。就纵向的演变历程而言，宋玉《高唐赋》、《神女赋》是赋体内序演变史上的标杆与节点”（刘伟生《宋玉〈高唐赋〉、〈神女赋〉赋首的结构意义》，载《宋玉及其辞赋研究——2010 年襄樊宋玉国际学术研讨会论文集》，学苑出版社 2010 年 10 月第 1 版，第 253—261 页）。

惟[1]高唐之大体[2]兮，殊无[3]类之可仪比[4]。巫山赫[5]其[6]无畴[7]兮，道互折[8]而曾[9]累[10]。登巉岩[11]而下望兮，临[12]大阺[13]之稸[14]水[15]。遇天雨之新霁[16]兮，观百谷[17]之俱集。濞[18]汹汹[19]其无声兮，溃淡淡[20]而并入[21]。滂[22]洋洋[23]而四施[24]兮，蓊[25]湛湛[26]而不[27]止。长风至而波起兮，若丽[28]山之孤亩[29]。势薄岸[30]而相击兮，隘[31]交引[32]而却会。崪中怒而特高[33]兮，若浮海[34]而望碣石[35]。砾[36]磥磥[37]而相摩[38]兮，巆[39]震天之磕磕[40]。巨石溺溺[41]之瀺灂[42]兮，沫[43]潼潼[44]而高厉[45]。水澹澹[46]而盘纡[47]兮，洪波淫淫[48]之溶滴[49]。奔扬踊而相击兮，云兴声之霈霈[50]；猛兽惊而跳骇兮，妄奔走[51]而驰迈[52]。虎豹豺兕[53]，失气恐喙[54]。雕鹗鹰鹞[55]，飞扬伏窜[56]。股战胁息[57]，安敢[58]妄挚[59]。

【笺　注】

①惟：助词，用于句首。《孟子·滕文公下》："惟士无田，则亦不祭。"〔汉〕赵岐注："惟，辞也。"（《孟子注疏》卷六上，李学勤主编《十三经注疏》标点本，北京大学出版社 1999 年 12 月第 1 版，第 164 页）

②大体：巨大的体量。

③殊无：绝对没有。《文选》作"殊无物"。

④仪比：比拟，比匹。李善注："言殊异于常，无物可仪比，比，类也。"

⑤赫：盛大，兴盛。李善注："赫然，盛貌。"

⑥其：助词，用于形容词之后，相当于"然"。

⑦无畴（chóu）：没有可与之相匹配的。

⑧道互折：道路交互曲折。李善注："道路交互曲折。"

⑨曾（céng）：通"层"，重叠。李善注："曾，重也。谓横斜而上。"〔战国·楚〕屈原《九章·橘颂》："曾枝剡棘，圆果抟兮。"洪兴祖补注："曾，重也。"（〔北宋〕洪兴祖《楚辞补注》，中华书局 1983 年 3 月第 1 版，第 154 页）

⑩累：重叠。〔战国·楚〕宋玉《招魂》："层台累榭，临高山些。"〔汉〕王逸注："层、累，皆重也。"（〔北宋〕洪兴祖《楚辞补注》，中华书局 1983 年 3 月第 1 版，第 202—203 页）

⑪巉岩：险峻的山岩。李善注："巉岩，石势，不生草木。"

⑫临：居高望下。

⑬阺（dǐ）：陵阪，山坡。

⑭稸（xù）：积蓄。李善注："《说文》曰：'秦谓陵阪曰阺。'《周礼》曰：'以潴畜水。'《字林》曰：'稸，积也，与畜同。'"

⑮此两句言登上险峻的山岩往下望，看见山坡下积满了水。

⑯新霁（jì）：刚晴。

⑰百谷：众多的山谷。百，概数。李善注："百谷者，众谷杂水集至山之下。"

⑱濞（pì）：象声词。

⑲汹汹：水波腾涌貌。

⑳溃淡淡：水流平稳安然地汇集在一起。李善注："溃，水相交过也。淡，安流平满貌。"

㉑此二句说，百谷汇集，其势汹涌却听不见水声，奔腾的水流交汇在一起，呈现出一派平稳安然的景象。写百谷汇集，因距离遥远，只见其奔腾之势，不闻其喧豗之声。而奔腾的激流汇聚一处却化动为静，这一描写十分精彩传神。

㉒滂：水广大貌。

㉓洋洋：盛大貌。《诗经·卫风·硕人》："河水洋洋，北流活活。"〔汉〕毛亨传："洋洋，盛大也。"（《毛诗正义》卷第三，李学勤主编《十三经注疏》标点本，北京大学出版社1999年12月第1版，第226页）

㉔四施：向四周散布。

㉕蓊：聚集貌。

㉖湛湛：水深貌。〔战国·楚〕宋玉《招魂》："湛湛江水兮上有枫，目极千里兮伤春心。"王逸注："湛湛，水貌。"（〔北宋〕洪兴祖《楚辞补注》，中华书局1983年第1版，第215页）

㉗不：《文选》作"弗"。

㉘丽：依附。

㉙亩：田垄。《诗经·小雅·信南山》："我疆我理，南东其亩。"〔南宋〕朱熹集传："亩，垄也。"（《诗集传》卷十三，中华书局1958年第1版，第154—155页）

这两句言远风吹来，波浪涌起，像依附大山的田垄。

㉚薄岸：拍岸。薄：搏击，拍击。《周易·说卦》："天地定位，山泽通气，雷风相薄，水火不相射。"（《周易正义》卷九，李学勤主编《十三经注疏》标点本，北京大学出版社1999年12月第1版，第326页）

㉛隘：狭窄。

㉜交引：相互牵引。

㉝崪中怒而特高：李善注："崪，聚也。谓两浪相合聚而中高也。"

㉞浮海：在海上航行。

㉟碣石：山名，在河北省昌黎县北。碣石山余脉的柱状石亦称碣石，该石自汉

末起已逐渐沉没海中。《尚书·禹贡》:“导岍及岐……太行、恒山,至于碣石,入于海。”(《尚书正义》卷六,李学勤主编《十三经注疏》标点本,北京大学出版社 1999 年 12 月第 1 版,第 157—158 页)李善注:“言水怒浪如海边之望碣石。孔安国注《尚书》曰:‘碣石,海畔山也。’”

㊱砾(lì):小石,碎石。

㊲磥磥:“磥”同“磊”,磊磊,众多石积貌。〔战国·楚〕屈原《九歌·山鬼》:“采三秀兮于山间,石磊磊兮葛蔓蔓。”(〔北宋〕洪兴祖《楚辞补注》,中华书局 1983 年第 1 版,第 80—81 页)

㊳相摩:相互摩擦。李善注:“相摩,言水急石流,自相摩砺,声动彻天。《说文》曰:‘砾,小石也。’磥磥,众石貌。”

㊴熷:《文选》作“巆”,应是。巆(hōng):象声词。

㊵磕磕(kē):物相碰声。

㊶溺溺:沉没。

㊷瀺灂(chán jiào):石在水中出没之貌。

㊸沫:水泡。

㊹潼潼(tóng):高貌。

㊺高厉:上升,高高腾起。

㊻澹澹:荡漾貌。

㊼盘纡(yū):回绕曲折。李善注:“《说文》曰:‘澹澹,水摇也。’‘纡,回也。’”

㊽淫淫:水流长远的样子。

㊾溶裔:《文选》作“溶滴”,应是。溶滴:水波荡动的样子。

㊿霈霈:波浪相击声。李善注:“言水之奔扬踊起而相击,其状若云,又兴声霈霈然。《上林赋》曰:‘穹隆云桡,义出于此。’《纂文》曰:‘云若大波。’”

(51)妄奔走:胡乱奔走。李善注:“妄,谓不觉东西漫走。”

(52)驰迈:奔驰行进。

(53)兕(sì):古代兽名。皮厚,可以制甲。《左传·宣公二年》:“牛则有皮,犀兕尚多,弃甲则那?”〔唐〕孔颖达疏:“《释兽》云:‘兕,似牛。’郭璞云:‘一角,青色,重千斤。’《说文》云:‘兕如野牛,青毛,其皮坚厚,可制铠。’”(《春秋左传正义》卷二十一,李学勤主编《十三经注疏》标点本,北京大学出版社 1999 年 12 月第 1 版,第 593—594 页)

(54)失气恐喙:失去勇气,因恐惧而喘息。喙:疲困,喘气。《国语·晋语五》:“靡笄之役,郤献子伤,曰:‘余病喙矣。’”〔三国·吴〕韦昭注:“喙,短气貌。”(徐

元诰《国语集解》，中华书局 2002 年 6 月第 1 版，第 382 页）

(55)雕：一种大型猛禽，鹰科，雕属。

鹗：鹗科鹗属鸟类动物，栖息于湖泊、河流、海岸等地，以鱼类为食。

鹰：巫山地区常见的为苍鹰，上嘴呈钩形，颈短，脚部有长毛，足趾有长而锐利的爪。性凶猛，捕食小兽及其他鸟类。

鹞：通称雀鹰、鹞鹰，俗称鹞子，似鹰而较小。背灰褐色，腹白带赤。善捕小鸟。

(56)伏窜：藏匿逃窜。《左传 · 襄公二十一年》：“天子陪臣盈，得罪于王之守臣，将逃罪。罪重于郊甸，无所伏窜。”（《春秋左传正义》卷三十四，李学勤主编《十三经注疏》标点本，北京大学出版社 1999 年 12 月第 1 版，第 975 页）李善注：“《字林》曰：‘窜，逃也。’”

(57)股：大腿。《战国策 · 秦策一》：“（苏秦）读书欲睡，引锥自刺其股，血流至足。”（缪文远《战国策新校注》，巴蜀书社 1987 年 9 月第 1 版，第 76 页）

战：战栗。

胁：身躯两侧自腋下至腰上的部分。《左传 · 僖公二十三年》：“曹共公闻其骈胁，欲观其裸。”〔唐〕孔颖达疏：“胁是腋下之名，其骨谓之肋。”（《春秋左传正义》卷十五，李学勤主编《十三经注疏》标点本，北京大学出版社 1999 年 12 月第 1 版，第 410—411 页）

息：一呼一吸谓之一息。胁息，胸肋收敛，屏住呼吸。李善注：“股战，犹股栗也。胁息，犹翕息也。”

(58)安敢：怎敢，岂敢。

(59)妄挚：随意地搏击，攫取。

于是水虫[1]尽暴[2]，乘[3]渚[4]之阳[5]。元[6]鼋鼍鳣鲔[7]，交积纵横。振鳞奋翼[8]，蜲蜲蜿蜿[9]。中阪[10]遥望，玄木[11]冬荣[12]。煌煌[13]荧荧[14]，夺人目精[15]。烂[16]兮若列星[17]，曾[18]不可殚形[19]。榛林[20]郁盛[21]，葩华[22]覆盖；双椅垂房[23]，糺枝还会[24]。徙靡澹淡[25]，随波暗蔼[26]；东西施翼[27]，猗狔[28]丰沛[29]。绿叶紫裹[30]，朱茎白蔕[31]。纤条[32]悲鸣，声似竽[33]籁[34]；清浊[35]相和，五变[36]四会[37]。感心动耳，回肠[38]伤气[39]；孤子[40]寡妇，寒心酸鼻[41]。长吏[42]隳官[43]，贤士[44]失志[45]；愁思无已，叹息垂泪[46]。

【笺 注】

①水虫：水生动物的统称。《国语 · 鲁语上》：“鸟兽孕，水虫成。”（徐元诰《国语集解》，中华书局 2002 年 6 月第 1 版，第 169 页）

②暴：晒。《周礼·天官·染人》："凡染，春暴练，夏纁玄。"〔唐〕贾公彦疏："以春阳时阳气燥达，故暴晒其练。"（《周礼注疏》卷八，李学勤主编《十三经注疏》标点本，北京大学出版社 1999 年 12 月第 1 版，第 210—211 页）

③乘：登。这里指水中生物爬上岸。

④渚：小洲，水中的小块陆地。《诗经·召南·江有汜》："江有渚。"〔汉〕毛亨传："渚，小洲也。"（《毛诗正义》卷一，李学勤主编《十三经注疏》标点本，北京大学出版社 1999 年 12 月第 1 版，第 98 页）

⑤阳：山的南面或水的北面。《公羊传·僖公二十二年》："宋公与楚人期战于泓之阳。"〔汉〕何休注："泓，水名。水北曰阳。"（《春秋公羊传注疏》卷十二，李学勤主编《十三经注疏》标点本，北京大学出版社 1999 年 12 月第 1 版，第 246 页）

⑥元：《文选》无此字。

⑦鼋（yuán）：大鳖，俗称癞头鼋。〔战国·楚〕屈原《九歌·河伯》："乘白鼋兮逐文鱼。"〔汉〕王逸注："大鳖为鼋，鱼属也。"（〔北宋〕洪兴祖《楚辞补注》，中华书局 1983 年第 1 版，第 77 页）

鼍（tuó）：扬子鳄，也称鼍龙、猪婆龙。

鳣（zhān）：鲟鳇鱼。《尔雅·释鱼》："鳣。"〔晋〕郭璞注："鳣，大鱼，似鱏而短鼻，口在颔下，体内有邪行甲，无鳞，肉黄。大者长二三丈。今江东呼为黄鱼。"（《尔雅注疏》卷九，李学勤主编《十三经注疏》标点本，北京大学出版社 1999 年第 1 版，第 293 页）

鲔（wěi）：鲟形目匙吻鲟科白鲟属的一种。又名象鼻鱼、琴鱼、剑鱼，古名鲔。体呈梭形。吻呈剑状，前端狭而平扁，基部肥厚。体无骨板状大硬鳞。以鱼类为食。这一有关"鲔"的记载，是《高唐赋》所描写的巫山在长江三峡的明证。

⑧振鳞奋翼：展开鳞甲，振动两鬣。李善注："谓张其鳞甲。翼，鱼腮边两鬣也。"

⑨蜲蜲（wēi）蜿蜿：曲折前进的样子。李善注："蜲蜲蜿蜿，龙蛇之貌。"

以上是对巫山景象的宏观描绘，即对巫山景象的摇镜头式的全景呈现。描写的主要是巫山的地貌及生态特征，凸现了其百谷聚集、洪波溶潏、猛兽跳骇、鹰隼飞扬的独特景观，这种大山大水、巨谷巨流中充满了生命力的搏击和律动；而在宏阔的自然时空中又逸荡着一种无处不在的使万物臣服、百兽震恐的超自然之神秘力量，从而营造了高唐圣地的环境氛围。

⑩阪（bǎn）：山坡，斜坡。《诗经·秦风·车邻》："阪有漆，隰有栗。"〔汉〕毛亨传："陂者曰阪。"（《毛诗正义》卷六，李学勤主编《十三经注疏》标点本，北京大学出版社 1999 年 12 月第 1 版，第 410 页）中阪，犹言半山坡。李善注："上言水中蟲

尽暴，总色说之。中，阪之中，犹未至山顶。”

⑪玄木：传说中的一种常绿树，谓食其叶可成仙。

⑫冬荣：冬天开花。

按：这里是用传说中的“玄木”来比喻、形容巫山树木。或释“玄木”为“山上幽深的树木”，释“荣”为“茂盛”，似未透也。后言“煌煌荧荧，夺人目精。烂兮若列星，曾不可殚形”，岂是“幽深的树木”所能？

以下为山半所见景观。

⑬煌煌：明亮辉耀貌；光彩夺目貌。《诗经·陈风·东门之杨》：“昏以为期，明星煌煌。”〔南宋〕朱熹集传：“煌煌，大明貌。”（〔南宋〕朱熹《诗集传》，中华书局1958年7月第1版，第82页）

⑭荧荧：光艳貌。李善注：“煌煌荧荧，草木花光也。”

⑮夺人目精：犹耀人眼目。目精：眼珠，眼睛。

⑯烂：光明，明亮。《诗经·郑风·女曰鸡鸣》：“子兴视夜，明星有烂。”（《毛诗正义》卷四，李学勤主编《十三经注疏》标点本，北京大学出版社1999年12月第1版，第294页）

⑰列星：罗布天空定时出现的恒星。

⑱曾：副词，乃，竟。

⑲不可殚形：谓（因眼花缭乱）不能使其状貌尽显出来。殚：尽。

⑳榛(zhēn)林：榛木林。榛：落叶灌木或小乔木，实如栗，可食用或榨油。《诗经·邶风·简兮》：“山有榛，隰有苓。”〔汉〕毛亨传：“榛，木名。”（《毛诗正义》卷二，李学勤主编《十三经注疏》标点本，北京大学出版社1999年12月第1版，第165页）亦泛指丛林。

㉑郁盛：茂密兴盛。

㉒葩华：鲜花。李善注：“葩，花。栗花长与叶间生，自相覆盖也。”

㉓双椅垂房：桐树垂着果实。李善注：“双椅，椅，桐属也。垂房，花作房生也。房，椅实也。”按，巫山地区“桐属”的植物主要有油桐，大戟科落叶乔木，高3～8米。可提炼桐油。桐油是重要工业用油，制造油漆和涂料，经济价值特高。油桐是我国特有经济林木，它与油茶、核桃、乌桕并称我国四大木本油料植物。油桐有千年以上的栽培历史，直到1880年后，才陆续传到国外。巫山地区是我国桐油的主产区之一。此外还有珙桐，珙桐有“植物活化石”之称，是国家八种一级重点保护植物中的珍品，为我国独有的珍稀名贵观赏植物，其枝叶繁茂，叶大如桑，花形似鸽子展翅。白色的大苞片似鸽子的翅膀，暗红色的头状花序如鸽子的头部，绿黄色

的柱头像鸽子的嘴喙，当花盛时，似满树白鸽展翅欲飞，并有象征和平的含意。

㉔枓枝还会：《文选》作“纠枝还会”，应是。指下垂的树枝交缠在一起。

㉕徙靡澹淡：枝条轻轻摇摆，搅起细小的波纹。李善注：“徙靡，言枝往来靡靡然。澹淡，水波小文也。”

㉖暗蔼（àn ǎi）：晦暗貌。李善注：“暗蔼者，言木荫水波，闇蔼然也。”

㉗东西施翼：树枝像鸟翼一样向四方散布。李善注：“东西施翼者，谓树枝四向施布，如鸟翼然。言东西，则南北可知，其林木多也。”

㉘猗狔（yī nǐ）：柔美下垂的样子。李善注：“猗狔，柔弱下垂貌。”

㉙丰沛：盛多的样子。

㉚绿叶紫裹：绿色的叶子，紫色的果实。裹，花草的子房或果实。李善注：“裹，犹房也。”

㉛朱茎白蔕（dì）：红色的茎，白色的蒂。蔕亦作“蒂”，花或瓜果与枝茎相连的部分。朱茎：《文选》作“丹茎”。

㉜纤条：纤细的枝条。

㉝竽：古代竹制簧管乐器。与笙相似而略大。按，1972年，长沙马王堆汉墓出土之竽为二十二管。

㉞籁：古代一种竹制管乐器。《淮南子·说山训》：“物莫不因其所有，而用其所无，以为不信，视籁与竽。”〔汉〕高诱注：“籁，三孔钥也。”（何宁《淮南子集释》卷十六，中华书局1998年10月第1版，第1107页）

㉟清浊：音乐的清音与浊音。《国语·周语下》：“耳之察和也，在清浊之间。”（徐元诰《国语集解》，中华书局2002年6月第1版，第108页）李善注：“《左氏传》，晏子曰：‘先王和五声也，清浊小大以相济也。吹小枝则声清，吹大枝则声浊。’”

㊱五变：五音皆变。五音，指宫、商、角、徵、羽。

㊲四会：四方乐声相会合。李善注：“五变，五音皆变也。《礼记》曰：声相应故生变，变成方谓之音。四会，四悬俱会也。又云：与四夷之乐声相会也。”

㊳回肠：形容内心感动，仿佛肠子被牵转一样。

㊴伤气：谓使人的精神和情感受到损伤。形容声音悲凉。李善注：“言上诸声能回转人肠，伤断人气。”

㊵孤子：孤儿。李善注：“《礼记·王制》曰：‘小而无父谓之孤。’”

㊶寒心酸鼻：形容悲伤欲哭的样子。李善注：“寒心，谓战栗也。酸鼻，鼻辛酸泪欲出也。”

㊷长（zhǎng）吏：旧称地位较高的官员。

㊸隳（huī）官：罢官，解职。

㊹贤士：志行高洁、才能杰出的人。《国语·齐语》：“奉之以车马、衣裘，多其资币，使周游于四方，以号召天下之贤士。”（徐元诰《国语集解》，中华书局 2002 年 6 月第 1 版，第 230 页）

㊺失志：失意，不得志。李善注：“《尚书》曰：‘股肱惰哉，万事隳哉。’孔安国曰：‘隳，废也。’失其本志，不知所为。”

㊻以上是“中阪遥望”所见所闻的情景。宋玉通过视觉形象与听觉印象的描摹，不但生动地刻画了巫山自然景观的美艳旖旎，而且以视听觉激发观者的心灵和情感世界，并运用夸张的修辞手法，在主客观的交互感应中，建构了一个情景交融、物我混茫的艺术境界。

登高远望[1]，使人心瘁[2]；盘岸[3]巑岏[4]，振陈[5]磓磓[6]。盘石[7]险峻，倾崎[8]崖隤[9]。岩岖[10]参差[11]，纵横相追[12]。陬互横啎[13]，背穴[14]偃蹠[15]。交加累积，重叠增益。状似[16]砥柱[17]，在巫山之下[18]，仰视山巅，肃[19]何芊芊[20]，炫燿虹蜺[21]。俯视崝嵘[22]，窐寥[23]窈冥[24]。不见其底，虚闻松声[25]。倾岸[26]洋洋[27]，立而熊经[28]。久而不去，足尽汗出。悠悠忽忽，怊怅[29]自失[30]。使人心动[31]。无故自恐[32]。贲育[33]之断，不能为勇[34]。卒[35]愕[36]异物[37]，不知所出[38]。縰縰莘莘[39]，若生于鬼，若出于神。状似走兽，或象飞禽。谲诡[40]奇伟[41]，不可究陈[42]。上至观侧[43]，地盖[44]底平。箕踵[45]漫衍[46]，芳草罗生[47]。秋兰[48]芷[49]蕙[50]，江蓠[51]载菁[52]。青荃[53]射干[54]，揭车[55]苞并[56]。薄草[57]靡靡[58]，联延[59]夭夭[60]。越香掩掩[61]，众雀嗷嗷[62]。雌雄相失，哀鸣相号。王雎[63]鹂黄[64]，正冥[65]楚鸠[66]。秭归[67]思妇[68]，垂鸡[69]高巢[70]，其鸣喈喈[71]。当年遨游，更唱迭和[72]，赴曲随流[73]。

【笺　注】

①登高远望：以下文字为升至山上高处，尚未抵达山顶高唐观的景象。李善注：“此下谓至山上高处，未至观也。”

②心瘁（cuì）：心中忧愁。

③盘岸：盘曲的崖岸。

④巑岏（cuán wán）：山高锐貌。李善注：“王逸《楚辞注》曰：‘巑岏，山锐貌。’”

⑤振陈：《文选》作“裖陈”，应是。裖（zhěn）陈：谓重叠密集地堆砌陈列在一起。李善注：“李奇曰：‘裖，整也。陈，列也。’”

⑥磓磓（wèi）：高峻貌。李善注：“磓磓，高貌。《方言》曰：‘磓，坚也。’”

⑦盘石：即磐石，大石。《荀子·富国》：“为名者否，为利者否，为忿者否，

则国安于盘石，寿于旗、翼。”〔唐〕杨倞注：“盘石，盘薄大石也。”（〔清〕王先谦撰、沈啸寰、王星贤点校《荀子集解》，中华书局 1988 年 9 月第 1 版，第 198 页）

⑧倾崎：倾侧，倾斜。

⑨隤（tuí）：崩颓，坠下。李善注：“《广雅》曰：‘隤，坏也。’《说文》曰：‘坠，下也。’”

⑩岩岖：山岩险峻。

⑪参差：不齐貌。

⑫相追：犹言山势纵横，好像在互相追逐。这是一种化静为动的修辞手法。

⑬陬互横啎：犹言山脚处横石挡道。陬（zōu）：山角。啎（wǔ）：逆。李善注：“《广雅》曰：‘陬，角也。’‘啎，逆也。’路有横石逆当其前。”

⑭背穴：洞穴。李善注：“背，却也。穴，孔也。却又当山之孔穴。”

⑮偃蹠（yǎn zhí）：阻塞行路。按，巫山地区多溶洞天坑，常阻塞道路。

⑯似：《文选》作“若”。

⑰砥柱：山名，原在今河南省三门峡市东北黄河中，河水至此分流，势极湍急。〔北魏〕郦道元《水经注·河水四》：“砥柱，山名也。昔禹治洪水，山陵当水者凿之，故破山以通河。河水分流，包山而过，山见水中若柱然，故曰砥柱也。”（陈桥驿《水经注校证》，中华书局 2007 年 7 月第 1 版，第 116 页）

⑱在巫山之下：前言“惟高唐之大体兮，殊无物类之可仪比。巫山赫其无畴兮，道互折而曾累”。此言“状若砥柱，在巫山下”足证高唐在巫山之中。

⑲肃：肃穆。这是“仰视山巅”所见，故肃穆庄严。

⑳芊芊：草木茂盛的样子。《文选》作“千千”。李善注：“《说文》曰：‘俗，望山谷芊芊青也。’千、芊古字通。”

㉑炫燿虹蜺：谓山顶虹蜺炫耀其上。按，山顶有高唐观，由下仰望之，但见虹蜺炫耀，一派神秘奇幻景象。燿：同“耀”。

㉒峥嵘（zhēng róng）：幽深貌。李善注：“《广雅》曰：‘峥嵘，深直貌。’”

㉓窐（wā）寥：空深貌。李善注：“窐寥，空深貌。”

㉔窈（yǎo）冥：深远渺茫貌。

㉕虚闻松声：李善注：“言山下杳远不见，但空闻松声。”

㉖倾岸：将要倾塌的河岸。

㉗洋洋：形容水势很大。

㉘熊经：如熊攀树而悬。形容人临危恐惧之状。按，“熊经”之言，缘于古人的一种养生之法“熊经鸟申”：状如熊之攀枝，鸟之张口而鸣。《庄子·刻意》：“吹

呴呼吸，吐故纳新，熊经鸟申，为寿而已矣。”〔晋〕郭象注：“熊经，若熊之攀树而引气也；鸟申，若鸟之嚬呻也。”（〔晋〕郭象注、〔唐〕成玄英疏《南华真经注疏》，中华书局1998年7月第1版，第314页）经，悬吊。《荀子·仲尼》：“救经而引其足也。”杨倞注：“经，缢也。”（沈啸寰、王星贤点校《荀子集解》，中华书局1988年9月第1版，第113页）

㉙怊（chāo）怅：犹惆怅。〔战国·楚〕宋玉《九辩》：“心摇悦而日幸兮，然怊怅而无冀。”（〔北宋〕洪兴祖《楚辞补注》，中华书局1983年3月第1版，第192—193页）

㉚自失：因感空虚而内心若有所失。《列子·仲尼》：“子贡茫然自失，归家淫思七日。”（杨伯峻《列子集释》，中华书局1979年10月第1版，第117页）

㉛心动：心惊。动，悸动。

㉜无故自恐：无缘故地自感恐惧。李善注：“动，惊也。言无有故对此而惊恐。”

㉝贲（bēn）育：战国时勇士孟贲和夏育的并称。《韩非子·守道》：“战士出死，而愿为贲、育。”（陈奇猷《韩非子集释》，上海人民出版社1974年7月第1版，第491页）

㉞此二句言像孟贲、夏育这样的决断之士，见此险阻也不能为勇也。

㉟卒：突然。《孟子·梁惠王上》：“卒然问曰：‘天下恶乎定？’”（《孟子注疏》卷一，李学勤主编《十三经注疏》标点本，北京大学出版社1999年12月第1版，第17页）

㊱愕：惊讶。

㊲异物：奇异的事物。

㊳此二句说，突然间惊讶地看见奇异的事物，不知道从何而来。

㊴縰縰（xǐ）莘莘（shēn）：众多的样子。李善注：“縰縰莘莘，众多之貌。”

㊵谲（jué）诡：变化多端。

㊶奇伟：奇特怪异。

㊷不可究陈：不能详尽叙述。

㊸上至观侧：上到了高唐观的侧面。观：当指坐落在山顶的高唐观。李善注：“自此已前，并述山势也。”以下则述山顶观侧的风光。

㊹盖：副词，大概。

㊺箕踵：簸箕形的地势。踵：基脚，指底部。李善注：“箕踵，前阔后狭似箕。言山势如簸箕之踵也。”

㊻漫衍：平坦伸展貌。

㊼罗生：遍地生长。罗：罗列，广布。

㊽秋兰：香草名，今名泽兰。屈原《离骚》："纫秋兰以为佩。"（〔北宋〕洪兴祖《楚辞补注》，中华书局 1983 年 3 月第 1 版，第 5 页）

㊾芷：白芷，多年生草本植物。《文选》作"茝"。茝（chǎi）：香草名。

㊿蕙：古又名菌；今名九层塔，零陵香。屈原《离骚》："杂申椒与菌桂兮，岂维纫夫蕙茝？"（〔北宋〕洪兴祖《楚辞补注》，中华书局 1983 年 3 月第 1 版，第 7 页）

51江蓠：《文选》作"江离"，义同，香草名。〔战国·楚〕屈原《离骚》："扈江离与辟芷兮。"（〔北宋〕洪兴祖《楚辞补注》，中华书局 1983 年 3 月第 1 版，第 4 页）

52载菁：花草名。李善注："《广雅》曰：'菁，华也'；'载，则也。'"

53青荃：香草名。即荪，古又名荃，今名菖蒲。

54射干：香草名。

55揭车：香草名。今名珍珠菜。

56苞并：李善注："苞并，丛生也。"

57薄草：丛生之草。

58靡靡（mǐ）：草随风倒伏貌。

59联延：连绵，连续。

60夭夭：嫩弱貌。

61越香掩掩：谓同时散发出香气。李善注："越香，言气发越。掩掩，同时发也。掩，同也。"

62嗷嗷：哀鸣声。《诗经·小雅·鸿雁》："鸿雁于飞，哀鸣嗷嗷。"（《毛诗正义》卷十一，李学勤主编《十三经注疏》标点本，北京大学出版社 1999 年 12 月第 1 版，第 663 页）

63王雎：鸟名，一名雎鸠。《尔雅·释鸟》："鵙鸠，王鵙。"郭璞注："雕类，今江东呼之为鹗，好在江中渚山边食鱼。"（《尔雅注疏》卷十，李学勤主编《十三经注疏》标点本，北京大学出版社 1999 年 12 月第 1 版，第 306 页）

64鹂黄：即黄鹂，黄莺。李善注："骊黄，郭璞曰：其色黧黑而黄，因名之。一曰鸧鹒。《方言》曰：或谓鹂黄为楚雀。"黄莺鸣声圆润嘹亮，低昂有致，富有韵律，非常清脆，极其优美，是诗人们歌咏的对象。

65正冥：鸟名。

66楚鸠：即斑鸠。

67姊归：即子规，杜鹃鸟的别称。因其口腔上皮和舌部都为红色，古人误以为它啼得满嘴流血。杜鹃高歌之时，正是杜鹃花盛开之际，所以又有杜鹃花的颜色是杜鹃鸟啼血染成之说。

⑱思妇：鸟名。李善注："思妇，亦鸟名也。《地理志》曰：'夷通乡北过仁里有观山，故老相传云：昔有妇登此山，绝望愁思而死，因以为名。'"

⑲垂鸡：鸟名。李善注："垂鸡，未详。"

⑳高巢：犹言高处有巢。李善注："高巢，巢高也。"

㉑喈喈（jiē）：象声词，禽鸟鸣声。《诗经·周南·葛覃》："黄鸟于飞，集于灌木；其鸣喈喈。"（《毛诗正义》卷一，李学勤主编《十三经注疏》标点本，北京大学出版社1999年12月第1版，第30—31页）

㉒更唱迭和：轮番鸣唱，叫声相叠相和。

㉓赴曲随流：犹言随着鸟鸣的旋律而成歌曲。李善注："赴曲者，鸟之哀鸣，有同歌曲，故言赴曲。随流者，随鸟类而成曲也。"

有方之士[1]，羡门、高溪[2]，上成、郁林，公乐、聚谷[3]。进纯牺[4]，祷[5]琁室[6]。醮诸神[7]，礼太乙[8]。传祝已具[9]，言辞已毕[10]。王乃乘玉舆[11]，驷[12]苍螭[13]。垂旒旌[14]，旆[15]合谐[16]。纳[17]大弦[18]而雅声[19]流，冽风[20]过而增悲哀。于是调讴[21]，令人惏悷[22]憯凄[23]，胁息[24]增欷[25]。于是乃纵猎者，基址如星[26]。传言羽猎[27]，衔枚[28]无声。弓弩[29]不发，罘罕[30]不倾。涉[31]漭漭[32]，驰苹苹[33]。飞鸟未及起，走兽未及发。弭节奄忽[34]，蹄足洒血[35]。举功先得[36]，获车已实[37]。

【笺 注】

①有方之士：有方术之士，即方士。古代自称能访仙炼丹以求长生不老的人。〔西汉〕司马迁《史记·封禅书》："驺衍以阴阳主运显于诸侯，而燕、齐海上之方士传其术不能通。"（郭逸、郭曼标点《史记》，上海古籍出版社1997年8月第1版，第1120—1121页）

②羡门、高溪：皆方士名。李善注："《史记》曰：'秦始皇使燕人卢生求羡门高誓。'溪疑是誓字。汉书郊祀志曰：充尚、羡门高最后，皆燕人，为方令道，形辞销化玉。充尚、羡门高，二人。"

按，一些疑古派人士以赋中人名有见诸《史记·封禅书》和《汉书·郊祀志》者，当是宋玉之后的人为由，同时认为《高唐赋》中所说神仙、祈祷等语，与《封禅书》《郊祀志》中的迷信气味相同，而篇中草木鸟兽之铺陈，奇文怪字之引用，又无一不与《子虚》《上林》相类，足见作者是模仿司马相如的无名氏。从而褫夺了宋玉的著作权。对此，马积高先生在《赋史》中提出反驳，他指出："考《封禅书》云：'自齐威、宣之时，驺子之徒论著终始五德之运，及秦帝，而齐人奏之，故始皇采用之。

而宋毋忌、正伯侨、充尚、羡门高最后，皆燕人，为方仙，道形解销化、依于鬼神之事。'（《汉书·郊祀志》同；旧读'道'字句绝，误。）而《始皇本纪》有秦始皇使燕人卢生'求羡门高誓'事，高誓当即高溪。羡门、高溪在邹衍后，然在始皇时已被看作仙人，大概当是燕昭王末（邹衍在昭王二九年，即齐襄王元年以前已死）至燕王喜九年（此年秦主政即位）之间的人，也即是楚襄王十六年至楚考烈王十七年之间的人。当时七国间往来频繁，宋玉在作品中提到他们是可能的。"（参见《赋史》，上海古籍出版社 1987 年 7 月第 1 版，第 41 页）

③上成、郁林，公乐、聚谷：李善注有二义，其一仍释为方士名："盖亦方士也。未详所见。"其二则意释为："又，郁然仙人盛多如林木。公，共也。人在山上作巢。谷，食也。聚食于山阿。"即是说，"上成郁林"意为仙人们都在树上作巢盛多如林木；"公乐聚谷"意为大家一起聚食于山阿。按，以人名为宜。

④纯牺：古时用于祭宗庙的纯色全体牲畜。

⑤祷：向神祝告。

⑥璇室：玉饰的宫室。一说能旋转的宫室。相传为夏桀、商纣所建。

⑦醮（jiào）诸神：祭祀各位神灵。

⑧礼太乙：礼拜太一之神。太乙：即太一，楚人崇拜至上神。疑古派学者以汉武帝元朔六年或五年始祀太一为由，否定《高唐赋》为宋玉所作，这显然也是站不住脚的。马积高先生说："至于太一，则《九歌》中本有东皇太一，为楚人所祀之神，为什么一定要与汉武帝始祀太一联系起来呢？"须知疑古派连屈原其人是否存在也提出了质疑，故屈原《九歌·东皇太一》自不能作为楚人信仰太一神的证据。然而，1987 年湖北省荆门市包山二号墓出土的楚简中就有以"太"即"太一"为至上神一系列神名：简 215 祭祀神为：太、后土、司命、司祸、大水、二天子、危山七位神祇；简 237—238 祭祀神为：太、后土、司命、大水、二天子、危山和楚先老僮、祝融、鬻熊，共六神和三位楚人先祖，而后祭的是高丘、下丘、岁（岁星），合计有九神和三位人鬼。简 243 为太、后土、司命、大水、二天子、危山、邵王、东陵连嚣。这些神名与《九歌》诸神均相吻合。（《20 世纪中国学术文存·屈原研究》，湖北教育出版社 2003 年 8 月第 1 版）楚人祀"太一"是不争的事实。

⑨传祝已具：犹言神的话已经传告给祝。祝：接神者。《礼记·曾子问》："祫祭于祖，则祝迎四庙之主。"〔汉〕郑玄注："祝，接神者也。"（《礼记正义》卷十八，李学勤主编《十三经注疏》标点本，北京大学出版社 1999 年 12 月第 1 版，第 587—588 页）

⑩言辞已毕：犹言祝又将神的话传达给了众人。按，李善注曰："传祝已具，神之语已具。言辞，即祝所传辞也。毕，竟也。"据李善注，这里有两层意思，即

神将话语传给祝，祝再将神之语传告众人。

⑪玉舆：玉饰的车。多指帝王的车。《庄子·让王》："（越人）求王子搜不得，从之丹穴。王子搜不肯出，越人薰之以艾。乘以王舆。"（方勇、陆永品《庄子诠评》，巴蜀书社 1998 年 9 月第 1 版，第 781 页）

⑫驷：驾驭，乘。〔战国·楚〕屈原《离骚》："驷玉虬以椉鹥兮，溘埃风余上征。"〔北宋〕洪兴祖补注："言以鹥为车，而驾以玉虬也。"（〔北宋〕洪兴祖《楚辞补注》，中华书局 1983 年 3 月第 1 版，第 25—26 页）

⑬苍螭：青色的无角龙。《文选》作"仓螭"。螭：古代传说中无角的龙。〔战国·楚〕屈原《九歌·河伯》："乘水车兮荷盖，驾两龙兮骖螭。"〔汉〕王逸注："骖驾螭龙。"（〔北宋〕洪兴祖《楚辞补注》，中华书局 1983 年 3 月第 1 版，第 77 页）

⑭旒旌：古代旌旗名。谓画日月星于旌旗，垂十二旒，名曰太常。李善注："旒旌，谓建太常十二旒。"

⑮旆（pèi）：本指古代旐末状如燕尾的垂旒，亦泛指旌旗。《诗经·商颂·长发》："武王载旆，有虔秉钺。"〔汉〕毛亨传："旆，旗也。"（《毛诗正义》卷二十，李学勤主编《十三经注疏》标点本，北京大学出版社 1999 年 12 月第 1 版，第 1459 页）

⑯合谐：犹和谐。

⑰纳：《文选》作"紬"。紬（chōu）：抽引。

⑱大弦：弦乐器的粗弦，也叫"老弦"。

⑲雅声：雅正之乐。李善注："雅声，正不淫邪。"

⑳冽风：寒风。李善注："《字林》曰：冽，寒风也。"

㉑调讴：讴歌。

㉒惏悷（lín lì）：悲伤貌。

㉓憯（cǎn）凄：悲痛，感伤。

㉔胁息：敛缩气息，表示恐惧。李善注："胁息，犹翕息也。"

㉕增欷（xī）：更加悲伤。欷：抽咽声。

㉖基址如星：《文选》作"基趾如星"，犹言在一地之内布士卒如星。基趾：指一地之范围。或释"基趾"为"山脚"（《昭明文选译注》，吉林文史出版社 1987 年 9 月第 1 版，第 1031 页），可聊备一说。

㉗羽猎：帝王出猎，士卒负羽箭随从，故称"羽猎"。李善注引张晏曰："以应猎负羽。"

㉘衔枚：横衔枚于口中，以防喧哗或叫喊。枚：形如筷子，两端有带，可系于颈上。《周礼·夏官·大司马》："群司马振铎，车徒皆作，遂鼓行，徒衔枚而进。"（《周礼注疏》

卷二十九，李学勤主编《十三经注疏》标点本，北京大学出版社 1999 年 12 月第 1 版，第 780 页）

㉙弓弩：弓和弩。用机械发箭的弓。《周礼 · 夏官 · 司弓矢》："司弓矢掌六弓四弩八矢之法，辨其名物，而掌其守藏与其出入。"（《周礼注疏》卷三十二，李学勤主编《十三经注疏》标点本，北京大学出版社 1999 年 12 月第 1 版，第 842 页）

㉚罘（fú）罕：罕同"罕"，泛指罗网。

㉛涉：徒步渡水。《诗经 · 郑风 · 褰裳》："子惠思我，褰裳涉溱。"（《毛诗正义》卷四，李学勤主编《十三经注疏》标点本，北京大学出版社 1999 年 12 月第 1 版，第 305 页）

㉜莽莽：水广远貌。

㉝苹苹：草聚生貌。

㉞弭节奄忽：忽然停留下来。

㉟蹄足洒血：野兽的蹄足洒满鲜血。

㊱举功先得：犹言已率先获得功劳。举功：建功。

㊲获车已实：犹言获取的猎物已装满车子。

王将欲往见之[①]，必先斋戒[②]，差时择日[③]。简舆[④]玄服[⑤]，建云旆[⑥]，蜺[⑦]为旌，翠为盖[⑧]。风起雨止，千里而逝。盖[⑨]发蒙[⑩]，往自惠[⑪]；思万方[⑫]，忧国害[⑬]；开贤圣[⑭]，辅[⑮]不逮[⑯]。九窍[⑰]通郁[⑱]，精神察滞[⑲]。延年益寿千万岁。

【笺　注】

①之：《文选》无此字。

②斋戒：古人在祭祀前沐浴更衣、整洁身心，以示虔诚。《孟子 · 离娄下》："虽有恶人，斋戒沐浴，则可以祀上帝。"（《孟子注疏》卷八下，李学勤主编《十三经注疏》标点本，北京大学出版社 1999 年 12 月第 1 版，第 230 页）

③差时择日：选择时日。

④简舆：简省车马。舆：车。

⑤玄服：黑色的法服。

⑥建云旆：竖起有云纹图饰的大旗。李善注："冬王水，水色黑，故衣黑服。简，略也，省也。"按，李善解释了着"玄服"的原因乃"冬王水，水色黑，故衣黑服"，则巫山神女"旦为朝云，暮为行雨"，云是其化身，这就是"建云旆"的缘故。

⑦蜺（ní）为旌：以彩虹为旌旗。蜺：副虹，又称雌虹、雌蜺。此处泛指彩虹。

⑧翠为盖：以翠鸟羽毛装饰盖。翠：鸟名。李善注："翠，翡翠也，以羽饰盖。"盖：车盖。

⑨盖：连词，承接上文，表示原因或理由，用于句首。

⑩发蒙：启发蒙昧。《周易·蒙》："初六：发蒙，利用刑人。"〔唐〕孔颖达疏："以能发去其蒙也。"（《周易正义》卷一，李学勤主编《十三经注疏》标点本，北京大学出版社1999年12月第1版，第39页）

⑪往自惠：《文选》作"往自会"，亲自前往与神女相会。

此二句言为了启发蒙昧故前往与神女相会。

⑫万方：万邦，各方诸侯。《尚书·汤诰》："王归自克夏，至于亳，诞告万方。"（《尚书正义》卷八，李学勤主编《十三经注疏》标点本，北京大学出版社1999年12月第1版，第199页）引申指天下。

⑬国害：国家的祸害。

⑭开贤圣：开贤圣之路。

⑮辅：辅助，弥补。

⑯不逮：不足之处；过错。《尚书·冏命》："懋乃后德，交修不逮。"〔汉〕孔安国传："勉汝君为德，更代修进其所不及。"（《尚书正义》卷十九，李学勤主编《十三经注疏》标点本，北京大学出版社1999年12月第1版，第531—532页）

⑰九窍：指耳、目、口、鼻及尿道、肛门等九个孔道。《周礼·天官·疾医》："两之以九窍之变。"〔汉〕郑玄注："阳窍七，阴窍二。"（《周礼注疏》卷五，李学勤主编《十三经注疏》标点本，北京大学出版社1999年12月第1版，第113页）

⑱通郁：打通郁滞阻塞。

⑲精神察滞：清明爽快。"滞"字为衍文。按，胡克家《文选考异》卷四云："袁本（明袁褧刻本）云：善有'滞'字。茶陵本（元陈仁子刻本）云：五臣无'滞'字。案：各本所见皆非也。详注意善并无'滞'字，'察'字韵上'逮'下'岁'自协，以七字为一句。但传写者误，因注中'郁滞不通也'妄加于下。袁、茶陵据之作校语，尤延之（尤袤）亦不审，而读者皆误以为善有五臣无矣。"（据胡克家《重刻宋淳熙本文选》影印之《文选》，中华书局1977年11月第1版，第905页）如此，此二句实为一句："九窍通郁精神察"。胡克家《重刻宋淳熙本文选》依然保留了"滞"字，今亦仍之。

巫山赋　苏　辙[①]

过瞿唐之长江兮，蔚巫山之嵯峨[②]。云孤兴[③]其勃勃兮[④]，北风慨[⑤]其扬波。山嵚崟[⑥]而直上兮，越至神女之所家。峰连属以十二兮，其九可见而三不知[⑦]。蹊遂[⑧]芜灭[⑨]而不可陟兮，玄猿[⑩]黄鹄[⑪]四顾而鸣悲。览松柏之青青兮，纷[⑫]其若江上之菰蒲[⑬]。维其大之不可知兮，有梲云[⑭]之修柯[⑮]。曼草[⑯]蒙茸[⑰]以翳[⑱]兮，飞泉洁清而无沙。亭亭孤峰[⑲]，其下丛木交错而不明兮，若有美人惨然而长嗟[⑳]。敛手危立[㉑]以右顾兮，舒目远望，怳然[㉒]而有所怀。俨[㉓]峨峨[㉔]其有礼兮，盛服寂寞而无哗[㉕]。临万仞[㉖]之绝险[㉗]兮，独立千载而[㉘]不下颠。追怀[㉙]楚襄之放意肆志[㉚]兮，溯江[㉛]千里而远来。离国[㉜]去俗[㉝]兮，徘徊而不能归。悲神女之不可以朝求而夕见兮，想游步[㉞]之逶迟[㉟]。筑阳台于江干[㊱]兮，相氛气[㊲]之参差[㊳]。惟神女之不可以求得兮，此其所以为神。湛洋洋[㊴]其无心兮，岂其[㊵]犹有怀乎世之人。朝云蔚其晨兴兮，暮雨纷以下注[㊶]。变化倏忽不可测兮，俄为鸟而腾去[㊷]。忽然而为人兮，佩玉锵以琅琅[㊸]。

爱江流之清波兮，安燕处乎高唐[㊹]。蛟龙之多智兮，尚不可执以罝罘[㊺]。高丘深其苍苍兮，怳[㊻]谁识其有无。

（而处，衣冠而嬉，皆二公之所翳，若李侯之事，固所莫得而继。彼仲翁之教，亦何惮而弗为？呜呼！以禹之功，至大至神。括六合以横被，畴有存而勿论。胡兹为害，独不得闻？无乃立所不洎兮，抑亦遗其功于后人？而今而后，乃知民未得所欲。事或有不利，先哲所未暇除去，圣人所未及裁制。苟有志于生民，皆吾人之所事。若曰"兹事体大，必圣人而后为"，则小子也不敢与知。）

【笺　注】

①本赋可见于〔北宋〕苏辙《苏辙集》(中华书局 1990 年 8 月第 1 版，第 328 页)。注释参考程地宇《巫山诗文 · 宋代部分 · 历史文献部、散文部》中苏辙《巫山赋》的注释（重庆出版社 2014 年 12 月第 1 版，第 384—389 页）。先交代于此，所以后面注释中不再逐条注明出处。

②嵯峨（cuó é）: 山高峻貌。〔西汉〕淮南小山《招隐士》:"山气巃嵸兮石嵯峨，溪谷崭岩兮水曾波。"〔汉〕王逸注:"嵯峨，巀嶭，峻蔽日也。"（〔北宋〕洪兴祖《楚辞补注》，中华书局 1983 年 3 月第 1 版，第 232—233 页）

③孤兴：指孤云升起，语本〔战国 · 楚〕宋玉《高唐赋 · 序》："昔者楚襄王与宋玉游于云梦之台，望高唐之观，其上独有云气，崪兮直上，忽兮改容，须臾之间，

变化无穷。”

④其勃勃兮：其，助词，用于句中，无义。勃勃，云气上升貌。〔唐〕魏徵《隋书》卷二十一《天文志下》：“敌上气如粉如尘者，勃勃如烟，或五色杂乱，或东西南北不定者，其军欲败。”（中华书局 1973 年 8 月第 1 版，第 587 页）

⑤慨：激昂貌。

⑥嵚崟（qīn yín）：高大，险峻。

⑦“峰连属”等二句：“峰连属以十二”指巫山十二峰，即圣泉峰、登龙峰、朝云峰、神女峰（又称望霞峰）、松峦峰、集仙峰、翠屏峰、聚鹤峰、飞凤峰、净坛峰、起云峰、上升峰。十二峰所指古今有所不同，在宋代，人们所说的十二峰郡在长江北岸。范成大《吴船录》云：“十二峰俱在北岸，前后蔽亏，不能足其数。”（孔凡礼点校《范成大笔记六种》，中华书局 2002 年 9 月第 1 版，第 218 页）也就是说，之所以“不可悉见，所见八九峰”乃是因为“前后蔽亏，不能足其数”的缘故。按，苏辙此赋中云“其九可见而三不知”，可见陆游《入蜀记》所云“然十二峰者不可悉见，所见八九峰”的说法在北宋时已有之。今人指认的十二峰中，有六峰在长江北岸（登龙、圣泉、朝云、望霞、集仙、松峦）；有六峰在长江南岸（聚鹤、翠屏、上升、净坛、飞凤、起云）。这一变迁，据蓝勇《三峡历史地理考证三则》（《重庆师范学院学报》1996 年第 1 期）所云，可能发生于清末光绪年间。也有论者指出原来人们所说的神女峰是“朝云峰”，后来则以“望霞峰”为神女峰（林涓《神女峰名的历史变迁》，《上海地名》2000 年第 1 期）。连属，连续、接连。谓巫山十二峰连续罗列，这一用词，亦间接证明宋代时巫山十二峰皆在北岸，如六峰在北岸、六峰在南岸，则不可谓之“连属”矣。

⑧蹊（xī）遂：亦作“蹊隧”，小路。《庄子·马蹄》：“当是时也，山无蹊隧，泽无舟梁。”（方勇、陆永品《庄子诠评》，巴蜀书社 1998 年 9 月第 1 版，第 248 页）

⑨芜灭：犹芜没。谓野草丛生，掩盖遮没。

⑩玄猿：黑色的猿。

⑪黄鹄（hú）：鸟名，俗称天鹅。

⑫纷：盛多貌，众多貌。〔战国·楚〕屈原《橘颂》：“绿叶素荣，纷其可喜兮。”（〔北宋〕洪兴祖《楚辞补注》，中华书局 1983 年 3 月第 1 版，第 153 页）

⑬菰蒲：菰和蒲。菰，多年生草本植物，生长在池沼里，地下茎白色，地上茎直立，开紫红色小花。果实狭圆柱形，名“菰米”；一称“雕胡米”，可以做饭。蒲，植物名，即菖蒲。

⑭桡（náo）云：犹扰动青云。桡，扰动，搅乱。《周易·说卦》：“动万物者，

莫疾乎雷。桡万物者，莫疾乎风。熯万物者，莫熯乎火。”(《周易正义》卷九，李学勤主编《十三经注疏》标点本，北京大学出版社 1999 年 12 月第 1 版，第 329 页)

⑮修柯：犹高而长的乔木。

⑯曼草:《苏辙集》作“蔓草”:生有长茎能缠绕攀缘的杂草,亦泛指蔓生的野草。《诗经·郑风·野有蔓草》：“野有蔓草，零露漙兮。”(《毛诗正义》卷四，李学勤主编《十三经注疏》标点本，北京大学出版社 1999 年 12 月第 1 版，第 320 页)

⑰蒙茸：碧绿茂盛。

⑱翳(yì)：遮蔽，隐没。〔战国·楚〕屈原《离骚》：“百神翳其备降兮，九疑缤其并迎。”〔汉〕王逸注：“翳，蔽也。”(〔北宋〕洪兴祖《楚辞补注》，中华书局 1983 年 3 月第 1 版，第 37 页)《全宋文》作“下翳”。

⑲亭亭孤峰:亭亭,高耸貌。孤峰,指神女石。在神女峰(望霞峰)上,有一孤石,状若神女远望。〔北宋〕李昉等编《太平广记》卷五十六《云华夫人》载录〔前蜀〕杜光庭《集仙录》：“有祠在山下，世谓之大仙。隔岸有神女之石，即所化也。”(张国风《太平广记会校》，北京燕山出版社 2011 年 11 月第 1 版，第 648 页)

⑳长嗟(jiē):犹长叹。〔唐〕杜甫《祠南夕望》:“湖南清绝地,万古一长嗟。”(中华书局编辑部点校《全唐诗》增订本卷二百三十三，中华书局 1999 年 1 月第 1 版，第 2566 页)

㉑敛手危立:敛手，拱手，表示恭敬。〔五代〕和凝《江城子》:“含笑整衣开绣户，斜敛手，下阶迎。”(中华书局编辑部点校《全唐诗》增订本卷八百九十三，中华书局 1999 年 1 月第 1 版，第 10158 页)危立，端正地站着。

㉒怳(huǎng)然：好像，仿佛。《苏辙集》作“恍然”。怳：同“恍”。

㉓俨：昂立。〔唐〕韩愈《南山诗》：“或俨若峨冠，或翻若舞袖。”(中华书局编辑部点校《全唐诗》增订本卷三百三十六，中华书局 1999 年 1 月第 1 版，第 3770 页)

㉔峨峨：盛美。《诗经·大雅·棫朴》：“奉璋峨峨，髦士攸宜。”〔汉〕毛亨传：“峨峨，盛壮也。”(《毛诗正义》卷十六，李学勤主编《十三经注疏》标点本，北京大学出版社 1999 年 12 月第 1 版，第 998 页)

㉕无哗：没有喧闹的声音。

㉖万仞:形容极高。仞,古代长度单位,七尺为一仞。一说八尺为一仞。《论语·子张》:“夫子之墙数仞，不得其门而入，不见宗庙之美，百官之富，得其门者或寡矣。”〔三国·魏〕何晏集解引包氏曰:“七尺曰仞。”(《论语注疏》卷十九,李学勤主编《十三经注疏》标点本,北京大学出版社 1999 年 12 月第 1 版,第 261 页)〔东汉〕班固《汉书》

卷二十四上《食货志上》："神农之教曰：有石城十仞，汤池百步，带甲百万，而亡粟，弗能守也。"〔唐〕颜师古注："应劭曰：'仞，五尺六寸也。' 师古曰：'此说非也。八尺曰仞，取人申臂之一寻也。'"（中华书局1962年6月第1版，第1133—1134页）

㉗绝险：犹极险，亦指极险之处。《诗经·小雅·正月》："终逾绝险，曾是不意！"（《毛诗正义》卷十二，李学勤主编《十三经注疏》标点本，北京大学出版社1999年12月第1版，第715页）

㉘原文"而"字以下掺入了〔宋〕狄遵度《凿二江赋》中的部分文字，此处先根据《苏辙集》补上，而将《凿二江赋》放在文后，用括号表示。

㉙追怀：回忆，追念。〔南朝·宋〕范晔《后汉书》卷八十四《列女传·董祀妻》："后感伤乱离，追怀悲愤，作诗二章。"（中华书局1965年5月第1版，第2801页）

㉚放意肆志：纵情恣意。

㉛溯江：逆江水而上。〔唐〕李华《云母泉诗序》："溯江而西，次于岳阳。"（中华书局编辑部点校《全唐诗》增订本卷一百五十三，中华书局1999年1月第1版，第1591页）

㉜离国：远离国都。国：指国都。

㉝去俗：弃绝凡俗尘世。

㉞游步：漫游。〔唐〕韦应物《谢栎阳令归西郊赠别诸友生》："游步清都宫，迎风嘉树侧。"（中华书局编辑部点校《全唐诗》增订本卷一百八十九，中华书局1999年1月第1版，第1941页）

㉟透迟：徐行貌，徘徊貌。

㊱江干：江边，江岸。

㊲相氛气：观看云雾之气。

㊳参差：高低不齐貌。

㊴湛（zhàn）洋洋：湛，安貌。洋洋：舒缓貌。

㊵岂其：犹难道。此句意为难道还有怀念世人的可能？

㊶"朝云"二句：化用〔战国·楚〕宋玉《高唐赋·序》："旦为朝云，莫（暮）为行雨。"（《文选》卷十九）蔚，云气弥漫貌。《诗经·曹风·候人》："荟兮蔚兮，南山朝隮。"〔汉〕毛亨传："荟、蔚，云兴貌。"（《毛诗正义》卷七，李学勤主编《十三经注疏》标点本，北京大学出版社1999年12月第1版，第474页）纷，纷乱。〔唐〕顾况《独游青龙寺》："积翠暖遥原，杂英纷似霰。"（中华书局编辑部点校《全唐诗》增订本卷二百六十四，中华书局1999年1月第1版，第2926页）

㊷俄为鸟而腾去：犹言云气一会儿变作鸟形腾空而去。俄：短暂的时间，一会儿。

《公羊传·桓公二年》："至乎地之与人，则不然，俄而可以为其有矣。"〔汉〕何休注："俄者，谓须臾之间，制得之项也。"（《春秋公羊传注疏》卷四，李学勤主编《十三经注疏》标点本，北京大学出版社 1999 年 12 月第 1 版，第 74 页）

㊸"忽然"二句：谓云气忽然变成人形，佩玉相撞发出清脆的声响。锵（qiāng）以琅琅（láng）：锵，形容金、玉等撞击声。琅琅：象声词。形容清朗、响亮的声音。以：连词，因而，因此。

㊹安燕处乎高唐：犹言怎能安息在高唐？安：副词，表示疑问，相当于"怎么""岂"。燕处：安息的处所。

㊺罝罦（jū fú）：泛指捕鸟兽的网。罝：捕兔网。罦：捕鸟网。

㊻怳：迷离恍惚，模糊不清。怳：同"恍"。〔唐〕李白《梦游天姥吟留别》："忽魂悸以魄动，恍惊起而长嗟。"（中华书局编辑部点校《全唐诗》增订本卷一百七十四，中华书局 1999 年 1 月第 1 版，第 1785 页）

辨赋

左斗辩神女之幻妄，胡为乎来哉？起于梦寝之邪思，成于高唐之辞赋①。众人信之，达者疑焉。夫梦生于人心之思，昼之所为，夜之所梦。顾所思之邪正何如耳，如商之高宗梦良弼，而得傅说②；周之文王梦非熊，而得吕望③；孔子欲行周公之道，而梦周公④。惟其所思⑤者正，故其所感者因之。楚王溺于细腰之舞，是其旦昼之所为，无时不在于是，此所以有神女之梦也。梦之有无，且不暇辨，使宋玉高唐之赋不作，怀王之梦自此而止耳，安有巫山云雨之说流于世哉。惟此赋⑥倡之，使后世骚人游客藉此以脍炙口谈，而风俗之美刺系之，至今千载之后讹言不熄，此深沉浑厚之士不能不为之太息也。记曰："子不语怪、力、乱、神。"⑦此正所谓怪与神者。在孔子以为怪，如何为孔子之徒者又当信其说而谈之耶？此固天地间所必无之事，而亦必无之理也。又况女以神名，非耳目可闻见者，岂有常在巫山之阳、行云行雨之谬哉！或曰："怪异之事非尽无也，孔子特不语耳。"此梦也，又非事也。事之怪异者且不可信，且不当言，又况梦之杳冥⑧昏默⑨无可凭依者乎！如以梦，则人之有所思，梦与人交者亦多矣，当不止于楚王。使人皆信之，则凡梦女子者，皆神女矣，不识当时神女之入梦也，果常常而见之乎？抑源源而来之乎？若偶一梦之，诚邪思也。其可思耶？既不可信，又当为之赋，以歆动⑩襄王之思耶。此宋玉词赋之才，虽继《离骚》，惜其学识之不正，滋天下后世之惑，与其师屈原之所背⑪者多矣。孟子曰："尽信书，不如无书。"⑫书且不足信，而况梦乎？予因据理而为之辩，以破好事者之疑，尚无以高唐之赋而借口焉。

【笺 注】

①高唐之辞赋：即宋玉的《高唐赋》，其序中记叙了楚先王梦幸巫山神女之事。

②商之高宗梦良弼，而得傅说：此用“梦赉良弼”的典故，见《尚书·商书·说命上》：“（高宗）恭默思道，梦帝赉良弼，……俾以形旁求于天下。说筑傅岩之野，惟肖。爰立作相。”（李民、王健《尚书译注》，上海古籍出版社 2000 年 10 月第 1 版，第 168 页）商之高宗：商朝第二十二代君主，名武丁，高宗是他的谥号。武丁少年时曾流落民间，深知民生疾苦。即位后，三年不言。后得到贤臣傅说等人的辅佐，使商朝晚期一度振兴。他统治的这段时期被后人称作“武丁中兴”。

③周之文王梦非熊，而得吕望：〔西汉〕司马迁《史记·齐太公世家》：“西伯将出猎，卜之，曰‘所获非龙非彲，非虎非罴，所获霸王之辅’。于是周西伯猎，果遇太公于渭之阳，……载与俱归，立为师。”（郭逸、郭曼标点《史记》，上海古籍出版社 1997 年 8 月第 1 版，第 1196—1197 页）罴：熊的一种，也叫马熊或人熊。后来为了神话统治者，应贤臣入梦之类的迷信，民间渐渐地把“非虎非罴”传成了“飞虎飞熊”。吕望：即姜子牙（约前 1156—约前 1017），我国著名历史人物，商末周初人。姜姓，吕氏，名尚，一名望，字子牙，别号飞熊，因其先祖辅佐大禹平水土有功被封于吕，故以吕为氏，也称吕尚。姜子牙辅佐武王伐纣建立了周朝。

④《论语·述而》：“子曰：‘甚矣，吾衰也！久矣，吾不复梦见周公。’”（《论语注疏》卷七，李学勤主编《十三经注疏》标点本，北京大学出版社 1999 年 12 月第 1 版，第 85 页）宋儒多以“欲行周公之道”来解释孔子梦周公的原因，此处乃引申宋儒之说。

⑤思：抄本无此字。

⑥此赋：指宋玉《高唐赋》。

⑦《论语·述而》：“子不语怪、力、乱、神。”（《论语注疏》卷七，李学勤主编《十三经注疏》标点本，北京大学出版社 1999 年 12 月第 1 版，第 92 页）

⑧杳冥：犹渺茫。

⑨昏默：形容虚无寂静，不可测知。

⑩歆动：触动。

⑪背：背弃，违背。

⑫《孟子·尽心下》：“尽信《书》，则不如无《书》。”（《孟子注疏》卷十四上，李学勤主编《十三经注疏》标点本，北京大学出版社 1999 年 12 月第 1 版，第 381 页）孟子原意针对的是《尚书》，后人直接泛化为一般的书籍。

敕赐凝贞祠碑

大虚九光，金丹元后①，乃西华②之玉妙、洞阴之极尊，自然而成。贞者有四③，分治名山，云华夫人治玉琰之台。若巫山者，特弭节④游观之地，盖其别宫⑤。虽非常御，自不可废。昔受禹谒⑥，告以道贞⑦，赐之神助⑧。地平天成⑨，权舆⑩于此，决非偶然者。馆御⑪既设，威灵⑫益著⑬，巴蜀荆楚之人素⑭沿奉祀⑮，殆无虚日⑯。咸平⑰中，有诏增葺，而旧址据高，因迁而下之。至元丰三年⑱十二月，始赐庙曰“凝贞”。正和二年⑲，守者不戒失火，延烧重门⑳，雨虽下，暨㉑斋庖㉒俱焚，至楷楯㉓止，惟阁楼得免，久之亦为风雨所败。至宣和二年㉔冬，祀事复成。时会蕃之妻孙氏得手疾和烦眩，尝致祷㉕焉，烦眩即愈，而手疾亦除，遂出私钱十万助之。知县事唐晋思姿未谨，方患庙未就㉖，得市财就功。未几㉗，已废而峥可因者增换，废而可峙者，无虑十之九，绘侍卫并塑黄尘白马之神。越明年六月，诏以“凝贞”为观，于是作碑而铭之，铭曰：

浑沦㉘之初谁操权㉙，木公金母㉚天地元㉛。
西淋少雨日得先，云华㉜帝命㉝司㉞真诠㉟。
石坛平广㊱山之巅，归来西海常留连。

【笺 注】

①大虚九光，金丹元后：此指西王母。因为根据〔前蜀〕杜光庭所撰之《墉城集仙录》记载，巫山神女瑶姬乃西王母之女，称云华夫人，助禹驱鬼神，斩石疏波，有功见纪。故此处以西王母开端。大虚：指天，天空。九光：四射的光芒。元后：元配之后。

②西华：道教仙宫名，相对东华而言。东华为男仙所居，以东王公领；西华为女仙所居，以西王母领。

③贞者有四：坚贞不渝、修炼纯贞者有四位。

④弭节：指停车。

⑤别宫：正式寝宫以外的宫室。

⑥昔受禹谒：昔日接受了大禹的拜见。传说云华夫人在巫山游玩时，正好大禹驻扎于巫山治水。大禹知道云华夫人在此后，就寻求她的帮助。

⑦告以道贞：指云华夫人把用符策召唤鬼神的方法告诉了大禹。

⑧赐之神助：此指云华夫人还命令童律、狂章等神仙帮助大禹开山凿石，通顺江水。

⑨地平天成：原指禹治水成功而使天之生物得以有成，后常比喻一切都已安排妥帖。《尚书 · 大禹谟》：“帝曰：‘俞！地平天成，六府三事，允治。万世永赖，

时乃工。'”（李民、王健《尚书译注》，上海古籍出版社 2000 年 10 月第 1 版，第 27 页）平：治平。成：成功。

⑩权舆：比喻开始。

⑪馆御：谓设馆台以迎接神仙，此指建立了巫山神女庙。

⑫威灵：声威，威势。

⑬著：显著。

⑭素：向来。

⑮奉祀：供奉祭祀。

⑯殆无虚日：此指祭祀一直延续，没有中断过。

⑰咸平：北宋真宗的年号，从 998 年至 1003 年共使用了六年。

⑱元丰三年：即 1080 年。按，元丰乃宋神宗赵顼的一个年号，从 1078 年至 1085 年共使用了八年。

⑲正和二年：应为“政和二年”，即 1112 年。按，政和乃宋徽宗赵佶的年号，从 1111 年至 1118 年共使用了八年。

⑳重门：屋内的门。

㉑暨：和，与。

㉒斋庖：斋祀用的厨房。

㉓楷楯：用楷树修建的栏杆。

㉔宣和二年：即 1120 年。按，宣和乃宋徽宗赵佶的年号，从 1119 年至 1125 年共使用了七年。

㉕致祷：进行祈祷。

㉖未就：还未成功。

㉗未几：不久。

㉘浑沦：宇宙形成前万物形质混合不分明的状态。

㉙操权：把持权力。

㉚木公金母：即仙人东王公和西王母。

㉛天地元：天地之始。

㉜云华：指云华夫人。

㉝帝命：天帝的命令。

㉞司：管理，掌握。

㉟真诠：真谛。

㊱平广：平坦宽广。

《三峡通志》卷之四　归峡

高安吴守忠编辑
黄冈卢国祯校次

诗

巴阳夜泊　施　敬[①]

独棹[②]三巴[③]夜，秋高片月孤。
滩声将[④]客梦，万里下东吴[⑤]。

【笺　注】

①施敬：字行之，云南通海人。明景泰四年（1453）举人，历官太常寺少卿。工诗善画，有宋宣和（赵佶）笔意。工诗，有《罢绣吟》一卷。

②独棹：即孤舟。

③三巴：古地名，巴郡、巴东、巴西的合称，后多泛指四川（包括今重庆市）。

④将：携带。

⑤东吴：泛指古吴地，大约相当于现在江苏、浙江两省东部地区。

飞凤迁乔　盛　杲[①]

秀发巴东山，层稜[②]插天碧。
上有丹凤凰，翱翔八千尺。

【笺　注】

①飞凤：山名，嘉靖《归州全志》卷上之《山川·巴东》载："飞凤山，县北五里，与县治相对。"(《归州全志(校勘本)》,湖北人民出版社 2015 年 9 月第 1 版,第 25 页)

迁乔：语出《诗经 · 小雅 · 伐木》"出自幽谷，迁于乔木"(《毛诗正义》卷九，李学勤主编《十三经注疏》本，北京大学出版社 1999 年 12 月第 1 版，第 576 页)，谓鸟从低处迁往高处。

盛杲：生卒年不详，字启东，临安（今浙江省杭州市）举人，明武宗正德年间为巴东知县。有爱在民，后人思其德，建祠祀之。〔清〕廖恩树修、萧佩声纂，清同治五年修、清光绪六年重刊本《巴东县志》之《职官志》和《名宦志》有载，可以参看（成文出版社 1974 年影印本，第 446 页、644 页）。

②层稜（léng）：即棱层，山势高耸突兀。稜：同“棱”。

三闾大夫 王十朋①

大夫楚忠臣，哀哉以谗逐②。
遗庙③大江滨，清醒古今独。

【笺 注】

①三闾大夫：战国时楚国特设的官职，主持宗庙祭祀，兼管贵族屈、景、昭三大氏子弟教育。因屈原曾任此职，故此处代指屈原。

②以谗逐：因为谗言被放逐。

③遗庙：指纪念屈原的祠庙，据嘉靖《归州全志》卷上之《坛庙》记载，有“清烈公庙”：“在大江东，旧有祠，知州赵璋重修。岁久敝甚。嘉靖丁未，知州王锡并宋玉祠重修饰之。”(《归州全志（校勘本)》，湖北人民出版社 2015 年 9 月第 1 版，第 41 页）

铁心肝石 杨 抚①

江流荡不灭②，劫火③煆④不红。
千古与万古，颓波⑤表孤忠⑥。

【笺 注】

①铁心肝石：即本志卷一《归峡考》之“铁肝心石”，其命名与屈原有关。

杨抚：字安世，号二檀，浙江余姚人。正德十六年 (1521) 进士，任济南知府。时李攀龙为诸生，杨抚慧眼识其才，由是知名。官至湖广提学副使，终都御史。工古文辞，善书法，文学之名播于两浙。

②荡不灭：冲刷不了。

③劫火：大火。

④煆（xiā）：火气。

⑤颓波：水波下流。

⑥孤忠：此指屈原忠贞自持。

黄牛山　白居易[1]

白狗吠黄牛[2]，滩如竹节稠[3]。

路穿天地险，人续古今愁。

【笺　注】

①此诗可见于中华书局编辑部点校《全唐诗》增订本卷四百四十一（中华书局1999年1月第1版，第4945页）。诗题《全唐诗》作《发白狗峡，次黄牛峡登高寺，却望忠州》。全诗较长，此处只选择了其中四句。黄牛山：卷一有其简介，可以参看。

②白狗吠黄牛：此指白狗峡对望着黄牛峡，因为白狗峡“如狗状”，故此处用一“吠”字形象地刻画了二峡的对望。吠：《全唐诗》作“次”。

③此句言滩多如竹节。

姜诗溪　郭　璞[1]

清溪[2]千仞余，中有一道士。

借问何处人[3]，云是鬼谷子[4]。

【笺　注】

①此诗为郭璞《游仙诗》一首中的四句（逯钦立辑校《先秦汉魏晋南北朝诗》，中华书局1983年9月第1版，第865页）。此诗标题疑为本志作者所加。细读郭璞原诗，知其所写与姜诗溪无关。

姜诗溪：宜昌市江南点军区孝子岩边，今名卷桥河。

郭璞（276—324）：字景纯。河东郡闻喜县（今山西省闻喜县）人，两晋时期著名文学家、训诂学家。

②清溪：《先秦汉魏晋南北朝诗》作“青溪”。

③何处人：《先秦汉魏晋南北朝诗》作“此何谁”。

④鬼谷子：即王诩，战国时齐国人，隐于鬼谷，因称，亦称鬼谷先生。张仪、苏秦师事之。今本《鬼谷子》系后人托名之作。

春日怀归 寇 准①

高楼聊②引睇③，杳杳④一川平。
野水⑤无人渡，孤舟尽日横。
荒村生断霭⑥，古寺⑦语流莺⑧。
旧业⑨遥清渭⑩，沉思忽自惊。

【笺 注】

①此诗可见于北京大学古文献研究所编《全宋诗》第二册卷九十《寇准二》（北京大学出版社 1995 年 12 月第 2 版，第 1001 页）。诗题《全宋诗》作《春日登楼怀归》。

②聊：姑且。

③引睇（dì）：遥望。《全宋诗》作“引望”。

④杳杳：深远的意思。

⑤野水：《全宋诗》作“远水”。

⑥断霭：时有时无、忽聚忽散的烟气。霭：轻烟。

⑦古寺：《全宋诗》作“深树”。

⑧流莺：谓婉转的莺鸣。

⑨旧业：祖上的基业，如房宅田地等。

⑩清渭：指渭水，源出甘肃鸟鼠山，横贯陕西渭河平原，东至潼关入黄河。渭水清，古人多与流入渭河而水流浑浊的泾水对举，称清渭浊泾。寇准的家乡在渭水北岸的下邽，他当时在湖北，所以有“遥清渭”的感叹。

吊屈原 崔 涂①

谗胜祸难防，沉冤信②可伤。
本图安楚国，不是怨怀王③。
庙古碑无字，洲晴蕙④有香。
独醒人尚笑，谁与奠椒浆。

【笺 注】

①此诗可见于中华书局编辑部点校《全唐诗》增订本卷六百七十九（中华书局 1999 年 1 月第 1 版，第 7842 页）。诗题《全唐诗》作《屈原庙》。

②信：的确。

③怀王：楚怀王（？—前206），熊槐，战国时期楚国国君，是楚威王之子、楚顷襄王之父，前328年至前299年在位。前期比较重用屈原，后期误用佞臣子兰、靳尚、上官大夫，排斥并疏远屈原，致使国事日非。后入秦被扣，死于秦国。

④蕙：即蕙兰，多年生草本植物，叶丛生，初夏开淡黄绿色花，气味很香，供观赏。

又　司马光[①]

白玉徒为洁，幽兰[②]未谓芳。
穷嗟[③]事令尹[④]，疏不怨[⑤]怀王。
冤骨销[⑥]寒渚[⑦]，忠魂归故乡[⑧]。
惟遗[⑨]楚辞[⑩]在，犹与日争光。

【笺　注】

①此诗可见于北京大学古文献研究所编《全宋诗》第九册卷五〇二《司马光五》（北京大学出版社1992年7月第1版，第6088页）。诗题《全宋诗》作《五哀诗·屈平》。

司马光（1019—1086）：字君实，号迂叟，陕州夏县涑水乡（今山西夏县）人，北宋政治家、史学家、文学家。历仕仁宗、英宗、神宗、哲宗四朝，卒赠太师、温国公，谥文正。

②幽兰：兰花。

③穷嗟：《全宋诗》作“穷羞”。

④令尹：春秋战国时楚国执政官名，相当于宰相。

⑤怨：《全宋诗》作“忘”。

⑥销：通“消”，消失。

⑦寒渚：寒天水中的小块陆地。

⑧归故乡：《全宋诗》作“失旧乡”。

⑨惟遗：《全宋诗》作“空余”。

⑩楚辞：此处指以《离骚》为代表的屈原的作品。

又　李　元[①]

舟过三闾里[②]，年深庙宇荒。
怨随湘水远，愁逐楚云长。
瘦石形应怪，孤松色正苍。

江波清彻底，我欲荐[3]芹香。

【笺　注】

①李元：生平无考。

②三闾里：屈原的故乡。三闾：指屈原，因为屈原曾任三闾大夫一职。里：居住的地方。

③荐：进献，祭献。

玉虚洞　　白　圭[1]

奇哉真洞府[2]，神秀[3]妙天机[4]。
玉笋[5]擎[6]华盖[7]，瑶台[8]荷[9]翠微[10]。
棋残仙已去，树古鹤相依。
峡带香溪[11]水，犹疑澣[12]羽衣。

【笺　注】

①玉虚洞：卷一有其简介，可以参看。

白圭：明朝人，生平事迹无考。

②洞府：神话传说中神仙所住的地方。

③神秀：神奇秀美。

④天机：天意。

⑤玉笋：比喻尖耸秀丽的山峰。

⑥擎（qíng）：举，向上托。

⑦华盖：帝王坐车上的绸伞。

⑧瑶台：用玉石装饰的华美的高台。

⑨荷：担负，承受。

⑩翠微：青翠的山色，也指青山。

⑪香溪：玉虚洞下即香溪河，本志卷一《归峡考》中有其简介，可以参看。

⑫澣（huàn）：同“浣”，洗。

昭君　梁氏琼[1]

自古无和亲，贻灾[2]到妾身。
胡风[3]嘶去马，汉月吊[4]行轮[5]。

衣薄狼山[6]雪，妆成虏塞[7]春。

回看父母国，生死毕胡尘。

【笺　注】

①此诗可见于中华书局编辑部点校《全唐诗》增订本卷二十三（中华书局 1999 年 1 月第 1 版，第 298 页）。《全唐诗》诗题作《昭君怨》。

梁氏琼：女诗人。《全唐诗》录其诗四首。

②贻灾：遗祸；招灾。

③胡风：北风。《全唐诗》作“朔风”。

④吊：《全唐诗》作“出”。

⑤行轮：行进的车轮，亦代称行进中的车子。

⑥狼山：山名，即狼居胥山，在今内蒙古自治区。汉代名将霍去病战胜匈奴后，封狼居胥山。

⑦虏塞：此指匈奴所住的地方（边塞）。抄本作“塞虏”。

虾蟆碚　欧阳修[1]

石溜[2]吐阴崖[3]，泉声满空谷。

能邀弄泉客，系舸[4]留岩腹。

阴精[5]分月窟[6]，水味标茶录[7]。

共约试春芽[8]，枪旗[9]几时绿。

【笺　注】

①此诗可见于李逸安点校《欧阳修全集》卷一（中华书局 2001 年 3 月第 1 版，第 10 页）。虾蟆碚：本志卷一《归峡考》中有简介，《陆游入蜀记》中亦有载，可以参看。

②石溜：岩石间的水流。

③阴崖：背阳的山崖。

④舸（gě）：船。

⑤阴精：地阴之精华，此指泉水。

⑥月窟：月宫。

⑦茶录：此指陆羽的《茶经》。《茶经》评定天下泉水，其中将虾蟆碚泉定为天下第四泉。

⑧春芽：指春茶。

⑨枪旗：成品绿茶之一，由带顶芽的小叶制成，芽尖细如枪，叶开展如旗，故名。

下牢溪　欧阳修[①]

隔谷闻溪声，寻溪度横岭。
清流涵白石，静见千峰景。
岩花无时歇，翠柏郁何整。
安能恋潺湲[②]，俯仰弄云影[③]。

【笺　注】

①此诗可见于李逸安点校《欧阳修全集》卷一（中华书局 2001 年 3 月第 1 版，第 10 页）。下牢溪：古称下牢津、白丈溪，流经西陵峡三游洞下。本志卷一陆游《入蜀记》中有注释，可以参看。

②潺湲（chán yuán）：指流水。

③云影：云的影像。

春夜峡州田侍御津亭[①]宴得筵字　杜　甫[②]

北斗[③]三更[④]席，西江万里船。
杖藜[⑤]登水榭，挥翰[⑥]宿春天。
白发须[⑦]多酒，明星[⑧]惜此筵。
始知风雨[⑨]峡，忽尽下牢[⑩]边。

【笺　注】

①津亭：古代建于渡口旁的亭子。

②此诗可见于中华书局编辑部点校《全唐诗》增订本卷二百三十二（中华书局 1999 年 1 月第 1 版，第 2553 页）。诗题《全唐诗》作《春夜峡州田侍御长史津亭留宴得筵字》。

③北斗：此处比喻受人敬仰的人，即田侍御。

④三更：指半夜十一时至翌晨一时。

⑤杖藜：谓拄着手杖行走。藜：野生植物，茎坚韧，可为杖。

⑥挥翰：犹挥毫，指用毛笔写字或画画儿。

⑦须：《全唐诗》作“烦”。

⑧明星：明亮的星星。

⑨风雨：《全唐诗》作“云雨”。

⑩下牢：即下牢关，本志卷一录陆游《入蜀记》中有注释，可以参看。

送史申之峡州　司空曙[①]

峡口[②]巴江水[③]，无风浪亦翻。
蒹葭新有雁，云雨不离猿。
江客[④]思乡远，愁人赖酒昏。
檀郎[⑤]好联句[⑥]，莫[⑦]滞谢家门。

【笺　注】

①此诗可见于中华书局编辑部点校《全唐诗》增订本卷二百九十三（中华书局1999年1月第1版，第3325页）。

司空曙：生卒年不详，字文初（《唐才子传》作“文明”，此从《新唐书》），广平府（唐时广平府辖区为现在的广平县和永年区等。依《永年县志》记载，司空曙为今天的永年区）人，唐朝诗人，约唐代宗大历初前后在世。司空曙为人磊落有奇才，与李约为至交。他是“大历十才子”之一，同时期作家有卢纶、钱起、韩渥等。他的诗多幽凄情调，间写乱后的心情。

②峡口：即西陵峡口，在今湖北宜昌西二十五里。

③巴江水：从古巴地流过的长江水。水：《全唐诗》作“外”，并云“一作水”。

④江客：江上旅人。《全唐诗》作“行客”。

⑤檀郎：西晋潘岳小字檀奴，貌美。后因以“檀郎”为女子对丈夫或所倾心的男子的美称。此用以称赞史申。

⑥联句：旧时作诗的一种方式，两人或多人各作一句或两句，相联成篇（多用于宴席及朋友间酬应）。

⑦莫：《全唐诗》作“共”，并云“一作莫”。

过巴东县有莱公遗迹　苏　轼[①]

莱公昔未遇，寂寞在巴东[②]。
闻道山中树，犹余手种松[③]。
江山养豪俊，林薮[④]困英雄。
执板[⑤]迎官长，趋尘拜下风[⑥]。

当年谁刺史[⑦]，应未识三公[⑧]。

【笺 注】

①此诗可见于张志烈、马德富、周裕锴主编《苏轼全集校注·第一册·诗集一》(河北人民出版社 2010 年 6 月等 1 版，第 82 页)，《苏轼全集校注》诗题作《过巴东县不泊，闻颇有莱公遗迹》。

②寇准十九岁考中进士，被授官大理评事，被派往归州任巴东知县，长达五年，后转任成安知县。故苏轼有此两句之言。

③手种松：应为“手种柏”，陆游《入蜀记》载：“遂登双柏堂、白云亭，堂下旧有莱公所植柏，今已稿死。”(见本志前卷一)

④林薮：山林与泽薮。《苏轼全集校注》作“礼数”。礼数：礼仪之等级。

⑤执板：臣子朝见皇帝时所持的笏板，备记事用。《苏轼全集校注》作“执版”。

⑥下风：比喻处于下位、卑位。

此两句承“林薮困英雄”一句而来。

⑦刺史：官名，为一州的长官。今检嘉靖《归州全志》，宋时知州只记有“赵诚”一人，且其是在寇准离开巴东之后才为此职的，故亦不知寇准为巴东知县时归州知州为谁。

⑧三公：周代以太师、太傅、太保为三公。寇准后来曾被封为太子太傅，故云。

宿空舲峡青树村浦　陈子昂[①]

的的[②]明月水，啾啾[③]寒夜猿。
客愁[④]浩[⑤]方乱，洲浦[⑥]寂无言[⑦]。
忆作千金子，宁知九逝魂[⑧]。
虚闻事朱阙[⑨]，结绶[⑩]鹜[⑪]华轩[⑫]。
委别高堂[⑬]梦[⑭]，窥觎[⑮]明主恩。
今成转蓬[⑯]去[⑰]，叹息复何言。

【笺 注】

①此诗可见于中华书局编辑部点校《全唐诗》增订本卷八十四（中华书局 1999 年 1 月第 1 版，第 909 页）。

②的的：象声词，形容水流声。

③啾啾（jiū jiū）：状声词，形容凄厉的叫声。

④愁：《全唐诗》作“思”，并云“一作愁”。

⑤浩：远；无边无际。

⑥洲浦：洲边。

⑦宣：《全唐诗》作“喧”，应是。

⑧九逝魂：《楚辞·九章·抽思》：“惟郢路之辽远兮，魂一夕而九逝。”〔东汉〕王逸注：“精魂夜归，几满十也。”（〔北宋〕洪兴祖《楚辞补注》，中华书局1983年3月第1版，第140页）屈原描写梦魂眷恋郢都，一夜之间曾九次前去探视。后因用作咏思乡之典。

⑨朱阙：借指皇宫、朝廷。

⑩结绶（shòu）：佩系印绶，谓出仕为官。

⑪骛：疾驰。

⑫华轩：指富贵者所乘的华美的车子。

⑬高堂：指父母。

⑭梦：《全唐诗》作“爱”，并云“一作梦”。

⑮窥觎：希求。

⑯转蓬：随风飘转的蓬草，比喻飘零无定。

⑰去：离开（朝廷）。

新滩阻风　苏　轼①

北风吹寒江，来自两山口。初闻似摇扇，渐觉平沙走。飞云满岩谷，舞电②穿窗牖。滩下三日留，识尽滩前叟③。孤舟倦鸦轧④，短缆困牵揉。尝闻不终朝⑤，今此何其久。只应留远人，此意固亦厚。吾今幸无事，闭户为饮酒。

【笺　注】

①此诗可见于张志烈、马德富、周裕锴主编《苏轼全集校注·第一册·诗集一》（河北人民出版社2010年6月等1版，第88页）。

阻风：被风所阻。

②电：《苏轼全集校注》作“雪”，应是。

③叟：年老的男人。

④鸦轧：象声词，摇橹声。

⑤不终朝：不到一个早晨，形容时间短暂。

苏　辙[①]

扁舟转山曲[②]，未至已先惊。白浪横江起，槎牙[③]似雪琳[④]。番番[⑤]从高来，一一投涧坑。大鱼不能上，暴鬣[⑥]滩下横。小鱼散复合，瀺灂[⑦]如遭烹。鸬鹚[⑧]不敢下，飞过两翅轻。白鹭夸瘦捷，插脚还欹倾[⑨]。区区舟上人，薄技[⑩]安敢呈。只应滩头庙[⑪]，赖此牛酒盈[⑫]。

【笺　注】

①此诗可见于张志烈、马德富、周裕锴主编《苏轼全集校注·第一册·诗集一》（河北人民出版社 2010 年 6 月等 1 版，第 86—87 页），诗题《苏轼全集校注》作《新滩》。本志将"苏辙"之名题于此，表明本志作者认为此诗乃苏辙所作，误。

②转山曲：此指山势曲折，船随山转。

③槎牙：形容错落不齐之状。

④琳：《苏轼全集校注》作"城"。

⑤番番：一次又一次。

⑥鬣：鱼颔旁小鳍，在腮部。

⑦瀺灂（chán zhuó）：原指游鱼沉浮、出没，此处指鱼群之惊慌乱窜。

⑧鸬鹚：水鸟名，俗叫鱼鹰、水老鸦。羽毛黑色，有绿色光泽，颔下有小喉囊，嘴长，上嘴尖端有钩，善潜水捕食鱼类。渔人常驯养之以捕鱼。

⑨欹倾：倾斜，站立不稳。

⑩薄技：微小的技能。

⑪滩头庙：根据陆游《入蜀记》载："游江渎北庙，庙正临龙门……渡江南，登山，至江渎南庙。"应指江神之南北二庙。

⑫这两句言"水急滩险，乘舟者多求神保祐，故滩头庙香火甚盛"（张志烈、马德富、周裕锴主编《苏轼全集校注·第一册·诗集一》，河北人民出版社 2010 年 6 月等 1 版，第 88 页）。

虾蟆碚[①]

蟆背似覆盂[②]，蟆颐[③]如偃月[④]。谓是[⑤]月中蟆[⑥]，开口吐月液[⑦]。根源来甚远，百尺苍崖裂。当时龙破山，此水随龙出。入江江水浊，犹作深碧色。禀受[⑧]苦洁清，独与凡水隔。岂惟[⑨]煮茗[⑩]好，酿酒更[⑪]无敌。

【笺 注】

①此诗可见于张志烈、马德富、周裕锴主编《苏轼全集校注 · 第一册 · 诗集一》（河北人民出版社 2010 年 6 月等 1 版，第 96 页）。

②覆盂：倒置的盆盂。

③颐：面颊，腮。

④偃月：横卧形的半弦月。

⑤谓是：抄本作“是谓”。

⑥月中蟆：古代传说中月亮上有蟾蜍（即虾蟆）。

⑦吐月液：此指泉水从虾蟆石上流出。

⑧禀受：承受。

⑨岂惟：难道只是；何止。

⑩茗：《苏轼全集校注》作“茶”。

⑪更：《苏轼全集校注》作“应”。

黄陵庙　欧阳修[①]

大川虽有神，淫祀[②]本风俗[③]。石马系祠前[④]，山鸦噪丛木。潭潭[⑤]村鼓隔溪闻，楚巫[⑥]歌舞迎送[⑦]神。画船百丈[⑧]山前路，上滩下峡长来去。江水东流不暂停，黄牛千古长如故。峡山侵天[⑨]起青嶂[⑩]，岩崩路绝无牛[⑪]上。黄牛不下江头饮，行人惟向舟中望。朝朝暮暮见黄牛，徒使行人过此愁。山高更远望犹见，长使黄牛滞客舟[⑫]。

【笺 注】

①此诗可见于李逸安点校《欧阳修全集》卷一（中华书局 2001 年 3 月第 1 版，第 10—11 页）。此诗诗题《欧阳修全集》作《黄牛峡祠》。黄陵庙：本志卷一《归峡考》中有简介，可以参看。

②淫祀：不合礼制的祭祀。

③本风俗：《欧阳修全集》作“亦其俗”。

④石马系祠前：苏轼《书欧阳公黄牛庙诗后》载：“右欧阳文忠公为峡州夷陵令日所作《黄牛庙》诗也。轼尝闻之于公：‘予昔以西京留守推官，为馆阁校勘，时同年丁宝臣元珍适来京师，梦与予同舟溯江，入一庙中，拜谒堂下。予班元珍下，元珍固辞，予不可。方拜时，神像为起，鞠躬堂上，且使人邀予上，耳语久之，元珍私念。神亦如世俗，待馆阁乃尔异礼耶？既出门，见一马只耳。觉而语予，固莫

识也。不数日，元珍除峡州判官。已而，余亦贬夷陵令。日与元珍处，不复记前梦云。一日，与元珍溯峡谒黄牛庙，入门惘然，皆梦中所见。予为县令，固班元珍下，而门外镌石为马，缺一耳。相视大惊，乃留诗庙中，有“石马系祠门”之句，盖私识其事也。’元丰五年，轼谪居黄州，宜都令朱君嗣先见过，因语峡中山水，偶及之。朱君请书其事与诗：‘当刻石于庙，使人知进退出处，皆非人力。如石马一耳，何与公事，而亦前定，况其大者。公既为神所礼，而犹谓之淫祀，以见其直气不阿如此。’感其言有味，故为录之。”（张志烈、马德富、周裕锴主编《苏轼全集校注·第十九册·文集十》，河北人民出版社 2010 年 6 月等 1 版，第 7743—7744 页）前：原诗作“门”。

⑤潭潭：象声词，多用于鼓声。

⑥楚巫：古楚地的巫师，善以歌舞迎神

⑦迎送：《欧阳修全集》作“送迎”。

⑧百丈：用以拉船的篾缆。旧称拉纤为牵百丈。

⑨侵天：逼近云天，极言其高。

⑩青嶂：如屏障的青山。

⑪牛：《欧阳修全集》作“由”。

⑫此两句后有作者欧阳修的注释：“语曰：‘朝发黄牛，暮宿黄牛。三朝三暮，黄牛如故。’言江恶难行，久不能过也。”长使：《欧阳修全集》作“不是”。

又　刘后村①

楚国多奇山，江行②问遗俗。峭壁俱刺天，巅崖③自生木。夷陵异梦④昔所闻，我曾谒之山川神。烟雨苍苍三峡路，四十年间五来去。一生肝胆犹炯然，只见颜色非其故。青峦黄影⑤自岩嶂，霜天晓晴云气上。峡山欲尽不尽时，十二小峰⑥还入望。过滩犹如竹节稠⑦，前头平善⑧可无愁。君恩未报复回首，石马祠⑨前还舣舟⑩。

【笺　注】

①刘后村：即刘克庄（1187—1269），字潜夫，号后村，南宋诗人。

②江行：沿着长江行走。

③巅崖：高崖。

④夷陵异梦：即丁宝臣与欧阳修同游一庙，出庙门，见一马只耳之梦，详见苏轼《书欧阳公黄牛庙诗后》。参看上首诗“石马系祠前”处的注释。

⑤黄影：指黄牛山高崖间一山石中的一部分像黄色的牛。《水经注》卷三十四载：“江水又东径黄牛山……南岸重岭叠起，最外高崖间有石，色如人负刀牵牛，人黑

牛黄，成就分明。”（陈桥驿《水经注校证》，中华书局 2007 年 7 月第 1 版，第 793 页）此言黄牛山高崖间有一山石很像人背着刀牵着牛，人是黑色的、牛是黄色的。

⑥十二小峰：指黄牛山后的假十二峰。〔南宋〕范成大《吴船录》：“自此以往，峡山尤奇，江道转至黄牛山背，谓之假十二峰。过假十二峰之下，两岸悉是奇峰，不可数计，不可以图画摹写，亦不可以言语形容，超妙胜绝，殆有过巫阳处。”（《范成大笔记六种》之《吴船录》卷下，中华书局 2002 年 9 月第 1 版，第 222 页）

⑦稠：密。

⑧平善：即今湖北省宜昌市平善坝。

⑨石马祠：即欧阳修所谓的“黄牛峡祠”，亦即黄牛庙。因为庙门有石马，故称。

⑩舣（yǐ）舟：停船靠岸。

又 林 俊

读书苦多味，疏散[①]难入俗。信命不信怪，率性强于木[②]。阴阳一气符[③]前闻，大川许大[④]能无神？白首风波重仕路[⑤]，今者何来昔何去[⑥]。我今如醉复如痴，黄陵亦且[⑦]知其故。剑峰[⑧]巑岏[⑨]立万嶂[⑩]，山鸟不飞山月上。心香一瓣[⑪]遥乞灵，眼青[⑫]独领还家望。南山白石夜司牛，破衣粝饭[⑬]名无愁。浊酒苍苔送余老，清歌一曲木兰舟。

【笺 注】

①疏散：不受拘羁。

②木：木讷，朴实迟钝。

③符：符合；相同。

④许大：这般大。

⑤仕路：指官场。

⑥此句言今日从何处来，而往昔去了何处。

⑦亦且：又，而且。

⑧剑峰：如剑高锐之山峰。

⑨巑岏（cuán wán）：山高锐貌。

⑩嶂：形容高险像屏障的山。

⑪心香一瓣：比喻十分真诚的心意。

⑫眼青：眼睛睁着，形容精神兴奋。

⑬粝（lì）饭：糙米饭。

又　吴守忠

愚生好自用，庙祭偶从俗。移棹[1]傍水涯[2]，瞻宇[3]出林木。肩舆[4]未落钟声闻，道傍祝史[5]迎咒神。须臾肃拜[6]中唐[7]路，来者自来去者去。人人乞灵所愿赊[8]，黄陵宁复知其故。出门四顾开青嶂，官漕[9]在下崆岭[10]上。只尺[11]何无驱石功，徒劳民力孤民望。我今朝暮见黄牛，那得朝愁更暮愁。笑割祭余[12]霑[13]从事，风波满眼付虚舟[14]。

【笺 注】

①棹（zhào）：船。

②水涯：水边。

③瞻宇：瞻望黄牛庙。

④肩舆：轿子。

⑤祝史：管理祭祀的官。

⑥肃拜：一种古代的礼仪，两膝齐跪而举手下手，为九拜之一。

⑦中唐：大门至厅堂的路。

⑧赊：没有实现。

⑨官漕：滩名。

⑩崆岭：即崆岭峡。

⑪只尺：即咫尺，形容距离短。

⑫祭余：祭祀后剩下的肉等东西。

⑬霑：同“沾”。

⑭虚舟：轻捷之舟。

三游洞　欧阳修[1]

漾檝[2]泝[3]晴川[4]，舍舟缘[5]翠岭。探奇冒层险[6]，因以穷[7]人境。弄舟终日爱云川[8]，徒见青苍杳霭[9]间。谁知一室烟霞里，乳窦[10]云腴[11]凝石髓[12]。苍崖一径横杳茫[13]，翠壁千寻[14]当户[15]起。昔人心赏为谁留，人去山阿[16]迹更幽。青萝绿树[17]何岑寂，山鸟嘤嘤[18]不瞥[19]客。松鸣涧底自生风，月出林间来照席。仙境难寻复易迷，山回路转几人知。惟知[20]洞口桃花落，流出岩前百丈溪[21]。

【笺　注】

①此诗可见于李逸安点校《欧阳修全集》卷一（中华书局2001年3月第1版，第9页）。三游洞：本志卷五《岩洞搜奇》中有详细的介绍，可以参看。

②漾檝（jí）：摇桨，借指泛舟。檝：同“楫”。

③泝：同“溯”。

④晴川：晴天下的江面。《欧阳修全集》作“清川”。

⑤缘：向上爬，攀缘。

⑥险：《欧阳修全集》作“崄”。崄：同“险”。

⑦穷：穷尽。

⑧川：《欧阳修全集》作“山”。

⑨杳霭：云雾缥缈。

⑩乳窦：石钟乳洞。

⑪云腴：茶的别称。

⑫石髓：即石钟乳。

⑬杳茫：渺茫，迷茫。《欧阳修全集》作“查渡”。查渡：断木为横桥。

⑭千寻：形容极高。古以八尺为一寻。

⑮当户：对着门户。

⑯山阿：山的曲折处。

⑰树：《欧阳修全集》作“桂”。

⑱嘐嘐（jiāo jiāo）：象声词，鸟叫声。

⑲警：《欧阳修全集》作“惊”。

⑳知：《欧阳修全集》作“应”。

㉑百丈溪：即下牢溪。

至喜台　苏　轼[①]

夷陵虽小邑，自古控荆吾[②]。形势[③]今无用，英雄久已无。谁知有文伯[④]，远谪[⑤]自皇都[⑥]。人去年年改，堂[⑦]倾岁岁扶。追思犹咎吕[⑧]，感叹亦怜朱[⑨]。旧种孤楠老[⑩]，新霜一橘枯。清篇留峡洞，醉墨写邦图[⑪]。故老[⑫]问行客[⑬]，长官[⑭]今白须。著书多念虑[⑮]，许国[⑯]减欢娱。寄语公知否，还须数倒壶[⑰]。

【笺　注】

①此诗可见于张志烈、马德富、周裕锴主编《苏轼全集校注·第一册·诗集一》（河

北人民出版社 2010 年 6 月等 1 版，第 111 页)，诗题《苏轼全集校注》作《夷陵县欧阳永叔至喜堂》。欧阳永叔：即欧阳修，永叔是其字。至喜堂：欧阳修贬为夷陵县令时，当时的峡州太守朱庆基为其所立。本卷后有欧阳修的《夷陵县至喜堂记》，可以参看。

②荆吾：《苏轼全集校注》作“荆吴”，应是。荆吴：春秋时的楚国与吴国，后泛指长江中下游地区。

③形势：《苏轼全集校注》作“形胜”，应是。形胜：指险要之地。

④文伯：文章宗伯，对著名作家的敬称。此指欧阳修。

⑤远谪：贬到边远的地方，此指夷陵县。

⑥皇都：京城，国都。《苏轼全集校注》作“王都”。

⑦堂：至喜堂。

⑧咎吕：责备吕夷简。吕夷简（978—1044)，字坦夫。淮南路寿州（今安徽凤台）人，几次拜相。吕夷简辅佐年少的宋仁宗，在太后临朝听政的情况下，正确处理北宋社会诸多矛盾，保证了北宋社会安定和经济发展，为宋代名相之一。原有文集二十卷，今已佚。《全宋诗》录其诗十一首。〔元〕脱脱等《宋史》卷三百一十四《范仲淹传》：“时吕夷简执政，进用者多出其门。仲淹上《百官图》，指其次第曰：‘如此为序迁，如此为不次，如此则公，如此则私。况进退近臣，凡超格者，不宜全委之宰相。’夷简不悦……夷简怒诉曰：‘仲淹离间陛下君臣，所引用，皆朋党也。’仲淹对益切，由是罢知饶州……馆阁校勘欧阳修以高若讷在谏官，坐视而不言，移书责之。由是……坐贬。”（中华书局 1977 年 11 月第 1 版，第 10269 页）此句言追思欧阳修遭贬谪的原因，实由吕夷简，故云“咎吕”。

⑨此句之后作者苏轼有自注：“时朱太守为公筑此堂。”

⑩孤楠乃欧阳修亲自栽种。欧阳修《至喜堂新开北轩，手植楠木两株，走笔呈元珍表臣》：“为怜碧砌宜佳树，自斫苍苔选绿丛。”

⑪此句之后作者苏轼有自注：“三游洞有诗，《夷陵图经》后有公题处。”

⑫故老：指当地百姓。

⑬行客：苏轼自谓。

⑭长官：指欧阳修。

⑮念虑：思虑。

⑯许国：谓将一身奉献给国家，报效国家。

⑰倒壶：倾壶畅饮。

西陵峡　杨　炯[①]

绝壁耸万仞，长波射[②]千里。盘薄[③]荆之门，滔滔南国纪[④]。楚都昔全盛，高丘常[⑤]望祀[⑥]。秦兵一旦侵，夷陵火潜起[⑦]。四维[⑧]不复设，关塞[⑨]良难恃[⑩]。洞庭且忽然[⑪]，孟门终已矣[⑫]。自古天地辟，流为峡中水。行旅相赠言，风涛无极已[⑬]。及余[⑭]践[⑮]斯地，瑰奇[⑯]信[⑰]为□[⑱]。江山若有灵，千载伸知己[⑲]。

【笺　注】

①此诗可见于中华书局编辑部点校《全唐诗》增订本卷五十（中华书局1999年1月第1版，第614页）。

②射：形容水流湍急。

③盘薄：广大无边。

④南国纪：《诗经·小雅·四月》："滔滔江汉，南国之纪。"郑玄笺："江也、汉也，南国之大水，纪理众川，使不壅滞。"（《毛诗正义》卷十三，李学勤主编《十三经注疏》本，北京大学出版社1999年12月第1版，第794页）其以长江、汉水为南国之准则。后遂用以指代江、汉，亦可代指南方。

⑤常：《全唐诗》作"烜"。烜（xuǎn）：盛大。

⑥望祀：古代祭名，遥祭山川地祇之礼。

⑦楚顷襄王二十年（前279）秦将白起打败楚国，拔西陵烧夷陵。〔西汉〕司马迁《史记》卷七十三《白起王翦列传》："后七年，白起攻楚，拔鄢、邓五城。其明年，攻楚，拔郢，烧夷陵，遂东至竟陵。楚王亡去郢，东走徙陈。秦以郢为南郡。白起迁为武安君。"（郭逸、郭曼标点《史记》，上海古籍出版社1997年8月第1版，第1792页）

⑧四维：语出《管子·牧民》："何谓四维？一曰礼，二曰义，三曰廉，四曰耻。"指礼、义、廉、耻四种立国的纲维。

⑨关塞：关口要塞。

⑩良难恃：确实难以依靠。良：确实。

⑪此句言楚国尽管有洞庭之阔，但很快就被秦国夺取。然：《全唐诗》作"焉"，并云"一作然"。

⑫此句言晋国虽有孟门之险，但亦不存在了。孟门：古山名，在今河南辉县西，春秋时为晋国要隘。

⑬这两句来自《水经注》"山松言：常闻峡中水疾，书记及口传，悉以临惧相戒，曾无称有山水之美也"（陈桥驿《水经注校证》，中华书局2007年7月第1版，第

793页)，其意是美虽早已生成，而人们却仍然只知其险，所以多以“临惧相戒”。

⑭余：我，指此诗作者杨炯。

⑮践：亲临。

⑯瑰奇：瑰丽奇异。

⑰信：副词，果真。

⑱□：原书缺，据《全唐诗》知为“美”。

⑲最后两句取自《水经注》“既自欣得此奇观，山水有灵，亦当惊知己于千古矣”(陈桥驿《水经注校证》，中华书局2007年7月第1版，第793页)，意为江山如果有神灵的话，一定会说，千载以来才得到这样的知己。

峡口送友 司空曙[①]

峡口花飞欲尽春，天涯去住泪沾巾。
来时万里同为客，今日翻成送故人。

【笺 注】

①此诗可见于中华书局编辑部点校《全唐诗》增订本卷二百九十二(中华书局1999年1月第1版，第3315页)。诗题《全唐诗》作《峡口送友人》。峡口：即西陵峡口，在今湖北宜昌西二十五里。

秋风亭 苏 轼[①]

人知公惠在巴东，不识三朝[②]社稷功。
平日孤舟已何处，江亭依旧傍秋风。

【笺 注】

①此诗作者应为“苏辙”，诗见〔南宋〕王象之《舆地纪胜》卷七十四《归州·巴东诗》(中华书局1992年10月第1版，第2480页)，而苏辙的《栾城集》《栾城后集》等并未收录。

②三朝：指寇准辅助了宋太宗、真宗、仁宗三朝。

宿巴东怀寇忠愍 王十朋[①]

堂前双柏今何在[②]，渡口孤舟依旧横。
不似公安插竹处，依然[③]容貌尚如生[④]。

制锦工夫早不同，至今人道寇巴东。

澶渊一段奇功业⑤，尚⑥在孤舟野水中。

【笺　注】

①此诗可见于《王十朋全集》(《王十朋全集（修订本)》，上海古籍出版社 2002 年 12 月第 1 版，第 360 页)，诗题《王十朋全集》作《宿巴东县怀寇忠愍》。共两首，《王十朋全集》两首顺序与此处正相反。

②堂前双柏今何在：〔清〕廖恩树修、萧佩声纂，清同治五年修、清光绪六年重刊本《巴东县志》卷二《舆地志·古迹》：“莱公柏，在旧县，公为令时手植双柏于庭，人比甘棠。望按：寇忠愍公手植双柏见于曾南丰所作公传。苏子瞻去公未远，赋诗有‘闻道山中树，犹余手植松’之句，以柏为松，盖传闻之误也。至王梅溪则有‘堂前双柏今何在’之句，是此柏在南宋时已不存矣。”(成文出版社 1974 年影印本，第 169 页)

③依然：《王十朋全集》作“凛然”。

④此句后作者王十朋有自注：“比过公安谒莱公祠，盖枯竹再生处也。巴东祠废，可谓缺典，因成二绝，以示邑官。”

⑤澶渊一段奇功业：此指景德元年（1004）辽军南下深入宋境，包围了澶州等河北地区，朝野震惊。宋宰相寇准力主抗战，反对南迁，劝宋真宗亲征，宋真宗勉强至澶州（今河南濮阳）督战，宋军取胜，并于景德二年（1005）一月宋辽订和约，史称“澶渊之盟”。

⑥尚：《王十朋全集》作“可”。

入峡次巴东　*白居易*①

巫山暮足沾花雨②，楚③水春多逆浪风。

两片红旗④数声鼓，使君⑤艛艓⑥上巴东。

【笺　注】

①此诗可见于中华书局编辑部点校《全唐诗》增订本卷四百四十（中华书局 1999 年 1 月第 1 版，第 4931 页)。此诗原有八句，此处只录其最后四句。

②花雨：落花如雨，形容彩花纷飞。

③楚：《全唐诗》作“陇”。

④红旗：《全唐诗》作“红旌”。

⑤使君：对官吏、长官的尊称。

⑥艛艓（lóu dié）：一种小船。

巴东夜雨　罗　邺[①]

欲[②]问归期未有期，巴山夜雨涨秋池。
合当[③]共剪西窗烛[④]，却话巴东[⑤]夜雨时。

【笺　注】

①此诗可见于中华书局编辑部点校《全唐诗》增订本卷五百三十九（中华书局1999年1月第1版，第6201页）。诗题《全唐诗》作《夜雨寄北》，并题作者为“李商隐”，应是。

②欲：《全唐诗》作“君”。

③合当：应当，应该。《全唐诗》作“何当”。

④剪烛：剪掉多余的烛芯来维持明亮的照明，后为“促膝夜谈”之典。

⑤巴东：《全唐诗》作“巴山”。

陆　游[①]

暂借清溪半钓翁，沙边微雨湿孤蓬。
从今诗在巴东县，不属灞桥[②]风雪中。

【笺　注】

①此诗可见于钱仲联等主编《陆游全集校注·第二册》卷十（浙江教育出版社2011年12月第1版，第130页）。诗题《陆游全集校注》作《巴东遇小雨》。

②灞桥：桥名，本作霸桥。在长安东，跨水作桥。汉人送客至此桥，折柳赠别。

归州重五　陆　游[①]

斗舸红旗满急湍[②]，船窗睡起亦闲看。
屈平乡国[③]逢重五，不比常年角黍[④]盘。

【笺　注】

①此诗可见于钱仲联等主编《陆游全集校注·第二册》卷十（浙江教育出版社2011年12月第1版，第189页）。重五：农历五月初五日，即端午节，又称重午。

②此句乃端午节中的龙舟竞渡之描写。斗舸：赛船。

③乡国：故乡。屈原故乡在秭归，当时属归州。

④角黍：食品名，即粽子。

夔子城[①]

委命[②]仇雠[③]事可知，章华荆棘[④]国人悲。
恨公无寿如金石[⑤]，不见秦婴系颈[⑥]时。

【笺 注】

①此诗可见于钱仲联等主编《陆游全集校注·第二册》卷十（浙江教育出版社2011年12月第1版，第189页），诗题《陆游全集校注》作《屈平庙》。

②委命：效命。

③仇雠（chóu）：仇敌，仇家。此指秦国。

④章华荆棘：指章华台变成荆棘之地，喻指楚国灭亡。章华：古台名，即章华台，乃是春秋时楚国离宫。《左传·昭公七年》："及即位，为章华之宫，纳亡人以实之。"（杨伯峻《春秋左传注（修订本）》，中华书局1990年5月第2版，第1283页）

⑤金石：金属和石头，一般存在的时间比较久远。

⑥秦婴系颈：谓秦王朝的覆灭。〔西汉〕司马迁《史记》卷八《高祖本纪》："沛公兵遂先诸侯至霸上。秦王子婴素车白马，系颈以组，封皇帝玺符节，降轵道旁。"（郭逸、郭曼标点《史记》，上海古籍出版社1997年8月第1版，第249页）秦婴：即秦三世子婴（？—前206），秦朝最后一位统治者，在位四十六天。初称皇帝，后改称秦王，史称秦王子婴。

三闾大夫　戴叔伦[①]

苍藤古木几经春，旧祀祠堂小水滨。
行客谩[②]酣[③]三酹[④]酒，大夫[⑤]元是独醒人。

【笺 注】

①此诗可见于中华书局编辑部点校《全唐诗》增订本卷七百八十四（中华书局1999年1月第1版，第8935页）。诗题《全唐诗》作《题屈原祠》，并题作者为"洪州将军"，且有题解云："《青琐集》：屈子沉沙之处，在岳州境内汨罗江。上有祠，以渔夫配享。唐末，有洪州衙前将军，忘其姓名，题一绝，自后能诗者不能措手。"

（同上，第 8935 页）。

②谩：散漫。

③酣：《全唐诗》作“陈”。

④酹：把酒洒在地上表示祭奠或起誓。《全唐诗》作“酎”。酎（zhòu）：醇酒，经过两次或多次重酿的酒。

⑤大夫：此指屈原，因其曾任三闾大夫，故称。

张文潜①

楚国茫茫尽醉人，独醒惟有一灵均②。
餔糟③便使同④流俗，渔父由来亦不仁。

【笺　注】

①此诗可见于〔北宋〕张耒撰、李逸安等点校《张耒集》卷二十九（中华书局 1990 年 7 月第 1 版，第 513 页）。诗题《张耒集》作《屈原》。

张文潜：即张耒（1054—1114），字文潜，号柯山，亳州谯县（今安徽亳州市）人。为苏门四学士之一，北宋文学家，人称宛丘先生、张右史。

②灵均：指屈原，灵均乃其字。

③餔糟(bǔ zāo)：吃酒糟，语出《楚辞·渔父》：“众人皆醉，何不餔其糟而歠其醨？”（〔北宋〕洪兴祖《楚辞补注》，中华书局 1983 年 3 月第 1 版，第 180 页）比喻屈志从俗，随波逐流。这是渔夫的话，故下句说渔夫“不仁”。

④便使同：《张耒集》作“更遣从”。

无义滩　杨　慎①

无义滩头风浪收，黄云开处见黄牛②。
白波一道青峰里，听尽猿声是峡州。

【笺　注】

①此诗可见于〔明〕杨慎著、王文才等点校《杨升庵丛书·升庵文集》卷三十四（天地出版社 2002 年 12 月第 1 版，第 542 页），诗题《升庵文集》作《竹枝词》，共有九首，此诗乃最后一首。无义滩：滩名，在黄陵庙附近。

②黄牛：黄牛庙，即黄陵庙。

三游洞 苏 洵[1]

洞门苍石流成乳，山下寒[2]溪冷欲冰。

天寒二字[3]苦求去，吾欲居之亦不能。

【笺 注】

①此诗可见于北京大学古文献研究所编《全宋诗》第七册卷三五二《苏洵二》(北京大学出版社 1992 年 8 月第 1 版，第 4371 页)。诗题《全宋诗》作《题三游洞石壁》。

苏洵（1009—1066）：字明允，自号老泉，眉州眉山（今属四川眉山）人。北宋文学家，与其子苏轼、苏辙并以文学著称于世，世称“三苏”，均被列入“唐宋八大家”。

②寒：《全宋诗》作“长”。

③二字：《全宋诗》作“二子”，应是，指苏洵的两个儿子苏轼和苏辙。

苏 轼[1]

冻雨霏霏半成雪，游人屦[2]冷苍崖[3]滑。

不辞[4]携被岩底[5]眠，洞口云深夜无月。

【笺 注】

①此诗可见于张志烈、马德富、周裕锴主编《苏轼全集校注·第一册·诗集一》(河北人民出版社 2010 年 6 月第 1 版，第 101 页)，诗题《苏轼全集校注》作《游三游洞》。

②屦（jù）：古代用麻葛制成的一种鞋。

③崖：抄本为“苔”。

④不辞：没有意见。

⑤底：抄本为“下”。

夷陵城 胡 会[1]

夷陵城阙[2]倚朝云，战败秦师纵火焚[3]。

何事三千珠履客[4]，不能西御[5]武安君[6]。

【笺 注】

①此诗可见于中华书局编辑部点校《全唐诗》增订本卷六百四十七（中华书局

1999 年 1 月第 1 版，第 7473 页）。诗题《全唐诗》作《夷陵》，作者为“胡曾”，应是。胡曾，号秋田，唐邵州邵阳（今属湖南）人，唐代诗人，以关心民生疾苦、针砭暴政权臣而著称。

②城阙：都城。

③此句言楚国被秦师战败之后，秦将白起烧夷陵，参看前杨炯《西陵峡》中的注释。

④珠履：缀有珠玉的鞋子，形容贵宾众多。典出〔汉〕司马迁《史记》卷七十八《春申君列传》："春申君客三千余人，其上客皆蹑珠履以见赵使，赵使大惭。"（郭逸、郭曼标点《史记》，上海古籍出版社 1997 年 8 月第 1 版，第 1839 页）战国时期，著名的四大公子之一楚国的春申君黄歇协助在秦国当人质的太子完回国执政，手下的门客很多，春申君给他们的待遇都很高，赵国的平原君手下的门客想在他们面前示富，看到他们都穿三千珠履而自惭形秽。

⑤西御：抵御西方。秦在楚西，故云。

⑥武安君：古代封号名。武安者，以武功治世、威信安邦誉名。最早出自西周，历朝历代国之能安邦胜敌者均号“武安”。“君”是卿大夫的一种新爵号。此指秦将白起。

莱公祠　*屠　滽*①

铁石②胸襟③玉雪姿，巴山高处有公祠。
六军④定策⑤亲征日，百辟⑥闻风股栗⑦时。
庭外雨□⑧初种柏，世间人诵旧题诗。
时巡昔过公安⑨日，更有青青竹一枝。

【笺　注】

①屠滽（1440—1512）：字朝宗，号丹山。明成化二年（1466）进士，历任监察御史、右佥都御史、吏部尚书等职。后致仕归里卒，谥襄惠。著有《丹山集》，其孙编有《屠襄惠公遗集》。

②铁石：铁和石，比喻坚定不移。

③胸襟：志向，抱负。

④六军：天子所统领的军队。

⑤定策：策划、筹谋。

⑥百辟：百官。

⑦股栗：因紧张、害怕而两腿发抖。

⑧□：原文缺一字。

⑨公安：即公安县，此地亦有莱公祠。

马廷用[①]

登登[②]石磴[③]上巴东，此地曾经宰[④]寇公。
锁钥[⑤]望隆终胜敌，澶渊谋决竟成功。
要知枯竹千茎活，须向丹心一点通。
岭海[⑥]间关[⑦]君国误[⑧]，可怜宋室堕奸中。

一云“岭海间关君不惜，百年青史照孤忠”。

【笺 注】

①马廷用（1446—1519）：字良佐，号紫岩，四川西充县人，明成化十四年（1478）中进士，官至尚书。他居官清廉，德性和平，学识渊博，著有《紫岩文集》三十卷。

②登登：象声词，指脚步声。

③石磴：以石头铺砌成的台阶。

④宰：主管。

⑤锁钥：比喻事物的关键。

⑥岭海：指两广地区。其地北倚五岭，南临南海，故名。

⑦间关：道路险峻。

⑧此句言寇准含冤罢相并被贬谪到雷州。雷州属作者所谓的“岭海间关”之地。

卢 雍[①]

祠下春深碧草齐，祠前香火走群黎[②]。
秋风古柏怀遗惠[③]，野水横舟感旧题[④]。
大计[⑤]手扶河北辇[⑥]，孤忠心系洛阳犀。
芳萍一荐情何限，巫峡云帆西复西。

【笺 注】

①卢雍（1474—1521）：字师邵，江苏吴县（今苏州市吴中区和相城区）人。迁四川提学副使，未到任，卒。有《古园集》。

②群黎：众多老百姓。

③遗惠：留予后世之恩惠。

④寇准《春日登楼怀归》诗有"野水无人渡，孤舟尽日横"一句。

⑤大计：重大的谋略，此指劝宋真宗御驾亲征，打败契丹的来犯。

⑥河北辇：到了黄河北方的皇帝座驾，此指宋真宗御驾亲征到了澶渊。

入秭归　范成大①

山根②系马独将③家，深入穷乡事可嗟。
蚯蚓祟人能作瘴④，茱萸随俗强煎茶。
幽禽不见但闻语，野草⑤无名却看⑥花。
窈窕⑦崎岖殊未艾⑧，去程⑨方始问三巴。

【笺　注】

①此诗可见于《范石湖集》卷十六（上海古籍出版社 1981 年 8 月第 1 版，第 212 页），诗题《范石湖集》作《入秭归界》。

②山根：山脚。

③独将：《范石湖集》作"得浆"。

④瘴：瘴气。

⑤草：抄本为"花"。

⑥却看：《范石湖集》作"都著"。

⑦窈窕：深远的样子。

⑧未艾：未尽。

⑨去程：去路。

夔子城　王十朋①

身乘筚辂②思熊绎③，词诵《离骚》吊屈原。
城邑旧为夔子国④，人民⑤多是楚王孙⑥。
惊心乌石莲花淖，过眼黄牛竹节滩⑦。
征棹⑧直从中溜过，好山只得片时看。

【笺　注】

①此诗误处较多，前面四句乃王十朋《至归州宿报恩寺》诗中第三至第六句（《王十朋全集》（修订本）上海古籍出版社 2002 年 12 月第 1 版，第 359 页），最后四句

乃张尚英《秭归》中的诗句。

②筚辂（bì lù）：柴车，多以荆竹编织，简陋无饰。《王十朋全集》作“筚路”。

③熊绎：生卒年不详，芈姓，熊氏，名绎，鬻熊曾孙，楚国的始封君。〔西汉〕司马迁《史记》卷四十《楚世家》：“昔我先王熊绎辟在荆山，筚露蓝蒌以处草莽，跋涉山林以事天子，唯是桃弧棘矢以共王事。”（郭逸、郭曼标点《史记》，上海古籍出版社 1997 年 8 月第 1 版，第 1352 页）

④夔子国：为楚国国君熊绎的六世孙熊挚的后代所建立，公元前 634 年为楚国所灭。

⑤人民：《王十朋全集》作“民人”。

⑥楚王孙：楚王的子孙。

⑦竹节滩：言滩多如竹节。

⑧征棹：指远行的船。

明妃　杜　甫①

群山万壑赴荆门②，生长明妃尚③有村④。
一去⑤紫台⑥连⑦朔漠⑧，独留青冢⑨向黄昏。
画图省识东⑩风面⑪，环佩⑫空归月夜魂⑬。
千载琵琶作胡语⑭，分明⑮怨恨曲中论。

【笺　注】

①此诗可见于中华书局编辑部点校《全唐诗》增订本卷二百三十（中华书局 1999 年 1 月第 1 版，第 2511 页）。诗题《全唐诗》作《咏怀古迹五首》，此乃其中第三首。

明妃：汉元帝宫人王嫱，字昭君，晋代避司马昭（文帝）讳，改称明君，后人又称之为明妃。

②此句言成千上万的山峦山谷连绵不断地奔赴荆门。

③尚：还。

④此句言王昭君生长的地方还有村落。

⑤去：离开。

⑥紫台：犹紫宫，指帝王所居，此指长安。

⑦连：联姻。

⑧朔漠：指北方沙漠地区。

⑨青冢：汉代王昭君墓。传说墓上草色常青，因称“青冢”，在内蒙古自治区呼和浩特市南。

⑩东：《全唐诗》作“春”，应是。

⑪此句言糊涂的君王只依凭画图识别昭君的容颜。汉元帝时，昭君因为不肯贿赂宫廷画师毛延寿，而被故意画得很丑。当时皇帝纳妃主要靠宫廷画师的画像，因此昭君不被君王选中，遂自告奋勇去匈奴。省（xǐng）识：察看；辨识。春风面：比喻美丽的容貌。

⑫环佩：圆形玉佩，后多指妇女的饰物。

⑬此句言月夜里环佩叮当是昭君的归魂。

⑭胡语：此处指北方少数民族的乐曲。

⑮分明：明明，显然。

楚王井　白　圭[①]

石甃[②]溶溶[③]一脉通，尘缨[④]濯罢[⑤]趣无穷。
声喧昨夜山头雨，吹碧今朝涧下风。
晓日光涵红码磁[⑥]，晴峰影浸玉芙蓉[⑦]。
苍生[⑧]岁岁沾恩泽，散作甘霖[⑨]万里同。

【笺　注】

①楚王井：本志卷一《归峡考》中有注释，可以参看。

②石甃：石砌的井壁。

③溶溶：水流动的样子。

④尘缨：有尘埃的帽带。

⑤濯罢：清洗结束。

⑥红码磁：一种宝石。

⑦玉芙蓉：白莲花。

⑧苍生：草木生长之处，借指百姓。

⑨甘霖：甜美的雨水。

玉虚洞　秦　景[①]

香溪[②]溪上洞中天，往古来今几历年。
一穴玲珑虚碧玉[③]，四时清爽滴寒泉。

石窗明月围棋静，玉几[4]秋风故砚穿。
仙子不知何处去，空遗[5]尘迹世间传。

【笺　注】

①秦景：生平事迹无考。

②香溪：溪名，上有玉虚洞。本志卷一陆游《入蜀记》中有注释，可以参看。

③碧玉：比喻澄净、青绿色的自然景物。

④玉几：玉饰的矮桌。

⑤遗：抄本为“留”字。

黄陵庙　苏　轼[1]

江边石壁高无路，上有黄牛不服厢[2]。
庙前行客拜且舞，击鼓吹箫屠白羊。
山下耕牛荒硗确[3]，两耳[4]磨崖四蹄湿。
青刍[5]半束长荒饥，仰看黄牛安可及。

【笺　注】

①本诗可见于张志烈、马德富、周裕锴主编《苏轼全集校注 · 第一册 · 诗集一》（河北人民出版社 2010 年 6 月等 1 版，第 94—95 页），诗题《苏轼全集校注》作《黄牛庙》。

②厢：《苏轼全集校注》作“箱”，应是。服箱：负载车箱，犹驾车。

③硗确（qiāo què）：土地坚硬，瘠薄多石。

④耳：《苏轼全集校注》作“角”。

⑤青刍（chú）：新鲜的草料。

入峡　刘　柄[1]

莓苔[2]新[3]扫认残碑，香火初停日已西。
春意不缘芳草在，客心[4]应付[5]鹧鸪啼。
江流曲折疑无路，帆影参差[6]似有梯。
见说西川频扰扰[7]，捷音今已入封题[8]。

【笺　注】

①刘柄：生平事迹无考。

②莓苔：青苔。

③新：抄本为“初”字。

④客心：游子的心情。

⑤应付：应该交付给。

⑥参差：不齐的样子。

⑦扰扰：纷乱的样子。

⑧封题：引申为书札的代称。

三游洞　赵抃[①]

峡江[②]初过三游洞，天气清调[③]二月风。
樵户人家随处见，仙源[④]云路有时通。
峰峦压岸东西碧，桃李临波上下红。
险碛恶滩知几许，晚停征棹问渔翁。

【笺　注】

①赵抃（1008—1084）：字阅道，号知非子，衢州西安（今浙江省衢州市）人。宋仁宗景祐元年（1034）登进士第，在多地为官，为政简易，在朝弹劾不避权势，时称“铁面御史”。以太子少保致仕，去世后谥号“清献”。

②峡江：长江自重庆市奉节县瞿塘峡以下，至湖北宜昌，称为峡江。

③清调：汉代乐府《相和歌》的曲调之一，与平调、瑟调合称三调，也称清商三调。后亦指清雅的乐曲。

④仙源：道教称神仙所居之处，此处借指风景胜地。

下牢津[①]

拖舟百丈苦攀跻[②]，一过牢津恍似迷。
花放乱红迎彩旆[③]，谷传深响答鸣鼙[④]。
避人[⑤]幽鸟凌云[⑥]噪，抱子惊猿走险[⑦]啼。
春岫[⑧]重重春水绿，却疑春在武陵溪[⑨]。

【笺 注】

①下牢津：即下牢溪，发源于湖北省宜昌市境之大麻溪，流经西陵峡三游洞下，绕山右入江。

②攀跻：犹攀登。

③彩旆：彩色的饰旗。

④鼙（pí）：古代军中的一种小鼓。

⑤避人：犹避世。

⑥凌云：乘云高飞。

⑦走险：奔走于险峻之处。

⑧岫：山。

⑨武陵溪：指代幽美清净、远离尘嚣的地方。

游玉虚洞　王　泮[1]

维舟[2]江上度松篁[3]，马蹀[4]西风客袂[5]凉。
寂寂洞门深树色，熙熙[6]石室窦寒光。
棋残仙着[7]枰[8]犹在，溪出昭村[9]水尚香。
赖有使君多逸韵[10]，解缨[11]相对话斜阳。

【笺 注】

①王泮：字宗鲁，号积斋，山阴（今浙江绍兴）人。嘉靖四十四年（1565）进士，明万历八年（1580）始任肇庆知府，支持利玛窦在肇庆传教活动，与利玛窦保持着平等、友好的关系。并出资刊行利玛窦绘制的《山海舆地全图》，赞助利玛窦在中国传播西方科学技术知识。后升任湖广布政司、湖广参政。

②维舟：系船停泊。

③松篁：松与竹。

④蹀（dié）：踏。

⑤袂：衣袖。

⑥熙熙：热闹的样子。

⑦仙着：下棋中的杀招。

⑧枰（píng）：棋盘。

⑨昭村：即昭君村，在今湖北省兴山县城南郊宝坪村，在香溪上游，相传其为王昭君的出生地，故称。

⑩逸韵：高超的诗歌。

⑪解缨：解去冠系，谓去官。

又　吴守忠

凄凄霜日舞风篁[1]，江上旌旗拂曙凉。
石室几年看鹿驯，洞门一径敞云光。
朱旛[2]到处岩崖晓，白雪吟成薜荔香。
从此三游堪竞爽[3]，风流不啻[4]宋欧阳[5]。

【笺 注】

①风篁：谓风吹竹林。

②朱旛（fān）：亦作"朱幡"，红色的旗幡，尊显者所用。

③竞爽：相互争胜。

④不啻（chì）：无异于，如同。

⑤宋欧阳：指宋代的欧阳修，其曾游三游洞，写有诗歌，本卷有录。

观楚王井　王　泮

隐之曾自酌贪泉[1]，唱驭褰帷[2]近蜀川。
为念文园[3]思雀舌[4]，故邀楚井试龙涎[5]。
几家村落闻鸡犬，百雉[6]城头沸管弦[7]。
对酒论文[8]浑[9]不倦，移尊[10]重泛木兰船。

【笺 注】

①此句言吴隐之饮贪泉事。晋安帝司马德宗为了革除历任广州刺史贪污受贿之风，在隆安（397—401）中期乃任吴隐之为龙骧将军，领平越中郎将，出任广州刺史，治理贪腐奢华之风。吴隐之赴任途中，来到距离广州二十里处的一个叫石门的地方，这里有一口泉水，被称为贪泉，传说人只要喝了贪泉的水，就会贪得无厌，而那些贪官也都说是因为喝了贪泉的水才变得贪婪了。吴隐之来到贪泉边，喝了贪泉水，并作了一首诗："古人云此水，一歃怀千金。试使夷齐饮，终当不易心。"后为官仍清廉，并受到朝廷的表彰。吴隐之（？—414）：字处默，濮阳鄄城（今山东鄄城北）人，东晋名士，为官以清廉著称。贪泉：泉名，在广东省南海区。

②褰帷：〔南朝·宋〕范晔《后汉书》卷三十一《贾琮传》："乃以琮为冀州刺史。

旧典，传车骖驾，垂赤帷裳，迎于州界。及琮之部，升车言曰：‘刺史当远视广听，纠察美恶，何有反垂帷裳以自掩塞乎？’乃命御者褰之。”（中华书局 1965 年 5 月第 1 版，第 1112页）后因以“褰帷”为官吏接近百姓，实施廉政之典。

③文园：泛指园林。

④雀舌：茶名，以嫩芽焙制的上等茶。

⑤龙涎：古人传说中的龙的唾液，此指泉水。

⑥百雉：指城墙的长度达三百丈，是春秋时国君的特权。雉：古代计算城墙面积的单位，长三丈高一丈为一雉。

⑦管弦：管乐器和弦乐器，泛指音乐。

⑧论文：讨论文章。

⑨浑：全，皆。

⑩移尊：挪动酒杯。

又　吴守忠

紫薇分署俯双泉，移节①西巡涉大川。
欲向云根②窥雪窦③，故从鸟道踏蜗涎④。
建牙鸣角⑤虚传谷，流水高山静入弦。
火树⑥两行归路晚，隔江箫鼓⑦振楼船。

【笺　注】

①移节：旧称大吏转任或改变驻地。

②云根：山石。

③雪窦：寺名，在雪窦山。

④蜗涎：蜗行所分泌的黏液，比喻无用有害的东西。

⑤建牙鸣角：出师前树立军旗、吹奏号角。

⑥火树：比喻繁盛的灯火。

⑦箫鼓：箫与鼓，泛指奏乐。

登楚王台　王　泮

试罢灵泉①上楚台，荒台寂寞半蒿莱②。
雨云不见朝暮变，城郭依然次第开。
铁石潺潺摧浪去，香溪曲曲抱江来。

登临无限悲秋思，欲赋惭无宋玉才[3]。

【笺 注】

①灵泉：对泉水的美称。

②蒿莱：野草；杂草。

③宋玉曾赋《九辩》，其首句："悲哉秋之为气也！萧瑟兮草木摇落而变衰。"乃悲秋之语。

又 吴守忠

追随飞盖[1]上层台，分得华风[2]被草莱。
文藻已空巫峡梦[3]，精诚重见岳云[4]开。
无端帆影尊[5]前落，不尽江流天际来。
歌罢《阳春》[6]成寡和[7]，秖[8]今谁是大夫才。

【笺 注】

①飞盖：此处借指车。

②华风：犹光风，天日清明时的和风。

③此句言宋玉，其创作了《高唐赋》《神女赋》中的楚先王梦幸巫山神女、楚襄王梦遇巫山神女之事。

④岳云：五岳山上之云。

⑤尊：酒杯。

⑥《阳春》：古歌曲名。出自〔战国·楚〕宋玉《对楚王问》："客有歌于郢中者，其始曰《下里》《巴人》，国中属而和者数千人。……其为《阳春》《白雪》，国中属而和者不过数十人。"（〔南朝·梁〕萧统编《文选》卷四十五，上海古籍出版社1986年8月第1版，第1999页）可见这是一支比较高雅难学的曲子，所以后世多用以泛指高雅的曲调。〔南朝·宋〕鲍照《玩月城西门廨中》诗："蜀琴抽《白雪》，郢曲发《阳春》。"（钱仲联增补集说校《鲍参军集注》，1980年10月第1版，第392页）

⑦寡和：能唱和的人很少。

⑧秖（dī）：同"秪（zhǐ）"，秪同"祇（zhǐ）"，正、恰、只。

黄陵庙　何大复[1]

黄陵峡中滩水多，黄陵庙下难经过。
峨峨巨舸[2]牵百丈[3]，橹折樯摧[4]不得上。
江风萧飒[5]笳鼓[6]哀，庙门遥向风[7]林开。
往来落帆泊江口，俎牲[8]咒神酾神酒[9]。
南船下峡疾如箭，岸草河[10]花看不见。
巉岩[11]乱石撑如麻，云间浊浪迷三巴。
千里舟中坐超忽[12]，回首天西[13]断心骨[14]。

【笺　注】

①此诗可见于李淑毅等点校《何大复集》卷十一（中州古籍出版社 1989 年 7 月第 1 版，第 145—146 页）。

②巨舸：巨大的船。《何大复集》作“巨舟”。

③百丈：牵船的篾缆。

④橹折樯摧：拨船用的橹和桅杆都折损了。

⑤萧飒：（风）劲瑟。

⑥笳鼓：笳声与鼓声，借指军乐。

⑦风：《何大复集》作“枫”。

⑧俎牲：祭祀盘上的牺牲。

⑨酾（shī）神酒：给神斟酒。

⑩河：《何大复集》作“汀”。

⑪巉（chán）岩：险峻的山岩。

⑫超忽：快速。

⑬天西：《何大复集》作“西天”。

⑭心骨：意气。

明妃曲　王安石[1]

明妃初出汉宫时，泪湿春风[2]鬓脚垂。
低回[3]顾影无颜色，尚得君王不自持[4]。
归来却怪丹青手[5]，入眼平生未曾有[6]。
意态[7]由来画不成，当时枉杀毛延寿。

一去心知更不归，可怜着尽汉宫衣[8]。

寄声欲问塞南[9]事，只有年年鸿雁飞。

家人万里传消息，好在毡城[10]莫相忆。

君不见长门咫尺[11]闭阿娇[12]，人生失意无南北。

【笺 注】

①此诗可见于北京大学古文献研究所编《全宋诗》第十册卷五四一《王安石四》(北京大学出版社 1992 年 6 月第 1 版，第 6503 页)。

王安石《明妃曲》有二首，此为第一首。王安石（1021—1086)：字介甫，号半山。抚州临川（今江西抚州）人。庆历二年（1042)，王安石进士及第。历任扬州签判、舒州通判等职，政绩显著。熙宁二年（1069)，任参知政事，次年拜相，主持变法。因守旧派反对，熙宁七年（1074）罢相。一年后，宋神宗再次起用，旋又罢相，退居江宁。元祐元年（1086)，保守派得势，新法皆废，郁然病逝于钟山，追赠太傅。绍圣元年（1094)，获谥“文”，故世称王文公。在文学上，王安石在散文、诗歌、词等具有突出成就。

②春风：即杜甫《咏怀古迹五首》“画图省识春风面”之春风面，比喻面容之美。

③低回：徘徊不前。《全宋诗》作“低徊”。

④不自持：不能控制自己的感情。

⑤丹青手：指画师毛延寿。

⑥此句意为美貌如此在眼中平生实未曾见有。

⑦意态：风神。

⑧着尽汉宫衣：指昭君仍全身穿着汉服。

⑨塞南：指汉王朝。

⑩毡城：此指匈奴王宫。游牧民族以毡为帐篷（现名蒙古包)。

⑪长门：汉宫名。咫尺：极言其近。《全宋诗》作“咫尺长门”。

⑫闭阿娇：指西汉武帝曾将陈皇后幽禁长门宫。

记

重修寇忠愍公祠记　王十朋[1]

诗言志，非谓[2]其必出于作者之手，而后见其志也。后之人，有取于古诗一章一句而赋咏[3]之，亦足以见焉。国朝[4]太平兴国[5]中，寇莱公为巴东令[6]，有“野水无人渡，孤舟尽日横”[7]之句，识者知其必大用。然世知诵公诗，而不知是诗本出于韦应物[8]，公取其七字，析而赋[9]之。应物虽能[10]道是语，而官止于[11]郡刺史[12]，不见于设施[13]，殆不过为词人[14]之诗而已。至[15]公取而用之，则果能舟楫巨川，是岂后人因其已试之效，而为是傅会[16]之说耶？盖公雅[17]存济世之心，与舟横野渡之意合，正犹郑七子之作，取风人之章[18]而赋之，言发诸口，而肺肝之隐洞然可见。志之善恶，身之吉凶祸福，皆不能[19]逃赵孟之所料也[20]。

【笺　注】

①本文可见于《王十朋全集》（修订本）文集卷二十二（上海古籍出版社 2012 年 12 月第 1 版，第 951—952 页）。《王十朋全集》（修订本）题目作《寇忠愍公巴东祠记》。寇忠愍公：即正文中所谓的“寇莱公”，寇准。

②非谓：犹言并非说。

③赋咏：创作和吟诵诗文。

④国朝：指本朝。

⑤太平兴国：北宋太宗的一个年号，从 976 年至 984 年共使用了八年。

⑥寇准于太平兴国五年（980）中进士，六年（981）任巴东县令，三年后调任成安知县。抄本为“巫东令”。

⑦诗题为《春日登楼怀归》，本卷前有收录，题作《春日怀归》，可以参看。

⑧韦应物(737—792):唐代诗人,长安(今陕西西安)人。其曾作《滁州西涧》:"独怜幽草涧边生，上有黄鹂深树鸣。春潮带雨晚来急，野渡无人舟自横。"(中华书局编辑部点校《全唐诗》增订本卷一百九十三,中华书局1999年1月第1版,第1999页)

⑨赋：《王十朋全集》(修订本) 作"增"。

⑩能：抄本无此字。

⑪于：《王十朋全集》(修订本) 无此字。

⑫官止于郡刺史：韦应物曾任江州刺史、苏州刺史。

⑬设施：规划施行。《王十朋全集》(修订本) 作"施设"。

⑭词人：《王十朋全集》(修订本) 作"诗人"。

⑮至：《王十朋全集》(修订本) 作"及"。

⑯傅会：牵强、附会。《王十朋全集》(修订本) 作"附会"。

⑰雅：素来。

⑱章：《王十朋全集》(修订本) 作"意"。

⑲能：《王十朋全集》(修订本) 无此字。

⑳《左传·襄公二十七年》载晋国大臣赵孟一行赴宋参加"弭兵会盟"后，自宋归晋，途经郑国，郑简公在垂陇设享礼款待。在这次宴会中赵孟使郑国七子赋诗，通过郑七子的赋诗了解郑七子的心意，并根据他们的赋诗对他们的将来做了预测:"郑伯享赵孟于垂陇，子展、伯有、子西、子产、子大叔、二子石从。赵孟曰:'七子从君，以宠武也。请皆赋，以卒君贶，武亦以观七子之志。'子展赋《草虫》。赵孟曰:'善哉，民之主也！抑武也不足以当之。'伯有赋《鹑之贲贲》。赵孟曰:'床笫之言不逾阈，况在野乎？非使人之所得闻也。'子西赋《黍苗》之四章。赵孟曰:'寡君在，武何能焉？'子产赋《隰桑》。赵孟曰：'武请受其卒章。'子大叔赋《野有蔓草》。赵孟曰：'吾子之惠也。'印段赋《蟋蟀》。赵孟曰：'善哉，保家之主也！吾有望矣。'公孙段赋《桑扈》。赵孟曰：'匪交匪敖，福将焉往？若保是言也，欲辞福禄，得乎？'卒享。文子告叔向曰：'伯有将为戮矣！诗以言志，志诬其上，而公怨之,以为宾荣,其能久乎？幸而后亡。'叔向曰:'然。已侈！所谓不及五稔者，夫子之谓矣。'文子曰：'其余皆数世之主也。子展其后亡者也，在上不忘降。印氏其次也，乐而不荒。乐以安民，不淫以使之，后亡，不亦可乎？'"(《春秋左传正义》卷三十八，李学勤主编《十三经注疏》本，北京大学出版社1999年12月第1版，第1063—1065页)

公为是邑时,年方逾弱冠①,有爱在民,世呼为寇巴东。其后致身宰相,践其所言。

景德[2]澶渊之功，尤为隽伟[3]。方契丹[4]入寇，中外汹汹[5]。当时苟从[6]建议之臣幸蜀、江南[7]，则胡马[8]不止于饮河洛[9]，而[10]三光五岳[11]之气必分。公独[12]毅然决亲征[13]之策，銮舆[14]一动，丑虏[15]自毙，社稷安于泰山，天下混一者二百年[16]。较其功烈[17]，与傅岩之人[18]，任舟楫之寄，中兴有商[19]，未可得而轻重。然性素刚直[20]，不与物浮沉[21]，晚节为奸邪所挤，流落南荒以死[22]，天下至今哀之。

【笺　注】

①弱冠：古代男子年满二十岁加冠，称为"弱冠"。《礼记·曲礼上》："二十曰弱，冠。"孔颖达正义："二十成人，初加冠，体犹未壮，故曰弱也。"（《礼记正义》卷一，李学勤主编《十三经注疏》本，北京大学出版社1999年12月第1版，第19–21页）后泛指男子二十岁左右的年纪。寇准十九岁中进士，二十岁为巴东知县，故此处云"弱冠"。《王十朋全集》（修订本）无"弱"字。

②景德：乃北宋真宗的年号，从1004年至1007年共使用了四年。辽朝发动的战争在景德元年（1004）。

③隽伟：伟大，宏伟。

④契丹：古族名，源于东胡族，北魏时始见史书记载，分布于辽河上游一带。唐初附唐。907年，耶律阿保机统一契丹及邻近各部，于916年建立契丹政权，后改国号为辽，与五代、北宋并立。被金灭亡后逐渐与汉、女真、蒙古等族融合。

⑤汹汹：形容动荡不安或骚乱不宁。

⑥苟从：盲从；无原则地顺从。

⑦幸蜀、江南：面对辽的进攻，宋廷朝野震动。宋真宗畏敌，欲迁都南逃。大臣王钦若主张迁都升州（今江苏南京），陈尧叟主张迁都益州（今四川成都）。幸：指封建帝王到达某地。

⑧胡马：此指敌人的军队。

⑨河洛：黄河与洛水的并称。

⑩而：抄本为"则"字。

⑪三光五岳：三光指日、月、星。五岳乃五大名山，通常指东岳泰山、西岳华山、南岳衡山（一说南岳为霍山）、北岳恒山、中岳嵩山。

⑫独：抄本为"乃"。

⑬亲征：谓帝王亲自出征。

⑭銮舆：即銮驾，天子车驾。

⑮丑虏：对敌人的蔑称。

⑯此句言澶渊之盟奠定了北宋后来二百年的统一和稳定。

⑰功烈：功勋业绩。

⑱傅岩之人：此指傅说，因为其曾在此版筑。他辅佐殷商高宗武丁安邦治国，形成了历史上有名“武丁中兴”的辉煌盛世。傅岩：即傅险，古地名，今山西平陆县治圣人涧，相传为殷武丁的贤相傅说版筑之处。

⑲有商：指商代，殷商。有：词头。

⑳性素刚直：性格向来刚正直爽。

㉑不与物浮沉：不随大流，不与世俗相妥协。

㉒寇准晚年遭到丁谓的排挤，并一贬再贬，最后被贬到雷州，病死于任上。

十朋[①]顷过公安，问枯竹再生处，有祠在焉，因赋诗吊之[②]。过巴东旧治，访其祠，则已废矣。惟秋风亭尚存，则又赋诗[③]，有不似公安之叹[④]。县尉[⑤]王宁孙，永嘉人也，因命其建祠塑像。宁孙即亭祀[⑥]之既成，以其图来。有毛君恕者令是邑[⑦]，集公诗百余篇，并刻予诗以寄，且请记之。予平生欣慕公之为人，每叹靖康间[⑧]复有如公者出，则南北岂至于分裂邪[⑨]！公之事，固予所乐书，尚[⑩]奚[⑪]俟[⑫]乎再三之请。然巴东古祠[⑬]遗像[⑭]废而复兴，残编断简[⑮]散而复集，江山增气，而[⑯]公更生。虽发端于予，而卒成之[⑰]者，令与尉[⑱]也，皆不可以不书[⑲]。

【笺　注】

①十朋：王十朋自称。《王十朋全集》（修订本）作“某”。

②赋诗吊之：诗为《寇莱公祠》：“油水江头寇相祠，凛然如坐庙堂时。精忠一点不负国，枯竹知公人不知。”《王十朋全集》（修订本）（上海古籍出版社 2002 年 12 月第 1 版，第 355 页）

③则又赋诗：诗为《宿巴东县怀寇忠愍》，有两首，本志此卷前有录，名《宿巴东怀寇忠愍》，可以参看。

④不似公安之叹：指上诗中的诗句：“不似公安插竹处，依然容貌尚如生。”

⑤县尉：职官名。古时县长的佐贰官，掌捕贼盗、察奸宄，始于汉代，明清时罢尉改置典史。

⑥祀：《王十朋全集》（修订本）作“祠”。

⑦有毛君恕者令是邑：毛恕为巴东知县。毛恕，光绪《巴东县志》卷七《职官志》有载，但无生平事迹之简介。《王十朋全集》（修订本）作“令毛君恕”。

⑧靖康间：此指靖康之变间。靖康之变，指靖康二年（金天会五年，1127）金

朝南下攻取北宋首都东京，掳走徽、钦二帝，导致北宋灭亡的历史事件。又称靖康之乱、靖康之难、靖康之祸。

⑨邪：《王十朋全集》（修订本）作“耶”。

⑩尚：还。

⑪奚：何。

⑫俟：等。

⑬古祠：《王十朋全集》（修订本）作“故祠”。

⑭遗像：《王十朋全集》（修订本）无此二字。

⑮简：《王十朋全集》（修订本）作“藁（稿）”。

⑯而：《王十朋全集》（修订本）作“如”。

⑰之：抄本无此字。

⑱令与尉：县令（毛恕）与县尉（王宁孙）。

⑲《王十朋全集》（修订本）后还有落款：“乾道二年八月朔，永嘉王某记。”

黄魔神庙记　袁循修[①]

咸通[②]末岁[③]，今翰林舍人[④]兰陵公[⑤]，自古吏[⑥]窜[⑦]黔南[⑧]。秋八月二十七日，泝[⑨]三峡，次[⑩]秭归。时蜀水方涨，横涛蔽目。公积悸[⑪]而寝，梦神人，赤发碧眸，且云：“险不足惧。”公异之，再寐[⑫]又梦。公诘[⑬]其所自[⑭]，则曰：“我黄魔神，居紫极宫之隅，将祐助[⑮]明公[⑯]出于此[⑰]境。”公曰：“吾斥去[⑱]荒徼[⑲]，危殆[⑳]未已[㉑]。神能惠我，何也以朝夕[㉒]，幸与我俱游[㉓]，不忘矣。”亟[㉔]言之，神许诺。自是抵于黔，又迁于罗。每陟[㉕]险艰[㉖]，神祝[㉗]如在。洎[㉘]公迁于朝，神梦告归。公曰：“将设[㉙]庙列塑于宫之傍。”丁酉岁[㉚]，公从弟[㉛]铣[㉜]自澧阳[㉝]尹亚西蜀，路出祠下，以囊金致[㉞]公意，谓前制不专，请别修敬[㉟]。太守清河公承命感异，亲营之。心匠[㊱]既陈，层轩[㊲]以新。神乐来斯[㊳]，灵仪[㊴]蹲蹲[㊵]。按《灵宝经》，南方自大魔，其中央曰黄天魔王，横天担[㊶]力，谓能力扶昊苍[㊷]，周覆万有[㊸]。天其或者以公有弘济[㊹]之业，将扶危定倾，作镇天步，俾黄魔降鉴，为公之兆朕[㊺]乎？噫！天为功必藉于大贤，神之灵固辅于有德。是必有鸿猷盛绩[㊻]，萃[㊼]于公之心，未可知也。循[㊽]以学官谪秭归，奉太守命，弗敢让所记[㊾]。

【笺　注】

①此文见周绍良主编《全唐文新编》卷八百一十六（吉林文史出版社 2000 年 12 月第 1 次印刷，第 10085 页）。题目《全唐文新编》作《修黄魔神庙记》，作者为“袁

循"，"乾符中官司户参军"，应是。黄魔神：三峡水神。

②咸通：唐懿宗李漼的年号，从 860 年至 874 年共使用了十五年。

③末岁：晚年。

④舍人：古代官称，前冠以头衔。

⑤兰陵公：指萧遘（gòu）（？—887），字得圣，祖籍南兰陵（今江苏武进）。咸通五年（864）进士及第，初任秘书省校书郎，之后历任太原从事、右拾遗等职，其间因开罪宰相韦保衡被贬为播州司马。韦保衡被杀后召回朝中，先后担任礼部员外郎、户部侍郎等要职。黄巢之乱爆发后随唐僖宗李儇逃往四川，中和元年（881），萧遘受任中书侍郎、同平章事之职成为宰相。光启元年（885），黄巢之乱被平定，萧遘进拜司空，封楚国公。

⑥古吏：《全唐文新编》作"右史"，应是。右史：唐以后为中书省起居舍人的别称。

⑦窜：放逐。

⑧黔南：贵州省的别称。贵州本别称"黔"，又因位于国土南部，故名。播州即今遵义，属贵州省。

⑨泝：同"溯"，逆水而上。

⑩次：临时住宿。

⑪悸：因害怕而自觉心跳。

⑫寐：睡，睡着。《全唐文新编》作"寝"。

⑬诘（jié）：追问。

⑭所自：从何处来。

⑮祐助：保佑帮助。

⑯明公：对有名位者的敬称。

⑰此：《全唐文新编》作"北"。

⑱斥去：贬谪到。

⑲荒徼：荒远的边域。此指播州，即今贵州省遵义市。

⑳危殆：危险、不安全。

㉑未已：没有结束。

㉒朝夕：《全唐文新编》后有"期"字。

㉓游：《全唐文新编》作"远游"。

㉔亟（qì）：屡次。

㉕陟：此处意为遇到。

㉖险艰：险阻艰难。

㉗祝：《全唐文新编》作“怳”。

㉘洎（jì）：等。

㉙设：《全唐文新编》作“移”。

㉚丁酉岁：此指877年。

㉛从弟：堂弟。

㉜兟（shēn）：即萧兟，曾为澧州刺史。

㉝澧阳：乃当时澧州所领四县之一。

㉞致：表达。

㉟修敬：表示敬意。

㊱心匠：指独特的构思设计。

㊲层轩：重轩，指多层的带有长廊的敞厅。

㊳神乐来斯：神乐于来到此处。

㊴灵仪：神灵的图像。

㊵蹲蹲：起舞貌。

㊶担：《全唐文新编》作“赡”。

㊷昊苍：《全唐文新编》作“昊苍”，应是。昊苍：苍天。

㊸周覆万有：覆盖万物。

㊹弘济：广为救助。《全唐文新编》作“宏济”。

㊺兆朕：预示机微。此从刻本，抄本为“朕兆”，《全唐文新编》作“兆眹”。兆眹，意同“兆朕”。

㊻鸿猷盛绩：深远的谋划、盛大的功绩。

㊼萃：聚集。

㊽循：本文作者周循的自称。

㊾《全唐文新编》后有落款：“乾符丁酉岁仲春九日，司户参军袁循记。”

清烈公庙记　黄清老　儒学提举[①]

归州清烈公庙记者，记庙之新作[②]也。按《职方》，屈原名平，与楚同姓[③]，秭归人，仕怀王、襄王，以谗故[④]，自沉汨罗，有《离骚》二十五篇，凡五卷，传于世。旧宅在归州西偏十里，江之左。

【笺 注】

①本文嘉靖《归州全志》卷之下《文艺》中有收录（《归州全志（校勘本）》，湖北人民出版社 2015 年 9 月第 1 版，第 103—104 页），嘉靖《归州全志》题作《书归州清烈公庙记》。清烈公：宋元丰三年（1080）宋神宗尊封屈原为“清烈公”，将屈原祠修缮并更名为“清烈公祠”。以后，自元、明到清嘉庆二十五年（1820）历任州官，对清烈公祠多次进行维修，并“岁以五月五日致祭”。黄清老（1290—1348）：字子肃，人称樵水先生，福建邵武人。累官翰林编修。著有《樵水集》。儒学提举：官名。元朝置儒学提举司，设于各行省所在地，统诸路、府、州、县学校、祭祀、教养钱粮等事，并考校呈进著述。设提举、副提举各一员。

②新作：新造。嘉靖《归州全志》作“所新作”。

③与楚同姓：春秋时期楚武王熊通将儿子熊瑕封于屈地，熊瑕的子孙遂以屈为氏。屈原乃楚王后裔，与楚同姓。

④以谗故：因为谗言的缘故。

唐元和十五年①，刺史王茂始创小祠，宋元丰三年封“清烈公”，邦人为立庙。皇朝泰定②初，州尹③王秃歌里不花尝修之，久而栋挠④，无以妥灵⑤，将遂湮废⑥。至正壬午⑦，郡长密见可马始议新之，出廪禄⑧以倡，助者云合⑨。既撤，江忽瀑涨，巨木蔽中流而下，募⑩善水者致之，得柏木⑪数十，大者以为栋梁，小者以为榱桷⑫，门堂寝室咸资其用。坚贞雄壮，文理芳洁，于神居⑬甚宜。民欢呼曰：“我侯之兴土木，财不伤，民不扰，神输鬼运，阴或相之⑭。荪壁紫檀⑮，桂栋兰橑⑯，无以加⑰也。”适湖北道佥宪⑱耶律恒齐公按部⑲，闻而加之，俾⑳予书其事。

【笺 注】

①元和十五年：即 820 年。

⑤泰定：元泰定帝（也孙铁木儿），元朝的第六位皇帝，在位时间从 1323 年至 1328 年，年号“泰定”。

③州尹：官名。元制，上州置达鲁花赤、州尹各一人，秩从四品。

④栋挠：屋梁脆弱曲折。

⑤妥灵：安置亡灵。

⑥湮废：湮没废弃。

⑦至正壬午：即 1342 年。

⑧廪禄：俸禄。

⑨云合：即云集，像云一样聚集在一起。

⑩募：招募。

⑪木：嘉靖《归州全志》无此字。

⑫榱桷（cuī jué）：与栋梁相对，屋椽。

⑬神居：此指屈原的亡灵在此居住。

⑭阴或相之：暗中相助。

⑮荪壁紫檀：用香草砌成的墙壁，以紫贝砌成的庭坛。檀：应为“坛”，其繁体为“壇”，乃形近而误。

⑯桂栋兰橑：用桂木、木兰做成的栋梁、檐椽。按，此处两句均出自屈原的作品，即《楚辞·九歌·湘夫人》：“荪壁兮紫坛，播芳椒兮成堂；桂栋兮兰橑，辛夷楣兮药房。”

⑰加：超过。

⑱佥宪：佥都御史的美称。

⑲按部：巡视部属。

⑳俾（bǐ）：使。

愚[1]观屈公事君尽忠，死而不二[2]，卓然立于穷壤[3]，如三仁[4]、夷齐[5]，千百载一二见。其所述作[6]，托物以寓讽谏[7]，修辞以明仁义[8]。当风雅一变之余，增纲常[9]万钧[10]之重，世所不可少也。虽无上公[11]之命祀典[12]，其可缺乎？是邦草木储精孕秀[13]，阴阳物变[14]，发为昭明[15]，屋而主之[16]，以为凭依之所，固求神之道也。人臣受命天子司牧[17]有土，四境之内，孰非一气所通？修祀事[18]以交[19]神明[20]，诚非他人所能预[21]？第[22]昧者不察。或惠及鳏寡[23]，而于神不复致力[24]；或不务民义[25]，而徼求非望之福[26]。胥曰失之[27]。今三峡居民，鲜少催科[28]，日有不给[29]，他宜弗恤。而侯于是邦，乃不役一民，百废具举[30]，可谓难矣。于法应书，既载其年月始终[31]，复为迎、送神辞各一章，以遗[32]其邦人俾歌以祀焉[33]。

【笺　注】

①愚：谦辞，用于自称。

②死而不二：就是去世也不改变其初衷。

③穷壤：应为“穹壤”，天地。

④三仁：三位仁人，指商末之微子、箕子、比干。

⑤夷齐：伯夷和叔齐的并称，皆商朝末年孤竹国（今河北卢龙西一带）人。孤竹国君想以三子叔齐为继承人，后来叔齐让位于伯夷。伯夷以为有违父命，遂出逃，

而叔齐亦不肯做君主，亦逃之。伯夷、叔齐奔往西方，在周部落中养老，与周文王关系良好。后周武王讨伐纣王，伯夷和叔齐不满武王身为藩属讨伐君主，加上自己世为商臣，力谏。武王不听，不久周亡商。伯夷、叔齐认为这种做法太可耻了，发誓再不吃周朝的粮食。但是当时各地都归属周朝，他们就相携到首阳山上采薇菜吃，后饿死在首阳山。

⑥述作：指著作，作品。

⑦讽谏：用含蓄委婉的话向君主进谏。嘉靖《归州全志》作“讽陈”。

⑧修辞以明仁义：修饰文辞用以阐明仁义。

⑨纲常：三纲五常的简称。三纲五常：封建礼教提倡的人与人之间的道德规范。三纲：指君为臣纲、父为子纲、夫为妻纲。五常：指仁、义、礼、智、信。

⑩万钧：此处形容分量重。

⑪上公：公爵的尊称。

⑫祀典：祭祀的礼仪。

⑬储精孕秀：蓄积精灵之气、孕育优秀之人。

⑭阴阳物变：阴阳的变化推动了万物的变化。

⑮昭明：光明。

⑯屋而主之：修建祠庙使屈原的神主居住。

⑰司牧：管理。

⑱祀事：祭祀。

⑲交：沟通，交接。

⑳神明：神灵。

㉑预：参与。

㉒第：但。

㉓惠及鳏（guān）寡：恩惠达到老弱孤苦者。鳏寡：老而无妻或无夫的人，引申指老弱孤苦者。

㉔于神不复致力：不再祭祀神灵。

㉕不务民义：不致力于民事。

㉖而徼求非望之福：却（向神）求取非分的福佑。

㉗胥曰失之：（前面两种情况）都不可取。

㉘催科：催收租税。租税有科条法规，故称。

㉙不给：供给不足；匮乏。

㉚百废具举：指一切废置的事都兴办起来。

㉛始终：嘉靖《归州全志》作“终始”。

㉜遗（wèi）：送交，交给。

㉝本文此处没有载“迎神之辞”和“送神之辞”，嘉靖《归州全志》有载，可以参看。

新修清烈公祠记

余少也，则尝读司马氏史[1]，至列传屈原[2]，盖犹有遗悲焉。屈大夫[3]信而见疑、忠而被谤[4]以死。自昔[5]哀而吊[6]之者，盖详哉言之也，而余于大夫，又奚以悲[7]？大夫由公族[8]事怀王[9]，入与议国事，而出应对诸侯，盖中王之欢甚也[10]，当是时，上官大夫[11]虽心害其能，而无由[12]发难。已卒之[13]秧毁招祸[14]，非以宪令[15]之作乎？当怀王为六国从长[16]，宾秦归国，与大夫议合，命之作为宪令以定国是[17]，此其[18]志不在小。大夫重仁袭义[19]，动称汤武[20]，著之《骚经》[21]者，不一而足[22]也。彼其蓄志担业[23]，居然以王佐[24]自许也者。想其奉王命以作宪令，经之以正道直行[25]之心[26]，纬之以竭忠尽智[27]之虑。上度其君，内度其身，思以矫国更俗[28]，光大芊宗[29]，亡论[30]仪、秦[31]押阖[32]之说。彼所羞称，虽荀卿[33]六术、五权、三至[34]之论，恐亦非其大者、急者。向使[35]大夫之说行，即制梃挞秦[36]，奚不可也，又安有商于之误[37]、武关之辱[38]哉！奈之何一夫开说[39]，大夫身且不保，徒使仪、秦辈得盗世资[40]以奸[41]功名。至其浮辞诡辩[42]犹然[43]，方策[44]为说士[45]赤帜[46]，而大夫是篇不少，概见[47]独何与[48]？岂怀王于大夫阳浮慕之[49]，而阴[50]自疏外[51]，故谗[52]一入而遂至弗省[53]与？将[54]上官心害其能，遂并掩[55]其文，黜辱[56]其身，且不使有身后名，是以去其籍，俾无可考镜[57]与？大夫娴于文辞宪令，又其大者既不得见诸[58]行事，愤愤以死，而空言[59]所托，又泯泯[60]若是，此其志不足悲乎？或者谓大夫属稿[61]未定，是以无传焉。夫既曰属稿，其称文举类[62]，当有可述而识者。上官见而欲夺，他大夫[63]独不与闻乎？即[64]上官谮大夫亦曰“每一令出，伐其功”[65]，则当日似稍见施行矣，何其宜传而竟不传也？是则可悲也。然非独于此也，怀王已矣[66]，嗣君[67]尚在，大夫系心[68]怀王，固宜[69]叩其未尽之蕴与先君未竟之业，开悟嗣君，庶几[70]勉厉奋发[71]，西向死敌[72]，迎复先君[73]反[74]于旧都，斯其时也。况[75]襄王一闻弓缴之喻，而惕然[76]思奋，则亦非不可与有言者，而何脉脉[77]不得一语？岂所谓不在其位、不谋其政者与？此非所语于贵戚之卿[78]也。不然，襄王中子兰[79]之谗，蓄怒[80]以待大夫。上官辈[81]又多方以误大夫。大夫虽有言不得通[82]，史失书[83]也。不然，或宋玉、景差[84]之徒，恐师[85]以言贾[86]奇祸，而削稿者多也。之数者[87]有一于此，不亦重足悲也哉。虽然宪令行，而《骚》[88]可无作矣。藉令[89]宪令行于楚，足以霸楚重楚[90]，然亦难比德殷周[91]矣。《骚经》一篇，与《风》《雅》并传，而大夫之名由此与天壤[92]俱，此其得失何如也？夫于大夫又奚以悲哉？然非大夫意也。大夫，秭归人，秭归祠祀[93]大夫，莫知所始[94]。祠，则令凡三修矣。祠成，当有记，而因述所有感于大夫者如此。

【笺　注】

①司马氏史：指司马迁所作《史记》。

②列传屈原：即《屈原列传》，在《史记》卷八十四。

③屈大夫：即屈原，因为其曾任三闾大夫，故称。

④信而见疑、忠而被谤：诚信而被怀疑，忠诚而被毁谤。

⑤自昔：从前。

⑥吊：悼念死者。

⑦又奚以悲：又能有什么悲伤呢？奚：文言疑问代词，相当于“胡”“何”。

⑧公族：君王的同族。

⑨怀王：楚怀王熊槐（约前355—前296），芈姓，熊氏，名槐，出生于湖北广陵（今湖北荆州），是楚威王之子、楚顷襄王之父，战国时期楚国国君，前328年至前299年在位。继位早期，破格任用屈原等人进行改革，大败魏国，消灭越国，扩充疆土，国势大盛。中后期他误信秦说客张仪，毁坏齐、楚联盟，先后败于秦、齐，失去汉中等地。并误用佞臣子椒、子兰、靳尚、上官大夫，宠爱夫人郑袖，排斥左徒屈原，致使国事日非。后入秦被扣，死于秦国。

⑩中王之欢甚也：即深得楚怀王的欢心。

⑪上官大夫：《史记·屈原贾生列传》中的人物，战国时楚国大臣。为人奸佞，妒贤嫉能。屈原任楚怀王左徒，他嫉妒其能，向怀王进谗言，使王疏远屈原。顷襄王即位，他与令尹子兰共同诬害屈原，使屈原被流放江南。

⑫无由：没有办法。

⑬卒之：终于。抄本无“之”字。

⑭秧毁招祸：蓄养诽谤，招致灾祸。

⑮宪令：法令。

⑯六国从长：前318年，韩赵魏燕等国公推楚怀王为纵长，从东西两个方向攻秦。

⑰国是：国家大计。

⑱此其：抄本作“其此”。

⑲重仁袭义：积累仁德和礼义。

⑳汤武：商汤与周武王的并称，皆古代圣王。

㉑《骚经》：指《离骚》。

㉒不一而足：指同类的事物不止一个而是很多，无法列举齐全。

㉓蓄志担业：蕴藏志愿，担负事业。

㉔王佐：君王的辅佐。

㉕正道直行：比喻办事公正。

㉖心：抄本无此字。

㉗竭忠尽智：毫无保留地献出一片忠诚和所有才智。

㉘矫国更俗：匡正国事，改革弊俗。

㉙光大芊宗：使宗族显赫兴盛。

㉚亡论：暂且不说，不必论及。

㉛仪、秦：即张仪、苏秦，为战国时期著名的纵横家。张仪首创“连横”的外交策略，入秦，得秦惠王赏识，封为相国，奉命出使游说各国，以“横”破“纵”，促使各国亲善秦国，受封为武信君。苏秦提出“合纵”六国以抗秦的战略思想，并最终组建合纵联盟，兼佩六国相印，使秦国十五年不敢出兵函谷关。

㉜押阖：应为“捭阖”，战国纵横家游说方法之一，即分化、拉拢对方之法。

㉝荀卿：即荀况，战国赵人，世称荀卿，汉时谓之孙卿。曾在齐，游学稷下，三为祭酒。去齐至楚，春申君任以兰陵令。晚年专事著述，终老兰陵。学宗儒术而言性恶，谓须恃礼义以矫其枉，乃得从善。战国末著名政治家韩非、李斯，曾师事其门。经学辞赋，对后世殊多影响。今传《荀子》三十二篇。

㉞六术、五权、三至：指军事上的六项原则和治军治国应权衡之五事、三条原则。

㉟向使：假使。

㊱制梃挞秦：拿起木棍打赢秦国。

㊲商于之误：前 313 年，秦国遣张仪欺骗楚怀王，要其以断绝齐国之交换取秦国割让六百里商于之地，怀王中计，与齐国断交后只得六里地。与齐断交是楚国的一个外交失误。

㊳武关之辱：前 299 年，秦国攻占了楚国八座城池，秦昭襄王约楚怀王在武关会面。楚怀王不听屈原劝告，决定前往武关，结果被秦国扣留。后来客死秦国。

㊴开说：开脱辩解。

㊵世资：世代的资望。

㊶奸：非法获取。

㊷浮辞诡辩：虚浮不实、无理狡辩。

㊸犹然：尚且如此。

㊹方策：方法、计策。

⑮说士：游说之士。

⑯赤忛：疑应为“赤帜”，追求，标榜。

⑰概见：窥见其概貌。

⑱与：同“欤”，文言助词，此处表示疑问。本篇下同。

⑲阳浮慕之：表面顺从、敬仰屈原。阳浮：表面顺从。

⑳阴：暗地里。

㉑疏外：疏远见外。

㉒谗：谗言，在别人面前说陷害某人的坏话。

㉓弗省：不能察觉。

㉔将：抄本无此字。

㉕掩：遮蔽，掩藏。

㉖黜辱：贬斥侮辱。

㉗考镜：参证借鉴。

㉘诸：“之于”的合音。

㉙空言：此指作品。

㉚泯泯：消失。

㉛属稿：起草的文稿。

㉜称文举类：文字作品中要举例。

㉝他大夫：其他人。

㉞即：抄本为“仰”字。

㉟〔汉〕司马迁《史记·屈原列传》载：上官大夫与之同列，争宠而心害其能。怀王使屈原造为宪令，屈平属草稿未定。上官大夫见而欲夺之，屈平不与，因谗之曰：“王使屈平为令，众莫不知，每一令出，平伐其功，以为‘非我莫能为’也。”（司马迁撰，郭逸、郭曼标点《史记》，上海古籍出版社 1997 年 8 月第 1 版，第 1900 页）谮（zèn）：说别人的坏话，诬陷。伐：自夸。

㊱已矣：此指被秦国扣留。

㊲嗣君：继位的国君，此指楚顷襄王。楚怀王被扣留期间，楚人立太子为王，是为楚顷襄王。

㊳系心：挂心。

㊴固宜：本来应该。

㊵庶几：连词。前面先说明某种情况或条件，以“庶几”连下句，说出后果，含“才能、以便”的意思。

⑪勉厉奋发：劝勉鼓励、精神振作。

⑫西向死敌：面向西方的秦国。秦国在楚之西。

⑬先君：指楚怀王，因楚国已立新君，故称。

⑭反：通“返”。

⑮况：原刻本仅存“兄”，据抄本改。

⑯襄王一闻弓缴之喻，而惕然思奋：见《赵国策·楚策四》“庄辛谓楚襄王”篇。黄鹄虽然与人无争，却贪图安逸，被弓箭射杀，难逃死亡的厄运。全文的落脚点在于说明身为一国之君，要想偏安一隅，苟且偷生，贪图享乐，最终也会像蔡圣侯一样难逃被蚕食宰割的命运。最后楚襄王听了庄辛这番话之后，大惊失色，全身发抖((缪文远《战国策新校注》，巴蜀书社 1987 年 9 月第 1 版，第 557—561 页)。弓缴：弓和箭。缴：系着生丝绳的箭。惕然：警觉省悟的样子。

⑰脉脉：犹默默。

⑱贵戚之卿：与国君有亲戚关系的卿，与异姓之卿相对。

⑲子兰：生卒年不详，芈姓，熊氏，名子兰（又作阑），楚怀王幼子、楚顷襄王之弟。在怀王被扣后，顷襄王接位，子兰任令尹（春秋战国时楚国执政官名，相当于宰相）。子兰指使上官大夫在顷襄王面前造谣诋毁屈原，导致屈原再次被流放到沅、湘一带。

⑳蓄怒：蓄藏愤怒。

㉑上官辈：指上官大夫那样的人。

㉒不得通：不能通达于楚顷襄王那里。

㉓史失书：史书没有记载。

㉔景差（前 290—前 223）：芈姓，景氏，名差，战国时期楚国辞赋家。屈原的后辈，与宋玉、唐勒同时以赋见称，主要作品有楚辞《大招》。

㉕师：效法。

㉖贾：招引，招惹。

㉗之数者：这几个方面。

㉘《骚》：指屈原的代表作《离骚》。

㉙藉令：假使。

㉚霸楚重楚：使楚国称霸、使楚国变得重要。

㉛比德殷周：德行、德教可与商周相比拟、比配。

㉜天壤：即“天地”。壤：土地。

㉝祠祀：建祠祭祀。

㉞莫知所始：没有人知道是从什么时候开始的。

修治空舲峡记　敖文祯[1]

知归州吴守忠一日以书抵其友人史敖文祯曰："州治[2]介[3]在楚蜀，蜀江导汶[4]，会众流下三峡，建瓴[5]万里，而荆[6]仰受其冲，湍洄漩洑[7]，排激怒斗，备极险状。而隶归[8]之尤险者，为通林。通林即州乘所志空舲峡，为三峡之一。曰空舲者，言舟舲[9]至此，必空载，而后敢涉也。峡中流屹立一大石，大石左下三石连珠，峙伏水中，土人[10]又号曰三珠石。舟行，必由大石左旋，捩柁[11]右转，即接三珠，毫厘失顾，舟摩[12]石上，遂糜解[13]漂没，不可措手足[14]。舟人往往相戒叵测[15]，而居民、渔子、亡赖、恶少[16]，反[17]伺[18]其货赇[19]漂溺以为利薮[20]。上之人有所不闻，或议而报，罢以故[21]，有司[22]亦格[23]于奉行[24]，而莫敢问。今代巡[25]紫亭甘公[26]来按全楚[27]，铲奸剔蠹[28]，悉就芟荑[29]，利所当兴，纤钜[30]毕集，乃概议修治兹峡。檄[31]当道[32]率郡若州之贰[33]，长倅[34]亲行，相度量[35]，计工费，擘画[36]而授之事。计石之当凿者为丈三百六十有奇[37]。工计之日六十人，人四旬有五日[38]。费计之一切攻治之具[39]与食力之直[40]百五十金。金取之本州私贩之赎锾[41]，而官不知费。工计日受直[42]，而民不知扰[43]。珠石[44]既平，峡流安轨[45]，舳舻衔尾[46]，上下讴歌。凡官客[47]之往来，商旅之出入，咸称利涉[48]。而吏于兹土者[49]，亦得藉以免于不戒之虞[50]。昔之空舲，今一为通舲矣。史氏其书而镵之石[51]，庶异代巡公之烈并此江流永求也[52]。"余授书而读之，伏而叹曰：兹峡之险，非一日也。其所记于今昔旧矣，岂莅官[53]者独所不闻哉？夫以四旬之劳，百数十金之费，而除积险，以贻[54]永赖之利，亦何惮[55]而不为乎？驰骛名高者不肯为，屑越细故者不能为，因循期会者不及为，观望前后者以前之人率不为而亦莫之为[56]。天下事，其当为不为，而以流害若此类者，何可胜数[57]？直指[58]之巡楚也，首惩贪墨[59]，重正风俗，使辙所至，周爰楚境[60]，岁当大祲[61]，一州一邑，穷乡待哺之氓[62]，无不指授[63]，俾获其所[64]。其为此也，何有夫直指之所为重，亦曰代后省方于以观风[65]。观言表表，植于此，而形于彼；风言声声，动于此，而应于彼。直指之为此，毋乃观风乎？石之为险，惟凭藉水势，而后人莫能避；惟匿伏其端[66]，而后人莫知避[67]。使[68]无所凭藉，而端可立见，则人谁肯蹈危而投之不测哉？石惟险，即匿其端，即有所凭藉，而必掊击[69]之，必断治[70]之，使陂者平，险者夷[71]，而不至滋害[72]也斯已[73]。兹举也，其乃所以观风与[74]。直指初巡辽海，东徼肃清[75]。今巡楚，楚事无不举，兹当报代归朝。

【笺 注】

①此文可见于〔清〕余思训修、陈凤鸣纂，清同治五年刊本《归州志》卷十上(成文出版社 1974 年第 1 版，第 387—388 页)。作者《归州志》作“敖文”。另外，因为文章太长，本文与《归州志》中的文章相比有较多的不同，此处不再一一指出。

敖文祯：生卒年不详，字嘉猷，江西高安人。明万历五年（1577）进士，改庶吉士，授检讨。官至礼部侍郎，掌翰林院事，教习庶吉士。生平以直道自任。

②州治：古代州的治所，治所是政府驻地。当时归州州治在今湖北省秭归县。

③介：在两者中间。

④蜀江导汶：即长江起源于汶江。汶江指今四川岷江上源黑水河。岷江乃长江上游的重要支流。历史上，岷江曾被认为是长江正源。抄本无“汶”字。

⑤建瓴：语本〔西汉〕司马迁《史记·高祖本纪》：“譬犹居高屋之上建瓴水也。”(郭逸、郭曼标点《史记》，上海古籍出版社 1997 年 8 月第 1 版，第 263 页）谓倾倒瓶中之水，形容居高临下、难以阻挡的形势。

⑥荆：即楚，此指楚地。

⑦湍洄漩洑：急流回旋盘绕。

⑧隶归：属于归州。

⑨舟舲（líng）：指大小各种船。

⑩土人：世代居住本地的人。

⑪捩柁：拨转船舵。

⑫摩：擦，蹭。

⑬糜解：粉碎。

⑭抄本无“足”字。

⑮叵测：不可推测。

⑯亡赖、恶少：不务正业的人和胡作非为的年轻人。

⑰反：抄本无此字。

⑱伺：观察，侦候。

⑲货赇：货物，财物。

⑳利薮：财利的聚集处。

㉑罢以故：因为种种原因而作罢。

㉒有司：官吏。古代设官分职，各有专司，故称。

㉓格：抗拒。

㉔奉行：遵照实行。

㉕代巡：明初指京官巡察地方。

㉖紫亭甘公：即甘士阶（约1545—1608），字维藩，号紫亭，今江西省信丰县人。历任山东道御史、大理寺左少卿、两浙（浙东、浙西）巡抚。在任期间，选用贤能，以身作则，生活俭朴，死后为缅怀他的功绩，经朝廷核准，在杭州府芝松里武林书院之阳建立了甘公祠，供人瞻仰。

㉗来按全楚：即湖北按察使。甘士阶万历己丑年(1589)升为湖北按察使(正三品，为一省司法长官)。

㉘铲奸剔蠹：铲除奸邪，清除弊害。

㉙悉就芟荑：全将（奸邪、弊害）铲除。

㉚纤钜：犹巨细，谓大小。

㉛檄：发文。

㉜当道：掌权者，此指省级官员。

㉝贰：副职。

㉞长倅（zhǎng cuì）：指官的正副职。

㉟相度量：亲自察看需要整治的面积大小。

㊱擘画：筹划；安排。

㊲有奇：有余。

㊳工计之日六十人，人四旬有五日：工程计算下来，每日需六十人，每人需用时四十五天。

㊴攻治之具：整治的工具。

㊵食力之直：粮食和人力的花费。直：工钱。

㊶赎锾（huán）：赎罪的银钱。

㊷受直：得到报酬。

㊸民不知扰：因工钱及工具等的花费不由民分摊，故云。

㊹珠石：即本文前面提到的“三珠石”。

㊺安轨：按照一定的路线。

㊻舳舻（zhú lú）衔尾：形容船只众多，往来不绝。

㊼官客：官员等客人。

㊽利涉：顺利渡河。

㊾吏于兹土者：在这个地方为官的人。吏：动词，为官。

㊿虞：忧虑。

51史氏其书而镵（chán）之石：史家将书写这件事的来龙去脉并将刻之于石以

传久远。

㊾此句意为：希望在后世，甘公的功业像长江流水一样永远不停。求：抄本作“之”。从句意来说，“之”字更好。

㊿莅官：到此任职的官员。

51贻：遗留，留下。

52惮：畏惧。

53这四句意为：奔走追逐崇高名誉的人不肯做这样的事，不喜欢做细小的事的人不能做这样的事，拖拉不珍惜机会的人来不及做这样的事，喜欢照着前人做事的人因为前人没有做这样的事也不做这样的事。屑越：轻易捐弃；糟蹋。细故：细小而不值得计较的事。期会：机会。

54何可胜数：怎么计数得完呢。

55直指：汉武帝时朝廷设置的专管巡视、处理各地政事的官员，也称“直指使者”，因出巡时穿着绣衣，故又称“绣衣直指”，或称“直指绣衣使者”。此指甘士阶。

56贪墨：指贪官污吏。

57周爰楚境：湖北全境都跑遍。爰：改换。

58大祲（jìn）：大饥荒。

59待哺之氓：等待粮食的人民。

60指授：指导传授。

61俾获其所：使他们都有所收获。

62代后省方于以观风：代表君王巡视四方，借以观察民情，了解施政得失。

63匿伏其端：隐藏了石头的边际。端：边际。

64抄本无“惟匿伏其端，而后人莫知避”。

65使：假使。

66掊（pǒu）击：打击。

67断治：整治。

68使陂（bēi）者平，险者夷：使斜坡变成平地，危险变得平坦。

69滋害：产生危害。

70斯已：这就足够了。

71与：助词，用于轻微的疑问，相当于“吗”。

72东徼肃清：东边的边疆得到整顿。甘士阶在任湖北按察使之前，曾检阅山海、居庸、紫金三关等地。他招兵买马，贮粮备草，整顿财政，对加强边防、防止外敌入侵起了一定作用。

天子宵旰厉精[1]，轸恤元元重罹灾沴[2]，有诏问直指，若所兴利，若所除害。直指其条悉以对[3]，而莫先治险。夫世未有险侧之风行而平康正直之化可几也[4]。方今四方水旱疾疠，累岁[5]不绝书，而西陲又报弗靖[6]矣。使在事[7]者，皆蚤[8]计利害，擿除[9]险伏如直指，则何至见事而图急，而后已往之咎[10]哉。直指与余同师，举于乡[11]，又同举南宫[12]，有同心之谊。故因归州纪其功而书之如此云。若乃镌铭[13]荆水之上，以与羊叔子[14]、杜元凯[15]诸人相后先[16]为名重，则直指之思深而厚，自待者当不止此也。兹役也，与夷陵黄陵庙官艚同议，其险同，其治同，其告成功同，夷陵当自有记。

【笺　注】

①宵旰（gàn）厉精：日夜振奋精神，为处理国事而辛勤地工作。

②轸（zhěn）恤元元重罹灾沴（lì）：怜悯百姓多次遭受灾害。元元：百姓，黎民。灾沴：指自然灾害。

③条悉以对：分条全都对答。

④此句意为世上从来没有险恶邪僻还普遍流行却世事平安、公正不邪的治理可以达到的。险侧：险恶邪僻。风行：普遍流行。平康正直：指世事平安，公正不邪。几：接近，达到。

⑤累岁：连年。

⑥弗靖：不安定。

⑦在事：居官任事。

⑧蚤：同“早”。

⑨擿除：剔除，排除。

⑩后已往之咎：以往的过错一直影响后世。

⑪举于乡：乡试中举。甘士阶于明万历元年（1573）中乡试举人。

⑫同举南宫：同时考上进士。甘士阶于万历五年(1577)丁丑科以特奏名，经复试，始中沈懋学榜进士。

⑬镌铭：铭记；铭刻。

⑭羊叔子：即羊祜（221—278），字叔子。泰山郡南城县（今山东新泰）人，魏晋时期著名战略家、政治家和文学家。初为中书侍郎，官至中领军。魏末，积极参与司马氏代魏的活动。司马炎称帝，升中军将军，封侯。魏武帝泰始五年（269）迁都督荆州诸军事。在州垦田地，储军粮，进据险要，做灭吴准备。在官清俭。临终，举杜预自代。

⑮杜元凯：即杜预（222—285），字元凯，京兆郡杜陵县（今陕西西安）人，魏晋时期著名政治家、军事家和学者。羊祜死，代为镇南大将军，都督荆州诸军事，后从荆州发兵平吴，以功封县侯。博学多通，著有《春秋左氏传集解》等，自谓有“《左传》癖”。

⑯后先：先后。

黔南道中行记　黄庭坚[①]

绍圣二年三月辛亥，次[②]下牢关，同伯氏[③]元明[④]、巫山尉辛纮[⑤]，傍厓[⑥]寻三游洞，绕山行竹间二百许步，得僧舍，号大悲院[⑦]，才有小屋五六间。僧贫甚，不能为客煎茶。过大悲院，微行[⑧]，高下二里许，至三游洞间[⑨]。一径栈阁[⑩]绕山腹，下视深溪悚反[⑪]。一径穿山腹，黮暗[⑫]，出洞乃明。洞中略可容百人，有石乳，久乃一滴。中有空处[⑬]，深二丈余，可立。尝有道人宴居[⑭]，不耐久而去。

【笺　注】

①文见刘琳等点校《黄庭坚全集》（四川大学出版社2001年5月第1版，第439—440页）。

绍兴元年（1131），黄庭坚被诬《神宗实录》不实，贬为涪州别驾，黔州安置。绍兴二年（1132）正月，黄庭坚在长兄黄大临的陪同下去贬谪之地。三月，抵达峡州（今湖北省宜昌市），他们泊舟下牢关，游览了三游洞、黄牛庙，然后沿江而上。此处节录部分就是黄庭坚对此次游览的记载。

②次：临时住宿。

③伯氏：长兄。

④元明：乃黄庭坚长兄黄大临的字。

⑤巫山尉辛纮：《黄庭坚全集》作“三山尉辛纮尧夫”。“三山”误，应为“巫山”。

⑥厓：同“崖”。

⑦号大悲院：名字叫大悲院。号：称为。

⑧过大悲院，微行：《黄庭坚全集》作“过大悲，遵微行”，遵微行，即沿着小路走。

⑨三游洞间：《黄庭坚全集》无“间”字，作“三游洞”。

⑩栈阁：栈道，依山凿孔，插入木梁，梁上铺木板。

⑪悚反：《黄庭坚全集》作“悚人”。

⑫黮（shèn）暗：黑暗，无光。

⑬空处：《黄庭坚全集》作“至处”。

⑭宴居：闲居。

壬子[1]，尧夫舟先发不相待，日中乃至虾蟆碚。从舟中望之，颐颔口吻，甚类[2]虾蟆也，予从元明寻泉源入洞中，石气[3]清寒，流泉激激[4]。泉中出石腰骨，若虬龙[5]纠结之状，洞中有崩石[6]，平阔可容数人宴坐[7]也，水流循[8]虾蟆背，垂鼻口间，乃入江耳。泉味亦不极甘，但冷熨人齿[9]，亦其源深来远故耶？壬子之夕，宿黄牛峡。

【笺　注】

①壬子：《黄庭坚全集》作“厥壬子”。

②甚类：十分像。

③石气：环绕山石的雾气。

④激激：象声词，急流声。

⑤虬龙：传说中的一种龙。

⑥崩石：损坏的刻石，指残碑。

⑦宴坐：闲坐。

⑧循：《黄庭坚全集》作“寻”。

⑨冷熨人齿：泉水寒冷，使人牙齿感到冰冷。

明日癸丑，舟人以豚酒享黄牛神[1]，两舟人饮福[2]，皆醉。长年三老[3]请少驻[4]，乃得同元明、尧夫曳杖清樾[5]间，观欧阳文忠公诗[6]，及苏子瞻记丁元珍梦中事[7]。观只耳石马，道出神祠背[8]，得石泉，甚壮急，命仆夫运石去沙，泉且清而冽[9]。陆羽《茶经》纪[10]黄牛峡茶可饮，因令舟人求之。有媪[11]卖新茶一笼，与草叶无异，山中无好事者[12]故耳。癸丑夕，宿鹿角滩下，乱石如囷廪[13]，无复寸土。步乱石间，见尧夫坐石据琴[14]，儿大方侍侧[15]，萧然在事物之外[16]。元明呼酒酌尧夫，随盘石[17]为几案[18]状[19]座。夜阑[20]，乃见北斗在天中。尧夫为《履霜》《烈女》[21]之曲，已而[22]，风激涛波，滩声汹汹，大方抱琴而归。初，余在峡州，问士大夫夷陵茶，皆云粗涩[23]不可饮。试问小吏，云：“唯僧茶味善。”试令求之，得十饼[24]，价甚平也。携至黄牛峡，置风炉[25]清樾间。身候汤，手揕[26]得味。既以享黄牛神，且酌元明、尧夫，云：“不减江南茶味也。”

【笺　注】

①以豚酒享黄牛神：用小猪和美酒来祭祀黄牛神。享：用食物供奉鬼神。

②饮福：祭祀完毕饮食供神的酒肉，以为这些酒肉沾有神灵的福气，以求神赐福。

③长年三老：古时指船工。

④少驻：短暂停留。

⑤清樾（yuè）：树荫。

⑥观欧阳文忠公诗：即欧阳修的《黄牛峡祠》诗。本卷前有收录，题作《黄陵庙》。

⑦苏子瞻记丁元珍梦中事：指《书欧阳公黄牛庙诗后》，其文为："右欧阳文忠公为峡州夷陵令日所作《黄牛庙》诗也。轼尝闻之于公：'予昔以西京留守推官，为馆阁校勘，时同年丁宝臣元珍适来京师，梦与予同舟溯江，入一庙中，拜谒堂下。予班元珍下，元珍固辞，予不可。方拜时，神像为起，鞠躬堂上，且使人邀予上，耳语久之，元珍私念。神亦如世俗，待馆阁乃尔异礼耶？既出门，见一马只耳。觉而语予，固莫识也。不数日，元珍除峡州判官。已而，余亦贬夷陵令。日与元珍处，不复记前梦云。一日，与元珍溯峡谒黄牛庙，入门惘然，皆梦中所见。予为县令，固班元珍下，而门外镌石为马，缺一耳。相视大惊，乃留诗庙中，有"石马系祠门"之句，盖私识其事也。'元丰五年，轼谪居黄州，宜都令朱君嗣先见过，因语峡中山水，偶及之。朱君请书其事与诗：'当刻石于庙，使人知进退出处，皆非人力。如石马一耳，何与公事，而亦前定，况其大者。公既为神所礼，而犹谓之淫祀，以见其直气不阿如此。'感其言有味，故为录之。"（张志烈、马德富、周裕锴主编《苏轼全集校注·第十九册·文集十》，河北人民出版社 2010 年 6 月等 1 版，第 7743—7744 页）

⑧道出神祠背：从黄牛庙的背后出来。

⑨洌：《黄庭坚全集》作"归"。

⑩纪：《黄庭坚全集》作"记"。

⑪媪（ǎo）：老妇人的通称。

⑫好事者：此处指喜欢并善于品茶的人。

⑬囷（qūn）廪：粮仓。

⑭坐石据琴：坐在石头上按着琴。

⑮儿大方侍侧：他的儿子大方陪侍左右。

⑯萧然在事物之外：指尧夫萧散闲逸，超然于世俗之外。

⑰盘石：巨石。

⑱几案：桌子。

⑲状：《黄庭坚全集》作"床"。

⑳夜阑：夜深。

㉑《履霜》《烈女》：古代琴曲的名字。

㉒已而：不久。抄本作“既而”。

㉓觕（cū）涩：指味道粗涩。觕：同“粗”。

㉔十饼：十块茶饼。宋人常将茶做成饼状。

㉕风炉：一种小型的炉子，古代多用于煮茶烫酒等。

㉖捛（ér）：用手揉搓。

黄陵庙记　诸葛亮①

仆②躬耕南阳之亩，遂蒙刘氏③顾草庐，势不可却④，计事善之⑤。于是情好日密，相拉总师⑥，趋蜀道，履黄牛，因睹江山之胜。乱石排空，惊涛拍岸，敛巨石于江中，崔嵬⑦巑岏⑧，列作三峰，平治⑨洚水⑩，顺遵其道⑪，非神扶助⑫于禹，人力奚能⑬致此耶？仆纵步环览，乃见江左大山壁立，林麓⑭峰峦如画。熟视⑮于大江重复石壁间，有神像影现焉。鬓发须眉⑯，冠裳宛然⑰，如彩画⑱者，前竖一旌旗，右驻一黄犊⑲，犹有董工开导⑳之势。古传所载黄龙助禹开江治水，九载而功成，信不诬也㉑。惜乎庙貌㉒废去，使人太息㉓。神有功助禹开江，不事凿斧，顺济舟航㉔，当庙食㉕兹土。仆复而兴之㉖，再建其庙貌㉗，目之曰黄牛庙，以显神功㉘。

【笺　注】

①此文见于张连科、管淑珍《诸葛亮集校注》卷二（天津古籍出版社 2008 年 1 月第 1 版，第 184 页）。

②仆：诸葛亮自称谦辞。

③刘氏：指刘备。

④却：推却。

⑤计事善之：提出了对刘备有益的计策。

⑥相拉总师：指被任命为军师。

⑦崔嵬（wéi）：高峻的样子。

⑧巑岏（cuán wán）：高峻的山峰。

⑨平治：治理。

⑩洚（jiàng）水：洪水。

⑪道：《诸葛亮集校注》作“遂”。

⑫扶助：帮助。

⑬奚能：何以能够。

⑭林麓：犹山林。

⑮熟视：注目细看。

⑯须眉：胡须和眉毛。

⑰宛然：真切的样子。

⑱彩画：《诸葛亮集校注》作“采画”。

⑲黄犊：小牛。

⑳董工开导：主持开山泄导洪水的工作。

㉑信不诬也：确实没有骗人啊。

㉒庙貌：《诗经·周颂·清庙序》郑玄笺：“庙之言貌也，死者精神不可得而见，但以生时之居，立宫室象貌为之耳。”（《毛诗正义》卷十九，李学勤主编《十三经注疏》本，北京大学出版社 1999 年 12 月第 1 版，第 1279 页）因称庙宇及神像为庙貌。

㉓太息：深深地叹息。

㉔顺济舟航：帮助船只顺利渡过。

㉕庙食：谓死后立庙，受人奉祀，享受祭飨。

㉖仆复而兴之：我重建庙宇并使它再次兴盛起来。

㉗庙貌：《诸葛亮集校注》作“庙号”。

㉘以显神功：用以彰显神的功劳。

夷陵县至喜堂记[①]

峡州治夷陵，地滨[②]大江。虽有椒、漆、纸以通商贾，而民俗险陋[③]，常自足，无所仰于四方。贩夫所售，不过鳙鱼腐鲍[④]，民所嗜而已。富商大贾皆无为而至，地僻而贫，故夷陵为下县[⑤]，而峡[⑥]为小州。州居无郭郛[⑦]，通衢[⑧]不能容车马，市无百货之列，而鲍鱼之肆[⑨]不可入。虽邦君[⑩]之过市，必常下乘[⑪]，掩鼻以疾趋。而民之列处[⑫]，灶、廪[⑬]、匽[⑭]、井无异位[⑮]。一室之间，上父子而下畜豕[⑯]。其覆[⑰]皆用茅竹，故岁常[⑱]火灾。而俗信鬼神，其相传曰作瓦屋者不利。夷陵者，楚之西境，昔《春秋》书荆以狭[⑲]之，而诗人亦曰蛮荆[⑳]，岂其陋俗自古然[㉑]欤？

【笺　注】

①此文作者为欧阳修，见于李逸安点校《欧阳修全集》卷三十九（中华书局 2001 年 3 月第 1 版，第 562—563 页）。本文写作于欧阳修被贬初到夷陵时。

②滨：临近。

③险陋：《欧阳修全集》作“俭陋”，应是。俭陋：俭朴，粗陋。

④鳙（sù）鱼腐鲍：干鱼和腐败的咸鱼。

⑤下县：古代根据县的人口、物产、地理形势的条件，将县划分等级，下县是条件较差的县。

⑥峡：峡州，即今湖北省宜昌市。

⑦郭郛（fú）：外城。

⑧通衢（qú）：大道。

⑨鲍鱼之肆：卖咸鱼的店。肆：店铺。

⑩邦君：此指峡州的知州。

⑪下乘：走下马车。

⑫列处：杂居的住处。

⑬廪：米仓。

⑭匽（yàn）：厕所。

⑮无异位：指混杂一起。

⑯畜豕：家禽和猪。

⑰覆：遮蔽的东西。

⑱常：抄本无此字。

⑲狭：《欧阳修全集》作“狄”，应是。《春秋》中楚、荆、狄经常混用，都指楚国。

⑳诗人亦曰蛮荆：《诗经·采芑》有“蛮荆来威”句。

㉑然：如此，这样。

景祐二年[①]，尚书驾部员外郎朱公治是州[②]，始树木[③]，增城栅[④]，甓[⑤]南北之街，作市门市区。又教民为瓦屋，别灶廪，异人畜，以变其俗。既[⑥]又命夷陵令刘光裔[⑦]治其县，起[⑧]敕书楼[⑨]，饰[⑩]听事[⑪]，新吏舍[⑫]。三年夏，县功毕[⑬]。

【笺 注】

①景祐二年：即1035年。按，景祐乃北宋仁宗赵祯的年号，从1034年至1038年共使用了五年。

②此句言朱庆基以尚书驾部员外郎衔任峡州知州。朱公：即朱庆基。

③树木：植树。

④城栅：围墙和栅栏，常指防御设施。

⑤甓（pì）：砖，此处指用砖铺。

⑥既：不久。

⑦刘光裔：欧阳修前任的夷陵县令。

⑧起：建造。

⑨敕书楼：地方官署供奉皇帝诏书的地方。

⑩饰：整修。

⑪听事：厅堂，官府办事的正堂。

⑫新吏舍：新建官吏的宿舍。抄本作“新官舍”。

⑬县功毕：夷陵县的这些事情都办好了。

某有罪来是邦，朱公于[①]某有旧[②]，且哀[③]其以罪而来，为至县舍，择其厅事之东以作斯堂[④]，度[⑤]为疏洁高明[⑥]而日居之，以休其心[⑦]。堂成[⑧]，又与宾客偕至而落之[⑨]。夫罪戾之人，宜弃恶地、处穷险[⑩]，使其憔悴忧思，而知自悔咎[⑪]，今乃赖朱公而得善地，以偷宴安[⑫]，顽然使忘其有罪之忧，是皆异其所以来之意[⑬]。

【笺 注】

①于：《欧阳修全集》作“与”。

②有旧：有老交情。有：出自抄本，刻本为“不”，应错。

③哀：同情。

④斯堂：此堂，即至喜堂。

⑤度：规划。

⑥疏洁高明：清爽敞亮。

⑦以休其心：用以调养（我的）心情。

⑧堂成：至喜堂建成。

⑨落之：为新屋落成而举行的庆贺宴会。

⑩穷险：荒远险要之地。

⑪悔咎：悔恨过错。

⑫以偷宴安：得以苟且安逸。

⑬此两句言欢快地使人忘掉了有罪在身的忧愁，这与贬谪而来的原意不一样。顽然：愉快地。顽，通“玩”。

然[①]夷陵之僻，陆走荆门[②]、襄阳至京师，二十有八驿[③]；水道[④]大江、绝[⑤]淮抵汴[⑥]东水门[⑦]，五千五百有九十里。故为吏者多不欲远来，而居者[⑧]往往不得代[⑨]，至岁满[⑩]，或自罢去[⑪]。然不知夷陵风俗朴野，少盗争。而令之日食有稻与鱼，又有橘、柚[⑫]、茶、笋四时之味。江山美秀，而邑居缮完[⑬]，无不可爱。是非惟[⑭]有罪者之可以忘其忧[15]，而凡为吏者，莫不始来而不乐，既至而后喜也。作《至喜堂记》藏其壁[16]。

【笺 注】

①然：抄本无此字。

②荆门：此指宋朝建立的荆门军，治今湖北省荆门市。

③驿：旧时供往来官员或传递公文的人中途休息、换马的地方。夷陵至开封共有二十八驿，说明夷陵的偏远。

④道：经过。

⑤绝：横渡。

⑥汴：河南省开封市的别称。

⑦水门：水闸。

⑧居者：指已到夷陵为官者。

⑨代：交卸职务。

⑩岁满：任期满。

⑪或自罢去：有的人主动辞职而离去。

⑫橘、柚：抄本无此二字。

⑬邑居缮完：县府居室修治完善。

⑭惟：抄本作“为”。

⑮此句言这并不是只有犯罪的人才可以忘掉忧愁。

⑯藏其壁：古代碑记文镌石后往往砌在墙壁间。

夫令虽卑，而有土与民[1]，宜志[2]其风俗变化之善恶，使后来者有考焉尔[3]。

【笺 注】

①有土与民：肩负有守土和安民的责任。

②志：记载。

③焉尔：语尾词，无意义，如口语中的“罢了”。

峡州至喜亭记[①]

蜀[②]于五代为僭国[③]，以险为虞[④]，以富自足[⑤]，舟车之迹不通乎中国[⑥]者，五十有九年矣[⑦]。宋受天命，一海内[⑧]，四方次第平[⑨]。太祖[⑩]改元之三年[⑪]，始平蜀。然后蜀之丝枲[⑫]织文[⑬]之富，衣被[⑭]于天下。而贡输[⑮]商旅之往来蜀者，陆辇[⑯]秦凤[⑰]，水道岷江，不绝于万里之外。

【笺 注】

①此文作者为欧阳修，可见于李逸安点校《欧阳修全集》卷三十九（中华书局2001年3月第1版，第564页）。

②蜀：此指五代十国时期的“前蜀”和“后蜀”，都城在今成都市。

③僣:《欧阳修全集》作“僭”。僣,此处同“僭”。僭:封建王朝称割据对立的王朝。

④虞：防范，戒备。

⑤以富自足：因为富裕自足。

⑥中国：此指中原地区。

⑦矣：《欧阳修全集》无此字。

⑧一海内：统一天下。

⑨四方次第平：四方的割据政权依次被平定。

⑩太祖：指宋太祖赵匡胤。

⑪改元之三年：此指宋太祖改“乾德”年号的第三年，即965年。

⑫丝枲（xǐ）：生丝和麻。

⑬织文：染丝织成花纹的丝织品。

⑭衣被：加惠于人。

⑮贡输：谓进贡输送地方特产。

⑯陆辇：从陆地以车辆运输。

⑰秦凤：秦州、凤州，即今甘肃省天水市、陕西省凤县。

岷江之来，合蜀众水，出三峡为荆江。倾折回直[①]，捍怒斗激[②]，束之为湍，触之为旋[③]。顺流之舟，顷刻数百里，不及顾视[④]，一失毫厘与崖石遇，则糜溃漂没[⑤]，不见踪迹。故凡蜀之可以充内府[⑥]、出[⑦]京师而伛[⑧]用乎诸州者，皆陆出。而其羡余[⑨]不急之物，乃下于江，若弃之然，其为险且不测如此。夷陵为州，当峡干[⑩]，江出峡始漫为平流。故舟人至此者，必沥酒[⑪]再拜相贺，以为更生[⑫]。

【笺 注】

①倾折回直：曲折凶险。

②捍怒斗激：涛怒浪激。

③旋：漩涡。

④顾视：探视，仔细看。

⑤糜溃漂没：糜烂冲没。

⑥内府：皇宫的仓库。

⑦出：《欧阳修全集》作“供”。

⑧侈：《欧阳修全集》作“移”。

⑨羡余：唐以后地方官员以赋税盈余的名义向朝廷进贡的财物。

⑩干：《欧阳修全集》作“口”。

⑪沥酒：洒酒于地，表祝愿或起誓。

⑫更生：重新得到生命。

尚书虞部[①]郎官[②]朱公[③]，再治[④]是州之三月，作至喜亭于江津[⑤]，以为舟者之停留也。且志[⑥]夫天下之大险至此而始平夷，以为行人之喜幸[⑦]。夷陵固为下州，廪与俸[⑧]皆薄，地[⑨]僻且远，虽有善政，不足为名誉以资进取[⑩]。朱公能不以陋而安之[⑪]，其心又喜夫人之去忧患而就乐易[⑫]，《诗》所谓“恺悌君子”[⑬]者矣。自公之来，岁数大丰[⑭]，因民之余[⑮]，然后有作，惠于往来[⑯]，以馆以劳[⑰]，动不违时[⑱]，而人有赖，是皆宜书[⑲]。故凡公之佐吏[⑳]，因相与谋，而属笔于修焉[㉑]。

【笺 注】

①虞部：官署名，为工部四司之一，北宋前期无职掌，设判部事一员，以无职事朝官充任，其郎中、员外郎皆为寄禄官。神宗元丰(1078—1085)改制后，掌山泽、苑囿、矿冶之政，辩其矿藏出产而为之厉禁。初设郎中、员外郎各一员，哲宗绍圣元年(1094)与屯田司互置郎官兼领。

②官：《欧阳修全集》作“中”。

③朱公：峡州知州朱庆基。

④再治：再次治理。宋代地方官三年一任，任满后受命连任或调任他处后再调回，称再治。

⑤江津：江边渡口。

⑥志：标志。

⑦喜幸：欢喜庆幸。

⑧廪与俸：粮米和俸禄。

⑨地：《欧阳修全集》作“而”。

⑩以资进取：作为升迁的资本。

⑪能不以陋而安之：能够不因为简陋而安于职守。

⑫其心又喜夫人之去忧患而就乐易：他喜欢帮助别人消除忧患而得到欢乐与平安。

⑬恺悌君子：品德优良、平易近人的人。《诗经·泂酌》中有此句，但作“岂弟君子”。岂弟（kǎi tì）：即“恺悌”。

⑭岁数大丰：多年大丰收。

⑮因民之余：人民生活富足有余。

⑯惠于往来：给往来的人以恩惠。

⑰以馆以劳：提供馆舍、给予慰劳。

⑱动不违时：使用劳役而不影响农事。

⑲是皆宜书：这些都应该记载下来。

⑳佐吏：指古代地方长官的僚属。

㉑属笔于修焉：把写记的事托给我欧阳修。

六一书院记　王　篆[①]

古之君子，奋乎百世之上，以其身系国家之安危、世道[②]之盛衰。德业闻望[③]，卓然[④]名世[⑤]，千载之下，尚能使人兴起[⑥]而敬承[⑦]之，非其[⑧]流风[⑨]之远、遗绪[⑩]之长，有以深入乎人心者，奚以致之？宋景祐初，欧阳六一[⑪]先生由馆阁[⑫]出令夷陵[⑬]，在东南数千里，愿安所得先生。先生仕于朝，假节[⑭]于京东、河北、青兖之境[⑮]，岂独夷陵哉？惟先生之泽[⑯]在夷陵，与夷陵之民思先生者，迄今如一日。

【笺　注】

①此记可见于〔清〕金大镛修、王伯心纂，同治三年刊本《东湖县志》卷二五《艺文》（成文出版社 1974 年影印本，第 570 页）。

王篆（1519—1603）：字绍芳，夷陵（今湖北省宜昌市）人，明嘉靖三十四年（1555）乡试考中举人，嘉靖四十一年（1562）会试中进士。历官两京都御史、吏部侍郎等。

②世道：社会道德风尚。

③德业闻望：德行、功业与名望。

④卓然：出众的样子。

⑤名世：闻名于世。

⑥兴起：因感动而奋起。

⑦敬承：尊敬地继承。

⑧非其：如果这不是。

⑨流风：前代流传下来的风尚。

⑩遗绪：前人留下来的功业。

⑪欧阳六一：即欧阳修，因其晚号六一居士，故称。

⑫馆阁：北宋有昭文馆、史馆、集贤院三馆和秘阁、龙图阁等阁，分掌图书经籍和编修国史等事务，通称“馆阁”。欧阳修当时任馆阁校勘[宋代官名，宋宁宗开禧二年（1206）置，掌校雠典籍]。

⑬夷陵：《东湖县志》作“彝陵”。后皆是。

⑭假节：汉末与魏晋南北朝时，掌地方军政的官往往加使持节、持节或假节的称号。使持节得诛杀中级以下官吏，持节得杀无官职的人，假节得杀犯军令者。至隋唐时，持节、假节已有名无实，但仍通称出任刺史、太守为假节。

⑮京东、河北、青兖之境：庆历新政失败后，欧阳修被贬知滁州（今安徽滁州市），后又改知扬州（今江苏扬州市）、颍州（今安徽阜阳颍州区）、应天府（今河南商丘市）等地。

⑯泽：恩泽，恩惠。

嘉靖乙丑[①]，茂名李侯一迪[②]来守是邦[③]，稽考[④]故实[⑤]，知所以祀[⑥]先生未有专祠，怃然[⑦]与郡士民谋之。而荆州守参政[⑧]汝泉赵公、兵宪[⑨]永平李公皆能以先生之政嘉惠[⑩]兹[⑪]郡者也。于是赞[⑫]李侯之议，建祠于[⑬]州城之东，榜[⑭]之曰“六一书院”，因课士[⑮]于其中。侯既告成，而谓予曰：“某之先[⑯]与先生同出吉水，固[⑰]乡晚进也[⑱]。适[⑲]莅[⑳]先生过化之区[㉑]，思以其治行[㉒]续之，而不可得为愧。兹役之成，愿有以志之。”予曰：“予亦先生之治里后进也[㉓]，尝为先生乡士之吏，思以其治行酬之，而不可得而为愧。今兹之命，敢不[㉔]拜教[㉕]。”未几[㉖]，李侯以迁秩[㉗]行，而代之者内江[㉘]姚侯宗尧[㉙]也。姚侯继侯之美，肃将[㉚]盛事，督课[㉛]诸生，以其服[㉜]申侯之请[㉝]。

【笺　注】

①嘉靖乙丑：即1565年。

②李侯一迪：即李一迪，字君哲，广东化州人，明世宗嘉靖四十四年（1565）进士，官至金衢副使，有《拙宦存稿》，清光绪《高州府志》卷三七有传。

③是邦：夷陵州。夷陵州乃明洪武九年（1376）改峡州置，属荆州府，治所即今湖北宜昌市。

④稽考：查考。

⑤故实：以往的有历史意义的事实。

⑥祀：《东湖县志》作“事”。

⑦怃（wǔ）然：怅惘若失的样子。

⑧参政：官名。宋代参知政事的省称，为宰相的副职。元于中书省、行中书省，皆置参政，为副贰之官。明于布政使下置左右参政。清初，各部也设参政，后改侍郎。

⑨兵宪：对任职于兵备道官员的尊称。兵备道，官名，全称整饬兵备道，明清道员之一，主治兵备事宜。宪：旧时属吏对上司的尊称。

⑩嘉惠：施予恩惠。

⑪兹：抄本作“斯”。

⑫赞：《东湖县志》无此字。

⑬于：《东湖县志》无此字。

⑭榜：题名，题写。

⑮课士：考核士子的学业。

⑯先：祖先，先祖。

⑰固：《东湖县志》无此字。

⑱固乡晚进也：本来是欧阳修同乡的后辈。

⑲适：刚好。

⑳莅：治理。

㉑先生过化之区：欧阳修曾到夷陵为县令，故此处如此说。过化：谓经过其地而教化其民，亦指做地方官。

㉒治行：施政的措施。

㉓本文作者乃夷陵人，故如此说。

㉔敢不：不敢不。

㉕拜教：领受教诲。《东湖县志》无“教”字。

㉖未几：不久。

㉗迁秩：旧指官员晋级。

㉘内江：抄本无此二字。

㉙姚侯宗尧：即姚宗尧（1537—1596)，字守一，四川成都府内江县（今四川省内江市）人，曾任夷陵知州，并在六一书院立碑，撰文示教。

㉚肃将：此处谓敬奉。

㉛督课：督察考核。

㉜服：《东湖县志》作“暇”。

㉝申侯之请：指姚侯重新提李侯的要求（希望我来写一篇记文）。

予惟[1]先生之补外[2]者凡几[3]，而夷陵乃得首借先生，人情不能忘迁乡[4]。故孔子尝思陈蔡[5]相从[6]之徒，则谓先生能忘夷陵？无是理矣。先生虽在夷陵曾不逾年，而厚德深惠[7]，足以风[8]后者[9]，迄今民亦不能忘。先生之神陟降于斯[10]，无疑也。然诸大夫之意，岂真谓其令夷陵而然哉[11]？若然，则令夷陵者多矣，而奚其专祠之[12]哉？先生历仕[13]三朝[14]，垂四十年，致位两府[15]，勋庸[16]之盛，与杜、富、韩、范[17]相嘉治乎[18]，天下翕然[19]相庆，倚以为安，其有裨[20]于宗社[21]者甚大。至其学术之致，则率昌黎[22]，以达[23]于孟氏[24]，力排异端[25]，以归于正。其言洪深灏噩[26]，与六经[27]相表里[28]。士生其时，知从事于通今学古，济世行道，而无五季[29]浮艳卑弱之气者，皆先生之教也。呜呼！盛矣！景祐距今五百三十余年，而新庙奕奕[30]，禋祀[31]皇皇[32]。先生尊临其上，而多士[33]周旋其间，所以仰瞻[34]而诵法[35]之者，当何如哉？穷[36]则为先生之学术，达则为先生之功烈[37]，此固多士今日之所有事以上报乎君父[38]，而诸大夫创修书院之意，正在于此，是不可以不记云。

【笺　注】

①惟：想，思考。

②补外：谓京官调外地就职。

③凡几：很多。

④迁乡：贬谪的地方。

⑤陈蔡：陈国和蔡国，皆春秋时候的诸侯国。孔子及其弟子曾在从陈国到蔡国的途中被围困，断绝粮食。

⑥相从：跟随，在一起。

⑦厚德深惠：深厚的恩德。

⑧风：感化。

⑨后者：后人，后来者。

⑩陟降于斯：欧阳修的神灵由此升降（降临于此享受祭祀，然后升空离开）。陟降：

升降，往来。

⑪此句言祭祀欧阳修难道是因为他做过夷陵的县令吗？真谓其令夷陵而然哉：《东湖县志》作“直谓其令夷陵哉”。

⑫专祠之：专门祭祀欧阳修。

⑬仕：《东湖县志》作“事”。

⑭先生历仕三朝：欧阳修历仕宋仁宗、宋英宗、宋神宗三朝。

⑮两府：指行使宰辅权的两个重臣及其所在的机构。如汉代的丞相和御史，宋代的中书省和枢密院等。欧阳修曾官至翰林学士、枢密副使、参知政事。参知政事在宋代设于中书门下。故此处云“致位两府”。

⑯勋庸：功勋。

⑰杜、富、韩、范：即杜衍、富弼、韩琦、范仲淹。庆历三年（1043），杜衍、富弼、韩琦、范仲淹同时执政，欧阳修等人为谏官，共同推动了庆历新政这样的改革。

⑱相嘉治乎：《东湖县志》作“相为伯仲”。

⑲翕然：一致的样子。

⑳有裨（bì）：大有裨益，对……益处很大。

㉑宗社：宗庙和社稷的合称，借指国家。

㉒率昌黎：即谓欧阳修继承了韩愈。韩愈倡导古文要出于“学古道”“志乎古”，他认为，之所以提倡“志乎古”，根本目的当然是恢复儒学在思想界的正统地位，强化儒学在国家治理和道德文化建设中的作用。就古文创作而言，则主要表现在对作者人格修养的要求和古文内容的思想导向上。欧阳修继承韩愈颇多，首先赞成韩愈的古文写作“志在古道”的观点，也崇尚以六经为代表的儒家之文，排佛斥老，认为古文写作者人格精神修养和文章的高下有紧密联系，追求以儒道为本的艺术精神。率：遵循。昌黎：即韩愈，因其自称“郡望昌黎”，世称“韩昌黎”“昌黎先生”。

㉓以达：《东湖县志》无此二字。

㉔孟氏：即孟子（约前372—前289），战国时著名的思想家、教育家，名轲，邹（今山东邹城）人，孔子学说的继承者。孟子将孔子“仁”的观念发展为“仁政”学说；提出“民贵君轻”，劝告统治者重视人民；肯定人性生来是善的，把治学和认识归结为找回散失本心的心性修养问题。他的学说对后世儒者影响很大，著有《孟子》。

㉕异端：此处指佛教。

㉖洪深灏噩：深奥广博。

㉗六经：指《诗》《书》《礼》《乐》《易》《春秋》六部儒家经典。

㉘表里：呼应，补充。

㉙五季：即后梁、后唐、后晋、后汉、后周五代。

㉚奕奕：高大。

㉛禋祀：泛指祭祀。

㉜皇皇：盛大。

㉝多士：此处指众多的学生。

㉞仰瞻：仰望；追慕。

㉟诵法：称颂并效法。

㊱穷：特指不得志，与下句“达”相对，达指显达（地位高而有名声）。

㊲功烈：功勋业绩。

㊳君父：特称天子。

序

三游洞序　白乐天[1]

平淮西之明年冬[2]，予自江州司马授忠州刺史[3]，微之自通州司马授虢州长史。又明年春[4]，各祗命[5]之[6]郡，与知退[7]偕行。三月十日，参会[8]于夷陵。翌日，微之反棹[9]送予至下牢戍[10]。又翌日，将别未忍，引舟上下[11]者久之。酒酣，闻石间泉声，因舍棹进策[12]，步入缺岸。初见石，如叠，如削[13]；其怪者，如引臂，如垂踵[14]。次见泉，如泻，如洒[15]；甚[16]奇者，如悬练，如不绝线[17]。遂相与维舟岩下[18]，率仆夫芟芜刈苜[19]，梯危[20]缒滑[21]，休而复上者凡四五焉[22]。仰睇俯察[23]，绝无人迹，但水石相薄，磷磷凿凿[24]，跳珠溅玉[25]，惊动耳目。自未讫戌[26]，爱不能去。俄而峡山昏黑，云破月出，光气含吐[27]，互相明灭[28]，晶荧玲珑[29]，象生其中[30]。虽有敏口，不能名状[31]。

【笺　注】

①此文见周绍良主编《全唐文新编》卷六百七十五（吉林文史出版社 2000 年 12 月第 1 版，第 7628 页）。

②平淮西：唐宪宗元和九年（814）淮西节度使吴元济叛乱，宪宗派兵加以平定，元和十二年（817）攻入蔡州，活捉吴元济。平淮西之明年：即元和十三年（818）。

④予自江州司马授忠州刺史：白居易在元和九年（814）任太子左赞善大夫，因上疏请求捕杀刺死宰相武元衡的刺客，得罪权贵，被贬为江州司马。四年后，即元和十三年（818），从江州司马任上改授忠州刺史，接替李景俭。

④又明年春：即元和十四年（819）春天。

⑤祗命：遵命。

⑥之：往。

⑦知退：白居易的弟弟白行简的字。

⑧参会：指作者、元稹、白行简三人相会。参：通“三”。参会于：抄本作“来”。

⑨反棹：掉转船头。

⑩下牢戍：即下牢关，在宜昌西边。其时元稹出川，已过下牢关；白居易入川，还未过下牢关；因此元稹陪同白居易重返下牢关。

⑪引舟上下：元、白惜别，互相送来送去。

⑫舍棹进策：舍舟上岸，拄杖上山。

⑬此三句言石头如人工堆叠、劈削而成。

⑭此三句言形状奇怪的石头像伸着手臂和垂着脚后跟。此处指石钟乳。踵：《全唐文新编》作“幢”。

⑮此三句言泉水如同倾泻，又好像喷洒。

⑯甚：《全唐文新编》作“其”，应是。

⑰此三句言奇怪得像白丝绸，又像一根不断的白线。此指瀑布。

⑱此句言元、白各命人将船系在岩石上。

⑲苜：《全唐文新编》作“翳”，应是。芟芜刈翳：割掉遮蔽山路的杂草。

⑳梯危：在山路危险处开一个阶梯。

㉑缒滑：在山路滑溜处垂绳牵引。

㉒凡四五焉：四五次之多。

㉓仰睇俯察：上下观看。

㉔磷磷凿凿：同粼粼凿凿，形容水石相击，亦可解释为水清石见。

㉕跳珠溅玉：形容泉水溅石，像珍珠洒在玉石上那样跳跃四溅。

㉖自未讫戌：自未时到戌时。今下午一时到三时为未时，七时到九时为戌时。

㉗光气含吐：月光与云气互相吞吐。

㉘互相明灭：明暗交替。

㉙晶荧：透明闪光。玲珑：精巧细致。

㉚象生其中：是说在云气月光中出现种种美妙形象。

㉛此二句言虽有十分敏捷的口才，也无法形容它的妙处。

既而通夕[①]不寐，迨旦将去[②]，怜奇惜别[③]，且叹且言。知退曰：“斯境胜绝，天地间其有几乎[④]？如之何俯通津绵岁代，寂寥委置，罕有到者乎[⑤]？”予曰：“借此喻彼，可为长太息者，岂独是哉[⑥]！”微之曰：“诚哉是言[⑦]！矧[⑧]吾人难相逢，斯境不易得，今两偶于是[9]，得无述乎[10]？请各赋古调诗[11]二十韵[12]，书于石壁。”仍[13]命予序[14]而纪之。又以吾三人始游，故目[15]为“三游洞”。洞在峡州上二十里北峰下，两崖相廞间[16]。欲[17]将来好事者知，故备书其事[18]。

【笺　注】

①通夕：抄本作“通宵”。

②这二句是说一夜没有睡觉，等到天明即将离开。迨（dài）：等到。

③此句言既怜惜于奇景又感伤于即将别离。

④这二句言这样的境界美妙极了，世界上还能有几个呢？

⑤这三句言为什么此洞下面就是四通八达的渡口，却多年来寂寂无闻，被人抛弃，极少有人到这里来呢？通津：四通八达的渡口。岁代：年复一年，谓长久以来。委置：抛在一边。

⑥这几句谓借这件事可以说明另外的事，可以为之叹息的，难道只有这件事情吗？岂独是哉：《全唐文新编》作“岂独是哉！岂独是哉！”

⑦诚哉是言：此话确实太对了。

⑧矧（shěn）：况且。

⑨两偶于是：两件事（指上文所说“吾人难相逢，斯境不易得”）都在这里实现了。偶：相遇。于是：在这里。

⑩得无述乎：是说怎么能没有文章加以记述呢？

⑪古调诗：即古体诗。

⑫二十韵：一韵两句，共四十句。

⑬仍：同“乃”，于是。

⑭序：同“叙”，记叙。

⑮目：《全唐文新编》作“以”。

⑯两崖相廞间：指两个山崖相衔接的地方。廞：通“嵌”。

⑰欲：希望。

⑱故备书其事：所以详细地记载了这次游玩。

川江石坝志略下　陈　瑞[1]

乙亥[2]秋，得拜抚绥三楚新命[3]。首檄司道咨访川汉水源[4]，有谓下流壅滞[5]所致，有谓天时气运[6]使然，有谓汉水不足虞[7]，惟川水骤会[8]，斯为患也。丙子[9]春，问俗荆岳[10]各属，遍历[11]夷归[12]，遡流[13]穷源。顾所过皆愁惨景象，田地芜莱[14]者过半，庐舍坟冢多成故墟[15]，至有百里无人烟者。父老率遮道[16]泣告曰："民罹[17]漂溺[18]十七载[19]于兹，愿急有以告之。不然，皆无以自存[20]矣。"余相对亦泣下，再四抚谕[21]而去。寻揭榜[22]招抚流移[23]，令所司[24]给以牛种[25]，宽其逋负[26]，蠲[27]其赋役[28]，发[29]仓粟[30]千石分赈[31]之。于是民稍稍集。

【笺 注】

①陈瑞(1515—1583)：字孔麟，号文峰，福建长乐人。嘉靖三十二年(1553)进士，历官行人、山东监察御史、河南右参政等职，官至副都御史、刑部侍郎、兵部尚书。

本文写作背景：万历三年（1575）秋，陈瑞升任湖广巡抚，时荆州地区自嘉靖三十九年（1560）长江发生大洪水以来，连年遭受洪灾，年年修堤，年年溃决，百姓苦不堪言，陈瑞亲自带领民众治水，经深入调查，实地踏勘，想出在三峡建坝阻水以减缓洪水流速，使下游宣泄得及的防洪之法，在三峡内择址建起二十座石坝，每座长十丈、宽五丈、高一丈五，减轻了荆州防洪的压力，有效地防治了洪水。此事万历《湖广总志》载之甚详，本志所载较略。

②乙亥：此指 1575 年。

③此句指陈瑞任湖广巡抚。拜：授与官职；任命。抚绥：安抚。三楚：战国楚地疆域广阔，秦汉时分为西楚、东楚、南楚，合称三楚。后人诗文中多以之泛指长江中游以南，即今湖南湖北一带地区。新命：指新的任命，多指提升。

④此句言首先下檄文令各有司前往地方咨询采访对长江、汉水水情的意见和建议。司道：司，古代官署的名称，或政府部门独立的下属机构。道，我国历史上行政区域的名称，唐代相当于现在的省，清代和民国初年在省以下设"道"。

⑤壅滞：堵塞。

⑥气运：节候的流转变化。

⑦虞：忧虑。

⑧骤会：骤然来会。

⑨丙子：此指 1576 年。

⑩荆岳：荆州府、岳州府。荆州府：元至正二十四年（1364）朱元璋改中兴路置，属湖广行省。治所在江陵县（即今湖北省荆州市）。民国元年（1912），废除荆州府。岳州府：明洪武二年（1369）改岳州路为岳州府，隶湖广布政使司。清因之，康熙三年（1664）属湖南省。

⑪历：抄本无此字。

⑫夷归：夷陵、归州。

⑬遡（sù）流：犹逆流。遡：同“溯”。

⑭芜莱：长满野草。

⑮故墟：废墟。

⑯遮道：犹拦路。

⑰罹：受，遭受。

⑱漂溺：指漂没溺死。

⑲十七载：自嘉靖三十九年（1560）长江发生大洪水以来，连年遭受洪灾，至作者写作此文的1576年，正好十七载。

⑳自存：保全自己。

㉑抚谕：安抚劝导。

㉒揭榜：张贴文告。

㉓招抚流移：招集流离失所的人。

㉔所司：有司，指主管的官吏。抄本作“有司”。

㉕牛种：耕牛与谷种。

㉖逋（bū）负：此处指拖欠的赋税。

㉗蠲（juān）：免除。

㉘赋役：赋税和徭役。

㉙发：打开。

㉚仓粟：仓库中贮藏的米谷。

㉛分赈：分发救济。

一夕宿夷陵署中，忽梦神人，黑面绛衣[①]，谒[②]余曰：“吾黄陵神也。”觉而惊讶。翌日[③]，询诸父老[④]，云西去二百里即三峡，峡之上有神名黄陵，极灵异。余闻之，喜。即日撰文，令所司具牲醴[⑤]，竭诚，偕巡道[⑥]马宪副、署州事[⑦]蔡二守彻[⑧]驺从[⑨]。操小舟，冒崄[⑩]穿峡，恭拜祠下。酹[⑪]毕[⑫]，默祝[⑬]曰：“某[⑭]来，为拯溺计[⑮]，惟神一视古今，其佑之。”是夕，宿于舟中。复梦神谢余起伏若垒石[⑯]状。既晤[⑰]，尤香气袭人，心窃喜曰：“思之思之，鬼神将通之[⑱]，信夫。”平明[⑲]放舟[⑳]，顺流而东，回视三峡，不啻[㉑]天上。意[㉒]！水涨时，势若建瓴[㉓]，一无停滞，瞬息千里。其冲激溃决[㉔]，弥漫江浒[㉕]，何怪其然。及环视沿江两岸，多积石，且横有石梁，插入江中者。余反复思维，乃翻然曰：“嘻，神之所示，其在兹乎？”

【笺 注】

①绛衣：深红色衣服。

②谒：拜访。

③翌日：明天。

④询诸父老：向长者咨询。诸："之于"的合音。父老：长者。

⑤具牲醴：备办祭品。牲醴：指祭祀用的牺牲和甜酒。

⑥巡道：清代官名。唐代遣使分道出巡，称分巡某某道。明代各省按察司除按察使外，还有按察副使、按察佥事等官员，负责巡察州、府、县的政治、司法等方面的事情，称分巡道、兵巡道等。清废副使、佥事等官，简称巡道。

⑦署州事：代理峡州知州。

⑧彻：撤去。

⑨驺（zōu）从：古代贵族、官员出行时的骑马侍从。

⑩崄：同"险"。

⑪酹（lèi）：把酒洒在地上表示祭奠。

⑫毕：完结。

⑬默祝：默默地祷告于神灵。

⑭某：自称（代替"我"或名字）。

⑮为拯溺计：为了解救危难的计划。

⑯垒石：即砌石。

⑰晤：应为"寤"，睡醒。

⑱这两句出自《管子·内业》："思之思之，又重思之，思之而不通，鬼神将通之。"谓日夜思索，一旦豁然开悟。

⑲平明：天刚亮的时候。

⑳放舟：开船。

㉑不啻：无异于，如同。

㉒意：应为"噫"，文言叹词，表示感慨。

㉓建瓴：语本〔西汉〕司马迁《史记·高祖本纪》："譬犹居高屋之上建瓴水也。"（郭逸、郭曼标点《史记》，上海古籍出版社 1997 年 8 月第 1 版，第 263 页）谓倾倒瓶中之水，形容居高临下、难以阻挡的形势。

㉔溃决：指大水冲开（堤坝）。

㉕江浒：江边。

夫治水之策二，在杀[1]其源，疏其委[2]。今源、委既远，难于为力。若于上流少加[3]阻遏[4]，以缓水势，使下流以渐而通，是亦治水之一策也。况岸有积石及天生石梁，因以垒石坝数十座，或者可挽狂澜万一[5]。谋之道府[6]，佥[7]曰："可！"复加酌量[8]地势水势，所宜可以坝[9]者二十余处，夷陵七、归州九、巴东四。各量动仓粟[10]，计值银不过六十两。募工垒砌，沿江居民欣然子来[11]，不日[12]告竣。坝各长十丈，阔五丈，高一丈五尺，屹然[13]相向。盖据高为坝，常时[14]之水，中流而行，坝若无功。间值[15]洪水横流之时，则遇坝而阻，水势回合[16]转折停蓄[17]，盈科徐下[18]，不复向[19]之洊湃直泻。是岁，松滋、江陵、公安、石首、监利一带，江堤晏然如故，虽堤外低田，亦无渰溺[20]。

【笺　注】

①杀：抑制。

②委：末，尾。抄本作"尾"。

③少加：稍加。

④阻遏：阻挡，阻止。

⑤万一：万分之一。

⑥道府：清时道一级地方政府，或该级政府的行政长官。

⑦佥：都，全。

⑧酌量：本指计量酒米，后泛指斟酌估量。

⑨坝：此处为动词，筑坝。

⑩仓粟：仓库中贮藏的米谷。

⑪子来：谓民心归附，如子女趋事父母，不召自来，竭诚效力。

⑫不日：不久。

⑬屹然：稳固挺立的样子。

⑭常时：平时。

⑮间值：间或遇到。

⑯回合：环绕。

⑰停蓄：停留蓄积。

⑱盈科徐下：水流经过这些石坝，如同水充满坑坎，就会慢慢流下。盈科：水充满坑坎。

⑲向：以前。

⑳渰溺（yǎn nì）：淹没。

《三峡通志》卷之五　附录

高安吴守忠编辑
楚黄冈卢国祯校

帝王胜迹

夏大禹《禹贡》：荆及衡阳惟荆州。江、汉朝宗于海，九江孔殷，沱、潜既道，云土梦作乂。厥土惟涂泥，厥田惟下中，厥赋上下，厥贡羽、毛、齿、革、惟金三品，杶、干、栝、柏，砺、砥、砮、丹，惟箘簵楛。三邦底贡厥名，包匦菁茅，厥篚玄纁玑组，九江纳锡大龟，浮于江、沱、潜[1]，逾于洛，至于南河……岷山导江，东别为沱，又东至于澧，过九江，至于东陵，东迤北，会于汇，东为中江，入于海[2]。

周文王之化，自近而远，先及于江汉之间，而有以变其淫乱之俗。故其出游之女，人望见之，而知其非复前日之可求矣。作诗以美之曰："南有乔木，不可休思。汉有游女，不可求思。汉之广矣，不可泳思。江之永矣，不可方思。"是时，汜[3]水傍，媵有待年于国，而嫡不与之偕行者。其后嫡被后妃夫人之化，乃能自悔而迎之。故媵见江水起，与以美之曰："江有沱，之子归，不我过，不我过[4]，其啸也歌。"[5]

汉章武元年，帝以孙权袭关羽之故，东征。二年，帝进军猇亭。夏六月，诸军败绩于秭归，帝还永安。三年春，帝病笃，召诸葛亮于成都，属以后事，谓亮曰："君才十倍曹丕，终定大事。若嗣子可辅，辅之。如其不才，君可自取。"亮泣曰："臣敢不竭股肱之力，效忠真之节，继之以死！"帝崩，奉梓宫还成都，葬于惠陵，谥曰昭烈皇帝[6]。

楚顷襄王避敌至巫[7]，于女观山[8]西小山上筑宫室以处，从行宫人皆细腰，因以名宫[9]。宋玉《高唐赋》：昔者楚襄王与宋玉游于云梦之台，望高唐之观。其上独有云气，崪兮直上，忽兮改容，须臾之间，变化无穷。王问玉曰："此何气也？"玉对曰："所谓朝云者也。"[10]即此，王墓在细腰宫前，归州有楚王台、楚王井[11]。志云：王饮马于此，又有洗马池[12]。《赋》又曰："昔者先王尝游高唐。"[13]岂楚怀王亦尝至是与[14]？

周鱼复国[15]未详

夔子国，周成王封鬻熊之曾孙熊绎于楚丹阳，熊绎之子熊挚别[16]封于夔，治巫城，后徙归之夔沱[17]。按《左传》，夔子[18]不祀祝融与鬻熊，楚人让之。对曰："我先王熊挚有疾，鬼神弗赦，而自窜于夔，是以失楚，又何祀焉？"楚灭夔，以夔子归[19]。

汉公孙述僭号于成都，更夔为白帝城。按《十道志》，述称白帝，以据西方，色[20]尚白也。又《夔志》载，井中有白龙出，因称白帝山，亦以名州[21]。

吴孙权取荆州，复以刘璋为益州牧，驻姊归[22]。璋卒，雍闿[23]奉璋子阐[24]为益州刺史。诸葛亮南征，阐入吴，为御史中丞。

【笺 注】

①潜：《尚书 · 禹贡》此字后有一“汉”字。

②此段材料涉及大禹，可见于《尚书·禹贡》，意为：荆山到衡山南面一带是荆州，长江、汉水像诸侯朝见天子一样奔向大海，众多的长江支流汇集在洞庭湖，水势盛大，长江的支流沱江、汉水的支流潜江都已经疏通河道，云梦泽水患解除可以耕作了。该州的土质是潮湿的泥地，这里的耕地是第八等，赋税是第三等。该州的贡物有鸟羽、旄牛尾、象牙、犀牛皮以及黄铜、青铜、红铜、椿树、柘木、桧树、柏树、粗细磨石、制箭簇（镞）的砮石、丹砂，还有竹笋、美竹、楛树。州内的方圆进贡自己的名产，用匣子包装好菁茅，用筐装上黑色、黄红色的丝绸带子和珍珠，九江一带还待命贡献郊神用的神龟。进贡的道路是先从长江支流沱江到达汉水支流潜江，直到汉水，然后登岸由陆路到洛水，通达于黄河……疏导长江从岷山开始，向东分出的支流统称为沱江；向东通达澴水的支流澧水，向东经过长江北岸的众多长江支流，到达东陵，再向东偏北斜行汇集于长江北岸的彭蠡湖；再向东流长江称为中江，一直通达大海（李民、王健《尚书译注》，上海古籍出版社 2000 年第 1 版，第 66—83 页）。

③汜：刻本作“巳”，显系年代久远磨灭旁边部分，今据抄本改。

④不我过：抄本无此三字。

⑤这段材料涉及周文王，乃将朱熹《诗集传》中的两段注文拼合而成，从“周文王”至“可求矣”乃《汉广》之注文（〔南宋〕朱熹《诗集传》，中华书局 1958 年 7 月第 1 版，第 6 页），从“是时”至“迎之”乃《江有汜》之注文（同上，第 12 页）。其余文字乃作者根据朱熹注文之意添加原《诗经》中两首诗的诗句而成。周文王：《诗集传》无“周”字。而知其非复前日之可求矣：《诗集传》作“而知其端庄静一，非复前日之可求矣”。汜水旁：《诗集传》作“汜水之旁”。朱熹对两首诗的解读皆遵循了汉儒之范围，认为《汉广》说的是汉江一带由于被于周文王的教化，“游女”遵守礼教，德行高洁，所以不可求；《江有汜》说的是媵妾受嫡妻的排斥，不能陪嫁。后来嫡妻受周文王元配夫人的教化影响（当然，周文王元配夫人也是受到了周文王的教化影响的），后悔了，于是亲自迎接媵妾，于是媵妾见江水起兴而作《江有汜》诗。媵（yìng）：此处指随嫁或陪嫁的人。待年：谓女子待年长而定婚或出嫁。

⑥这段材料乃综合了〔西晋〕陈寿撰、〔南朝·宋〕裴松之注《三国志》卷三十二《蜀书二·先主传》（中华书局 2006 年 9 月第 1 版，第 531 页）和卷三十五《蜀书五·诸葛亮传》（同上，第 547 页）相关文献写作而成。但有两点不同，一是此处云“汉章武元年，帝以孙权袭关羽之故，东征”，意即先主刘备因关羽被袭而伐吴；但《蜀书二 · 先主传》云：“章武元年夏四月……车骑将军张飞为其左右所害。初，先主

忿孙权袭之袭关羽，将东征。秋七月，遂帅诸军伐吴。”可见先主刘备乃因张飞被害而最终出兵，不仅仅是因为关羽被袭。二是此处云“夏六月，诸军败绩于秭归，帝还永安”，意即先主刘备败于秭归；但《蜀书二 · 先主传》云：“夏六月，黄气见自秭归十余里中，广数十丈。后十余日，陆议大败先主军于猇亭……先主自猇亭还秭归，收合离散后，遂弃船舫，由步道还鱼复，改鱼复县曰永安。”可见先主刘备败于猇亭，而非秭归。章武元年：即221年。按，章武，乃三国时汉昭烈帝刘备年号，从221年四月至223年四月共计三年，这也是蜀汉政权的第一个年号。猇（xiāo）亭：地名，位于今湖北省宜都市西，南临长江，蜀汉刘备与吴陆逊战于此。败绩：军队被打垮。永安：刘备改鱼复县得名，即今奉节县。病笃：病势沉重。属：同“嘱”，嘱咐，托付。君才十倍曹丕：你的才能胜过曹丕十倍。曹丕（187—226）：字子桓，沛国谯县（今安徽亳州）人，曹操次子。曹丕于220年代汉建立魏国。嗣子：承继王位的嫡长子。此指刘备的儿子刘禅。梓宫：皇帝、皇后的棺材。忠真：《蜀书五 · 诸葛亮传》作“忠贞”。

⑦巫：即楚国时的巫郡，后秦改为巫县，隋朝时改为巫山县。

⑧女观山：在今巫山县东。〔明〕李贤等《大明一统志》卷七十《夔州府 · 山川》：“女观山，在巫山县东北四里，有石如人形，相传昔有妇人，其夫官于蜀，登山望夫，因化为石。”（三秦出版社1990年2月第1版，第1088页）

⑨女观山西畔小山顶有楚故离宫遗址，乃楚顷襄王所游之地，后称遗址为“古楚宫”或“故离宫”，至清代尚存，明清两代的县志、府志、省志、一统志皆有载。民间称为“细腰宫”。南宋诗人陆游《入蜀记》：“游楚故离宫，俗谓之细腰宫。”

⑩这段材料可见于本志卷三“赋”处，可以参看。

⑪此台、此井嘉靖《归州全志》有载，云：“楚王台，州城内。旧传楚襄王建台于此，今为长宁所治。”（《归州全志（校勘本）》，湖北人民出版社2015年9月第1版，第87页）“楚王井，楚台山上有泉甘洌。”（同上，第21页）

⑫嘉靖《归州全志》云：“洗马池，州南德胜门外一里。俗传楚襄王洗马于此。”（同上，第87页）

⑬此句见宋玉《高唐赋》。

⑭此句意为：难道楚怀王也曾经到此吗？楚怀王乃楚襄王父亲。

⑮此处称鱼复之国，误。因为它并非一个诸侯国，乃庸国时的鱼邑，后来秦置县，治今重庆市奉节县东白帝城。唐贞观间改名奉节。

⑯别：抄本无此字。

⑰夔子国：春秋时楚国的同姓国，熊挚所建立，都城在今湖北秭归。熊挚是楚

国始封君王熊绎的来孙（第六世孙，此处言其为熊绎之子，一般的历史文献不支持这种说法）。鬻熊：芈姓，名熊，楚国的先祖。商朝末年，鬻熊协助周文王起兵灭商，并成为周文王的老师和火师。后来周成王感念鬻熊的功劳，封鬻熊的曾孙熊绎为子爵，楚始建国。熊绎：生卒年不详，芈姓，熊氏，名绎，鬻熊曾孙，楚国始封君。夔沱：即夔子城所在地，在今湖北省秭归县。

⑱子：抄本无此字。

⑲事见《左传·僖公二十六年》（《春秋左传正义》卷十六，李学勤主编《十三经注疏》标点本，北京大学出版社 1999 年 12 月第 1 版，第 432—433 页）。夔子不祀祝融与鬻熊：杜预注云："祝融，高辛氏之火正，楚之远祖也。鬻熊，祝融之十二世孙。"孔颖达疏引《楚世家》云："楚之先出自帝颛顼高阳。高阳生称，称生卷章，卷章生重黎。黎为高辛氏火正，帝喾命曰祝融。帝诛重黎，而以其弟吴回居火正，为祝融。吴回生陆终，陆终生季连。季连，芈姓，楚其后也。……周文王之时，季连之苗裔曰鬻熊。"（同上，第 432 页）让：责备。"我先王熊挚有疾，鬼神弗赦，而自窜于夔，是以失楚"：杜预注云："熊挚，楚嫡子，有疾不得嗣位，故别封为夔子。"（同上，第 432 页）

⑳色：抄本无此字。

㉑公孙述：于王莽末年自称辅汉将军兼领益州牧。建武元年（25），公孙述称帝于蜀，国号成家（一作大成或成），年号龙兴。《十道志》：全称为《十道四蕃志》，乃唐武周时梁载言所撰，共十六卷，是唐代全国地理总志。书中先述其地理方位、四至八到，各道州数并府州名；然后按州分述古为何郡，唐代为何县。《夔志》：指的应是正德《夔州府志》，该志卷三《山川》载："白帝山，在府城东五里。峡中视之，孤特甚峭。公孙述据蜀，殿前井中尝有白龙出，因称白帝，山亦以名。"（中华书局点校本 2009 年 11 月，第 69 页）

㉒刘璋：生卒年不详，字季玉，江夏竟陵（今湖北天门）人。益州牧刘焉幼子，刘焉死后继任益州牧。后听信手下张松、法正之言，迎接刘备入益州，想借刘备之力，抵抗曹操。不料此举乃引狼入室，刘备反手攻击刘璋，刘璋乃降。刘备占据成都后，刘璋以振威将军的身份被迁往荆州居住。建安二十四年（219），东吴孙权趁关羽北伐之际，派遣吕蒙、陆逊袭击荆州，刘璋因此归于东吴，被孙权任命为益州牧，居于秭归，约在 221 年后去世。

㉓雍闿（？—225）：建宁（今云南曲靖）人。初，雍闿投刘备。刘备死后，雍闿杀蜀所署太守正昂，缚张裔于东吴，遂降吴。后丞相诸葛亮南征讨雍闿，而雍闿已为高定部曲所杀。

㉔阐：即刘璋的二儿子刘阐。刘阐为人恭顺，轻财重士，有仁爱之风。刘璋去世后，黄武四年（225），南中的豪杰反叛，俱归附于吴，孙权命刘阐为益州刺史。后诸葛亮平定南中后，刘阐回到建业，担任御史中丞。后病死于家中。

圣贤过化

《大禹谟》："帝曰：'来，禹，洚水儆予，成允成功，惟汝贤。克勤于邦，克俭于家，不自满假，惟汝贤。汝惟不矜，天下莫与汝争能。汝惟不伐，天下莫与汝争功。予懋乃德，嘉乃丕绩，天之历数在汝躬，汝终陟元后。人心惟危，道心惟微，惟精惟一，允执厥中。'"①

周姬奭即召公，周同姓也②。文王命公巡行南国，以布厥政③。有司请召民，公曰："不劳一身而劳百姓，非吾君之志也。"乃遍历乡邑，听断于甘棠之下④。以时当蚕桑耕农，于是弛狱出民，使得反业⑤。自侯伯至庶人，无失职者⑥。人思其政，作《甘棠》之诗⑦。武王即位，命公居左右十有四年，以功封于燕。成王时，为三公⑧。自陕以东，公主之⑨。

杨雄，字子云，蜀郫人⑩。其父寓巫，生雄。雄擅文华，意者钟十二峰之秀与⑪。真西山曰："杨子默而好深湛之思，故其言如此。'潜'之一字，最宜玩味。天惟神明，故照临四方。惟精粹，故万物作类。人心之神明精粹，本亦如此。惟不能潜，故神明者昏，而精粹者杂，不能烛理而应物也。"⑫

周惇颐，字茂叔，号濂溪⑬。嘉祐元年，以太子中舍佥判合⑭州判官事。溯峡至秭归，闻龙昌洞之胜游焉，遂道于夔，以至合州。伍年陆月，先生解佥判，出峡东归⑮，转通判虔州⑯。赞曰："道丧千载，圣远言湮。不有先哲，孰开我人！书不尽言，图不尽意。风月无边，庭草交翠。"⑰

周子判夔州，有莲花池。按《宋鉴》神宗熙宁六年六月，知南康军周敦颐卒。内书任分宁主簿⑱，调南安司理⑲，历合州判官⑳、夔州通判㉑，知柳州，为广东转运判官，知南康㉒，年伍拾七卒。凿池事不知有无，判夔则史可据也㉓。

康节邵子㉔，世传先生尝寓云安㉕，有台存焉，为先生注《易》之所，后人因名"演易台"㉖。尝闻先生谓"天下有事，蜀可避焉。"则兹之游也。其闻鹃㉗之后与。赞曰："天挺人豪，英迈盖世。驾风鞭霆，历览无际。手探月窟，足蹑天根。间中风月，静里乾坤。"㉘

郭雍㉙，河南人，父忠孝，从程颐学，得其传，持宪陕西，死于金人之难。雍退居峡州，放浪长阳鲤鱼山。乾道间，征不起，赐号"冲晦处士"。孝宗时，封"颐正先生"。雍传其父纂遗书，有《易说》《中庸说》行于世。其兄球，有文学，号"白云先生"。

【笺 注】

①此乃《尚书·大禹谟》中的一段材料，意为：帝舜说："来，禹！洪水向我们示警。你能信守诺言，取得治水的成功，只有你贤能；能辛勤地为国家操劳，能节俭于个人生活，不自满自大，只有你贤能。你虽不自以为贤，但天下没有人与你争能；你虽不自我夸耀，但天下没有人与你争功。我褒扬你的美德，嘉许你的功绩，上帝赐命的君主大位落在你的身上，你终究要登上君主的大位。人心自私危险，道心幽昧微明，只有精研专一，诚信地遵行中道。"（李民、王健《尚书译注》，上海古籍出版社 2000 年第 1 版，第 33 页）

②姬奭：生卒年不详，与周武王、周公旦同辈。姬奭辅佐周武王灭商后，受封于蓟（今北京），建立臣属西周的诸侯国燕国。但他派长子姬克管理燕国，自己仍留在镐京（今陕西西安）任职，辅佐朝廷。因采邑于召（今陕西岐山西南），故称召公或召伯、召公奭。

③文王：即周文王姬昌，周朝的奠基者。其父季历死后，继承西伯侯之位，故称西伯昌。在位四十二年后，正式称王，史称周文王。在位期间，克明德慎罚，勤于政事，重视农业生产。礼贤下士，广罗人才，为周武王伐纣灭商奠定基础。布：施行。

④听断：听取陈述而做出决定，常指听讼断狱。甘棠：木名，即棠梨。

⑤弛狱：释放狱囚。使得反业：使他们能够返回到本职工作。

⑥侯伯：侯爵与伯爵，泛指诸侯。庶人：西周时用以称农业生产者。秦汉后泛指无官爵的平民。

⑦作《甘棠》之诗：诗见《诗经 · 召南 · 甘棠》。《毛诗序》云："《甘棠》，美召伯也。召伯之教，明于南国。"（《毛诗正义》卷一，李学勤主编《十三经注疏》本，北京大学出版社 1999 年 12 月第 1 版，第 77 页）

⑧为三公：周成王时，姬奭为太保，为三公（太师、太傅、太保）之一。

⑨自陕以东，公主之：召公与周公分陕（今河南陕县）而治，自陕地以西，由姬奭主管；自陕地以东，由周公旦主管。

⑩杨雄：又作扬雄（前 53—18），字子云，西汉时期辞赋家、思想家。蜀郫人：郫县（今郫都区）人。《汉书 · 扬雄传》作"蜀郡成都人"。

⑪文华：才华。十二峰：巫山十二峰。与：同"欤"，文言助词，此处表示感叹语气。

⑫材料可见于汪荣宝《法言义疏》卷七（中华书局 1987 年 3 月第 1 版，第 140 页）。照临：《法言义疏》作"照知"。照知：明察。作类：《法言义疏》作"作睹"。烛理而应物：《法言义疏》作"烛物而应理"。真西山：即真德秀（1178—1235），本姓慎，

因避南宋孝宗讳改姓真。号西山。南宋后期理学家，为继朱熹之后的理学正宗传人，与魏了翁齐名，在确立理学正统地位的过程中发挥了重大作用，创“西山真氏学派”，学者称其为“西山先生”。有《真文忠公集》传世。深湛：深厚精湛。

⑬周惇颐：原名敦实，避宋英宗旧讳而改为“敦颐”。字茂叔，号濂溪，道州营道（今湖南省道县）人，世称濂溪先生，乃北宋五子之一，宋朝儒家理学思想的开山鼻祖，文学家、哲学家。

⑭合：抄本无此字。

⑮嘉祐五年（1060）六月，周敦颐从合州（今重庆市合川区）解职回京。

⑯嘉祐六年（1061），周敦颐迁国子监博士，通判虔州。通判：此处为动词，任职通判之意。通判乃官名，宋初始于诸州府设置，即共同处理政务之意，地位略次于州府长官，但握有连署州府公事和监察官吏的实权，号称监州。虔州：即今江西赣州。

⑰引文来自〔南宋〕朱熹《六先生画像赞·濂溪先生》。先哲：《六先生画像赞·濂溪先生》作“先觉”。书：指周敦颐《通书》。图：即《太极图》，还包括《太极图说》（此乃《太极图》的阐发）。

⑱宋仁宗康定元年（1040），周敦颐守母孝期满，除去孝服，由吏部调任洪州分宁县（今江西修水县）主簿。主簿：为汉代以来通用的官名，主管文书簿籍及印鉴。魏、晋以前主簿官职广泛存在于各级官署中；隋唐以后，主簿是部分官署与地方政府的事务官，重要性减少。

⑲庆历四年（1044），通过吏部考察，周敦颐被认定是有才能、有政绩之人，被调任南安军司理参军。军：在宋代是一种地方行政建制。南安军等同下州，辖南康（今江西南康）、大庾（今江西大余）、上犹（今江西上犹）三县，治所在今江西大余。参军是知州的佐官，有录事、户曹、司法、司理之分。周敦颐任司理参军，属于直接办案的官员。

⑳嘉祐元年（1056），周敦颐改太子中舍，签书署合州（今重庆市合川区）判官，共计五年。抄本无“判官”二字。

㉑正德《夔州府志》记载：“熙宁中，判夔州。”

㉒宋神宗熙宁元年（1068）擢广东转运判官。次年，移知南康军。

㉓正德《夔州府志》记载：“熙宁中，判夔州，素性爱莲，于郡之东北山顶凿池种莲。”

㉔康节邵子：即邵雍（1012—1077），字尧夫，宋哲宗元祐中赐谥康节，北宋著名理学家、易学家。

㉕云安：即今重庆市云阳县。

㉖咸丰《云阳县志》卷一《舆地·古迹》载："演易台，在县北三十里，地名向阳坪。宋邵康节于此注《易》。明御史卢雍立石表之。"

㉗闻鹃：即邵雍闻鹃知乱。北宋治平年间，邵雍和他的朋友在天津桥上散步，听到杜鹃的叫声，神色忧伤地说："洛阳以前没杜鹃，现在有杜鹃来这儿。天下将要大治的时候，地气会从北向南移动；将要动乱的时候，地气会从南向北移动，现在南方的地气已经来到了。飞禽鸟类，是最先感受到地气移动的。不出二十年，皇上会起用南方人为宰相，并且会援引许多南方人入朝，一意地更张旧有的典章制度，从此以后，天下会有很多事端了。"

㉘引文来自〔南宋〕朱熹《六先生画像赞·康节先生》。月窟天根：根据《伊川击壤集》和《周易本义》书中所载，邵雍为帮助人们解读《伏羲先天六十四卦方圆图》，创造了"天根和月窟"专用名词，即阴阳。

乾坤：即天地。

㉙郭雍（1106—1187）：字子和，祖籍洛阳（今河南省洛阳市），出身儒门。其父师事程颐，对《周易》研究颇深，郭雍能传其父学，通于世务。隐居峡州（今湖北省宜昌），自号白云先生。乾道年间，经湖北帅张孝祥荐于朝，旌召不就，赐号"冲晦处士"，后又封为"颐正先生"。郭氏笃好张仲景之书，研究日深，因感于《伤寒论》已有残缺，于是采《素问》《难经》《千金方》《外台秘要》诸书所论，及朱肱、庞安时、常器之等诸家之说予以补充，于1181年撰成《伤寒补亡论》二十卷。

名宦流芳

诸葛亮，字孔明，琅琊人，家南阳隆中，躬耕陇亩，为《梁甫吟》。每自比管、乐。徐庶谓先主曰："孔明，卧龙也，将军宜枉驾顾之。"先主遂诣亮，凡三往，乃见。亮语先主，以跨有荆益，汉室可兴。先主于是与亮情好日密。尝曰："孤之有孔明，犹鱼之有水也。"帝即位，以为丞相，录尚书事。是秋，帝愤关羽之殁，帅师伐吴，亮留守成都。明年春，帝兵败还永安，亮急驰至。帝崩，受遗诏，奉太子还成都，即位，改元建兴，封亮武乡侯、领益州牧。南征四部，斩雍闿、高定，擒孟获而不杀，南蛮底定。乃上表出师伐魏，斩其将王双、张郃。复出[①]褒斜，军渭南。司马懿坚壁不敢出，未几，卒于军。懿按行营垒，叹曰："天下奇才也。"[②]

源乾曜，临漳人，唐神龙中，为夔州参军，修图经、言风俗甚备。开元四年十一月，拜官同平章事。八年三月复拜同平章事。时张说、张嘉真、杜暹、李元纮皆以才能表见，公独清谨自守，上言："形要之家多任京官，使俊乂之士沉废于外。臣三子在京，请出其二。”上从之。于是出者百余人，乃同事，或忌其率直矣[3]。

唐介，字子方，江陵人，天圣八年进士。初任平江法曹，伸理枉滞，迁为奉节令，以通民情，理冤狱为先，多有惠政。召授殿中御史里行。弹劾张尧佐不当授宣徽使，又论文彦博语甚切直。帝怒，贬英州别驾。神宗朝拜参知州事。卒，谥质肃[4]。

寇准，字平仲，下邽人。少英迈，通《春秋》。太宗时，知巴东，赋役未尝出符，揭名而集。真宗时，为集贤殿中大学士，定澶渊之议，徙太常卿，知湘州。徙安州，贬道州司马。帝初不知也，问左右，莫敢对。在州，民竞荷瓦木为公宇。再贬衡州司马，卒，归葬西京道。出公安，人皆设祭，哭于路，折竹植挂纸钱。逾月，枯竹尽生笋[5]。

欧阳修，字永叔，庐陵人。举进士试，南宫第一。调西京推官，遂以文章名冠天下。入朝为馆阁校勘，贻书责司谏高若讷不论救范仲淹。若讷上其书，贬夷陵令。知嘉祐二年贡举。时士子尚为险怪奇涩之文，号太学体。修痛排抑之，场屋之习从是遂变。熙宁四年，以太子少师致仕，卒谥文忠[6]。

陈起，沅江人，南唐时举进士。初为宁乡令，改秭归，疏凿杂滩。欧阳修称之。转湘乡、萍乡令，乃迁黄梅。有妖寇藉幻术惑众，起悉擒之，由是知名。召拜侍御史[7]。

朱庆基，景祐间知峡州，莅民有德政，岁数丰稔[8]，民建“来丰亭”以彰显之。

赵诚，皇祐间知归州。先是，山颓江石断流，诚负薪石根，纵火裂石，不半载而功成。江开舟济，名曰“赵江”，有磨崖铭。

虞允文，字彬甫，仁寿人，绍兴初第进士。二十一年十月，金虏入寇，高宗下诏亲征，以叶义问视师江淮，允文参护军事。十一月，允文[9]败金军于采石。捷闻，高宗大喜曰：“允文，朕之裴度也。”寻罢允文知夔州。允文以夔为蜀门户，于是修守御，抚军民，百务整肃。乾道三年，以允文为四川宣抚使。越二年，召为枢密使，拜尚书左仆射、同平章事，进封雍国公。卒谥忠肃[10]。

王十朋，字龟龄，乐清人。隆兴间为侍御史，论史浩八罪，风裁凛然。诏权吏部侍郎，辞不拜，以集英殿修撰知饶州。乾道二年七月，移知夔州。夔苦于马纲，公两上状，极言其害。州旱七月，公为文铸于诸庙，不逾时，雨大降，民颂其惠。公暇搜辑屈大夫、诸葛武侯以下行实，为《夔路十贤》诗。又立武侯及唐质肃公祠，皆以表扬先哲，兴起来学。其诲生儒甚勤切，大要以忠孝与思无邪为主。民输租者，使自概量。其治以廉洁公平，下有不善者，反复告戒，诚意笃至，人多信服。去之日，士民攀辕不舍[11]。

李浩，字德远，一字直夫，临川人，中绍兴壬戌进士，不谒秦熺，时论重之。然为所憾，公义不屈，拂衣家居。桧卒，乃得除。历官吏部侍郎，以秘阁修撰知夔州，兼夔路安抚使。奉法循理，律已甚严。部有施州，其守田氏与其犹子为二者不协，起兵相攻。公亲草檄，遣官谕之。二人感悟，歃血释兵，边赖安妥。在夔逾年，以疾请，未至而殁，朝议以公尽瘁厥职，特赠集英殿修撰[12]。

查籥，字元章，绍兴中登进士。隆兴初，为御史。乾道中，出为夔路运判[13]。适王龟龄[14]在帅府，相得甚欢。时马纲为害，公力赞龟龄，陈于朝，又调停输运之法，务以便民。尝与龟龄采辑先贤之宦夔者，立祠祀之，各为诗以述其美。后转成都运使，历官至太常少卿。晚节立朝，益以謇直[15]自持，不阿时好[16]，盖始终一致云。

刘光祖，字德修，安阳人，登进士，廷对言："孝宗睿察太过，神断太严，求治太速，喜功太甚。"光宗朝为御史。落职，居房州。嘉泰二年，弛伪学之禁，公得起官。历江西提刑，改知夔州。公上言："人主有六易，天命易恃，天位易乐，无事易安，意欲易奢，政令易怠，岁时易玩。又有六难，君子难进，小人难退，苦言难入，巧佞难远，是非难明，取舍难决。暗主之所易，明主之所难。明主之所易，暗主之所难。"在夔施政，一以便民，而不扰之。终显谟阁学士，奉祠。卒谥文节[17]。

孟珙，枣阳人，嘉熙四年二月为四川宣抚使，知夔州，节制归、峡、鼎、澧军马。珙招集散民为宁武军，以降人回鹘爱里八都鲁为飞鹘军。厘蜀政之弊为条，颁诸郡县。寻兼夔路制置大使，大开屯田，又创南阳、竹林两书院，以处襄汉四方流寓之士。乃条上屯田始末与所减卷食之数。降诏奖谕。寻转宁武军节度使，知江陵府。淳佑六年，卒，赠太师，封吉国公，谥忠襄[18]。

王禎[19]，初[20]，公以大学生[21]除夔州府通判，才五月，会荆、襄贼石和尚[22]流劫入夔，焚巫山县治。是时，同知王□[23]授牒捕贼，性柔怯而险猾，故托疾不敢出一兵。公忿忿面数[24]之曰："汝食朝廷禄，所主何事？忍委赤子[25]饥[26]虎口耶？"即代勒[27]所部民兵，昼夜行。至则巫山已破，贼方聚山中，索击之，杀渠桀三十一[28]人，余尽遁。乃行县，抚伤残，招溃散，久乃得归。居三日，贼复寇大昌[29]，公促王，王又不行。而瞿塘卫指挥曹能、柴成两人与王素党结游[30]祸，多方诡辞庇之，且激公曰："公诚为国家出气力，肯慨然复行乎？"公即声应，曹、柴两人故酌酒贺，更许以身相翼，实[31]为脱王计。公即日勒民兵，夹曹、柴两人赴之，与贼夹水阵。已而麾民兵毕渡，趣战。曹、柴望风走，公陷围中。自寅及申[32]，人马疲，误入淖田[33]，不得脱。贼欲降之，公大奋骂，贼怒，以刀断其喉及右臂，堕淖中，马逸去，成化丙戌[34]五月九日也。始，公赴大昌，道宿木商家，故[35]新淦[36]人，且稔公，知贼不敌，不敢言。是日将归，有物啸于山者。商惊祝曰："为王公耶？果尔，当三啸止。"如其言。商秘与家人负篑[37]往寻乱尸，见衣白纱半臂者，公也。载篑上，令不深没。自死所至府三百余里，马奔归，府门阖[38]，长嘶，踶其扃[39]，若告急状。守者纳之，血淋漓，毛鬣尽赤，众始骇。公已死，而贼尤不解。后死之二十五日，子广[40]始随木商往殓之，面如生，不以暑腐。然贫甚，不能归，尽售行李与马为资。而王意在马，不偿直[41]，竟徒手得之。棕[42]既行，距殓之二十五日。夜半[43]，马哀鸣特异。王命秣者[44]加莝[45]豆，不为止。王疑秣者绐[46]己，自起视枥[47]，马骤前啮其项，不释口，久乃得脱。复奋首捣胸，仆之地，不省人。翌日，呕血数升，死。贼既平，有司正功罪，曹、柴亦被诛。公，吉水人[48]。

【笺　注】

①出：抄本无此字。

②这段材料乃〔西晋〕陈寿撰、〔南朝·宋〕裴松之注《三国志》卷三十五《蜀书五·诸葛亮传》（中华书局 2006 年 9 月第 1 版，第 543—553 页）缩写而成。此段材料的注释可以参看卷二中王十朋《新修武侯祠堂记》及裴度《诸葛武侯庙碑铭并序》中的相关注释。

《梁甫吟》：《蜀书五·诸葛亮传》和抄本作"《梁父吟》"。管、乐：管仲和乐毅。

③这段材料应录自《新唐书》《旧唐书》中的《源乾曜传》及《资治通鉴》卷二百一十二《唐纪二十八》等文献。源乾曜（？—731），相州临漳（今河北临漳）人。进士出身，历任江南道巡察使、谏议大夫、梁州都督等职，开元四年（716）拜黄门侍郎、同平章事，成为宰相，不久与姚崇被一同免官，改任京兆尹，四年后复任宰相，不久升任侍中，后又因针对封禅泰山的问题与时任宰相张说发生矛盾被夺去实权。开元十七年（729），源乾曜被罢去侍中之职，后任太子少傅，封安阳郡公，两年后病逝于长安，追赠幽州大都督。

神龙：周朝武则天和唐中宗李显的年号，从 705 年至 707 年共计三年。

同平章事：乃同中书门下平章事的简称，即与中书、门下协商处理政务之意。初用于唐太宗时。自高宗永淳元年（682）始，实际担任宰相者，或加以同中书门下平章事的名义。

表见：显扬，显现。

上言：《资治通鉴》作"乾曜上言"，意更明显。

形要之家：显贵之家。

俊乂（yì）：才德出众的人。

④可以参看〔元〕脱脱等撰《宋史》卷三百一十六《唐介传》（中华书局 1977 年 11 月第 1 版，第 10326—10330 页）。

天圣八年：即 1030 年。天圣乃北宋仁宗赵祯的年号，从 1023 年至 1032 年共使用了十年。

法曹：古代司法官员的称谓。

枉滞：指不得申雪的冤屈或冤案。

殿中御史里行：即殿中侍御史里行，官名。宋仁宗景祐元年（1034）始置，选三丞以上曾任知县人充任，掌纠绳百官，肃清纪纲。任职满二年除正任御史再供职二年即除三司或开封府判官。神宗元丰改制，罢。

宣徽使：官名。唐宪宗元和中置，以宦官充任，渐为宣徽院长官，总领内诸司使及三班内侍名籍，掌其迁补、郊祀、朝会、宴享供帐，检视内外进奉名物。五代迄宋，因事简官尊，常以枢密院官兼。外戚张尧佐揽权，骤任宣徽等四职。唐介与包拯等再三劝谏，最后竟独自一人据理力谏。宋仁宗推说张尧佐任职系中书省建议，唐介于是弹劾文彦博依靠贿赂宦官嫔妃为相。仁宗大怒，贬为春州（今广东春阳）别驾。后仁宗省悟，次日改置英州（今广东省英德市）。参知州事：据《宋史·唐介传》应为“参知政事”，即副宰相。

⑤可以参看〔元〕脱脱等撰《宋史》卷二百八十一《寇准传》（中华书局1977年11月第1版，第9527—9534页）。亦可参看卷四中王十朋《重修寇忠愍公祠记》中的注释。

下邽：今陕西渭南市下邽镇。

《春秋》：《宋史·寇准传》作“春秋三传”。

赋役未尝出符，揭名而集：《宋史·寇准传》作“每期会赋役，未尝辄出符檄，唯具乡里姓名揭县门，百姓莫敢后期”。

湘州：《宋史·寇准传》作“相州”，今河南省安阳市。

衡州：今湖南省衡阳市。

⑥可以参看〔元〕脱脱等撰《宋史》卷三百一十九《欧阳修传》（中华书局1977年11月第1版，第10375—10382页）。

南宫：指礼部会试，即进士考试。

西京推官：西京，北宋时候西京指洛阳。推官：官名，唐朝始置，宋朝三司各部设一员，主管各案公事。开封府亦设左、右厅推官各一员，分日轮流审判案件。临安府设节度推官、观察推官各一员。诸州幕职亦有节度、观察推官。

馆阁校勘：官名。北宋前期置，以京官充任，为馆阁职事之一，掌校勘书籍，通常不许带职补外。神宗元丰改制，罢。哲宗元祐中，复置。

贻书责司谏高若讷不论救范仲淹：参看卷四中苏轼《至喜台》中“咎吕”的注释。司谏：官名，谏诤政事阙失之官。宋太宗端拱元年（988）由左、右补阙改名，分置左、右。其后，亦有领他职而不预谏诤者。神宗元丰年间改制，左、右各置一人，正七品，凡朝廷政事阙失，大臣至百官任非其人，三省至百司事有违失，皆得谏正，分隶门下、中书两省。

太学体：指北宋时流行的一种宫廷文体，具有险怪艰涩的特点，代表人物是石介。嘉祐二年（1057）二月，欧阳修担任礼部贡举的主考官，以翰林学士身份主持进士考试，提倡平实文风，录取苏轼、苏辙、曾巩等人，极大地打击了太学体，对北宋文风转变有很大影响。

场屋：科举时代考试的场所。

⑦沅江：今湖南省沅江市。宁乡：今湖南省长沙宁乡市。黄梅：即湖北省黄梅县。

⑧丰稔（rěn）：犹丰收。

⑨文：抄本作“军”。

⑩可以参看〔元〕脱脱等撰《宋史》卷三百八十三《虞允文传》（中华书局1977年11月第1版，第11791—11800页）。

二十一年十月：应为三十一年十月。绍兴三十一年（1161）金帝完颜亮统率金军主力越过淮河，进迫长江。宋高宗令同知枢密院事叶义问出督江、淮军事，虞允文为督视江淮军马府参谋军事，负责协助叶义问抗敌。虞允文后被派往采石（今属安徽马鞍山）犒师。虞允文到采石后，见宋军萎靡不振，形势危急，于是亲自督师，以一万八千人的兵力与十五万金军决战于采石矶，结果大败金军，赢得了著名的“采石大捷”。

寻罢允文知夔州：“采石大捷”之后，虞允文任川陕宣谕使。后来宋孝宗想召虞允文回朝，询问陕西事宜，而朝中执政者对他多有忌惮，仅将其改授为显谟阁直学士，知夔州，仍在地方主政。

⑪可以参看〔元〕脱脱等撰《宋史》卷三百八十七《王十朋传》（中华书局1977年11月第1版，第11882—11887页）。

论史浩八罪：王十朋力排和议，主张抗战，并以怀奸、误国等八大罪状劾主和派代表、宰相史浩，使之罢职。

风裁：指刚正不阿的品格。

权：唐以来称试官或暂时代理官职为“权”。

知饶州：隆兴元年（1163），张浚北伐失利，主和派非议纷起。后主和派掌权，王十朋受到排斥，孝宗命他为吏部侍郎，王十朋坚辞不受，改知饶州。

马纲：指成批的马编纲运输。宋代或把一百匹马编为一纲。王十朋在夔州写有《夔州论马纲状》《再论马纲状》两篇文章（《王十朋全集》修订本，上海古籍出版社2002年12月第1版，第635—638页）。

行实：生平事迹。

《夔路十贤》诗：乃王十朋创作的一组七言绝句，分别为“屈大夫”（屈原）、“严刺史”（严颜）、“少陵先生”（杜甫）、“陆宣公”（陆贽）、“韦丞相”（韦处厚）、“白文公”（白居易）、“柳文公”（柳公绰）、“寇莱公”（寇准）、“唐质肃公”（唐介）、“诸葛武侯”（诸葛亮）。诗见《王十朋全集》（修订本）（上海古籍出版社 2002 年 12 月第 1 版，第 424—425 页）。

生儒：即儒生，指在县学和府学学习的生员。

输租：交纳租税。

⑫可以参看〔元〕脱脱等撰《宋史》卷三百八十八《李浩传》（中华书局 1977 年 11 月第 1 版，第 11903—11906 页）。

绍兴壬戌：即 1142 年。

秦熺（1117—1161）：字伯阳，秦桧的养子。李浩考中进士这一年，秦熺考中状元，同年考中的都拜见他，有人拉着李浩一起去，李浩坚决不去。

乃得除：于是得以任命官职。

部有施州：《宋史·李浩传》作“夔有羁縻州曰思州”，应为“思州”。思州：唐贞观四年（630）改务州置，治务川（今贵州沿河土家族自治县城东，宋移治今务川），辖今贵州务川、沿河、印江和重庆酉阳、秀山等地。唐末废，北宋末复置，不久废。南宋高宗绍兴二年（1132）复置思州，治务川，为羁縻州。思州乃田氏土司的天下。

犹子：侄儿。

草檄：泛指撰写官方文书。

集英殿修撰：官名，北宋徽宗政和六年（1116）置，为正六品贴职，位次于待制。南宋用以尊宠六部权侍郎之补外官者。

⑬运判：官名，“转运判官”之简称。宋朝始设，为转运使之佐官，初掌随军供办军需。宋太宗以后，因转运使逐渐成为各路之长官，遂改为经度一路全部或部分财赋。后代沿置。

⑭王龟龄：即王十朋，龟龄是其字。

⑮謇直：正直。

⑯不阿时好：不媚俗，不讨好时俗。

⑰可以参看〔元〕脱脱等撰《宋史》卷三百九十七《刘光祖传》（中华书局 1977 年 11 月第 1 版，第 12097—12102 页）。

第一段引文意为：孝宗皇帝访察太精密，决断太严厉，追求太平太急速，好大喜功太过分。

嘉泰二年：即1202年。

弛伪学之禁：庆元年间，韩侂胄专权，实行“伪学逆党”之禁，统治集团公开分裂，致使议论纷纭不止。庆元六年（1200）八月，党禁的积极推行者京镗去世。韩侂胄也渐有意更张前事，北伐建功。嘉泰二年（1202）二月九日，韩侂胄接受张孝伯、陈景思等人之言，决定弛“伪学逆党”之禁。因此，赵汝愚复追资政殿学士，党人在世者也先后复官。

第二引文意为：君主有六易：易依靠天命，易喜欢帝位，易安于无事，易使欲望奢侈，易懈怠政令，易在一年四季游玩。又有六难：难进用君子，难斥退小人，难接受刺耳的话，难疏远乖巧佞幸的人，难辨明是非，难决定取舍。昏庸的君主认为容易的，英明的君主认为难；昏庸的君主认为难的，英明的君主认为容易。

显谟阁学士：官名，宋徽宗建中靖国元年（1101）置。显谟阁是藏书阁，内藏神宗御集。其官有学士、直学士、待制，序位在宝文阁学士、直学士、待制之下，均为贴职，无具体职事，只供侍从顾问；正三品。

奉祠：宋代设宫观使、判官、都监、提举、提点、主管等职，以安置五品以上不能任事或年老退休的官员等。他们只领官俸而无职事。因宫观使等职原主祭祀，故亦称奉祠。

⑱可以参看〔元〕脱脱等撰《宋史》卷四百一十二《孟珙传》（中华书局1977年11月第1版，第12369—12380页）。

嘉熙四年：即1240年。

八都鲁：武士、勇士，译自蒙古语。

飞鹘军：回鹘骑兵。

南阳、竹林：《宋史·孟珙传》作“公安、南阳”。孟珙虽为武将，也非常注重文教事业。在挥师抵御蒙古入侵的同时，他于战乱之际兴建公安、南阳书院，影响深远。该二书院是没收官僚田庄建起来的，各建房层六十间。“在公安者即名‘公安书院’，实维寇祠旧址；在武昌者曰‘南阳书院’，取武侯躬耕之地以名。”为了办好书院，孟珙亲自选择有学问品行者为山长。每旬有课，每季有试，空闲时间则学习骑射。

⑲本文乃节选〔明〕罗洪先《战马记》，该文收录于〔明〕贺复征编《文章辨体汇选》卷五百八十八（景印文渊阁《四库全书》本，台湾商务印书馆1986年3月影印第1版，第1409册，第227—229页）。原文第一段的身世介绍和最后一段的议论文没有选录。《文章辨体汇选》作“王祯”。

⑳初：《文章辨体汇选》作“始”。

㉑大学生：《文章辨体汇选》作“太学生”。

㉒石和尚：即石龙，荆襄流民起义的一个头领。荆襄地区北有秦岭，南有大巴山，东有熊耳山，中有武当山、荆山，跨连陕西、河南、湖北三省，谷阻山深，人烟稀少，为封建统治的薄弱环节。该地资源丰富，且可逃避赋役，永乐年间渐有流民进入。宣德至成化年间，流民集结者逾一百五十万。成化元年（1465）三月，流民首领刘通（号刘千斤）联合石龙（号石和尚）、刘长子等，在房县大木厂立黄旗聚众起义，称汉王，国号汉，年号德胜。成化二年（1466）三月，白圭战胜义军，刘通被捉后押解京城而死。石龙冲出重围，进入四川，继续坚持战斗，接连攻克巫山、大昌两县城，杀夔州通判王祯，取得辉煌胜利。后石龙被俘杀。关于荆襄流民问题的原因及其流民起义的情况，可以参看滕新才《明中叶荆襄流民运动与三峡社会发展》一文（《重庆三峡学院学报》2006 年第 5 期）。

㉓王□：原缺一字，此处用“□”符号表示。《文章辨体汇选》作“苏州王公”、《明史》卷二八九《忠义传一》作“督盗同知王某”、李友梁《巫山县志》（光绪十九年刻本）作“王某”。查道光《夔州府志》卷二十三《秩官志》，成化中任夔州同知者三人，分别为：陆清，江南无锡县（今无锡市）举人；杨祥，陕西宝鸡县（今宝鸡市陈仓区）举人；陈渭，浙江余姚县（今余姚市）举人。无苏州王姓同知，盖罗洪先、《明史》皆误记耳（录自滕新才《明中叶荆襄流民运动与三峡社会发展》，《重庆三峡学院学报》2006 年第 5 期，第 22 页）。

㉔面数：谓当面数说其过。

㉕赤子：比喻百姓、人民。

㉖饥：《文章辨体汇选》作“饿”。

㉗勒：统率。

㉘三十一：《文章辨体汇选》作“三十三”。

㉙寇大昌：《文章辨体汇选》作“劫属邑大昌”。

㉚游：《文章辨体汇选》作“避”。

㉛实：抄本无此字。

㉜自寅及申：大约相当于早晨五时至傍晚五时。

㉝淖（nào）田：烂泥田。

㉞成化丙戌：即 1466 年。

㉟故：《文章辨体汇选》此字之前有一“商”字。

㊱新淦（gàn）：地名，即今天江西省新干县。

㊲箦（zé）：竹编床席。

㊳阖（hé）：关闭。

㊴踶（dì）其扃（jiōng）：用蹄子踢门。

㊵子广：其儿子王广。

㊶直：《文章辨体汇选》作“值”。

㊷榇（chèn）：棺材。

㊸夜半：《文章辨体汇选》作“夜且半”。

㊹秣者：喂马的人。

㊺莝（cuò）：铡碎的草。

㊻绐（dài）：欺骗。

㊼枥（lì）：马槽。

㊽公，吉水人：《文章辨体汇选》无此句。

乡贤遗响

屈平，字原，为怀王左徒。博闻强志，明于治乱，娴于辞令，王甚任之，与图议国事。上官大夫妒其能。谮之王曰“王使屈平为令，众莫不知。每一令出，平伐其功，曰以为‘非我莫能为也’。”王怒而①疏屈平。其后，秦昭王约楚怀王会盟于武关。屈平曰：“秦，虎狼之国，不可信，不如无行。”怀王稚子子兰劝王曰：“奈何绝秦欢？”怀王卒行。秦人留之，楚立其子顷襄王，怀王竟薨于秦。屈平忧愁幽思，而作《离骚》，其存君与国。一篇之中，三致意焉。令尹子兰大怒，复与上官大夫谮平于顷襄王。王迁之江南。平作《怀沙》之赋，自投汨罗以死。汉太史公为原传曰：“余读《离骚》《天问》《招魂》《哀郢》，悲其志。适长沙，观原所自沉渊，未尝不垂涕，想见其为人。”②

宋玉，屈平弟子，为楚大夫。悯其师忠而放逐，乃作《九辨》，悲其志③。及原沉汨罗，又作《招魂》哀之。其词歔欷④凄怨，读之使人泫泫泪下甚矣。玉之用情于师，殷殷厚也。玉后游巫山，观十二峰之娟峭，又作《神女》《高唐》二赋，寓言托兴，以讽其词，殆丽以淫矣。太史公曰：“屈原之后有宋玉、景差、唐勒之徒者，皆好词而以赋见称，然皆祖屈平之从容辞令，终莫敢直谏。”⑤呜呼，斯言其有所感矣。

巴蔓子，周季世，巴国乱，将军蔓子请师于楚，许以三城。楚救巴。巴国已宁，楚使请城。蔓子曰：“藉楚之灵，克绥祸难，诚许是三城，将吾头往谢，城不可得也。”乃自刎，以头授楚使。楚王以上卿礼葬其头于荆门山之阳⑥。

严植之，字孝源，秭归人。少喜《老》《庄》，晚通《周易》《毛诗》《左氏春秋》、郑氏礼书。梁天监中，辟为五经博士，开馆授徒，生儒常数百，讲说多精当。后迁中抚记室参军[7]。

徐世谱，字兴宗。其先巴东鱼复人，世居荆州，为王帅，征蛮、蜒，勇敢有膂力，善水战。梁侯景之乱，因与征讨，寻领水军与景战于赤亭湖。景平，以资领河东太守。陈武帝拒王琳，其水战之具，悉委世谱。世谱性机巧，谙解旧法，所造器械，随机损益，妙思出人。迁护军将军[8]。

唐繁之一，秭归人，善诗学。闻忠州刺史白居易将出夔，乃至巫，候之，题于邮壁，曰："忠州刺史今才子，来到巫山必有诗。传与巫山神女道，速排云雨候新词。"白至，遂与同舟论诗，倡和至秭归，居数日，而后别。详《全唐诗话》[9]。

廖彦正，奉节人，博学有器识，以刚直闻于时。政和[10]中，为南平司隶参军。徽宗[11]求直言，彦正上封事[12]，论时政缺失，大为直政者所集。会修大河，除都水[13]使，躬督疏浚，不为权贵所挠。中贵[14]人有与争者，彦正欲力正其罪，遂为所中。时宰蔡京[15]因前封事之撼罢斥之。元祐党籍[16]，彦正与焉。

胡勉，长阳人，建炎初，寇钟相[17]之徒犯其邑。勉集豪勇，斩二渠魁[18]，尝摄县事。刘超将侵建平，勉捍防蜀道，贼不得进。凡破贼所获金帛，悉分其下，秋毫无取。

青文胜[19]，字质夫，大宁人。洪武间，龙阳县典史[20]，律己公动[21]，轸[22]民疾苦。邑赋岁为石三万七千有奇[23]。以濒于洞庭，水灾泛滥，岁大歉，无以输。有司[24]急责敛之，民窜徙[25]，不能为生。公愀然[26]悯之，乃疏民情。奏闻凡三上，不报，遂自经[27]于登闻鼓[28]下。高皇帝[29]矜其志，赐免龙阳岁输二万四千余石，永不起科[30]。民甚德之。时公年三十有三，妻子以清寒不能还蜀，遂□籍[31]龙阳。民思其德，上于抚按[32]，立祠祀之，扁[33]曰"忠惠"。

□□[34]，夷陵人，居笃学坊，以博学孝义著，不求闻达，人称曰处士。

【笺 注】

①而：抄本无此字。

②本文节录自〔西汉〕司马迁《史记》卷八十四《屈原贾生列传》（郭逸、郭曼标点《史记》，上海古籍出版社 1997 年 8 月第 1 版，第 1900—1914 页）。不如无行：《屈原贾生列传》作"不如毋行"。适长沙：《屈原贾生列传》作"谪长沙"。此处的注释可以参看卷四相关诗、记中的注释。

③节录自〔东汉〕王逸《楚辞章句 · 九辩序》："宋玉，屈原弟子也。闵惜其师忠而放逐，故作《九辩》以述其志。"《九辩》是一篇优秀的抒情长诗，不纯为闵惜屈原之作，实际上有更多的自闵意味，主要抒发自己落拓不偶的悲愁和不平。

④歔欷（xū xī）：悲泣，叹息。

⑤引文见〔西汉〕司马迁《史记》卷八十四《屈原贾生列传》（郭逸、郭曼标点《史记》，上海古籍出版社 1997 年 8 月第 1 版，第 1906—1907 页）。太史公：汉司马谈为太史令，其子司马迁继之，《史记》中皆称“太史公”。其说不一：(1) 太史公为官名，汉武帝时置，因位在丞相之上，与三公相等，故称。(2) 司马谈为太史令，司马迁尊其父，故称。(3) 太史令掌天文图书等，古代主天官者皆上公，故沿旧名而称之。参阅《史记 · 太史公自序》“谈为太史公”三家注。综上，当以第三说较为可信。后世多以“太史公”称司马迁。之后：《屈原贾生列传》作“既死之后，楚”。景差、唐勒：《屈原贾生列传》作“唐勒、景差”。词：《屈原贾生列传》作“辞”。屈平：《屈原贾生列传》作“屈原”。

⑥材料选录自〔晋〕常璩《华阳国志》卷一《巴志》（刘琳《华阳国志校注（修订版）》，成都时代出版社 2007 年 6 月第 1 版，第 9 页），但与《华阳国志》原文略有不同。《华阳国志》无“于荆门山之阳”。

⑦材料选录自〔唐〕李延寿《南史》卷七十一《儒林 · 严植之传》（中华书局 1975 年 6 月第 1 版，第 1735—1736 页）。

《老》《庄》：即道家学派的代表著作《老子》和《庄子》。

《毛诗》：指西汉时，鲁国毛亨和赵国毛苌所辑和注的古文《诗》，也就是现在流行于世的《诗经》。

《左氏春秋》：现名，汉代时又名《春秋左氏传》《春秋内传》，汉代以后多称为《春秋左氏传》《左传》。相传乃春秋末年鲁国的左丘明为《春秋》做注解而成，与《公羊传》《穀梁传》合称为“春秋三传”。

郑氏礼书：即郑玄的《三礼注》（即郑玄的《周礼》《礼记》《仪礼》的注释）。

天监：乃南朝梁武帝萧衍的第一个年号，从 502 年至 519 年共使用了十八年。

⑧材料选录自〔唐〕姚思廉《陈书》卷十三《徐世谱传》（中华书局 1972 年 3 月第 1 版，第 197—198 页）。王帅：《陈书 · 徐世谱传》作“主帅”。

侯景之乱：又称太清之难，指我国南北朝时期南朝梁将领侯景发动的武装叛乱事件。侯景本为东魏叛将，被梁武帝萧衍所收留，因对梁朝与东魏通好心怀不满，遂于 548 年以清君侧为名义在寿阳（今安徽寿县）起兵叛乱，549 年攻占梁朝都城建康（今江苏南京），将梁武帝活活饿死，掌控梁朝军政大权。侯景起兵后相继拥立又废黜萧正德、萧纲（简文帝）和萧栋三个傀儡皇帝，最后于 551 年自立为帝，国号汉。梁湘东王萧绎在肃清其他宗室势力后，派人讨伐侯景，战局逐渐扭转；驻守岭南的陈霸先北上与王僧辩会师，于 552 年收复建康。侯景乘船出逃，被部下杀死，叛乱终于平息。

陈武帝：即陈霸先（503—559），字兴国，小字法生，吴兴（今浙江长兴）人。梁承圣三年（554）九月，梁元帝萧绎被西魏所杀。陈霸先与王僧辩迎梁元帝第九子萧方智至建康，准备称帝。承圣四年（555），北齐派兵南向，护送贞阳侯萧渊明即位。九月，陈霸先在京口举兵，除去王僧辩，把萧渊明赶下台，萧方智登基称帝，改元绍泰，是为梁敬帝。陈霸先总摄军国大事，分别于绍泰元年（555）底和太平元年（556）六月，先后击溃北齐两支武装力量的大规模进犯。于太平二年（557）受梁禅称帝，改元永定，国号陈，是为陈武帝。陈霸先立萧方智为帝后，湘、郢二州刺史王琳不服，于太平二年（557）五月，大治船舰，准备进攻陈霸先。后来陈霸先挫败了王琳。

⑨这段材料节录自《全唐诗话》（《历代诗话》本，第170—171页）。《全唐诗话》中繁知一诗为："忠州刺史今才子，行到巫山必有诗。为报高唐神女道，速排云雨待新词。"《全唐诗》诗题作《书巫山神女祠》（中华书局编辑部点校《全唐诗》增订本卷四百六十三，中华书局1999年1月第1版，第5297页）。繁（pó）之一：一般作"繁知一"，生卒年不详，秭归人。事迹见《云溪友议》卷上、《唐诗纪事》卷五。《全唐诗话》：旧题〔南宋〕尤袤撰。内文多与《唐诗记事》相同。

⑩政和：乃北宋徽宗赵佶的年号，从1111年至1118年共使用了八年。抄本作"政活"。

⑪徽宗：即赵佶（1082—1135），宋哲宗之弟，哲宗于元符三年（1100）病逝，无子，太后向氏于同月立赵佶为帝，次年改年号"建中靖国"。在位二十五年，过分追求奢侈生活，崇信道教，自称"道君皇帝"，任用贪官宦官横征暴敛，激起各地农民起义。当金兵入侵、无法应付时，急忙传位给他儿子宋钦宗，自己则当"太上皇"，但终于无法挽回局势，父子两人皆被金兵俘虏北上，受尽折磨，八年后死于黑龙江依兰。

⑫封事：密封的奏章。古时臣下上书奏事，防有泄漏，用皂囊封缄，故称。

⑬水：抄本作"河"。

⑭中贵：有权势的太监。中：即禁中，指皇宫。

⑮蔡京（1047—1126）：字元长，北宋宰相、书法家，兴化军仙游县（今福建省莆田市仙游县）人。先后四次任宰相，任期达十七年。北宋末太学生陈东上书，称蔡京为"六贼之首"。宋钦宗即位后，蔡京被贬岭南，途中死于潭州（湖南长沙）。

⑯元祐党籍：又名元祐党案，崇宁元年（1102）宋徽宗任用蔡京为相，以崇奉熙宁新法为名，令登记元祐旧党姓名。蔡京开列司马光、文彦博、苏轼等一百二十

人，均称之曰“奸党”，御书刻石于端礼门及各地官厅。崇年三年（1104），又重定奸党共三百零九人，御书刻石于文德殿东壁，蔡京手书“元祐党籍”，刻石于天下。凡名在党籍者皆锢其子孙，不能官京师及近甸。史称“元祐党案”。

⑰钟相（？—1130）：南宋初期占据洞庭湖一带的农民起义军首领，他利用摩尼教（明教）提倡“分财互助”等教义，秘密宣传组织农民起义。以钟相、杨幺为首的起义军声势浩大，深受百姓支持。后被岳飞镇压。

⑱渠魁：首领。

⑲青文胜（1358—1391）：字质夫，夔州府大宁县（今重庆市巫溪县）人，明朝廉吏，为民请命身死，《明史》为之立传。可以参看〔清〕张廷玉等《明史》卷一百四十《青文胜传》（中华书局1974年4月第1版，第4010—4011页）。

⑳龙阳县典史：龙阳县，今属湖南省汉寿县。典史：古代官职名。始于元，广泛设于明清州县，是县令的佐杂官，典文仪出纳及缉捕、监狱等庶务。品阶很低，属九品以下的未入流文职外官。若本县县丞、主簿等职位裁并时，其职责由典史代理。明太祖洪武十三年（1380）定典史月俸米三石，清代典史年俸银三十一两五钱二分、养廉银八十两。

㉑公动：应为“公勤”，公正勤勉。

㉒轸（zhěn）：伤痛。

㉓有奇：有余。

㉔有司：官吏，古代设官分职，各有专司，故称“有司”。

㉕窜徙：逃散。

㉖愀（qiǎo）然：忧愁的样子。

㉗自经：上吊自杀。

㉘登闻鼓：古代帝王为表示听取臣民谏议或冤情，在朝堂外悬鼓，许臣民击鼓上闻，谓之“登闻鼓”。

㉙高皇帝：此指明朝的建立者朱元璋。

㉚永不起科：永远免除土地的税赋。

㉛□籍：据抄本乃为“占籍”，即上报户口，入籍定居。

㉜抚按：明清巡抚和巡按的合称。巡抚：官名。从明代宣德时起，各省专设。清代正式成为省级地方政府长官，总揽一省军事、刑狱、吏治等。巡按：明代有巡按御史，为监察御史赴各地巡视者。其职权颇重，负责考核吏治，审理大案，知府以下均奉其命。简称“巡按”。

㉝扁：在门户上题字。

㉞□□：抄本作“何参”，宋朝人，博学好义，不求闻达。欧阳修守夷陵时，常与之游。后隐居荆门军。

达人流寓

姜诗，广汉人，寓居夷陵，事母至孝。母好饮江水，妻溯流汲之。后直风不即还，诗责而遣之。母好食鱼，舍侧忽有涌泉[①]，味如江水，每旦辄出双鲤，以供母膳。汉永平中，以孝廉举。

杜甫，字子美。天宝中，献大礼赋三篇[②]，玄宗奇之。后弃官去，客秦川。会严武节度剑南，表为参谋检校工部员外郎。武以世旧[③]，待甫甚恭。甫性疏放，尝醉登床，睨视[④]曰：“严挺之乃有此儿。”武若不为忤。申衔之后，武卒，崔旰乱[⑤]，公下戎、渝[⑥]。永泰元年[⑦]秋至云安。大历元年[⑧]秋，移居夔州，寓西阁，迁居赤甲，又迁西瀼。二年秋，迁东屯。三年正月，出峡，抵江陵。其居夔诗，多至四百余篇。

李白，唐宗室子也。父神龙[⑨]初谪寓彰明[⑩]。母娠，常梦长庚星[⑪]入怀，因名白。性倜傥，赋才英丽，其为诗辞，宕荡隽伟，飘然有超世之思，骚人[⑫]所不及，近世所未有也。天宝初，至长安，贺知章一见，呼为“谪仙人”[⑬]，荐之见金銮，论时事。诏供奉翰林。后白浮游四方，至江东，为永王璘[⑭]所迫。璘败，坐系浔阳狱。崔涣、宋若思验治，以为罪薄[⑮]。时郭子仪[⑯]请以官赎白死，长流夜郎[⑰]。有《翰林集》二十卷行于世。

黄鲁直，字庭坚[⑱]，豫章人，与秦少游、晁无咎、张文潜皆以文学游苏氏之门。元祐中，同入馆，世号“四学士[⑲]”。鲁直才尤奇，世又称苏黄[⑳]。公性直，为章惇所嫉，谪涪州别驾[㉑]。建中靖国元年，公过巫山时，弟叔向嗣直自涪陵尉摄县事[㉒]，公因寓县廨，得汉永平中铁盘[㉓]，为文记之[㉔]。又过百八盘山[㉕]，有诗云“一百八盘携手上，至今归梦绕羊肠”。过南浦时[㉖]，守[㉗]高仲本邀公游香山寺[㉘]，又游西山勒封院。公皆留题，谓“景物清绝，为夔路第一”。

宋濂，字景濂，金华人。太祖[㉙]定鼎[㉚]金陵，召至参谋帷幄，以为翰林学士承旨。凡一代典礼制诰[㉛]文章，多出公所裁定。公每悉心献纳，上尝称为“纯臣”，又称“先生”，而不名。万机[㉜]暇，尝与公饮。公素不胜杯酌，上强之，至三觞，面如赫[㉝]，行不成步。上亲御翰墨，赋楚词一章以赐，仍命侍臣赋“醉学士歌”，且曰：“俾后世知朕君臣同乐若此也。”公晚年致仕[㉞]，归青萝山[㉟]，闭门著述，人不见其面。十三年，孙慎以罪被刑公安，置茂州[㊱]。子瓒侍公入蜀，间关[㊲]万里，卒于夔州，年七十三岁。瓒亦继殁。蜀王夙钦公贤，移柩葬于成都[㊳]。

余郁，字公文，浙江淳安人。洪武初，举进士，为监察御史，直节敢言，无所回避。上怒之，编置于夔。为园栽竹以自适，因号“竹坡居士”，又号“吾斋堂”，中常书联句[39]云：“大丈夫不移贫贱，方寸地留与子孙。”日手一编坐斋中，吾伊[40]弗辍。暇则行吟竹间，或与夔耆硕[41]杖履往还，徜徉啸歌[42]，怡然自得，殆忘其身之为逐客也。时学士宋公濂，以事安置茂州。次[43]夔而卒，藁葬[44]莲花峰下。公为守其墓者凡三十年。人咸高其义。又数年乃卒，葬于城西。子孙贫，不能还浙，遂籍于夔。

【笺 注】

①涌泉：抄本作“泉水”。

②天宝十载（751）正月，唐玄宗将举行祭祀太清宫、太庙和天地的三大盛典，杜甫于是在天宝九载（750）冬天预献《三大礼赋》，即《朝献太清宫赋》《朝享太庙赋》《有事于南郊赋》，还作了《进三大礼赋表》。〔后晋〕刘昫等《旧唐书》卷一百九十下《文苑下·杜甫传》：“甫天宝初应进士不第。天宝末，献《三大礼赋》，玄宗奇之，召试文章，授京兆府兵曹参军。”（中华书局1975年5月第1版，第5054页）

③世旧：世交旧谊。严武的父亲严挺之和杜甫祖父杜审言的关系很好。

④睨（nì）视：斜视。

⑤崔旰乱：崔旰是严武的爱将，时任西川都知兵马使。严武死后，他请求朝廷任命大将王崇俊为剑南节度使，可是当时朝廷已任郭英义。唐永泰元年（765）闰十月，陕西节度使郭英义至成都，先杀王崇俊，又忌恨平蜀乱、击吐蕃有功的崔旰，召崔回成都，崔不从命。郭绝其粮饷。崔徙深山，郭又攻之。崔反击，郭败。崔旰率五千人袭击成都，郭大败而逃，途中郭被杀。崔旰入成都。邛州（四川邛崃）、泸州和剑州（剑阁）等地举兵讨崔，蜀中大乱。

⑥戎、渝：即戎州（今四川宜宾市）、渝州（今重庆市）。

⑦永泰元年：即765年。永泰乃唐代宗李豫的年号。杜甫于是年九月到达云安（今重庆市云阳县）。

⑧大历元年：即766年。

⑨神龙：乃武则天和唐中宗李显的年号，从705年至707年共使用了三年。

⑩彰明：今四川省江油市。

⑪长庚星：即启明星，又名金星或太白金星。

⑫骚人：泛指诗人。

⑬〔唐〕李白《对酒忆贺监并序》：“太子宾客贺公，于长安紫极宫一见余，呼余为‘谪仙人’，因解金龟，换酒为乐。”（〔清〕王琦注《李太白全集》，中华书局

1977年9月第1版，第1085页）

⑭永王璘：即永王李璘（？—757），初名李泽，唐玄宗李隆基第十六子，唐肃宗李亨异母弟。安史之乱爆发后，领江陵大都督，镇守江陵。后以叛乱被唐肃宗镇压。宝应元年（762）五月，他的侄子唐代宗（肃宗之子）为他平反。

⑮薄：抄本无此字。

⑯郭子仪(697—781)：唐朝名将，安史之乱后，逐渐得到重用，多立战功。主要有：平定安史之乱，收复长安、洛阳，击败吐蕃、党项的入侵。

⑰夜郎：汉时我国西南地区古国名，在今贵州省西北部及云南、四川二省部分地区。

⑱黄鲁直，字庭坚。可以参看〔元〕脱脱等《宋史》卷四百四十四《文苑六·黄庭坚传》（中华书局1977年11月第1版，第13109—13111页）。

⑲四学士：即苏门四学士。在苏轼的众多门生和崇拜者中，他最欣赏和重视这四个人。最先将他们的名字并提和加以宣传的就是苏轼本人。他说："独于文人胜士，多获所欲，如黄庭坚鲁直、晁补之无咎、秦观太虚、张耒文潜之流，皆世未之知，而轼独先知之。"（见《答李昭玘书》，张志烈、马德富、周裕锴主编《苏轼全集校注·第十六册·文集七》，河北人民出版社2010年6月等1版，第5367页））由于苏轼的推誉，四人很快名满天下。〔元〕脱脱等《宋史》卷四百四十四《文苑六·黄庭坚传》记载："（黄庭坚）与张耒、晁补之、秦观俱游苏轼门，天下称为四学士。"（中华书局1977年11月第1版，第13110页）"苏门四学士"这一称号只是表明这四位作家得到过苏轼的垂青和指导，接受过他的文学影响，而并不意味着他们与苏轼可以统称为一个文学流派。实际上四学士造诣各异，受苏轼影响的程度有差别，文学风格也大不相同。比如黄庭坚的诗自创流派，与苏轼并称苏黄；秦观的主要成就在词，但他的词却不走苏轼的路子，作品内容多抒情，亦多感伤身世之作。

⑳苏黄：北宋诗人苏轼和黄庭坚的并称。苏轼和黄庭坚都是宋诗风格的体现者，影响都很大。

㉑北宋绍圣元年（1094），章惇与其党羽认为《神宗实录》多诬陷不实之词，黄庭坚被贬为涪州（今重庆市涪陵区）别驾，黔州（今重庆市彭水县）安置。

㉒黄庭坚堂弟黄叔向（字嗣直）以涪陵尉的身份代理巫山县的政事。

㉓汉永平中铁盘：即所谓"巴官铁盆"。是东汉永平七年(64)巴郡官铸的煮盐器，它是三峡盐文化的历史见证。可以参看程地宇《巫山诗文·宋代部分·历史文献部、散文部》"前言"中"《巴官铁盆》铭文辑录"处的分析（重庆出版社2014年12月第1版）。

㉔为文记之：参看卷一中陆游《入蜀记》“有石刻鲁直作《盆记》”条的注释。

㉕百八盘山：在今巫山县南陵山。

㉖过南浦时：黄庭坚达到黔州（今重庆市彭水县），后又移戎州（今四川省宜宾市）。在戎州过了近三年的贬谪生活后，黄庭坚于元符三年（1100）获赦，“蒙恩放还”，离开戎州后黄庭坚乘舟东归。建中靖国元年（1101）二月，黄庭坚途经南浦，时任夔州路万州太守的高仲本在西山备下酒宴，邀请黄庭坚前来宴饮赏景。勒封院在西山，黄庭坚曾参观过。在此次参观中，黄庭坚有记，但无题，故文献称题极为混杂，今一般称为《西山碑》。南浦：今重庆市万州区。勒封院：即青羊宫。20世纪70年代初犹存，70年代末修白岩路时拆毁。

㉗守：抄本无此字。

㉘香山寺：坐落于今重庆市奉节县。黄庭坚有《香山寺行记》，其中有“景物清绝，为夔路第一”语。

㉙太祖：即朱元璋。

㉚定鼎：相传禹铸九鼎，为古代传国之宝，保存在王朝建都的地方。后来称定都或建立王朝为定鼎。

㉛制诰：皇帝的诏令。

㉜万机：指当政者日常处理的纷繁的政务。

㉝赫：泛指红色。

㉞致仕：辞官，辞去官职。洪武十年（1377），宋濂告老还乡。

㉟青萝山：在今浙江浦江县东二十四里。

㊱洪武十三年（1380），宋濂长孙宋慎被牵扯进胡惟庸案中，导致宋濂一家遭祸，宋慎与宋濂次子宋璲都坐法死，朱元璋想处死宋濂，经马皇后及太子朱标力保，才得免一死，徙至四川茂州（今四川茂县）安置。

㊲间关：道路险峻。抄本作“间道”。

㊳洪武十四年（1381）五月二十日（6月12日），宋濂因病逝于夔州（今重庆市奉节县），知事叶以从将宋濂葬于莲花山下。蜀王朱椿仰慕宋濂，又将宋濂转葬华阳城东。

㊴联句：抄本作“一联”。

㊵吾伊：读书声。

㊶耆硕：年高而有德望的人。

㊷徜徉啸歌：步行闲游、长啸歌吟。

㊸次：住宿。

㊹藁（gǎo）葬：草草埋葬。

一统荎夷

光武四年春，帝使岑彭与傅俊南击田戎，大破之，遂拔夷陵，追至秭归。戎亡入蜀。彭留威虏将军冯骏军江州，都尉田鸿军夷陵。九年，公孙述遣其将任满、田戎、程汎将数万人乘枋箄下江关，击破冯骏及田鸿。彭与吴汉及诛虏将军刘隆、辅威将军臧宫、骁骑将军刘歆，发南阳、武陵、南郡兵，又发桂阳、零陵、长沙委输棹卒，凡六万余人，骑五千匹，皆会荆门。吴汉以三郡棹多费粮谷，欲罢之。彭以蜀兵盛，不可遣，上书言状。帝报彭曰："大司马习用步骑，不晓水战，荆门之事，一由征南公为重而已。"彭乃令军中募攻浮桥，先登者上赏。于是偏将军鲁奇应募而前。时天风狂急，彭奇船送流而上，直衡浮桥。因飞炬焚之，风怒火盛，桥楼崩烧。彭复悉军顺风并进，所向无前。蜀兵大乱，溺死者四千人①。

杜预，字元凯，杜陵人也。预以太康元年正月陈兵于江陵，遣参将樊显等率众循江西上，授以节度。旬日之间，累克城邑，皆如预策焉。又遣牙门周旨、五巢等率奇兵八百，泛舟夜渡，以袭乐乡。多张旗帜，起火巴山，出于要害之地，以夺贼心。吴都督孙歆震恐曰："北来诸军，乃飞渡江也。"②

王濬，字士治，弘农湖人也。太康元年，濬为益州刺史，自表伐吴。正月，濬发自成都，作大筏数十，方百余步，缚草为人，被甲持杖。令善水者以筏先行。遇吴人所置铁锥辄着筏去。又作③火炬，长十余丈，大数十围，灌以麻油，遇锁，融液断绝。二月庚申，克吴西陵，获其宜都太守虞忠。壬戌，克荆门、夷道二城。乙丑，克乐乡。进王濬为平东将军。至武昌、夏口，兵不血刃，攻无坚城，遂底建康，孙皓出降，吴平。六年，卒，谥曰武④。

李孝恭⑤，少沈敏⑥，有识量。高祖已定京师，诏拜山南招慰大使，徇⑦巴蜀，下三十余州。明年⑧，拜信州总管⑨。当是时，萧铣⑩据江陵，孝恭数进策图铣，帝嘉纳。进王赵郡，以信州为夔州。乃大治舟舰，肄⑪水战。会李靖使江南，孝恭倚其谋，遂图江陵，尽召巴蜀首领子弟收用之，外示引擢，而内实质之也⑫。俄进荆湘道总管，统水陆十二军，发夷陵，破铣二镇。纵战舰放江中，诸将曰："得舟，当济吾用。弃之，反资贼，奈何？"孝恭曰："铣之境，南际岭，左薄洞庭，地险士众。若城未拔而援至，我且有内外忧，舟虽多，何所用之？今铣濒江镇戍⑬，见舻舸⑭蔽江下，必谓铣已败。不即进兵，觇候⑮往返以引救期，吾既拔江陵矣。"已而，救兵到巴陵，见船，疑，不进。铣内外阻绝，遂降。

宋乾德二年冬十一月，以王全斌、刘光义为西川行营都部署[16]，分道伐蜀。十二月，刘光义尧蜀夔州，遂及韩保正战于三泉，获之。夔州有锁江为浮梁，上设敌棚三重，夹江列驳具。光义将行，太祖示以地图，指锁江曰："我军至此，溯流而上，慎勿以舟师争胜，当先以步骑陆行，出其不意击之。俟其势却，即以战擢夹攻，取之必矣。"及师至夔，距锁江三十里，舍舟步进。先夺浮梁，复牵舟而上[17]，破州城，蜀守将高彦俦自焚死，悉如太祖计[18]。

洪武四年六月，大将军廖永忠至瞿塘关。永忠以山峻水急，而蜀人设铁索飞桥横据关口，我舟不得进，乃密遣壮士数百人，舁小舟逾山度关，以出其上流。人持糗粮，带水筒以御饥渴。蜀山多草木，令军士皆衣青蓑衣，鱼贯出崖石间，蜀不之觉也。度其已至，乃率精锐出墨叶渡，分为两道。夜五更，以一军攻其陆寨，一军攻其水寨。攻水寨将士皆以铁裹船头，置火器而前。黎明，蜀人尽锐来攻，永忠已破其陆寨矣。既而，将士舁舟出江者，一时俱发上流，扬旗鼓噪而下，蜀人出不意，大骇。下流之师亦拥舟前进，发火炮、火筒夹击，大破之。其将邹兴中火箭死，遂焚其三桥，断其横江铁索，擒伪同佥蒋达等八十余人，斩首千余级，溺死者无算。飞天张、铁头张等皆遁去。永忠入夔府。明日，汤和兵亦至。永忠乃与和分道并进。和率步骑、永忠率舟师，约会于重庆。永忠师行，沿江州县望风奔附。乘胜抵重庆，次铜锣峡。明升君臣大惧，遂遣使请永忠纳款。后数日，汤至重庆会永忠，以兵至朝天门外。明升面缚衔璧，与母彭氏及群臣奉表诣军门降[19]。

【笺 注】

①材料选录自〔南朝·宋〕范晔《后汉书》卷十七《冯岑贾列传·岑彭》（中华书局 1965 年 5 月第 1 版，第 658—661 页）。

光武四年：建武四年，即 28 年。

乘枋筚：《后汉书·冯岑贾传》作"乘枋箄"。

委输棹卒：转运中操棹行船的兵士。

送流：《后汉书·冯岑贾传》作"逆流"。

直衝：《后汉书·冯岑贾传》作"直冲"，应是，乃形近而误。

②材料选录自〔唐〕房玄龄等《晋书》卷三十四《杜预传》（中华书局 1974 年 11 月第 1 版，第 1029—1030 页）。

遣参将：《晋书·杜预传》作"遣参军"。

节度：调度；指挥。

五巢：《晋书·杜预传》作"伍巢"。

乐乡：今湖北省松滋市东北。

③作：抄本无此字。

④材料选录自〔唐〕房玄龄等《晋书》卷四十二《王濬传》（中华书局1974年11月第1版，第1207—1209页）。

弘农湖：即今河南省灵宝市。

夷道：即今湖北省宜都市。

武昌、夏口：今湖北省鄂州市、湖北省武汉市。

⑤《新唐书》卷七十八《宗室》、《旧唐书》卷六十《宗室》皆有李孝恭的记载，可以参看。

⑥沈敏：亦作“沉敏”，沉着聪慧。

⑦徇（xùn）：巡行。

⑧明年：武德二年，即819年。

⑨总管：武官名。汉末南北朝以都督统州之军事，并总揽或与刺史治州之政事。北周始改此称。隋代至唐代初在各州设总管，边镇和大州设大总管，均系地方军政长官，后又恢复都督称，但统兵出征之将帅仍为总管。北宋时总管仍系地方军政长官，分别由节度使、知府、知州兼任。辽金元时总管兼管军民。清代时在东三省、新疆及围场设总管，为率军驻防之长官。

⑩萧铣（583—621）：南兰陵（今江苏常州市武进区）人，梁武帝萧衍六世孙，隋朝末年南方割据群雄之一。大业十三年（617年），隋失其鹿后，起兵于罗川，自称梁王。618年，称帝于岳阳，后迁都于江陵，国号为梁，年号鸣凤。在李孝恭和李靖的攻取下，降唐，押回长安后被斩。

⑪肄（yì）：学习。

⑫李孝恭尽召巴蜀地区首领子弟起用提拔，对外表示引荐擢用，而内心是将他们作为人质。

⑬镇戍：指驻防军的营垒、城堡。

⑭舻舠（dāo）：大船小船。

⑮觇候：侦察者。

⑯署：抄本无此字。

⑰抄本无“至夔，距锁江三十里，舍舟步进。先夺浮梁，复牵舟而上”。

⑱材料选录自〔元〕脱脱等撰《宋史》卷二百五十九《刘廷让传》（中华书局1977年11月第1版，第9002页）。驳具：《宋史·刘廷让传》作“炮具”。光义将行：《宋史·刘廷让传》作“廷让将行”。櫂（zhào）：同“棹”，船。

⑲可以参看〔清〕张廷玉等《明史》卷一百二十九《廖永忠传》（中华书局1974年4月第1版，第3805—3806页）。

舁（yú）：抬。

糗（qiǔ）粮：干粮。

鼓譟（zào）：即鼓噪。譟：同“噪”。

次铜锣峡：临时驻扎在铜锣峡。铜锣峡：峡名，位于铁山坪山脊南端，悬崖峭壁，夹江对峙，是溯江进入重庆城区的水路门户，为历代兵家必争之地。

明升（1356—1393）：夏太祖明玉珍之子，大夏国末位皇帝。后降明，被明太祖朱元璋降封为归义侯。明洪武五年（1372），将明升迁徙到高丽。明升娶高丽总郎尹熙王之女为妻，后育有四子，从此在朝鲜半岛代代相传。

面缚衔璧：指两手反绑而面向前，口含碧玉以示不生。古人用以表示投降请罪。

偏安窃据

战国楚肃四年，始建扞关，突在鱼复置江关都尉[①]。张仪说秦王曰：“巴蜀治船，沿江而下，不十日而距扞关。”惠王从之，使司马错伐蜀，有其他[②]。其后，白起遂烧夷陵[③]。

建武九年，公孙述遣其将任满、田戎、陈汎，将数万人乘枋箄下江关，拔夷道、夷陵、据[④]荆门、虎牙，横江水起浮桥、斗楼，立攒柱绝水道，结营山上，以拒汉兵[⑤]。

王濬为益州刺史，谋伐吴，造舟木秭，蔽江而下。建平太守吾彦以白[⑥]吴主[⑦]，宜增建平兵于要害处。彦造铁链，横江以御之，又造铁锥数万，长丈余，暗著水中。

后唐[⑧]张武，石照[⑨]人，仕王建[⑩]，为破浪都头，大破高季兴[⑪]于夔，以功升镇武军节度使。武尝作铁絙[⑫]绝江中流，立栅于两端，谓之锁峡云。

高彦俦[⑬]，五代时为蜀夔州守将。初，夔有锁江为浮梁，上设敌棚，夹江列炮以握险要。宋太祖遣刘光仪、曹彬伐蜀。师至距锁江三十里，舍舟以步兵先攻。彦俦欲坚壁待之，监军武守谦不从，独领麾下，与骑将张建翰战败逃走。宋兵乘胜登城，彦俦力战，身被十余创。判官罗济劝其降，彦俦不许。奔归府第，望西北再拜，纵火自焚死。《纲目》[⑭]特书，以录其忠云。

夏明升闻朝廷遣汤和、杨璟等西征，自谓瞿塘天险，遣其平章莫仁寿守之，以铁索横断关口。闻王师临境，又遣伪丞相戴[⑮]、平章邹兴、副枢[⑯]飞天张益兵为固守计。仁寿等于铁索之外，北倚羊角山，南倚南城寨[⑰]，西岸壁引缆为飞桥三，于上平以木板，置炮石、木竿、铁炮等物傍榜，两岸复置炮以拒我师。于是璟遣指挥韦权统兵出赤甲山，以逼夔州。指挥李□[⑱]出白盐山下，逼旧夔州南岸，以攻南城寨。璟与都督王简出大溪口，进攻瞿塘扼江之众。璟战不利，赤甲、白盐之师亦退还归州。汤和、廖永安等亦以江水暴涨，不能进，驻师大溪口。

【笺 注】

①扞关：古关名，相传战国时巴楚相争，于今重庆市奉节县东长江北岸赤甲山上置关，又名江关。后移于长江南岸，为瞿塘峡南面屏障，又名瞿塘关。〔西汉〕司马迁《史记》卷四十《楚世家》："肃王四年，蜀伐楚，取兹方。于是楚为扞关以距之。"〔南朝·宋〕裴骃《集解》："李熊说公孙述曰：'东守巴郡，距扞关之口。'"〔唐〕司马贞《索隐》："《郡国志》巴郡鱼复县有扞关。"（郭逸、郭曼标点《史记》，上海古籍出版社 1997 年 8 月第 1 版，第 1362—1363 页）西汉于此置江关都尉。〔明〕曹学佺《蜀中广记·蜀郡县古今通释·下川东道属·夔州府》卷五十三："江关都尉，两汉立。《汉书·地里志》云：'江关都尉理鱼复是也。'"都尉：官名，汉景帝时改秦之郡尉为都尉，辅佐郡守并掌全郡的军事。武帝又置关都尉、农都尉、属国都尉于各要地。

②司马错伐蜀在公元前 316 年，〔晋〕常璩《华阳国志》卷一《巴志》："周慎王五年，蜀王伐苴侯，苴侯奔巴，巴为求救于秦。秦惠文王遣张仪、司马错救苴、巴，遂伐蜀，灭之。仪贪巴、苴之富，因取巴，执王以归，置巴、蜀及汉中郡……司马错自巴涪水取楚商于之地为黔中郡。"（刘琳《华阳国志校注（修订版）》，成都时代出版社 2007 年 6 月第 1 版，第 10 页）

③公元前 279 年，秦将白起大举攻楚，连下邓（今湖北襄樊北）、鄢（今湖北宜城东南），消灭楚军主力。次年，长驱入郢（今湖北江陵北），烧楚先王墓夷陵。

④据：抄本无此字。

⑤材料节录自〔南朝·宋〕范晔《后汉书》卷十七《冯岑贾传·岑彭》（中华书局 1965 年 5 月第 1 版，第 658—661 页）。

建武九年：即 33 年。

枋箄（pái）：用竹木编成的浮筏，指木排、竹排。

攒柱：《后汉书·岑彭传》作"欑柱"。

⑥白：禀告，报告。

⑦吴主：当时的东吴皇帝孙皓。

⑧后唐：五代十国时期由沙陀族建立的封建王朝，定都洛阳，传二世四帝，从 923 年至 936 年共历时一十四年。

⑨石照：即今重庆市合川区。

⑩王建（847—918）：字光图，小字行哥，许州舞阳（今河南舞阳）人，前蜀开国皇帝。王建因救护唐僖宗有功，成为神策军将领。后被排挤出朝，任利州刺史，后历经几年苦战，王建逐渐占领了整个四川。天复三年（903）被唐昭宗封为蜀王，成为当时最大的割据势力。天复七年（907），唐朝灭亡，王建因不服后梁而自立为帝，国号大蜀，史称“前蜀”。

⑪高季兴（858—929）：原名高季昌，字贻孙，陕州峡石（今河南三门峡）人，南平开国国君。后唐灭后梁后，高季兴向后唐称臣，并亲自入朝觐见。924年，后唐庄宗封其为南平王。后唐明宗即位后，高季兴索要夔州、峡州为属郡，朝廷同意了他的请求。天成二年（927），唐明宗任命襄州刘训为招讨使，讨伐高季兴。高季兴兵败，后以荆州、归州、峡州三州之地向南吴称臣，被册封为秦王。

⑫铁絙（gēng）：铁索。

⑬高彦俦（？—965）：并州太原人，五代十国时期后蜀将领。跟随孟知祥入蜀，曾先后与后汉、后周军队作战。广政二十二年（959），任夔州宁江军节度使。夔州失守后，登上城楼纵火自焚。

此处可以参看上节“宋乾德二年冬十一月”条的注释。

⑭《纲目》：即《通鉴纲目》，书名，南宋朱熹撰，五十九卷，序例一卷。朱熹与其门人赵师渊等，据司马光《资治通鉴》、胡安国《举要补遗》等书，本儒家纲常名教，简化内容，编为纲目。纲为提要，模仿《春秋》；目以叙事，模仿《左传》，用意在于用《春秋》笔法，“辨名分，正纲常”，以巩固封建统治。

⑮丞相戴：即左丞戴寿（？—1371）。元至正二十二年（1362），明玉珍称帝，时任冢宰的戴寿担任左丞相。洪武四年（1371），明朝军队南征明夏，戴寿防守汉州，傅友德等军队攻破汉州，戴寿和向大亨等人逃亡成都，明升投降后，戴寿沉水而亡。

⑯副枢：即枢密副使，官名，为枢密院副长官。

⑰寨：抄本作“寨口”。

⑱□：刻本原缺一字。

江神显应

禹继父志治水，凿岷江至瞿峡，千崖万壑，连络千里，诚天设之险，乃仰空啸叹。俄见神人，状肖天女，自天而下，授禹王篆灵符，且命其臣任章、童律[1]等六人为禹翌助[2]。于时，奠分山川，告成厥功。禹至巫峡，思神助力，询于童律。童律曰：“神乃帝女瑶姬[3]，云华夫人[4]也。凝气为真，封于巫山之麓，或为轻云，或为霏雨，或为游龙，或为翔鹤，既化为石，又化为人，千状葱葱，不可殚述。”禹陟巅谢之。

庾子舆，性至孝。其父守宁蜀，卒丧，过巴峡，瞿塘水涨不可行。子舆叩天，水为退数十丈。舟既过，水复涨如初。行人叹曰："滟滪如牛本不通，瞿塘水退为庾公。"公在途，有鸟巢于舟，至家又栖于庭。庾仕至尚书郎[5]。

神女祠有驯鸦。客舟将来，则迓数里外，船回[6]，亦送数里。土人谓之神鸦[7]。

宣和中，夔人龙澄于大瀼水中获玉印。印文非世间篆籀。澄恍见天神立于傍曰："此印乃玉帝所宝，今守护不谨，遂落于此。"神忽不见，澄惧，乃捧印投元处。

黄魔神庙，在归峡中。《寰宇记》咸通中，萧[8]遣右史窜黔南三峡秭归，梦神人曰："我黄魔神也，居紫极宫西北隅，将祐助公出此境。"又庙记载，李吉甫自忠州除替，峡涨汹怒，忽有神人涌出水上，为之扶舟。李问："是何神？"曰："我黄魔神也。"[9]初，寇准赴巴东，舟经查波滩，水急难上。俄闻水中人语。准视之，有人裸体为挽舟。准诘之，答曰："我黄魔神也，公日当大用，故来护。但裸体不敢见。"准以锦袄投之，神即以袄蔽体而去[10]。

《黄陵庙事迹记》所载，禹乃焰魔帝天伊祁王之子，素为大力神通。上帝怜水之大劫，故降生禹以治之。后遣五星[11]佐其行事，俱生于世。禹伤父鲧[12]之无功，为父雪耻，兼塞帝命，仍发愤刻意[13]，周访四海，搜罗决策，能号召天地灵祗[14]，天之五星、六丁、六甲[15]，地之五行、九宫、八卦[16]，悉集听命。太白金精炼丙丁火，铸造锥、锸、斧、凿、鍽、锄、鋋、钻。岁星苍龙驱木公刘，削、椎、椿、杵、椿、轮、舆、舟、车。土星黄牛以耕于岷山，导江洺川，当从岷字以洺川。为黄牛祠。按古老教传云，当时开凿至此，为一夫谓其妇曰："今当日候雷响，方给饷[17]。"妇不候，遽至，见一黄牛忿怒壮勃，努力锹轰抵触，巨石崩裂，转较错乱若落。复出，惟隐为像，入于太山石壁之间。黄牛，土星所化，五行之中，土能克水，黄牛之色，乃中央土也。

苏轼尝闻之欧阳公：予昔以西京留守推官，为馆阁较勘。时同年丁宝元珍适来京师，梦与予[18]同溯江，入一庙中，拜谒堂下。予班元珍下。既出门，见一马只耳。觉而语予，固莫识也。已而，元珍除峡州判官，予亦贬夷陵令。一日，与元珍同溯峡谒黄牛庙。入门炯然，皆梦所见。予为县令，固班元珍下，出门外镌石为马，缺耳。相视大惊。乃留诗庙中，盖私识其事也[19]。

永乐壬寅冬十月，余按部夷陵。有言黄陵江石滩群虎为害，民居弗宁。有司设穽，弥月而弗克获一。余闻且惧，遂率夷陵守汪善，并拜之耆老，斋沐，祷于神庙，三俱获吉卜。由是不旬日，虎投于穽者十有三焉。非神之灵应默佑于斯民者不能也。张思安佥事《灵应碑》[20]。

成化初，元西陵四境有虎暴，岁伤百余人，攫[21]犊豕[22]无算，山泽鹿麂为之一空，行者负忧，耕者怀惧。辛卯[23]，刘瑛来掌州事，敷政之余，进耆民而咨之，咸以虎患为对。乃揭榜通衢[24]，有艺捷弓殳[25]勇格凶虓[26]者，给赏。久之罔效。扬言，此腾脊虎也，猛猘[27]桥健[28]，有神翼[29]之者。暴据兴山[30]为害二十余稔[31]，啮[32]人畜殆尽。诏革其县，次迁[33]归州，又嗜二十余人。今迁本境，党集魁彪[34]，其类滋繁，未易除也。一日，州长大集文武郡僚而谋焉。佥判吴远进曰："尝闻永乐间平善坝有虎，金宪张公[35]祈于黄陵之神，其害遂息。盍祷乎[36]？"众曰："诺。"翌日[37]，州长偕佥判，率守御千户常屋暨从僚，洁诚具礼诣祠下，致虔誓词而返。逾旬，牒报："一虎被虺[38]而死，一被彘[39]斗而亡，一虎扑行妇，随后者持刀刺之而毙，一虎投林触死于树间。"不数日，而四凶俱殄除[40]，余党散去。兹非人力所能[41]，实神之所为也。

【笺 注】

①任章、童律：云华夫人所命助禹治水的诸神之二。〔前蜀〕杜光庭《集仙录·云华夫人》："时大禹理水驻山下，大风卒至，崖振谷陨不可制。因与夫人相值，拜而求助。即敕侍女授禹策召鬼神之书，因命其神狂章、虞余、黄魔、大翳、庚辰、童律等，助禹斵石疏波，决塞导阨，以循其流。禹拜而谢焉。"（张国风《太平广记会校》卷五十六，北京燕山出版社 2011 年 11 月第 1 版，第 646 页）

②翌（yì）助：辅助。

③帝女瑶姬：赤帝之女，葬于巫山之阳。即传说中的巫山神女。〔北魏〕郦道元《水经注·江水》："郭景纯云：丹山在丹阳，属巴。丹山西即巫山者也。又帝女居焉，宋玉所谓天帝之季女，名曰瑶姬，未行而亡，封于巫山之阳，精魂为草，实为灵芝。所谓巫山之女，高唐之阻。"（陈桥驿《水经注校证》，中华书局 2007 年 7 月第 1 版，第 790 页）。〔唐〕余知古《渚宫旧事》载《襄阳耆旧传》："玉曰：'昔者，先王游于高唐，怠而昼寝。梦见一妇人，……王悦而问之。曰："我夏帝之季女也，名曰瑶姬。未行而亡，封于巫山之台。精魂为草，摘而为芝。媚而服焉，则与梦期。所谓巫山之女，高唐之姬。闻君游于高唐，愿荐寝席。"王因幸之。'"（上海古籍出版社 1987 年影印文渊阁《四库全书》本《渚宫旧事·周代下》卷三）

④云华夫人：〔前蜀〕杜光庭《集仙录》："云华夫人，王母第二十三女，太真王夫人之妹也。名瑶姬。"（张国风《太平广记会校》卷五十六，北京燕山出版社 2011 年 11 月第 1 版，第 646 页）可见道士杜光庭将巫山神女神话改造为"云华夫人"的道教仙话，将其列入道教神仙谱系，于是巫山神女瑶姬就称"云华夫人"，她助禹驱鬼神，斩石疏波，有功见纪。

⑤材料选录自〔唐〕李延寿《南史》卷五十六《庾子舆传》（中华书局 1975 年

6月第1版，第1391页）。

叩天：《南史 · 庾子舆传》作“抚心长叫”。

滟滪如牛：《南史 · 庾子舆传》作“淫预如幞”。淫预：淫预石，即滟滪堆。幞（fú）：古代男子用的一种头巾。

有鸟：《南史 · 庾子舆传》作“有双鸠”。

庭：《南史 · 庾子舆传》作“庐侧”。

尚书郎：《南史 · 庾子舆传》作“兼中郎司马”。

⑥船回：抄本作“船过”。

⑦材料录自范成大《吴船录》，见前卷一。迓（yà）：迎接。

⑧萧：原作“箫”，据抄本校改。

⑨关于萧遘和李吉甫的材料选自〔明〕李贤等《大明一统志》卷六十二《荆州府 · 祠庙》（三秦出版社1990年2月第1版，第949页），文字约有不同。关于萧遘材料的注释可以参看卷四袁循修《黄魔神庙记》中的注释。

除替：卸任；免去官职。贞元十二年（796），李吉甫为忠州刺史，约三年后调离。

⑩关于寇准的材料录自沈庆《重建寇莱公祠堂记》（《归州全志（校勘本）》，湖北人民出版社2015年9月第1版，第120页）。

⑪五星：即东方岁星（木星）、南方荧惑星（火星）、中央镇星（土星）、西方太白星（金星）、北方辰星（水星）。

⑫鲧（gǔn）：古人名，乃禹的父亲。

⑬刻意：用尽心思。

⑭灵祇（zhī）：当为“灵祇（qí）”，天地之神，亦泛指神明。

⑮道教认为六丁（丁卯、丁巳、丁未、丁酉、丁亥、丁丑）为阴神，为天帝所役使；道士则可用符箓召请，以供驱使。六甲：指道教神名，供天帝驱使的阳神，道士可用符箓召请以祈禳驱鬼。

⑯五行：通常指水、火、木、金、土五种物质。中国古代思想家把这五种物质作为组成万物的基本元素，以说明世界万物的起源和变化。以后又有五行相互促进和相互排斥的说法。九宫：将天宫以井字划分为乾宫、坎宫、艮宫、震宫、中宫、巽宫、离宫、坤宫、兑宫九个等份，古人由此可知方向及季节等信息。八卦：每卦由三爻经不同组合而成。以此象征天、地、雷、风、水、火、山、泽八种自然事物。

⑰饷：食物。

⑱予：抄本作“余”。

⑲材料录自〔北宋〕苏轼《书欧阳公黄牛庙诗后》（张志烈、马德富、周裕锴

主编《苏轼全集校注 · 第十九册 · 文集十》，河北人民出版社 2010 年 6 月等 1 版，第 7743—7744 页）。

丁宝：《书欧阳公黄牛庙诗后》作“丁宝臣”，应是，丁宝臣，字元珍。

同：《书欧阳公黄牛庙诗后》作“同舟”。

《书欧阳公黄牛庙诗后》在“予班元珍下”这句后还有：“元珍固辞，予不可。方拜时，神像为起，鞠躬堂上，且使人邀予上，耳语久之，元珍私念。神亦如世俗，待馆阁乃尔异礼耶？”

已而：《书欧阳公黄牛庙诗后》作“不数日”。

予亦贬夷陵令：《书欧阳公黄牛庙诗后》在前有“已而”二字，在后还有“日与元珍处，不复记前梦云”。

炯然：明亮的样子。《书欧阳公黄牛庙诗后》作“惘然”。

出门外：《书欧阳公黄牛庙诗后》作“而门外”。

缺耳：《书欧阳公黄牛庙诗后》作“缺一耳”。

乃留诗庙中：《书欧阳公黄牛庙诗后》在这句后面还有一句“有‘石马系祠门’之句”。

⑳〔清〕金大镛修、王伯心纂，同治三年刊本《东湖县志》卷二十五《艺文》载：明永乐壬寅年（1422）冬，佥事张思安按部夷陵（今宜昌），闻黄陵江石滩群虎为害，当地设井捕获十有三焉，遂率夷陵守汪善并拜之，感谢黄陵神之灵应默佑做于斯民，并撰《黄陵神灵应碑记》（成文出版社 1974 年影印本，第 565 页）。

按部：巡视部署。

穽（jǐng）：同“阱”，陷阱。

耆（qí）老：老年人，特指德行高尚受尊敬的老人。

㉑攫（jué）：抓取。

㉒犊豕（dú shǐ）：牛和猪，泛指牲畜。

㉓辛卯：此指 1471 年。

㉔通衢：四通八达的大道。

㉕殳（shū）：古代的一种武器，用竹木做成，有棱无刃。

㉖虓（xiāo）：虎吼，此处特指虎。

㉗猛猘（zhì）：凶猛，勇猛。

㉘桥健：当为“矫健”。

㉙翼：帮助。

㉚兴山：即兴山县，当时隶属归州，现属宜昌市。

㉛稔（rěn）：年，年度。

㉜啮（niè）：咬。

㉝次迁：依次迁往。

㉞魁彪：魁梧的，高大的。抄本作“彪虎”。

㉟金宪张公：即上条材料涉及的佥事张思安。

㊱盍祷乎：何不（向黄陵之神）祈祷呢？

㊲翌日：明天。

㊳虺（huǐ）：古书上说的一种毒蛇。

㊴彘（zhì）：猪。

㊵殄（tiǎn）除：消灭。

㊶能：抄本作“为”。

岩洞搜奇

三游洞[①]。山自巫峡而东，多奇势。云岑烟龛[②]，雪崖而风窍，如笋苗乳垂[③]，门阖而指戟，悬练张幄，而流苏下缀，如猨狖玃挐、神楼鬼[④]，豺虎蛟鼍之穴[⑤]，竞妍争媚，相怪险目，左右接不暇。黄牛五峰雄峙，崖影若牛，黄陵庙在焉。又东，峡东[⑥]水益隘，两石夹[⑦]拱人立，名艄[⑧]公峡。又东，水渐平，山亦渐乏奇胜。隐然山阴，循茑径[⑨]曲折数百武[⑩]，及山之巅。下仄径[⑪]，崖险以甚偪[⑫]，俯瞰无底。左掖一人，一人扶在[⑬]右，皆帖石侧行，循[⑭]绳前引，后者缀捍，予于中犹足蹜[⑮]心颤，目以眩息，不时贯历数曲，地稍夷[⑯]。腰折百武出石下，地又夷。穹然一洞，洞如覆蓬[⑰]，高不六余丈[⑱]，广优其半。奇石墙立，中擎三柱，非圆非方，径可丈余，上广而锐。直下，洞爽以旷，如堂，可布四席[⑲]，左室可布十席。上空若悬，扣之类钟，名天钟；槌其下，音如鼓，所谓地鼓者也。旁横一石，击之，音[⑳]如磬。正德庚午[㉑]，予征蓝贼[㉒]，道经游焉，从者考击以待，予款[㉓]主僧候迎意会之皆由虚发。由上皆石悬者，大以圆，故如钟；突者方以小，故如磬；下杂以土，故逢逢然鼓音。室之背有石如床，可卧十许人。西如厨，东如坐。凡洞之石，如凿如镂，如穴以出水，如陶室[㉔]，如复道[㉕]，如缀珠悬琉[㉖]，如蟠螭[㉗]，如刻画云鸟、藻火[㉘]、波涛之状，巧雕不能举，丹青者无得而摹写仿佛之[㉙]也。下横一溪，名下牢，仅闻水声泠泠然。地底又外一山如台，台中如立笏，由他[㉚]亦发[㉛]奇胜，洞夺之矣[㉜]。

玉虚洞[㉝]。入香溪而北，则众山环绕，不见水流处。盖凡数折而后至洞之岸。于是维舟[㉞]岸畔，绿蔓而升，盘旋石径，曲折可二里。至洞口，因旧崩土石为蹬而入，则呀然[㉟]。窍中一石室也，广可设椅案，坐数百人。其中悬崖怪石，或如狮而踞，或如象而服绣，或如异兽而奔逸异状，或如柱而峙，或如僧伽[36]而瞑坐，盖有不可一一肖像者，大约如世之寺观捏塑[37]。所谓普陀山者，而真境自然，非捏塑所能及也。入洞而右，有天圣[38]某年州守、学正题名，用是见学正亦宋官，而谓宋非大郡不建学者非也。少东，有庆历间荆南漕运判官暨本州守同、秭归令、巴东令题名，用是见秭归为州之属县，非州之旧名也。少东，有我明侍郎白公圭题名。入东为石壁，而北有门，窾然深暗。土民之祈雨者，皆以火炬，而取水于中，云是而入有横木半腐，木下为龙池。至此无敢渡者。诸生有欲入观者，以流湿且无烛，故止。左有石床，傍皆石须，如鱼鳃状。

石通洞。西二里有山，一窍南北相通。斜径而上石床而登，可坐可卧，令人恍然有遗世之概。宋黄山谷、朱胜非经此留题，石岩有“涪翁”字[39]。〇朱胜非诗云：“披棘扪萝入洞中，拂尘剥藓认涪翁。我缘直道来施右，君为清诗到石通。定后寂寥[40]无异议，危初萋斐竟何功？投豺畀北言犹在，厄宋饥陈道不穷。”[41]

暖水涡，巫山治南，冬月水暖，浣衣极洁。

天池，在府治[42]。巫山县亦有。唐杜甫诗：“天池马不到，绝壁鸟才通。百顷青云杪，层波白石中。郁纡腾秀气，萧瑟浸寒空。直对巫山出，无疑夏禹功。”[43]

龙昌洞，巴东西瀼溪内，岩壁间有石隙，深邃。相传有龙潜焉。又名三游洞。上有龙舟，相传元时午日，人戏舟于此，饮酒鼓噪，龙怒水涌，人为所溺。惟舟棹高阁不朽。周濂溪常游焉。

施州石通洞，黄山谷诗云：“古木萧萧洞口风，昔人曾此出樊笼。岩前况有涓涓水，好涤尘埃去放翁。”

白起洞，夷陵州。

虾蟆碚泉，《茶经》[44]水品第四。

香溪水，《茶经》载焉。

楚王井。

雷鸣洞。

清宁井。

巴东有三潮水，一日三潮。

归州废灵泉寺，有水自山顶流出，状如瀑布。僧无尽于此著《华合论》[45]，传云此泉与江水消长相应，故名。

巴东县有温凉井，中有气，冬温夏凉。又有阴晴井，井上有云则雨，无云则晴。

长阳县龙角山，穴内有阴阳二石。阴石常湿，阳石常燥。旱鞭阴石，则雨；涝鞭阳石，则霁。

洗墨池，夷陵治内，郭璞注《尔雅》于此。

【笺 注】

①此文〔清〕金大镛修、王伯心纂，同治三年刊本《东湖县志》有载，题为《三游洞记》，认为作者为“林俊”，且文后有“按”语：“此记旧志载吴守忠作，惟省志及荆州旧志皆作林俊。考《明史》，俊于正德朝征川贼蓝瑞，与记相符。又自‘余玩适久之’以后，旧志阙，其文中又多讹，今悉从二志订正。”（成文出版社 1974 年影印本，第 566—567 页）此中的“旧志”或指《三峡通志》，因此处没有标明作者，被后人误为“吴守忠作”亦有可能。我们遍检林俊《见素集二十八卷》《素翁续集十二卷》等文献（沈乃文主编《明别集丛刊》第一辑第六十八册，黄山书社 2013 年版，第 129—699 页），均未找到该篇记文。此处我们以《东湖县志》中的记载进行核对。

②云岑烟龛：云烟缭绕的小山和石龛。

③笋茁乳垂：形容“多奇势”的山峰像竹笋的茁壮和石钟乳的倒垂一样。

④神楼鬼：《东湖县志》作“神楼鬼户”。

⑤穴：《东湖县志》作“状”。

⑥东：《东湖县志》无此字。

⑦夹：《东湖县志》作“挟”。

⑧艄：《东湖县志》作“稍”。

⑨茑径：《东湖县志》作“鸟径”。

⑩武：古以六尺为步，半步为武。

⑪仄径：狭窄的小路。

⑫偪（bī）：同“逼”。

⑬在：《东湖县志》无此字。

⑭循：《东湖县志》作“修”。

⑮跼（jú）：拘束，畏缩。

⑯夷：平，平坦。

⑰蓬：《东湖县志》作“篷”。

⑱不六余丈：《东湖县志》作“六丈余”。

⑲此句之前《东湖县志》有“可布三十余席。柱之旁三空，如户，联以三奥室。中右室”。

⑳音：抄本作“声”。

㉑正德庚午：即 1510 年。

㉒蓝贼：对蓝廷瑞等人领导的农民起义军的蔑称。蓝廷瑞：保宁（今四川阆中）人，又名蓝五。正德四年（1509）冬，与鄢本恕、廖惠率众起义，称顺天王，鄢本恕称刮地王，廖惠称扫地王，后转战川、陕、湖广三省。次年，朝廷派刑部尚书兼左都御史洪钟总制湖广、陕西、河南、四川军务进行镇压，他率众由陕西汉中入大巴山，游击于蓬、剑之间。正德六年（1511），兵败，与鄢本恕等以假降寻求缓机，在四川东乡（今宣汉县）附近遇伏被杀。

㉓款：《东湖县志》作“疑”。

㉔陶室：制造陶器或瓦器的房间。

㉕复道：高楼间或山岩险要处架空的通道。

㉖缀珠悬琉：《东湖县志》作“缀珠悬旒”，指点缀着的宝珠和悬挂着的玉串。

㉗蟠螭（pán chī）：盘曲的无角之龙。

㉘藻火：古代官员衣服上所绣作为等差标志用的水藻及火焰形图纹。

㉙之：抄本作“者”。

㉚由他：其他。

㉛发：《东湖县志》作“乏”。

㉜矣：抄本作“也”。

㉝洞：抄本作“观”。

㉞维舟：系船停泊。

㉟呀然：深广的样子。

㊱僧伽：梵语的音译，意为大众。原指出家佛教徒四人以上组成的团体，后单个和尚也称“僧伽”，简称为僧。

㊲捏塑：以泥塑造。

㊳天圣：乃北宋仁宗赵祯的年号，从1023年至1032年共使用了十年。

㊴黄庭坚被贬涪州，其弟任巫山县令，黄庭坚前去探望，回涪州时取道建始，因此到此洞游览。他在石通洞石壁上镌刻下“涪翁”二字，并题诗一首（见“施州石通洞”处）。

㊵寥：抄本作“宁”。

㊶拂尘剥藓认涪翁：吹拂灰尘、分开苔藓才看见石壁上的“涪翁”二字。

直道：正道。

石通：即石通洞。

萋斐：花纹错杂的样子。语本《诗经·小雅·巷伯》：“萋兮斐兮，成是贝锦。彼谮人者，亦已大甚！”孔颖达疏：“《论语》云：‘斐然成章。’是斐为文章之貌。

萋与斐同类，而云成锦，故为文章相错也。”（《毛诗正义》卷十二，李学勤主编《十三经注疏》本，北京大学出版社 1999 年 12 月第 1 版，第 767 页）后因以“萋斐”比喻谗言。

投豺畀北：语本《诗经·小雅·巷伯》：“取彼谮人，投畀豺虎。豺虎不食，投畀有北。”（同上，第 770 页）意为：抓住这个谗言者，丢给野外喂豺虎。豺虎嫌他不肯吃，丢到北方不毛土。

厄宋饥陈：指孔子在宋国遭到困厄、在陈国遭受饥饿。

㊷府治：夔州府治，即奉节县城。

㊸《全唐诗》题作《天池》（中华书局编辑部点校《全唐诗》增订本卷二百二十九，中华书局 1999 年 1 月第 1 版，第 2506 页）。

绝壁：《全唐诗》作“岚壁”。

青云杪：言天池之高。

直对：正对。

无疑夏禹功：言昔闻瞿塘为夏禹所疏凿，本是神话，故临峡而疑。此时登上天池，见此奇景，故并疑天池亦为夏禹所辟（《夔州诗全集·汉至五代卷下·杜甫一》，重庆出版社 2009 年 11 月第 1 版，第 652 页）。无疑：《全唐诗》作“兼疑”。

㊹《茶经》：唐代陆羽全面介绍茶的一部专著，分三卷十节（其中卷上有三节、卷中一节、卷下六节）。

㊺材料录自嘉靖《归州全志》卷上之《古迹》（《归州全志（校勘本）》，湖北人民出版社 2015 年 9 月第 1 版，第 87 页）。

有水：嘉靖《归州全志》作“有水一派”。

僧无尽于此：嘉靖《归州全志》作“张无尽尝于此”。结合〔南宋〕祝穆《方舆胜览》卷五十八《归州·寺观》“灵泉寺……张无尽于此院著《华合论》”（中华书局 2003 年 6 月第 1 版，第 1026 页）的记载可知，此处的僧无尽乃指张商英（1043—1121），其字天觉，号无尽居士。〔南宋〕王象之《舆地纪胜》卷七十四《归州·官吏·张商英》载：“入元祐党籍，京复相，以散官安置归州，量移峡州。”（中华书局 1992 年 10 月第 1 版，第 2474 页）张商英还有《灵泉寺著华严合论作》诗：“合论流通七卷经，点教开眼示群生。不须天女添瓶水，自有灵泉一派清。”（北京大学古文献研究所编《全宋诗》第十六册卷九三四《张商英二》，北京大学出版社 1995 年 3 月第 1 版，第 11001 页）

崩洪纪异

周孝王十三年，江、汉冰。

东汉和帝永元二十年夏四月，南郡秭归山高四百丈，崩，填压死人民百余。明年冬，至蛮夷反，遣使募荆州吏民万余人讨平之①。

汉昭烈章武二年六月，秭归县黄气见长十余里，广十余丈②。

吴永安三年，西陵言赤乌见③。

晋永平二年，荆州及丹阳俱大水④。

宋太平兴国九年⑤，归州贡赤鹘一。

宋皇祐⑥间，归州山崩，江石断流，舟楫不通。

元至大三年夏六月，峡路大水，山崩坏民居，死者甚众。

皇明弘治五年⑦，大旱，饥。正德八年⑧，大水。

正德十五年，江、汉冰合。

嘉靖十四年⑨夏，雨经月，溪水四溢山涧，水田冲崩无算。二十一年六月十日，新滩北岸山泉涌出泥滓，山势渐裂，居民惊骇逃避，顷之，崩五里许，巨石腾，闭塞江流，压民舍百余家，舟楫不通。〇三十七年夏，新滩又崩，裂居民舍数十间，压死三百余人。〇三十九年夏五月，雨雹伤禾。〇秋七月，江泛大水异常，沿江民舍漂流殆尽，禾稼淹没，无秋饥。〇四十年夏五月，淫雨浃旬，州治崩圮，官署民舍多为倾没，今圮城是也。

兴山县，二十年夏六月，夜雨雹，如斗，次者如拳，又次者如弹，自东北降至东关草店，山水聚涌，涨溢民舍，冲漂⑩溺死者不可胜计。

嘉靖丁未⑪，巫山县大水，溢舟入市。庚申，水溢，撑舟入城，斗米三钱。

滟滪堆，先时旱，水竭，露大半，见三足如鼎形。

嘉靖戊子⑫，象山左麓有古碑，因澍雨⑬倾出，为泥涂所淤漫，不可识。后洗磨视之，屈庙祥符年碑，其文左氏法，纪载甚悉，且刻镂亦工。议移本祠，复为江泥所没，觅之无得。呜呼，文之显晦，虽系于数，然灵均百代人物，焉知此碑不复出乎？姑志此以俟。

【笺 注】

①〔南朝·宋〕范晔《后汉书》志第十六《五行四·山崩》载："十二年夏，闰四月戊辰，南郡秭归山高四百丈，崩填溪，杀百余人。明年冬，(至)〔巫〕蛮夷反，遣使募荆州吏民万余人击之。"（中华书局 1965 年 5 月第 1 版，第 3332 页）

②材料可见于〔南朝 · 梁〕沈约《宋书》卷三十四《五行五》："蜀刘备章武二年，东伐。二月，自秭归进屯夷道。六月，秭归有黄气见，长十余里，广数十丈。"(中华书局 1974 年 10 月第 1 版，第 989 页）

③材料可见于〔西晋〕陈寿撰、〔南朝·宋〕裴松之注《三国志》卷四十八《吴书五·三嗣主传》(中华书局 2006 年 9 月第 1 版,第 687 页)。吴永安三年:即 260 年。《三国志 · 三嗣主传》作"三年春三月"。赤乌 :《三国志 · 三嗣主传》作"赤乌"。

④材料可见于〔南朝 · 梁〕沈约《宋书》卷三十三《五行四》："晋元帝永昌二年五月，荆州及丹阳、宣城、吴兴、寿春大水。"（中华书局 1974 年 10 月第 1 版，第 953 页）永平作为西晋晋惠帝司马衷的第二个年号，共使用三个月。此处言"二年"，应误。永昌二年 ：即 323 年。丹阳 ：今江苏省丹阳市。

⑤太平兴国九年 ：即 984 年。

⑥皇祐 ：乃宋仁宗赵祯的年号，从 1049 年至 1054 共使用了六年。

⑦弘治五年 ：即 1492 年。

⑧正德八年 ：即 1513 年。

⑨嘉靖十四年 ：即 1535 年。

⑩冲漂 ：抄本作"漂冲"。

⑪嘉靖丁未 ：即 1547 年。

⑫嘉靖戊子 ：即 1528 年。

⑬澍（shù）雨 ：大雨，暴雨。

守江集议上

吴大司马陆抗上疏曰 ："西陵、建平，国之藩表，既处上流，敌泛舟顺下，不可恃援他郡以解倒悬，此乃社稷安危之机也。乞补江场，庶几无虞。"[1]

蜀汉宗预迁右中郎将，尝守永安。后丞相亮卒，吴虑魏或乘虚取蜀，增巴丘守兵。蜀闻之，亦益永安之守。预将命使吴。权问预曰 ："东之于西，辟犹一家，而增白帝之守，何也？"预对曰："东益巴丘之戍，西增白帝之守，皆事势宜然，不足问也。"权大笑[2]。

孟珙知夔州，曰 ："不择险要立砦栅，难责兵以卫民 ；不集流民安耕种，则难责民以养兵。"乃立赏格以课殿最，俾诸司举行之。寻兼夔路制置大使，大开屯田。调夫筑堰，募农给种。首秭归，尾[3]汉口，为屯二十万顷八千二百八十亩[4]。

孟珙谍蒙古塔海南侵，策其必道施、黔以透湘、湖，乃请粟万石以给军饷，以千人屯归州。命弟籍兵驻松滋为夔声援。增兵守归州隘口万户■。蒙古至，珙密遣将御之。珙兄时知峡州，帅兵巡拒归州大呱岩，得捷巴东，遂复夔州[⑤]。

绍兴，卫肤敏谓江陵、襄阳尤为要害。刘长源谓：忽夔峡，恐其乘时雄虎之将布在蜀口，则诸臣尤以为虑。谓宜置重臣于江陵以为江西之巨防，严守备于夷陵以为荆楚之外户[⑥]。

夔，故有州城在瀼西，关城[⑦]在瀼东。自蜀有狄难[⑧]，皆废弗葺，或葺[⑨]弗得其要。越宝祐丙辰[⑩]，帅守韩宣既城夔，讫事靖[⑪]。惟瞿唐关两崖峭峙，一水掀腾，自古设险其上，以限荆、巴，与州城相表里。而近江之城，高插半天，则我不得以制敌；近山之城，低匝平地，则敌反得以乘我。且规置汗漫，非所以重唇齿之势、深掎角[⑫]之谋。乃奋然图惟改筑。策应大使、观文[⑬]吴公转以上闻，即中朝科降[⑭]，蜀阃拨助[⑮]，以济其役，且申诏趣辨。起五月丙辰，迄八月甲申，而城以成。西南近江城于江浒，则贼舟楫不能越；东北近山城于山崿[⑯]，则贼矢石不能加。合而言之，州城以驻重兵，关城以驻轻兵。脱[⑰]有缓急，则重兵控其西，轻兵扼其东。沿江战舰上下游击滟滪堆，又以旋风炮拟之，而西陵门户壮固矣。

尝考诸古，剑门以汉中、武都为屏蔽，失汉中、武都，则剑门不足赖矣。鱼复以秭归、夷陵为保障，失秭归、夷陵，则鱼复不可恃矣。考秦以下，若吴汉，若岑彭，若诸葛亮，若桓温，若刘毅、朱龄石以及刘光义，皆拥舟师西指，溯江扣关，麾城斩邑，易如拾芥。何者？皆以先得秭归、夷陵也。汉昭烈袭取刘璋既此，收汉中即东争夷陵。呜呼，若昭烈者，可谓能知保蜀矣。功之不遂，此天也。然而刘禅继世，犹以苟安者，徒以与孙氏交欢也。且与吴楚为唇齿之国，两全，则固；一失，则危。是以自古在昔，欲图江南，必先奄蜀。何者？地势便，兵力接也。秦取楚，晋取吴，隋取陈，耀兵上游，舫船载卒乘流，曾不顿一，两祈一矣。而荆扬之区，已望风褫气矣。苻坚伐晋，亦分军而下，不幸苻融之兵先败于淝水，故不能成功。以此知，英雄图事，后先一揆，然则蜀之重也，审矣[⑱]。

【笺 注】

①材料录自〔北宋〕司马光《资治通鉴》卷八十《晋纪二》（中华书局 1956 年 6 月第 1 版，第 2537 页），文字有所不同。还可以参看〔西晋〕陈寿撰、〔南朝·宋〕裴松之注《三国志》卷五十八《吴书十三·陆抗传》（中华书局 2006 年 9 月第 1 版，第 804 页）。大司马陆抗：陆抗任大司马在凤皇二年（273），此次上疏在凤皇三年（274）夏，当年秋陆抗去世。

②材料可见于〔西晋〕陈寿撰、〔南朝·宋〕裴松之注《三国志》卷四十五《蜀书十五·宗预传》（中华书局 2006 年 9 月第 1 版，第 637—638 页）。

右中郎将：《三国志·宗预传》作“参军右中郎将”。

后丞相亮卒：《三国志·宗预传》作“及亮卒”。

乘虚取蜀：《三国志·宗预传》作“乘衰取蜀”。

巴丘守兵：《三国志·宗预传》作“巴丘守兵万人，一欲以为救援，二欲以事分割也”。

永安之守：《三国志·宗预传》在此之后还有“以防非常”。

权问：《三国志·宗预传》作“孙权问”。

辟犹：《三国志·宗预传》作“譬犹”。

而增：《三国志·宗预传》作“而闻西更增”。

东益：《三国志·宗预传》在此之前有“臣以为”。

不足问也：《三国志·宗预传》作“俱不足以相问也”。

③尾：抄本无此字。

④可以参看〔元〕脱脱等撰《宋史》卷四百一十二《孟珙传》（中华书局 1977 年 11 月第 1 版，第 12378 页）。

砦（zhài）栅：为防御而设的竹木栅栏等障碍物。

难责：《宋史·孟珙传》在此二字之前有“则”字。

流民：《宋史·孟珙传》作“流离”。

赏格：《宋史·孟珙传》作“赏罚”。

殿最：代考核政绩或军功，下等称为“殿”，上等称为“最”。

举行：《宋史·孟珙传》作“奉行”。

夔路制置大使：《宋史·孟珙传》作“夔路制置大使兼屯田大使”。

大开：《宋史·孟珙传》作“大兴”。

⑤材料节录〔元〕脱脱等撰《宋史》卷四百一十二《孟珙传》（中华书局 1977 年 11 月第 1 版，第 12376 页）。因为节录，故二处文字出入较大。

湘、湖：《宋史·孟珙传》作“湖、湘”。

命弟籍兵：《宋史·孟珙传》作“珙弟瑛以精兵五千”。

增兵守归州隘口万户■：《宋史·孟珙传》作“遣于德兴增兵守归州隘口万户谷”。

珙兄时知峡州：《宋史·孟珙传》作“珙兄璟时为湖北安抚副使、知峡州”。

大哑岩：《宋史·孟珙传》作“大垭砦”。

⑥外户：从外面关闭的门，喻屏障或出入要地。

⑦关城：此指瞿塘关城。

⑧狄难：此指蒙古进兵南宋。

⑨葺：抄本作“葺而”。

⑩宝祐丙辰：即宝祐四年，1256年。按，宝祐乃南宋理宗赵昀的第六个年号，从1253年至1258年共使用了六年。

⑪〔清〕恩成修道光《夔州府志》载：“宋韩宣《瞿唐城记》：‘夔州城在瀼西，关城在瀼东。’……《元一统志》：‘宋淳祐二年，以兵火仍移州治白帝。四年，余玠命韩宣城瞿唐。’”（中华书局2011年12月第1版，第18页）由此可知，宋宝祐四年（1256）余玠命夔州府太守韩宣重修瞿塘城，韩宣曾作《瞿唐城记》，这段材料或摘引于该记，但今检明清《夔州府志》及《全蜀艺文志》，均不载此文，故不能确定。

⑫掎角：捉兽时拖住兽脚叫“掎”，抓住兽角叫“角”，用以比喻两头牵制或两面夹击。

⑬策应大使、观文：策应大使，临时设置的军事长官。观文：宋代观文殿学士的简称。

⑭中朝科降：朝廷减少征税数额。科降：谓减少征税数额。

⑮蜀阃拨助：四川的将帅拨款帮助。

⑯山崿（ě）：山崖。

⑰脱：表示假设，相当于“倘若”。

⑱此段材料刻本无，今据抄本补。乃节录于〔南宋〕李埴《鱼复捍关铭并序》，该文可见于〔明〕杨慎《全蜀艺文志》卷四十四（刘琳、王晓波点校《全蜀艺文志》，线装书局2003年5月第1版，第1331—1334页）。

守江集议下

梁武帝时，有冉氏、田氏、向氏，大者万家，少者千户，僭称侯王，屯据三峡，荆蜀行人至有假道者①。

后周明帝时，蛮帅冉令贤、向五子等反，攻陷白帝。武帝天和初，诏开府陆腾讨之，蛮众大溃，斩首万余级。腾乃聚其骸骨于逻城侧筑京观，后蛮蜑过者，辄大号哭，自此狼戾之心辍矣。信州旧理白帝，腾更于蜀先主故城，自八阵之址，临江岸筑城，移置信州。又以巫县、信陵、秭归并峡中要险，筑城置坊，以为襟带焉②。

宋咸平五年，施蛮数扰，召问巡校使侯廷赏，对曰：“蛮无他求，惟欲盐耳。”因诏夔州路转运使丁谓与之盐，诸蛮咸悦，相约不为寇钞。自于是与溪州蛮皆愿岁输粟易盐。丁谓上言：“溪蛮入粟，实沿边砦栅，顿息施、万诸州馈饷之弊。自古安边，未有若此。”先是，益州军乱，议者恐沿江下峡，乃集施、黔、高、溪蛮豪子弟捍御之，蛮因熟汉路，寇掠而归。谓因乃与盟，令还汉口四百余。有生蛮违约，谓遣高州义军务头角田承进，及发州兵擒获之，诸蛮伏罪。谓置尖木砦施州界，以控扼之[③]。

(原阙)

明兴，洪武四年，置施州。十四年，置卫。至二十三年，始废州入于卫。因其边徼羁縻之，为立宣抚安抚蛮夷，长官诸司以部领蛮落，不重绳以汉法。后又令荆州通判一人，岁往抚之，诸蛮皆愿奉约束，不盗边。至嘉靖四十二年，施州蛮王忠聚党攻劫掠龙潭，攻支罗，荆、蜀二藩皆骚动。诏二藩巡抚大臣会兵，计以闻。时巡抚都御史谷中虚下令督荆南诸将往据诸险要。属藩参王绍元谕降，以沙市巡检赵应奎入其巢，质忠出降。寻请下吏杀之，而应奎亦以计脱。继属荆州守赵贤、岳州守姜继曾往支罗，条画善后，策置施州兵备佥事一人，驻夷陵，控制之，西境乃平。隆庆四年，金峒覃壁复叛，烝嫂，谋夺印。巡抚都御史刘慤上其逆状[④]，讨之。慤移镇荆州，遣守巡督诸将，分道往剿。师围半载，壁力屈，自诣辕门伏辜。乃疏，削去安抚司，夺其印章，降为金峒峒长，立壁父覃胜宗为峒长，领诸蛮，以支罗百户辖之。改通判以同知抚夷、施州。其后兵备亦罢，以荆南分巡使兼领焉。《湖广通志》[⑤]。

查得万县南崖一带地方，壤接施、夷，各土司环列四境。蜀汉时，置南浦县，后代因之。至元省入万州，相去凫远。民又顽犷，乃致奸巧不轨之徒，游手游食之辈，鼓扇簧惑。故黄中之乱殆有酿而成之者。中虽剿平，而处置未妥，其间狡猾之民，动法犯禁，稍闻捕缉，即徙入夷方，名曰“投峒”。间引土夷劫掠我人民，侵夺我畜产，酿祸非小矣。巴南富豪惧夷侵掠，私据险要，筑堡自守，名曰“立寨”。因见地方犷远，兼恃家丁众强，凌蔑官法，殴打公差，不供租庸，不服拘唤，稔恶匪细矣。查得先年黄中既平之后，节该院道酌处地方善后事宜，有议复南浦县治以绥边民者，有议委捕盗通判驻扎黄荆坝者。自今观之，复旧县者，久安长治之策也。议捕守者，攘外安内之权也。出《夔州志》。[⑥]

施州，盖国初入川孔道也。重之以卫，虑远矣。其他有十三土司。施与瞿唐二卫也。土司每有所征调，卫者镇其夷性，使不为非耳。无论地方广，而军民之居施者率性夷也。其地有师生而无提调，有民社而无地主，则假之于抚夷。抚夷者，假宪而[⑦]实府者也。么必候可而后行，往历千五百路，崎岖乃若此。其有谋猷，能展用哉。居久，武弁恶侵己之权，百计中伤，虽欲安居不得也。每岁大繇役辄赴府，不下二三次。暑雨山泽涨满，武弁者，荷竹篾柱杖行，遇水则洞而浮。抚夷者，体统假尊，重能行耶？其非所辖者二县，能频供应耶？是不可以不讲矣。厚其禀给无使侵，在卫职事而又免其考察，必考满始一赴府，则孤身悬万山不测之地，庶乎其可矣？议者欲改建州治。先州、卫不相能，而祸及，谁肯蹈覆辙哉？人有谈其地险云，可备缓急。噫，土夷每相杀不下千百，其中岂无汉人与？中国之命祇抵一牛，不可不知也。出《许正吾集》。⑧

【笺　注】

①材料录自〔明〕徐学谟《万历〈湖广总志〉》卷三十一《兵防志下》（《四库全书存目丛书》第195册，齐鲁书社1996年8月第1版，第116页）。侯王：《湖广总志·兵防志下》作“王侯”。另可参看〔唐〕李延寿《北史》卷九十五《蛮传》：“又有冉氏、向氏、田氏者，陬落尤盛。余则大者万家，小者千户，更相崇树，僭称王侯。屯据三峡，断遏水路，荆蜀行人，至有假道者。”（中华书局1974年10月第1版，第3151—3152页）

僭称：犹言妄称。

屯据：驻扎据守。

②材料录自〔明〕徐学谟《万历〈湖广总志〉》卷三十一《兵防志下》（《四库全书存目丛书》第195册，齐鲁书社1996年8月第1版，第116页）。另可参看〔唐〕李延寿《北史》卷九十五《蛮传》（中华书局1974年10月第1版，第3152—3154页）。

冉令贤：信州（治今重庆奉节县）人。北周武成（559—560）初，与向五子王攻陷白帝城屯据三峡，断遏水路。天和元年（566），拒周将陆腾招抚，加强备御。遣长子西黎、次子南王于江南险要之地置立十城。远结涔阳（在今湖北公安县南）蛮为援，亲率精卒固守水逻城（今重庆奉节东）。陆腾等避不攻城，屯军汤口，先取其江南八城，再攻水逻城。后由于蛮帅冉伯犁、冉安西的叛卖，他与蛮帅冉三公、冉龙真等先后被俘，遇害。

开府：府兵军职。西魏和北周时全国府兵分属于二十四军，每军设一开府，兵额约二千人。

于逻城侧：《湖广总志·兵防志下》作“于水逻城侧”。

京观：古代战争中，胜者为了炫耀武功，收集敌人尸首，封土而成的高冢。

巫县：即今重庆市巫山县。

③材料录自〔明〕徐学谟《万历〈湖广总志〉》卷三十一《兵防志下》（《四库全书存目丛书》第195册，齐鲁书社1996年8月第1版，第116—117页）。另可参看〔元〕脱脱等《宋史》卷四百九十三《蛮夷一·西南溪峒诸蛮上》（中华书局1977年11月第1版，第14174—14175页）。

咸平五年：即1002年。

寇钞：亦作“寇抄”，劫掠。《湖广总志·兵防志下》此词后面还有：“且曰：‘天子济我以食盐，我愿输与兵食。'”

自于是：《湖广总志·兵防志下》无“自”字。

丁谓上言：《湖广总志·兵防志下》作“转运使丁谓上言”。

先是：《湖广总志·兵防志下》在此词之前有“自是边粟有三年之积”。

益州军乱：此处指咸平三年（1000）初，益州（今四川成都）戍卒赵延顺聚众起义之事。他们推都虞候王均为首领，建国号大蜀，年号化顺。起义军占领益州、汉州。宋廷派雷有终率兵镇压，但多次被起义军击败。九月，宋军夜间暗挖隧道入城，王均率起义军两万人突围而走，于次月进至富顺，夺城而守。后城为宋军所破，王均自杀，起义军六千余人被俘，起义失败。

蛮因熟：《湖广总志·兵防志下》作“群蛮因熟”。

乃与盟：《湖广总志·兵防志下》作“召与盟”。

汉口：汉族男丁。

田承进：《湖广总志·兵防志下》作“田承进率众”。

诸蛮伏罪：《湖广总志·兵防志下》作“蛮皆震慑伏罪”。

④状：抄本无此字。

⑤材料录自〔明〕徐学谟《万历〈湖广总志〉》卷三十一《兵防志下》（《四库全书存目丛书》第195册，齐鲁书社1996年8月第1版，第117—118页）。《湖广通志》：应是万历《湖广总志》，徐学谟撰，九十八卷。

置卫：明洪武四年（1371），明朝用兵西南，十二月以施南道宣慰使覃大胜为首的施州众土司归顺明朝，于是明朝设置施州宣慰司（从三品，即施南土司）及五个长官司（正六品）。洪武十四年（1381）六月，设施州卫指挥使司。洪武十八年（1385），改施州宣慰司为施南宣抚司，隶属于施州卫。洪武二十三年（1390），施州卫指挥使司改为施州卫军民指挥使司，撤销施州，建始县改隶夔州。

边徼：犹边境。

为立宣抚安抚蛮夷：所以设置施南宣抚司安顿这个地方的少数民族。

长官诸司：元朝于西南少数民族地区置长官司，乃地方政权机构名，秩如下州，设达鲁花赤、长官、副长官等，多以土人为之。明、清沿元旧称，只作为土官世袭的地方政权。湖广、四川、云南、广西、贵州等省设有。此外，明朝又置蛮夷长官司，设官及品级均同于长官司。

绳以汉法：以汉人的制度约束自身。

烝嫂：以嫂子为妻子。

伏辜：服罪。

⑥此处云“出《夔州志》”，且此志编纂时间在1590年前后，故此处的《夔州志》应指正德《夔州府志》，但我们遍检此志，没有看见这条材料。

黄中（1500—1565）：咸丰龙潭人，父亲黄俊乃龙潭安抚使司。其父被抓，救出其父后，黄中立即揭义旗，在船头寨聚义，当时威震云阳、奉节。自嘉靖三十三年（1554）起，黄中与朝廷抗衡十年之久。

⑦而：抄本作“以”。

⑧材料录自《许正吾集》卷十五《施州行纪》（《故宫珍本丛刊》第528册，海南出版社2000年10月第1版，第288—289页）《许正吾集》：作者为许言诗，字正吾，河南太康人，嘉靖时期举人。博学工诗，万历九年（1581）任盐山知县。官至荆州府同知。著有《许正吾集》二十八卷。

施与瞿唐二卫：《许正吾集》作“施与瞿塘二卫”。

军民之居施者：《许正吾集》作“军民之居于施者”。

民社：借指地方长官。

谋猷：谋略。《许正吾集》作“猷谋”。

洞而浮：《许正吾集》作“泅而浮”。

峡俗丛谈

夔俗：民淳讼稀，风厚俗美，士敦文行，民重桑农。巫山：士慕文学，民简词讼。建始：地僻山深，俗尚朴实。归州：农勤耕耨，士知学行。巴东：民渐归淳，士颇知学。兴山：农务耕凿，士勤诵读。夷陵：民质直好义，学校之盛，甲于荆湖，故其民多好学[①]。

夔人重武侯，以人日倾城出游八阵迹上，谓之踏迹。妇人拾小石之可穿者，以彩索系于钗上，以为一岁之祥。出《图经》[②]。

夔民寡妇多招赘婿，甚至年逾五十，有二三子，亦行招赘。间亦有弟赘兄嫂。其男子有妻妾者，利寡妇之资产，辄过寡门为赘。久则花费其财产，变卖其人口，遂起讼端。出《守夔稿》。

语惟侏离[③]，服用锦布，占事者以鼠拨辨吉凶，占病者以铜马代金马之神。婚姻论财，缚妇而娶，不论分之尊卑。祭吊索帛，罄[④]家所有，不问人之贫富。出《建始志》。

归属夷夏相半[⑤]，敬鬼重祀。深山之民犹伐鼓以祭祀，叫啸以兴衰。俗以麻絙[⑥]巨竹分棚而挽，谓之拔河之戏，以定胜负，而祈农桑。

峡民，男为商贾。女当门户，坐肆于市廛[⑦]，担负于道路，皆是妇人也。

大旱则焚山击鼓，祷雨必沉牛以答神贶[8]。有合神农书。市井泊船处，谓之市暨。杜诗云："市暨瀼西头。"[9]

行舟，以竹相续为索以引上水舟，谓之百丈[10]，俗曰火丈。呼柁工为长年、三老[11]，又曰最能，今或称翁。

自五月至八月，江流泛滥，瞿唐不可上下，舟船当戒，谓之封夏，又曰封峡。

夷陵江，或浮大木，蔽塞水面，土人谓之龙巢翻。[redacted][12]

施州俗，男至老不裹头，女衣花布。亲丧，宰大牢[13]谓之打葬，就日而埋，不行祥除之礼[14]。土司事多求胜，不复论理。杀人论罪，偿之以牛。山田随势开垦，无顷亩，刈[15]其草木，焚之以灰其田[16]，田乃茂。稍薄，则灰力尽矣。又芟[17]他[18]而田之。石多，则掘土旋运为田以种[19]，所谓刀耕火种[20]者以此。

《楚词·招魂》尾句皆曰"些"。今夔峡及湖南北江獠，凡禁呪，句尾皆称"些"，此乃楚人旧俗，即梵语"萨嚩呵"也。三字合言之即"些"字也[21]。闻归人三十年前犹然。

夷陵民俗险陋，贩夫所售，不过鱅鱼腐鲍，民所嗜而已。民之列处，灶、廪、匽、井无异位。一室之间，上父子而下畜豕。其覆皆用茅竹，而俗信鬼神。相传曰作瓦屋者不利[22]。欧公《书事》诗曰："道途处险人多负，邑屋临江俗善泅。腊市鱼盐朝暂合，淫祠箫鼓岁无休。"[23]

【笺　注】

①材料多来自嘉靖《四川总志》卷十《夔州府》、万历《四川总志》卷十四《夔州府》、正德《夔州府志》、嘉靖《归州全志》等文献"风俗"中的内容。

②材料录自嘉靖《四川总志》卷十《夔州府·风俗》(《北京图书馆古籍珍本丛刊》第42册，书目文献出版社1988年2月第1版，第194页)，万历九年《四川总志》卷十四《郡县志 · 夔州府 · 风俗》亦载(《四库全书存目丛书》第199册，齐鲁书社1996年8月第1版，第496页)。

武侯：三国蜀诸葛亮死后谥为忠武侯，后世称之为武侯。嘉靖和万历九年《四川总志》作"诸葛武侯"。

人日：旧俗以农历正月初七为人日。

八阵迹：嘉靖和万历九年《四川总志》无"迹"字。

以彩索系于钗上：嘉靖和万历九年《四川总志》作"贯以绣缕携之以回"。彩索：彩色丝绳。

出《图经》：嘉靖和万历九年《四川总志》无"出"字，且"《图经》"在"夔人"之前。

③侏离：形容方言、少数民族或外国的语言文字怪异，难以理解。

④罄：用尽。

⑤归属夷夏相半：归州属地少数民族地区与内地各有半数。

⑥麻絚（gēng）：粗麻绳。

⑦坐肆于市廛（chán）：在市场里面开店做生意。市廛：店铺集中之处。

⑧神贶（kuàng）：神灵的恩赐。

⑨《全唐诗》诗题作《秋日夔府咏怀奉寄郑监审李宾客之芳一百韵》，诗句作“市暨瀼西巅”（中华书局编辑部点校《全唐诗》增订本卷二百三十，中华书局1999年1月第1版，第2513页）。

⑩百丈：牵船的篾缆。

⑪三老：古代称船上的舵公。

⑫原刻本涂黑，约有三字。

⑬大牢：抄本为“太牢”，应是。太牢：牛、羊、豕三牲具备谓之“太牢”。

⑭〔明〕徐学谟《万历〈湖广总志〉》卷三十五《风俗志》作：“男不裹头，女衣花布。亲丧就日而殡，不行祥除。”（《四库全书存目丛书·史部·第一九五册》，齐鲁书社1996年8月第1版，第202页）

祥除：谓大祥期满除服。大祥：古时父母丧后两周年的祭礼。

⑮刈（yì）：割（草或谷类）。

⑯灰其田：使田里面有焚烧的草木之灰（以作为肥力）。

⑰芟（shān）：割草，引申为除去。

⑱他：抄本作“地”。

⑲石块比较多的地方，则向下掘土并运输出来覆盖其上作为田而耕种。

⑳刀耕火种：古时一种耕种方法，把地上的草烧成灰做肥料，就地挖坑下种。

㉑材料录自〔北宋〕沈括《梦溪笔谈》卷三《辨证一》（胡道静《新校正梦溪笔谈》，中华书局1957年11月第1版，第37页）。

《楚词》：即《楚辞》，总集名，西汉刘向辑。原收录战国楚人屈原、宋玉及西汉淮南小山等人的辞赋十六卷，后王逸补入己作一卷，成十七卷。主要作者为屈原。作品具有浓郁的楚地地方色彩和语言特征，富于抒情性。后世将此种文体称为“楚辞体”，因其中以屈原《离骚》一篇最著名，故又称为“骚体”，是与《诗经》并列的中国古典诗歌两大源头之一。

及湖南北江獠：《梦溪笔谈》作“湖湘及南北江獠人”。獠：即僚，古族名，分布在今广东、广西、湖南、四川、云南、贵州等地区。

㉒材料节录自〔北宋〕欧阳修《夷陵县至喜堂记》，本志卷四有录，可以参看。

㉓此诗可见李逸安点校《欧阳修全集》卷十一，诗题作《夷陵书事寄谢三舍人》（中华书局2001年3月第1版，第174页），原诗为排律共十六句，此处只选了四句。其中的“腊市”抄本作“腊月”。

道途：《欧阳修全集》作“道涂”。

鱼盐：《欧阳修全集》作“渔盐”。

峡志杂录

莲花池　北岭上，俗传周濂溪判夔时凿以种莲。

石　笋　明良殿[①]前。

柏　柱　白帝城西，大十围，高三丈。相传公孙述楼柱，砍之血出[②]。

石　台　岷江之南，与八阵图相对，世传孔明教战之所。

草　堂　杜工部甫寓此，瀼西、瀼东、东屯三徙其居，皆有草堂，名为高斋，今东屯遗址尚存。

公孙楼柱　《荆州记》：“巴东有一折柱，直高三尺，可十围，相传汉公孙述楼柱，久不朽。”[③]今无。

向王铁枪　治北，临大江傍[④]有枪头，长数尺，经久相传云[⑤]。

莱公柏　在巴东旧县，寇莱公为令时手植双柏，民怀之，以比甘棠，故名[⑥]。

梅溪碑　宋王梅溪为莱公立，今迁秋风亭[⑦]。

清宁古井　在郡东三十五里崖穴中，有泉出焉。父老相传，先朝蜀人煮盐于此，巨舟连蜀，居人辐辏。后以所得不能偿其所费，止之。今泉口尚以铁汁融液，居人或取水烹饪云。

玉米田　在三间乡屈子墓前，有田数圻，屈子耕种时，出白米似玉。

洗面井　在屈子墓左，今井尚存[⑧]。

石羊台　屈子墓左，有台，俗传屈子常登眺于此，遗迹尚存。

昭君台　兴山县治南一里。

督邮石　《幽冥录》云：宜都、建平二郡界有倚石，如二人攘袂相对，传二郡督邮立界于此。宜都即今夷陵也[⑨]。其二石尚在峡口，舟行见之。

廪君土舟，《寰宇记》夷水自施州开蛮界流入。昔巴蛮有巴、樊、覃、相、郑五姓，未有君长，各乘土舟，约浮者当以为君。惟巴务相独浮，因共立之，是为廪君务相。乃乘土舟，从夷水下及夷城，因立城其旁而居之。今水名清江，在长阳县。《一统志》[⑩]。

钟离山石穴，巴蛮五姓皆出钟离，巴氏子生赤穴，四姓子生黑穴，俱事鬼神，未有君长，共掷剑石穴，约能中者奉以为君。巴务相中之，众皆服。《一统志》[11]。

竹王祠，《华阳国志》："初有女子浣于遯水，有三节竹流入足间，中有婴儿声，剖竹得男，收养之。及长，材武，自立为夜郎王，以竹为姓。汉武平西南夷，王被杀。夷僚求立后，天子乃封其三子为侯，死后配食其父。"宋崇宁中赐庙额曰"灵惠"。《一统志》[12]。

四川黄陵庙有一琴，殆如朽木，匣于神前，传以为鲁般所造。人以一指扶之，辄能自行。表侄许郎中云：此即运瓶之术，盖道流假此以神施舍耳。理或然也。查四川无此庙，恐即此。

唐夔州推官杨旬积累阴骘[13]，其子将入试，梦一神曰："汝积阴德，将汝子名改作'杨椿'，纳卷[14]，吾当助汝子得第。"次年赴省试，椿梦一神曰："今年题乃'行王道而王'。"及试，果然，亦得第。及殿试[15]，甫梦神曰："汝名在第五甲，吾换作一甲。"后唱名[16]，果夺魁天下。及夔使君询旬阴德，旬乃出三悭囊[17]示之。第一囊有三十九文，当三钱；第二囊有四千余文，折[18]二钱；第三裹有万数小钱。乃旬详谳[19]罪囚，有从死罪止为流罪[20]者，即投一，折二钱；有从杖罪[21]而决放[22]者，即投一小钱。又每效周篪行《太上感应篇》十种利益[23]，故获斯报。

马植除黔南，殊不得意。维舟峡中，月夜见白衣人缓步堤上，吟曰："截竹为筒作笛吹，凤凰池上凤凰飞。劳君更向黔南去，即是陶钧万类时。"遣人邀问，已失之矣。后自黔南入为大理卿，遂作相[24]。

建隆[25]初，有人泊舟巴峡，夜闻人咏曰："秋径填黄叶，悬崖露草根。猿声一叫断，客泪数重痕。"通宵凡吟百篇。

荆南某太守之女，既得婿，将于归，梦人告曰："此非汝夫，汝夫乃金君卿也。"既觉，辄于绣榻上绣"金君卿"三字。母见而疑之，以告其父。父诘女，具以梦告。未几，所议婿果死。后峡州守入境，乃金君卿也，始悟前事。至，则询其新失伉俪，以女梦告之，金恳辞，主人强之，竟成婚。妻生数子，金官至度支郎中[26]。

寇准登第，授大理评事，知归州巴东县。唐郎中谓方为郡，夕梦有人告云"宰相至"。唐竟思之，不问朝廷有宰相出镇者。晨兴视事，而疆吏报准入界。唐公惊喜，出郊迎劳，见其丰神秀伟，便以公辅待之，且出诸子罗拜[27]。

宝元初，朱正基知峡州，梦一吏云城隍神遣其督修夷陵县廨，甚急，连三夕梦之。明日，报欧阳公谪夷陵令，朱感其梦，待之特异。公事之益谨，白事必折于庭，朱侯入门，先降阶接[28]。

巴东下岩院主僧，水际得一青磁碗，携归。折花置佛像前，明日花满其中；更置水米，经宿米亦满碗；以钱及金银置之，皆然。自是院中富贵。院主年老，一日过江检田，怀中取碗掷于中流。徒弟惊愕，师曰："吾死，尔等宁能谨饬自守？弃之，不欲使尔增罪累也。"[29]

枝江县东南富城州上有道士范侪精卢，自言巴东人，少游荆土，而多盘桓县界，恶衣恶食，萧散自得。言来事多验，而词不可详。人心欲见，欻然而对，貌言寻求，终弗遇也。虽径跨诸洲，而未尝见其济涉也[30]。

宋随州大洪山李遥尝杀人亡命，逾年，至秭归，市一杖，秭归有被杀者，求贼甚急。其子见遥杖曰"父物也"。执之官，榜掠备至。杖，遥实购之者，卒莫自明。械送于随，大洪杀人事竟泄，伏诛[31]。

插灶，在空舲峡，绝崖[32]壁立数百丈，有一火炉插石间，望见可长数尺。相传尧洪水时，行者泊舟崖侧炊爨，以余炉插之，至今犹曰"插灶"[33]。

高力士谪巫州，山谷多荠，而人不食。力士作诗寄意曰："两京作斤卖，五溪无人采。伯夷虽有诸，气味都不改。"[34]

归砚，归州太沱石，江中水石也，止用于川峡人。

庚午岁，海滨渔人网一鱼，巨口四足，长尾细鳞，声类怪鸟。其年大水，以为水怪。予按，此鲵鱼也，形体似人，声如小儿，日含水入山，以草覆身，张其口，鸟饮水，则吸吞之。峡中人能食之，先缚于树，鞭出白汁，以去其毒，乃烹焉[35]。

杜甫诗有"家家养乌鬼，顿顿食黄鱼"，说者皆[36]谓夔峡间至今有鬼户，乃夷人也，其主谓之鬼主。然不闻有乌鬼之说。又鬼户者，夷人所称，又非人家所养。按：《夔州图经》称，峡中人谓鸬鹚为乌鬼。蜀人临水居者，皆养鸬鹚，系其颈，使之捕鱼，得鱼则倒提出之，至今如此。予在蜀中，见人家养鸬鹚使捕鱼，信然。但不知谓之乌鬼耳[37]。

【笺　注】

①明良殿：乃白帝庙内最古老的殿宇。殿内最初是公孙述的塑像，至明朝，公孙述的塑像被搬开，为刘备像所代替，庙内还有关羽、张飞、诸葛亮的塑像。

②材料录自正德《夔州府志》卷七《古迹》（中华书局 2009 年 11 月点校第 1 版，第 123 页）。

相传公孙述楼柱：正德《夔州府志》作"世传为公孙述时楼柱"。

③材料录自万历《湖广总志》（《四库全书存目丛书 · 史部 · 第一九五册》，齐鲁书社 1996 年 8 月第 1 版，第 332 页）。

万历《湖广总志》在"《荆州记》"前有"县境"二字。

直高：万历《湖广总志》作"孤，直高"。

久不朽：万历《湖广总志》作“久而不朽”。

④傍：抄本作“旁”。

⑤材料录自嘉靖《归州全志》卷上之《古迹》(《归州全志（校勘本)》，湖北人民出版社 2015 年 9 月第 1 版，第 88 页)，万历《湖广总志》亦有载（《四库全书存目丛书·史部·第一九五册》，齐鲁书社 1996 年 8 月第 1 版，第 332 页)，可以参看。

⑥此文的“向王铁枪”“玉米田”“石羊台”“昭君台”“莱公柏”在嘉靖《归州全志》卷上之《古迹》(《归州全志（校勘本)》，湖北人民出版社 2015 年 9 月第 1 版，第 86—88 页)、万历《湖广总志》(《四库全书存目丛书 · 史部 · 第一九五册》，齐鲁书社 1996 年 8 月第 1 版，第 332—333 页）中皆有载，可以参看。

⑦万历《湖广总志》载：“旧治，宋王十朋为莱公立，本朝正德间建秋风亭。”(《四库全书存目丛书 · 史部 · 第一九五册》，齐鲁书社 1996 年 8 月第 1 版，第 332 页)

⑧材料录自嘉靖《归州全志》卷上之《古迹》(《归州全志（校勘本)》，湖北人民出版社 2015 年 9 月第 1 版，第 87 页)。

⑨材料录自嘉靖《归州全志》卷上之《古迹》(《归州全志（校勘本)》，湖北人民出版社 2015 年 9 月第 1 版，第 86 页)。

传：嘉靖《归州全志》作“俗谓”。

立：嘉靖《归州全志》作“争”。

⑩材料录自〔明〕李贤等《大明一统志》卷六十二《荆州府 · 古迹》(三秦出版社 1990 年 2 月第 1 版，第 950 页)。

⑪材料录自〔明〕李贤等《大明一统志》卷六十二《荆州府 · 古迹》(三秦出版社 1990 年 2 月第 1 版，第 950 页)。

钟离山：即武落钟离山，又名佷山，位于湖北省宜昌市清江境内的长阳土家族自治县县城龙舟坪西南 30 千米处，巴人祖先廪君务相掷剑称王之地，巴人首领廪君就从这里率领他的部落走向四方。

这段材料表明，巴氏之子与四姓之子，虽然住在一山二穴中，但在联盟选君之前，一直都只有家长，未有君长，五姓部落的人群，都是以各自的姓氏为标记，皆各自信奉本氏姓的祖先神，根本没有族、国的概念，当然也没有一个统一的族称。后来五姓部落的人群共同商议：五姓氏各自选一名能手，采取掷剑、浮舟的竞技活动，推选出智慧高、技能强的人来担任部落联盟的首领。最终巴务相胜出，赤黑二穴的巴蛮五姓，推选巴务相为王为君，是为廪君。从此，五姓小部落合并为一个巴蛮联盟的大部族（巴蛮部族)，久而久之，巴氏之“巴”，就成了泛指巴蛮五姓的族称。也就是说，赤黑二穴的五姓氏合并到巴氏，巴务相由氏族上升到巴族祖先神地位。于是巴的称呼就成了巴蛮五姓部族联盟的统一族称。

⑫材料录自〔明〕李贤等《大明一统志》卷六十六《施州卫军民指挥使司·祠庙》（三秦出版社 1990 年 2 月第 1 版，第 1030 页）。其中所引《华阳国志》乃节录，有较多的文字没有引录，可以参看原文（刘琳《华阳国志校注（修订版）》，成都时代出版社 2007 年 6 月第 1 版，第 175—177 页）。其中的“夷僚”抄本作“夷獠”。

⑬阴骘（zhì）：即“阴德”，暗中做的有德于人的事。

⑭纳卷：乃举子将自己平日的习作送呈礼部，供主持进士考的官员参考。

⑮殿试：科举制度中最高一级的考试，在皇宫内大殿上举行，由皇帝亲自主持。

⑯唱名：科举制度用语，又称唱第、传胪、胪传、胪唱，其制始于宋。雍熙二年（985），宋太宗在崇政殿亲试礼部奏名举人，合格者分两日按姓名宣唤，面赐及第。从此形成唱名赐第制度。凡殿试结束，必连续两日举行唱名仪式，由知贡举官呼唤举人姓名，按甲次授予本科及第或出身、同出身。历代沿之，仪式各有不同。

⑰悭（qiān）囊：聚钱器，即扑满。口小，钱易入不易出，故称。

⑱折：抄本作“当”。

⑲详谳（yàn）：审判。

⑳流罪：谓处以流放的刑罚。

㉑杖罪：应判杖刑的罪行。

㉒决放：指对罪犯杖责后释放。

㉓十种利益：依《太上感应篇》记载可知，乃为：第一，收街市弃儿；第二，每冬十一月初一，收六十岁以上、十五岁以下贫人乞丐入本宅养济院，到来春二月初三；第三，普济应验汤药；第四，施棺木，济无力津送至家；第五，使女长大，不计身价，量给衣资，听其父母择配；第六，专一戒杀，遇飞走之物买来放生；第七，遇荒年贵籴贱粜，并赈济穷民；第八，修造桥梁，开河补路，修理寺观；第九，资给穷途，使得还乡；第十，排难解纷。在官辩明冤枉，念念推己及人，事事抑强扶弱。《太上感应篇》：道教经典，内容主要是劝人遵守道德规范，时刻止恶修善自利利他。

㉔材料录自〔唐〕孟棨《本事诗·征异》（古典文学出版社 1957 年 9 月第 1 版，第 21 页）。

马植除黔南：《本事诗》作“马相植罢安南都护，与时宰不通，又除黔南”。除：任命官职。

此诗《全唐诗》诗题作《赠马植》（中华书局编辑部点校《全唐诗》增订本卷八百六十六，中华书局 1999 年 1 月第 1 版，第 9858 页）。

陶钧万类：治理万物。

㉕建隆：乃北宋太祖赵匡胤的年号，也是宋朝的第一个年号，从960年至963年共使用了四年。

㉖材料录自〔南宋〕洪迈《夷坚志》(中华书局1981年10月第1版,第477页)。

既得婿：《夷坚志》在此句之前有“年十有八岁”。

将于归：《夷坚志》作“将择日成礼”。

汝夫乃：《夷坚志》作“汝之夫乃”。

辄于绣榻上：《夷坚志》作“不以语人，但于绣榻每绣，辄”。

父诘女,具以梦告:《夷坚志》作“父物色府中,至于胥吏小吏,无有此人。诘其女,具以梦白”。

后峡州守入境，乃金君卿也:《夷坚志》作“后半岁，新峡州守入境，遣信至府，则金君卿也”。

至:《夷坚志》此字之后的文字与此处引文大不相同，《夷坚志》作:“别厚待之，留连累日，知其新失伉俪，以女梦告之。金曰：‘君卿犬马之齿四十有二矣，比于贤女，年长以倍，又加其六焉。且悼亡未久，义不忍也。’主人强之，且曰：‘因缘定数，君安能辞？’不得已，竟成昏。后三十年，金乃卒。妻生数子，金官至度支郎中，番阳人也。”

㉗材料录自《墨客挥犀》之《梦人告宰相至》(中华书局2002年9月第1版，第283页)。

寇准登第：《墨客挥犀》作“寇忠愍初登第”。

唐郎中谓：《墨客挥犀》在这之前有一“时”字。

唐竟思之：《墨客挥犀》作“唐思之”。

不问：《墨客挥犀》作“不闻”。

报准入界：《墨客挥犀》作“报寇廷评入界”。

迎劳：《墨客挥犀》作“迓劳”。

丰神：《墨客挥犀》作“风神”。

公辅:古代三公、四辅,均为天子之佐,借指宰相一类的大臣。《墨客挥犀》作“左辅”。左辅：即左辅右弼，指帝王左右的辅佐之人。

罗拜：环绕着下拜。

㉘材料录自〔北宋〕文莹《玉壶清话》(杨立扬点校《玉壶清话》，中华书局1984年7月第1版，第28页)。

宝元初：《玉壶清话》作“宝元元年”。宝元：乃北宋仁宗赵祯的年号，从1038年至1040年共使用了三年。

朱正基知峡州：《玉壶清话》作“朱正基驾部知峡州，即江陵内翰之子”。

梦一吏云：《玉壶清话》作“一夕，梦一吏白云”。

遣其：《玉壶清话》作“遣某”。

廨：《玉壶清话》作“廨宇”。

甚急，连三夕梦之：《玉壶清话》作“愿速葺，不宜后。时朱不甚为意，连三夕梦之，方少异焉。因语同僚，亦尽异之，然亦未加葺”。

报欧阳公谪夷陵令：《玉壶清话》作“报至，欧阳永叔谪授夷陵。报吏云‘已至荆门’”。

公事之益谨：从此句开始，引文与《玉壶清话》中的原文相比文字差异较大，现将《玉壶清话》原文抄录：“将入境，率僚属远郊迓之。欧公临邑，亦以迁谪自处，益事谦谨，每禀白，皆敛板于庭。州将常伺之，俟入门，先抱笏降于阶。”

㉙材料录自〔北宋〕吴淑《秘阁闲谈》（〔南宋〕曾慥编纂、王汝涛等校注《类说》本，福建人民出版社 1996 年 1 月第 1 版，第 1552 页）。

佛像：《秘阁闲谈》作“佛象”。

徒弟：《秘阁闲谈》作“从弟”。

谨饬：《秘阁闲谈》作“谨饰”。

㉚材料录自〔北魏〕郦道元《水经注》卷三十四《江水》（陈桥驿《水经注校证》，中华书局 2007 年 7 月第 1 版，第 796 页）。

枝江县东南富城州：《水经注》作“县东南二十里富城洲”。

恶食：《水经注》作“麤食”。麤：同“粗”。

而词：《水经注》作“而辞”。

而未尝：《水经注》作“而舟人未尝”。

济涉：渡过水面。

㉛材料录自〔北宋〕沈括《梦溪笔谈》卷二十一《异事》（胡道静《新校正梦溪笔谈》，中华书局 1957 年 11 月第 1 版，第 217 页）。

宋随州大洪山李遥尝杀人亡命：《梦溪笔谈》作“随州大洪山人李遥杀人亡命”。

市一杖：《梦溪笔谈》作“因出市，见鬻柱杖者，等闲以数十钱买之”。

秭归有被杀者：《梦溪笔谈》作“是时秭归适又有邑民为人所杀”。

其子见遥杖：《梦溪笔谈》作“民之子见遥所操杖，识之”。

父物也：《梦溪笔谈》作“此吾父杖也”。

执之官：《梦溪笔谈》作“遂以告官司，执遥验之，果邑民之杖也”。

杖，遥实购之者：从此句开始，与《梦溪笔谈》原文有较大不同，抄录《梦溪笔谈》原文于此："遥实买杖，而鬻者已不见，卒未有以自明者。有司诘其行止来历，势不可隐，乃递随州，大洪杀人之罪遂败，卒不知鬻杖者何人。市人千万，而遥适值之，因缘及其隐匿，此亦事之可怪者。"

㉜崖：抄本无此字。

㉝材料录自〔明〕李贤等《大明一统志》卷六十二《荆州府 · 古迹》（三秦出版社 1990 年 2 月第 1 版，第 950 页）。〔北魏〕郦道元《水经注》卷三十四《江水》（陈桥驿《水经注校证》，中华书局 2007 年 7 月第 1 版，第 793 页）、嘉靖《归州全志》（《归州全志（校勘本）》，湖北人民出版社 2015 年 9 月第 1 版，第 86 页）皆有载，可以参看。

炊爨（cuàn）：烧火煮饭。

㉞材料录自〔唐〕郑处诲《明皇杂录》（丁如明《开元天宝遗事十种》本，上海古籍出版社 1985 年 1 月第 1 版，第 31 页）。

谪巫州："既谴于巫州"。巫州：唐贞观八年 (634) 置，治所在龙标县 (今湖南省洪江市西南黔城镇)。大历五年 (770) 改为叙州。

力士作诗寄意：《明皇杂录》作"力士感之，因为诗寄意"。

两京：指长安和洛阳。

五溪：地名。指雄溪、樠溪、无溪、酉溪、辰溪（一说指雄溪、蒲溪、酉溪、沅溪、辰溪）。汉属武陵郡，为少数民族聚居地，在今湖南西部和贵州东部。

伯夷虽有诸：《明皇杂录》作"夷夏虽有殊"。伯夷：商朝末年孤竹国君的儿子。他和弟弟叔齐，在周武王灭商以后，不愿吃周朝的粮食，一同饿死在首阳山。

都不改：《明皇杂录》作"终不改"。

㉟〔唐〕段成式《酉阳杂俎》前集卷十七《广动植二》中有一段关于鲵鱼的记载，应是此处材料的来源："鲵鱼如鲇，四足，长尾，能上树。天旱，辄含水上山，以草叶覆其身，张口，鸟来饮水，因吸食之。声如小儿。峡中人食之，先缚于树鞭之，身上白汗出，如构汁，去此方可食，不尔有毒。"（许逸民《酉阳杂俎校笺》，中华书局 2015 年 7 月第 1 版，第 1223—1224 页）

㊱皆：抄本无此字。

㊲材料录自〔北宋〕沈括《梦溪笔谈》卷十六《艺文三》（胡道静《新校正梦溪笔谈》，中华书局 1957 年 11 月第 1 版，第 166 页）。

所引杜甫诗《全唐诗》诗题作《戏作俳谐体遣闷二首》（中华书局编辑部点校《全唐诗》增订本卷二百三十一，中华书局 1999 年 1 月第 1 版，第 2537 页）。

说者：《梦溪笔谈》作"世之说者"。

按，《梦溪笔谈》作“克乃按”。克：从《梦溪笔谈》此条材料可知乃刘克，汴都人，曾注杜甫、李商隐集。

系其颈：《梦溪笔谈》作“绳系其颈”。

楚襄王神女　程敷政

自古言楚襄王梦与神女遇，以《楚词》考之，则有甚不然者。《高唐赋》序云：“先王尝游高唐，梦一妇人，曰：‘妾，巫山之女，朝为行云，暮为行雨。’”则梦神女者，怀王也。《神女赋》序曰：“楚襄王与宋玉游于云梦之浦，使上赋高唐之事。其夜，王寝，梦与神女遇，异之。明日以白玉。玉曰：‘其梦若何？’王对曰：‘晡夕之后，精神恍惚，若有所善，见一妇人，状甚异奇。’玉曰：‘状何如也？’王曰：‘茂矣，诸好备矣，瑰恣玮态，不可胜赞。’王曰：‘若此盛矣，试为寡人赋之。’”夫既云“王曰茂矣美矣”，又云“王曰若此盛矣”，何其前后之复哉？况人君语臣，不当曰“白”，答臣不当曰“对”。且其赋曰“他人莫睹，上览其状，望予惟而延视兮，若流波之将阑”，以为宋玉代王赋之。如王之自言，则不当云“王览其状”；既云“王览其状”，则是宋玉之言矣，又不知称“予”者谁也？以此考之“其夜，王寝，梦与神女遇”者，“王”字乃“玉”字。“明日以白王也”，“王”与“玉”字，先后互书之误耳。前日梦神女者，怀王。其夜梦神女者，宋玉。王无与焉，后来枉受其名耳[1]。

绍熙中，泸师张孝芳者，为卒伍张信等所谋而致叛，信为同伍张昌杀之，泸遂平定。此乃绍圣中秭归一僧，俗姓廖，名慧觉，居山院，畜资甚厚，醵众进断瘟水陆，继而冠李万儿者，率众欲劫之。初不知其僧设穽于四垣，遂尽陷之。惟李万儿数人，僧与其徒剑而食之。后李万儿等图报其冤。岳灵曰：汝报之未可，此人有为众作福之缘，未艾更一生可也，惟汝尚有所杀，王吉必报汝也。自是，僧慧觉生清河家，即芳也。万儿，即张信也。吉，即张昌也。其报昭然。予遂[2]与英烈统理神卫泸而平焉。出《文昌化书》。

某舅氏李君武者，少才勇，以武举中第，常押兵之夔州。行峡路，暮投一山驿。驿吏曰：“从前此驿不宿客，相传堂中夜有怪物。”君武少年，气豪健，不顾，遂宿堂中。至半夜，忽有物自天窗中下，类大飞鸟，左右击搏。君武扪常所弄铁鞭挥击，俄中之，遂堕地，乃取盆覆之。至天明，发盆视之，乃一大水鸟，如雏鹤。细视之，乃有四目。因毙之[3]。自后驿无怪。《明道杂志》。[4]

【笺 注】

① 材料录自〔北宋〕沈括《梦溪笔谈 · 补笔谈》(胡道静《新校正梦溪笔谈》,中华书局 1957 年 11 月第 1 版,第 286 页)。本文作者认为《神女赋》中的梦主是宋玉,非襄王。理由有 :第一,从“茂矣”至“不可胜赞”都是王所言,而后又有“王曰‘若此盛矣,试为寡人赋之’”之言,既然前面一句话是“王曰”,为何紧接着又是“王曰”?这样就不对了。第二,人君与其臣言语,不当称“白”,本文作者认为,“白”是下属禀告上级的用语,不当用于楚襄王对宋玉。第三,《神女赋》文本“他人莫睹,王览其状”中的“王览其状”应作“玉览其状”。关于其观点的具体阐述及后人对这些观点是支持还是反驳请参看程地宇《巫山诗文·宋代部分·历史文献部、散文部》之《前言》中的论述(重庆出版社 2014 年 12 月第 1 版,“前言”第 19—22 页)。另外,本志此处引文对《梦溪笔谈》原文有所节录,还有就是文字有很多的不同,下面选择出来较为重要的不同之点。

《楚词》:《梦溪笔谈 · 补笔谈》作“《楚辞》”。

使上赋高唐之事 :《梦溪笔谈 · 补笔谈》作“使玉赋高唐之事”。

瑰恣 :《梦溪笔谈 · 补笔谈》作“瑰姿”,抄本亦作“瑰姿”。

上览其状 :《梦溪笔谈 · 补笔谈》作“王览其状”。

望予惟 :《梦溪笔谈 · 补笔谈》作“望予帷”。

② 遂 :抄本无此字。

③ 毙之 :抄本作“毙之目”。

④ 材料录自张耒《明道杂志》(中华书局 1985 年版,第 15 页)。

《三峡通志》后跋

三峡在楚蜀间，奇险甲天下。盖自古志之，自曠[1]燥发[2]时已耳[3]之，然而未目[4]也。属补令荆归之兴山[5]，以公谒[6]数游归峡，若巫峡、夔峡曾一游焉。盖既耳而目之。顾征棹[7]迅发，即峡中胜概诸名状，弗皇悉谙[8]，犹然未目也。今年秋，归大夫吴公[9]修《通志》五卷，首著三峡异同，次考，次诗歌词赋铭记，次附录，终焉。刻成，出赐曠，曠恭受批阅。其中封疆[10]之遐迩恢隘、山岩之崴嵬寥邈[11]、川涛之澌汩潺湲[12]、滩碛[13]之突兀漩激、风气之淳浇靡俭[14]，与夫神宇仙宫、雄关窈阻[15]、幽境平郊，诚一览毕照[16]。他如古昔圣帝贤卿、儒彦侠逸[17]，凡生于兹、宦[18]于兹、寄寓于兹，其殊勋劲节[19]、伟略恺泽[20]、藻文清兴[21]，以至混一[22]偏安之迹，藉藉[23]乎其流声[24]者，由斯以尚论其世[25]，莫不想见其为人，随触心动，恍然慨慕悲恨[26]之不已。盖不必躬履步循[27]、攀缘指顾[28]，而批阅所得，虽常目在之，无逾是悉。大夫谓卧游[29]，信矣！嗟嗟斯志也，宁亶[30]供卧游哉？彼其形势习俗汇集胪列[31]，将使后之客楚蜀间者卜[32]水道为跋涉计，得折衷斯志以避趋；将使后之吏[33]楚蜀间者酌地宜[34]为沿革[35]计，得折衷斯志以经画[36]。甚之计国家治安、控扼咽喉，销未萌之奸、戒不虞之患[37]，用系于苞桑[38]，亦咸于斯志折衷焉。曠熟玩深惟[39]，然后知其时义[40]之奥、功用之宏，自非大夫之洽闻[41]多识、周智远虑[42]，胡以有此[43]？乃序谓“广同好”“俟博雅君子”[44]，盖自道云。属下吏兴山知县庐陵旷曠顿首[45]拜跋。

【笺 注】

①曠：即本跋的作者旷曠，按《万姓统谱》：“曠，吉水人，万历癸酉举人。”

②燥发：谓胎毛始干，指年少。

③耳：听到，听说。

④目：看见，观看。

⑤属下增补为湖北归州兴山县的县令。当时兴山县隶属于归州。

⑥公谒：公干，公差。

⑦征棹：指远行的船。

⑧弗皇悉谙：没有闲暇全部熟悉。皇：同“遑”，闲暇。

⑨归大夫吴公：归州知州吴守忠。公：旧时对男性的长者或老人的尊称。

⑩封疆：疆界，疆域。

⑪崴嵬寥逖：高峻深远。

⑫澌汩潺湲（zhì gǔ chán yuán）：水流激荡或者缓慢。

⑬滩碛：浅水下的沙石滩。

⑭淳浇靡俭：谓淳朴的风俗变得浇薄不俭朴。

⑮窈阻：幽深艰险。

⑯毕照：全部知晓。

⑰儒彦侠逸：才德出众的儒士、放荡不羁的侠士。

⑱宦：动词，为官。

⑲殊勋劲节：指杰出的功勋和坚贞的节操。

⑳伟略恺泽：宏伟的谋略、和乐的恩惠。

㉑藻文清兴：华丽的文辞、清雅的兴致。

㉒混一：统一。

㉓藉藉：显著盛大的样子。

㉔流声：流播名声。

㉕尚论其世：向上追论他们的时代。

㉖慨慕悲恨：感叹仰慕、悲伤怨恨。

㉗躬履步循：亲自步行。

㉘指顾：手指目视。

㉙吴守忠在序言中有“卧游”之说。大夫：此指吴守忠。

㉚宁亶（dàn）：难道仅仅。亶：同“但”，仅，只。

㉛胪列：罗列，罗举。

㉜卜：选择。

㉝吏：为官。

㉞地宜：指地理环境或条件。

㉟沿革：继承，变革。

㊱经画：经营筹划。

㊲戒不虞之患：戒备没有意料到的灾患。
㊳苞桑：桑树之本，比喻牢固的根基。
㊴熟玩深惟：认真钻研，深入考虑。
㊵时义：因时而生的作用与价值。
㊶洽闻：博学多闻。
㊷周智远虑：完备的智慧，长远的考虑。
㊸胡以有此：怎么能编成这样一部志书。
㊹他的序言中说“广同好”“俟博雅君子”。乃：他的。
㊺顿首：磕头（多用于书信中）。